CONTABILIDADE INTERMEDIÁRIA

www.editorasaraiva.com.br

5ª EDIÇÃO

OSNI
MOURA
RIBEIRO

CONTABILIDADE INTERMEDIÁRIA

Atualizada conforme as Leis n. 11.638/2007 e n. 11.941/2009 e NBCS TGS convergentes com as Normas Internacionais de Contabilidade IFRS

saraiva uni

SOMOS EDUCAÇÃO | saraiva uni

Av. das Nações Unidas, 7221, 1º andar, Setor B
Pinheiros – São Paulo – SP – CEP: 05425-902

SAC | 0800-0117875
De 2ª a 6ª, das 8h30 às 19h30
www.editorasaraiva.com.br/contato

Vice-presidente Claudio Lensing
Diretora editorial Flávia Alves Bravin
Gestão editorial Rita de Cássia S. Puoço
Aquisições Fernando Alves, Julia D'Allevo
Editores Ana Laura Valerio, Neto Bach, Thiago Fraga
Produtoras editoriais Alline Garcia Bullara, Amanda M. Loyola, Daniela Nogueira Secondo
Suporte editorial Juliana Bojczuk Fermino

Produção Lepique Design Gráfico Ltda.
Revisão Antonio de Almeida
Arte ERJ Composição Editorial, Daniela Nogueira Secondo
Capa Aero Comunicação
Impressão e acabamento Intergraf Ind. Gráfica Eireli

352.690.005.002

ISBN 978-85-472-2084-6

Dados Internacionais de Catalogação na Publicação (CIP)
Aline Graziele Benitez CRB-1/3129

R37c Ribeiro, Osni Moura
5. ed. Contabilidade intermediária / Osni Moura Ribeiro.
5. ed. São Paulo: Saraiva, 2018.

Inclui bibliografia.
ISBN 978-85-472-2084-6

v1. Contabilidade. I. Título.

CDD-657.42
CDU-657.4

Índices para catálogo sistemático:
1. Contabilidade

5ª edição
1ª tiragem: 2018
2ª tiragem: 2018

EDITAR 5724 CL 651588 CAE 621805

Para minha esposa Vera Lucia,
pelos 30 anos do nosso casamento.

Sobre o autor

Osni Moura Ribeiro é bacharel em Ciências Contábeis e professor de Contabilidade Geral, Comercial, Intermediária, Avançada, Gerencial, Pública, Tributária, de Custos, Auditoria e Análise das Demonstrações Contábeis.

Já ocupou cargos de contador, analista contábil, inspetor contábil, auditor e agente fiscal de rendas da Secretaria da Fazenda do Estado de São Paulo. Atua como auditor e consultor de vários órgãos públicos e empresas particulares.

É também palestrante e autor das seguintes obras publicadas pela Editora Saraiva: *Contabilidade Básica* (Série em Foco) – 30ª edição, *Contabilidade Comercial* (Série em Foco) – 19ª edição, *Contabilidade de Custos* (Série em Foco) – 10ª edição, *Contabilidade Geral* (Série em Foco) – 10ª edição, *Estrutura e Análise de Balanços Fácil* – 11ª edição, *Auditoria Fácil* – 2ª edição (coautor), *Contabilidade Fundamental* – 4ª edição, *Contabilidade Básica*, versão universitária – 3ª edição, *Contabilidade Avançada* – 5ª edição, *Demonstrações Financeiras* – 3ª edição, *Contabilidade de Custos*, versão universitária – 4ª edição, *Introdução à Contabilidade Gerencial* – 3ª edição (coautor), *Introdução à Contabilidade Tributária* – 2ª edição (coautor) e *Contabilidade para Concursos e Exame de Suficiência* – 2ª edição (coautor).

Apresentação

Depois do sucesso de mais de vinte anos com os livros da Coleção Fácil, decidimos elaborar obras especialmente dirigidas aos estudantes do curso superior de Ciências Contábeis.

A experiência acumulada lecionando Contabilidade por mais de 35 anos, revela que o estudo da Contabilidade fica muito fácil quando os assuntos são apresentados de forma progressiva, obedecendo à sequência lógica que a disciplina exige, partindo sempre do mais fácil para o menos fácil, permitindo que o estudante fique constantemente em sintonia com a matéria. Assim, passo a passo, o estudante vai se inteirando gradativamente de todo o universo que envolve a ciência contábil e aprende de fato. Fundamentados nesta metodologia, apresentamos neste volume, denominado Contabilidade Intermediária – com o intuito de proporcionar ao leitor a continuidade dos estudos, iniciados no Contabilidade Básica – temas contábeis, envolvendo operações típicas aplicadas às empresas em geral.

A metodologia fácil, também aplicada uniformemente ao longo dessa obra, faz do Contabilidade Intermediária um livro didático e prático, diferenciando-o das demais obras que tratam de assuntos intermediários, dirigidos aos estudantes dos cursos superiores de Ciências Contábeis.

Assim, neste volume, você perceberá que os assuntos estão organizados segundo a mesma metodologia aplicada em Contabilidade Básica, estruturados em cada capítulo, como segue:

- **Texto:** claro e objetivo. Estritamente necessário para a fácil compreensão da matéria;
- **Observações:** esclarecem melhor o que acabou de ser explicado no texto;
- **Notas:** dicas para melhor compreensão do tema em estudo;
- **Notas de rodapé:** breves esclarecimentos acerca de termos, expressões, conceitos ou outras questões abordadas no texto;
- **Leituras obrigatórias:** sugestões para complementar os estudos.;
- **Atividades teóricas:** questões variadas versando acerca do assunto estudado na seção ou capítulo onde elas se encontram. Visam a fixação do assunto que você acabou de estudar;

- **Atividades práticas:** avaliam os conhecimentos que você acumulou desde o início do livro, até onde elas se encontram. Visam levá-lo a um melhor desempenho e compreensão de toda a matéria estudada.
- **Testes de exames de suficiência:** questões que caíram nas provas dos exames de suficiência, necessários para o registro do Contabilista na entidade de classe (CRC). Visam familiarizá-lo com a maneira pela qual os organizadores das provas irão exigir de você, os conhecimentos estudados no respectivo capítulo;
- **Testes de concursos:** questões que caíram em provas de concursos públicos, em que são exigidos conhecimentos de Contabilidade para o exercício da função. Visam familiarizá-lo com a maneira pela qual os organizadores das provas irão exigir de você, os conhecimentos estudados no respectivo capítulo.

O conteúdo programático atende às exigências do currículo dos cursos superiores de Ciências Contábeis, podendo ser utilizado com sucesso por outros cursos que requeiram o estudo intermediário da Contabilidade, inclusive por aqueles que se preparam para prestar concursos públicos.

Em 2008, procedemos importante atualização nesta obra, que resultou na 2ª edição, especialmente para ajustá-la às mudanças trazidas pela Lei n. 11.638/07 e pela Medida Provisória n. 449/08, convertida na Lei n. 11.941/09, que promoveram significativas alterações na Lei das Sociedades por Ações, especialmente na parte que trata de matéria contábil, para adequar os procedimentos contábeis praticados no Brasil aos padrões internacionais de contabilidade.

Em 2017, procedemos outras importantes atualizações que resultaram na 5ª edição desta obra, as quais contemplaram as revisões em várias NBC STGS, processadas pelo Conselho Federal de Contabilidade até o início de 2017, bem como a revogação da Resolução CFC n. 750/1993 efetuada por meio da NBC TSP Estrutura Conceitual – Estrutura Conceitual para elaboração e divulgação de informação contábil de Propósito Geral pelas Entidades do Setor Público.

Essas atualizações abrangeram, também, as mudanças introduzidas na legislação brasileira em geral, desde o ano de 2005 (data da 1ª edição), até o ano de 2017.

Assim, você tem em mãos mais um instrumento de consulta e de orientação profissional, útil não só na fase acadêmica, como também, por ocasião do exercício de suas atividades profissionais.

Portanto, é para você, estudante, que dedicamos mais este livro, trabalhado cuidadosamente com o objetivo de colaborar, para que o ensino e a aprendizagem da Contabilidade fiquem cada vez mais fáceis.

O autor

Sumário

1 O plano de contas

1.1 Conceito

O **plano de contas** é um conjunto de contas, diretrizes e normas, que disciplina as tarefas do setor de contabilidade, objetivando a uniformização dos registros contábeis.

O Plano de Contas, constitui ferramenta indispensável no desenvolvimento do processo contábil. Cada empresa deve elaborar seu plano de contas de acordo com suas particularidades, observando as disciplinas contidas na Lei n. 6.404/1976, a legislação específica do ramo de atividade exercido pela empresa, bem como as Normas Brasileiras de Contabilidade derivadas do Conselho Federal de Contabilidade (CFC). Assim, tendo em vista o porte, o ramo de atividade da empresa e a quantidade de informações exigidas pelos usuários, o plano de contas pode conter um número maior ou menor de informações.

De acordo com o estabelecido na Lei n. 6.404/1976, as contas podem ser divididas em dois grupos:

a. contas patrimoniais;

b. contas de resultado.

As **contas patrimoniais** são utilizadas para o registro de elementos representativos de bens, direitos e obrigações, como também para aqueles que compõem o Patrimônio Líquido.

As **contas de resultado**, também conhecidas por **contas de exercício**, destinam-se ao registro das despesas e das receitas. Abertas na escrituração contábil, no início do exercício social, e encerradas no final dele, não fazem parte do Balanço Patrimonial. Possibilitam, contudo, o conhecimento do resultado econômico da movimentação do patrimônio, o qual poderá corresponder ao lucro ou ao prejuízo.

Embora não contemplado pela Lei das Sociedades por Ações, há um terceiro grupo de contas consideradas **extrapatrimoniais** que possibilitam o registro dos atos relevantes cujos efeitos possam se materializar no futuro, traduzindo em modificações no patrimônio. O Conselho Federal de Contabilidade (CFC), trata das Contas de Compensação, nos itens 29 e 30 da Interpretação Técnica ITG 2000 – Escrituração Contábil, aprovada pela Resolução CFC n. 1330/2011.

O registro dos atos administrativos considerados relevantes por meio das contas de compensação será o suporte para a preparação de informações que envolvem os ônus reais constituídos sobre elementos do Ativo, as garantias prestadas a terceiros e outras responsabilidades eventuais ou contingentes a serem apresentadas em notas explicativas (letra d do inciso IV do § 5º do artigo 176º da Lei n. 6.404/1976).

Nota

- É importante salientar que as instituições financeiras, dentre elas os estabelecimentos bancários, estão sujeitas à adoção do Plano de Contas específico das Instituições do Sistema Financeiro Nacional (Cosif). Da mesma forma, as companhias que atuam no ramo de seguros, estão sujeitas a adoção do Plano de Contas específico aprovado pela Superintendência de Seguros Privados (SUSEP).

1.2 Composição do plano de contas

Conforme vimos o plano de contas, em cada organização, pode conter um número maior ou menor de informações, em decorrência dos interesses da própria empresa, da legislação específica ou mesmo da criatividade do contabilista. Entrentanto, é essencial que o plano de contas contenha pelo menos as seguintes partes: manual de contas, modelos de demonstrações contábeis padronizadas e elenco de contas.

1.3 Manual de contas

O **manual de contas** tem por finalidade apresentar informações detalhadas de cada conta, servindo de guia para que o contabilista possa registrar uniformemente todos os eventos responsáveis pela movimentação do patrimônio da empresa.

As informações apresentadas no manual de contas devem envolver código numérico, intitulação, função, funcionamento, natureza e critérios de avaliação de cada conta, exemplos de lançamentos apropriados para o registro de operações raras, roteiros para conciliação de dados, bem como informações acerca dos documentos que servem de suporte aos registros contábeis.

1.4 Modelos padronizados de demonstrações contábeis

A principal finalidade da contabilidade é controlar a movimentação do patrimônio das entidades para fornecer informações de ordem patrimonial, econômica e financeira que deverão exprimir com clareza a situação do patrimônio da companhia e as mutações ocorridas no exercício. Essas informações, utilizadas tanto por contabilistas quanto por outros usuários, são elaboradas com base nos registros contábeis da entidade e apresentadas em forma de mapas, relatórios, gráficos ou de outros quadros sintéticos ou analíticos.

A Lei n. 6.404/1976, em seu artigo 176º, estabelece a obrigatoriedade de as empresas elaborarem, no fim de cada exercício social, o Balanço Patrimonial, a Demonstração do Resultado do Exercício, a Demonstração de Lucros ou Prejuízos Acumulados (ou a Demonstração das Mutações do Patrimônio Líquido), a Demonstração dos Fluxos de Caixa e a Demonstração do Valor Adicionado, que serão complementados por notas explicativas. Dessa forma, no plano de contas estruturado, conforme a citada lei das sociedades por ações, além dos modelos exigidos das demonstrações contábeis, devem constar modelos padronizados de todos os demais quadros cuja elaboração seja de responsabilidade do setor de contabilidade da entidade.

1.5 Elenco de contas

O elenco de contas consiste na relação das contas que serão utilizadas para o registro dos fatos administrativos responsáveis pela movimentação do patrimônio da empresa, bem como dos atos administrativos considerados relevantes.

O elenco de contas envolve a intitulação (rubrica, nome) e o código de cada conta. Seja qual for o tipo de empresa, as contas devem nele ser agrupadas de acordo com a estrutura estabelecida pela Lei n. 6.404/1976, visando facilitar a elaboração das demonstrações contábeis.

Dessa forma, as contas que representam os bens e os direitos são reunidas no Ativo em dois grupos principais: Ativo Circulante e Ativo Não Circulante, sendo este último composto por Ativo Realizável a Longo Prazo, Investimentos, Imobilizado e Intangível. (§ 1º do artigo 178º da Lei n. 6.404/1976). Da mesma forma, as contas que representam as obrigações e o Patrimônio Líquido são reunidas no Passivo em três grupos principais: Passivo Circulante, Passivo Não Circulante e Patrimônio Líquido, sendo este dividido em Capital Social, Reservas de Capital, Ajustes de Avaliação Patrimonial, Reservas de Lucros, Ações em Tesouraria e Prejuízos Acumulados. (§ 2º do artigo 178º da Lei n. 6.404/1976).

A seguir, você poderá observar um modelo de elenco de contas, aplicável a empresas comerciais, industriais e prestadoras de serviços, elaborado de acordo com a Lei n. 6.404/1976, podendo, ainda, ser adaptado mediante os ajustes necessários para qualquer tipo de empresa, de pequeno, médio ou grande porte, seja qual for o ramo de atividade por ela desenvolvido.

Tomamos o cuidado de prever o maior número possível de contas, com o principal intuito de possibilitar o melhor acompanhamento dos estudos por meio deste livro, bem como do volume destinado à contabilidade avançada.

Para facilitar a implantação do elenco de contas em qualquer programa que processe a contabilidade por computador, fizemos os ajustes necessários para que as contas a serem movimentadas por débitos e créditos, por meio dos lançamentos em partidas de Diário, contenham nove dígitos. Dessa forma, em alguns grupos de contas, inserimos subtítulos que, embora facilmente compreensíveis, podem ser desconsiderados, como ocorre com as subdivisões dos grupos das Despesas e das Receitas Financeiras.

As contas estão distribuídas em três quadros: Quadro I – Contas Patrimoniais; Quadro II – Contas de Resultado; e Quadro III – Contas Extrapatrimoniais (Compensação). O critério de codificação adotado permite facilmente a exclusão ou a inclusão de contas, conforme o interesse e a necessidade de cada usuário. As contas que serão movimentadas nos lançamentos, por meio de débitos e de créditos, são aquelas que contêm nove dígitos. Essa padronização, conforme dissemos, deve ser observada para facilitar a contabilização por processamento eletrônico de dados. Entretanto, ao longo do livro, por razões práticas em nossas explicações, poderão ser encontrados exemplos de lançamentos com contas que no plano estão codificadas com cinco dígitos, como ocorre com as contas: Bancos conta Movimento, Duplicatas a Receber, Fornecedores e outras. Entretanto, ao adaptar o presente elenco de contas para uso no exercício de sua profissão, faça os ajustes necessários para que os débitos e créditos nos lançamentos sejam efetuados somente nas contas que contenham nove dígitos.

O detalhamento das contas adotado no presente elenco, bem como o número de algarismos, (nove) serve apenas como exemplo, devendo ser adaptado para cada caso em particular.

Notas

- Lembramos que no Elenco de Contas estruturado com 9 dígitos, o sexto dígito é sempre reservado para indicar o número do estabelecimento integrante do conjunto. Caso a entidade possua mais de 9 estabelecimentos, poderá reservar dois ou mais dígitos para esse fim.
- Tratando-se de entidade com estabelecimento único, esse dígito pode ser suprimido, ficando as contas destinadas a receber lançamentos a débito e a crédito, com 8 dígitos somente.

ELENCO DE CONTAS

QUADRO I

CONTAS PATRIMONIAIS

1. ATIVO

1.1 ATIVO CIRCULANTE[1]
1.1.1 DISPONIBILIDADES
1.1.1.01 Caixa Geral
1.1.1.01.1 Matriz
1.1.1.01.1.001 Caixa
1.1.1.01.1.002 Fundo Fixo de Caixa[2]
1.1.1.01.2 Fábrica
1.1.1.01.2.001 Caixa

(continua)

[1] O Ativo Circulante é composto por contas representativas dos bens e dos direitos que estão em frequente circulação no patrimônio. Representam valores já realizados (transformados em dinheiro) ou que serão realizados até o término do exercício social seguinte ao do Balanço em que as contas estiverem sendo apresentadas.

[2] Corresponde a determinada quantia de dinheiro, entregue a um empregado da empresa que se incumbirá de realizar pequenos gastos. Essa conta permanecerá sempre com seu saldo original, salvo quando ocorrer aumento ou diminuição do limite do fundo. Os comprovantes dos gastos efetuados pelo responsável pelo Fundo Fixo de Caixa são periodicamente apresentados ao Caixa Geral, no qual são contabilizados e o saldo original é reconstituído mediante cheque nominal a favor do responsável pelo fundo.

(continuação)

1.1.1.01.2.002 Fundo Fixo de Caixa
1.1.1.01.3 Loja 1 Serviços
1.1.1.01.3.001 Caixa
1.1.1.01.3.002 Fundo Fixo de Caixa
1.1.1.01.4 Loja 2 Varejo
1.1.1.01.4.001 Caixa
1.1.1.01.4.002 Fundo Fixo de Caixa
1.1.1.02 Bancos conta Movimento
1.1.1.02.1 Matriz
1.1.1.02.1.001 Banco Urupês S.A.
1.1.1.02.2 Fábrica
1.1.1.02.2.001 Banco Urupês S.A.
1.1.1.02.3 Loja 1 Serviços
1.1.1.02.3.001 Banco Urupês S.A.
1.1.1.02.4 Loja 2 Varejo
1.1.1.02.4.001 Banco Urupês S.A.
1.1.1.03 Numerário em Trânsito[3]
1.1.1.03.1.999 Matriz
1.1.1.03.2.999 Fábrica
1.1.1.03.3.999 Loja 1 Serviços
1.1.1.03.4.999 Loja 2 Varejo
1.1.1.04 Aplicações Financeiras de Liquidez Imediata
1.1.1.04.1 Matriz
1.1.1.04.1.001 Banco Urupês S.A.
1.1.1.04.2 Fábrica
1.1.1.04.2.001 Banco Urupês S.A.
1.1.1.04.3 Loja 1 Serviços
1.1.1.04.3.001 Banco Urupês S.A.
1.1.1.04.4 Loja 2 Varejo
1.1.1.04.4.001 Banco Urupês S.A.[4]
1.1.2 CLIENTES
1.1.2.01 Duplicatas a Receber de Terceiros
1.1.2.01.1.001 Cliente A
1.1.2.02 Duplicatas a Receber de Pessoas Ligadas
1.1.2.02.1.001 Controlada A
1.1.2.03.1.999 (–) Perdas Estimadas em Créditos de Liquidação Duvidosa

(continua)

[3] Compreendem as disponibilidades que, embora de propriedade da empresa, até a data do Balanço não integraram o saldo de caixa ou de bancos. Trata-se de casos esporádicos que normalmente representam valores transferidos de filiais para a matriz e vice-versa, por meio de ordens de pagamento ou cheques. Não confundir com cheques emitidos e contabilizados pela empresa, porém não compensados pelo beneficiário, casos que merecem destaque nas conciliações bancárias. Conciliações bancárias são procedimentos comuns adotados para equalizar o saldo contábil constante na conta do livro Razão com o constante do extrato da conta movimento fornecido pelo banco.

[4] Para evitar informações em demasia, a partir daqui deixaremos de apresentar as linhas com as subcontas representativas dos estabelecimentos da entidade (Matriz, Fábrica, Loja 1 e Loja 2). Portanto, logo em seguida à linha que contém a conta principal com 5 dígitos, apresentaremos as contas com 9 dígitos, ficando subentendida a existência da subconta correspondente. Pelas mesmas razões, atribuiremos a classificação de todas as contas com 9 dígitos para o estabelecimento Matriz. Na vida prática, você fará os ajustes necessários para que os registros contábeis em cada conta seja atribuído ao estabelecimento correspondente.

(continuação)

1.1.2.04 (–) Faturamento para Entrega Futura[5]
1.1.2.04.1.001 (–) ....
1.1.2.05 Cartões de Crédito a Receber
1.1.2.05.1.001 Administradora X
1.1.2.06 (–) Ajuste a Valor Presente (Juros Ativos a Vencer)[6]
1.1.2.06.1.001 (–) ...
1.1.2.07 (–) Perdas Estimadas
1.1.2.07.1.001 (–) ...
1.1.3 OUTROS CRÉDITOS
1.1.3.01 Adiantamentos a Empregados
1.1.3.01.1.001 Adiantamento de Décimo Terceiro Salário
1.1.3.01.1.002 Salários
1.1.3.02 Adiantamentos a Fornecedores
1.1.3.02.1.001 Fornecedor A
1.1.3.03 Aluguéis Ativos a Receber
1.1.3.03.1.001 Locatário A
1.1.3.04 Arrendamentos Ativos a Receber
1.1.3.04.1.001 Arrendatário A
1.1.3.05 (–) Receitas sobre Arrendamentos a Apropriar
1.1.3.05.1.001 (–) Arrendatário A
1.1.3.06 Bancos conta Especial[7]
1.1.3.06.1.001 Banco do Brasil S.A.
1.1.3.07 Bancos conta Vinculada[8]
1.1.3.07.1.001 Banco Urupês S.A.
1.1.3.08 Cheques em Cobrança
1.1.3.08.1.001 Banco Urupês S.A.
1.1.3.09 Dividendos a Receber
1.1.3.09.1.001 Sociedade A
1.1.3.10 Dividendos Propostos a Receber
1.1.3.10.1.001 Sociedade A
1.1.3.11 Empréstimos a Empregados
1.1.3.11.1.001 Empregado A
1.1.3.12 Juros sobre o Capital Próprio a Receber
1.1.3.12.1.001 Sociedade A
1.1.3.13 Títulos a Receber
1.1.3.13.1.001 Devedor A
1.1.3.14 (–) Ajuste a Valor Presente (Juros Ativos a Vencer)
1.1.3.14.1.001 (–) ...

(continua)

[5] Destina-se a ajustar o saldo da conta Duplicatas a Receber em decorrência de vendas faturadas cujas mercadorias ainda não foram entregues aos clientes.

[6] Os elementos do Ativo e do Passivo decorrentes de operações de longo prazo serão ajustados a valor presente, sendo os demais ajustados quando houver efeito relevante. (Incisos VIII do artigo 183º e III do artigo 184º da Lei n. 6.404/1976.)

[7] Conta para uso exclusivo na constituição de sociedades anônimas.

[8] Correspondem a valores da empresa, bloqueados em estabelecimentos bancários, com liberação condicionada ao cumprimento de obrigações ou à obtenção de créditos. São comuns os depósitos vinculados para pagamento de importações, liquidação de empréstimos etc. Nos casos de vinculação para pagamento de obrigações, pode-se classificar a respectiva conta como redutora da conta que registra a respectiva obrigação, no Passivo Circulante ou no Passivo Exigível a Longo Prazo. Decidindo-se em manter no Ativo a parte referente ao cumprimento de obrigações a longo prazo, ela deve figurar no Ativo Realizável a Longo Prazo.

(continuação)

1.1.3.15 (–) Perdas Estimadas
1.1.3.15.1.001 (–) ...
1.1.4 TRIBUTOS A RECUPERAR (OU A COMPENSAR)
1.1.4.01 Impostos a Recuperar
1.1.4.01.1.001 IPI a Recuperar
1.1.4.01.1.002 ICMS a Recuperar
1.1.4.01.1.003 IRR Fonte a Recuperar
1.1.4.01.1.004 IR por Estimativa a Recuperar
1.1.4.02 Contribuições a Recuperar
1.1.4.02.1.001 COFINS a Recuperar
1.1.4.02.1.002 CSSL por Estimativa a Recuperar
1.1.4.02.1.003 PIS/PASEP a Recuperar
1.1.5 INVESTIMENTOS TEMPORÁRIOS A CURTO PRAZO
1.1.5.01 Aplicações Financeiras em Fundos de Investimento de Renda Variável (Pós-fixada)
1.1.5.01.1.001 Banco Urupês S.A.
1.1.5.02 Aplicações Financeiras de Renda Fixa (Prefixada)
1.1.5.02.1.001 Banco Urupês S.A.
1.1.5.03 Investimentos Temporários em Ouro
1.1.5.03.1.001 Banco Urupês S.A.
1.1.5.04 Ações de Outras Empresas
1.1.5.04.1.001 Sociedade A
1.1.5.05 Debêntures
1.1.5.05.1.100 Companhia X
1.1.5.05.1.101 Valor Nominal
1.1.5.05.1.102 (–) Deságio a Apropriar
1.1.5.06 Outros Títulos e Valores Mobiliários
1.1.5.06.1.001 Entidade A
1.1.5.07 (–) Perdas Estimadas
1.1.5.07.1.001 (–) ...
1.1.6 ESTOQUES
1.1.6.01 Estoques de Mercadorias, Produtos e Insumos
1.1.6.01.1.001 Estoque de Mercadorias
1.1.6.01.1.002 Estoque de Produtos Acabados
1.1.6.01.1.003 Estoque de Produtos em Elaboração
1.1.6.01.1.004 Estoque de Matérias-primas
1.1.6.01.1.005 Estoque de Materiais Secundários
1.1.6.01.1.006 Estoque de Materiais Auxiliares
1.1.6.01.1.007 Estoque de Materiais de Acondicionamento e Embalagem
1.1.6.01.1.008 Estoque de Subprodutos
1.1.6.02 Estoques de Materiais de Consumo
1.1.6.02.1.001 Estoque de Materiais de Escritório (Expediente)
1.1.6.02.1.002 Estoque de Materiais de Informática
1.1.6.02.1.003 Estoque de Materiais de Higiene e Limpeza
1.1.6.02.1.004 Estoque de Materiais de Manutenção
1.1.6.03 (–) Perdas Estimadas em Estoques
1.1.6.03.1.001 (–) Perdas Estimadas por Redução ao Valor Realizável Líquido[9]

(continua)

[9] Conta redutora do grupo de estoques. Representa perdas reconhecidas quando o valor recuperável (valor de mercado, valor justo ou valor realizável líquido) de itens de estoques for inferior ao custo de aquisição ou transformação. (Inciso II do artigo 183º da Lei n. 6.404/1976 e item 9 da NBC TG 16 fundamentada no CPC 16).

(continuação)

1.1.7 DESPESAS DO EXERCÍCIO SEGUINTE[10]
1.1.7.01 Despesas Pagas Antecipadamente
1.1.7.01.1.001 Aluguéis Passivos a Vencer (ou a Apropriar)
1.1.7.01.1.002 Arrendamentos Passivos a Vencer (ou a Apropriar)
1.1.7.01.1.003 Assinaturas e Anuidades a Vencer (ou a Apropriar)
1.1.7.01.1.004 Comissões e Prêmios a Vencer (ou a Apropriar)
1.1.7.01.1.005 Despesas Financeiras a Vencer (ou a Apropriar)
1.1.7.01.1.006 Juros Passivos a Vencer (ou a Apropriar)
1.1.7.01.1.007 Prêmios de Seguros a Vencer (ou a Apropriar)
1.1.7.01.1.008 Propagandas e Publicidades a Vencer (ou a Apropriar)

1.2 ATIVO NÃO CIRCULANTE[11]

1.2.1 ATIVO REALIZÁVEL A LONGO PRAZO[12]
1.2.1.10 Clientes
1.2.1.11 Duplicatas a Receber de Terceiros
1.2.1.11.1.001 Cliente A
1.2.1.12 Duplicatas a Receber de Pessoas Ligadas
1.2.1.12.1.001 Controlada A
1.2.1.13.1.999 (–) Perdas Estimadas em Créditos de Liquidação Duvidosa
1.2.1.14 (–) Faturamento para Entrega Futura[13]
1.2.1.14.1.001 (–) ...
1.2.1.15 (–) Ajuste a Valor Presente (Juros Ativos a Vencer)[14]
1.2.1.15.1.001 (–) ...
1.2.1.20 Outros Créditos
1.2.1.21 Arrendamentos Ativos a Receber
1.2.1.21.1.001 Arrendatário A
1.2.1.21.1.002 (–) Receitas sobre Arrendamentos a Apropriar
1.2.1.22 Bancos conta Vinculada
1.2.1.22.1.001 Banco Urupês S.A.
1.2.1.23 Títulos a Receber
1.2.1.23.1.001 Devedor A

(continua)

[10] Despesas pagas no presente exercício e que serão apropriadas ao resultado do exercício seguinte. Segundo o regime de competência, as despesas somente integrarão o resultado no período da ocorrência dos seus respectivos fatos geradores.

[11] O Ativo Não Circulante é o oposto do Ativo Circulante. Enquanto no Ativo Circulante são classificadas contas que representam bens e direitos que estão em circulação constante na empresa, isto é, que giram em prazo inferior a um ano, no Ativo Não Circulante, são classificadas contas representativas de bens e direitos com pequena ou nenhuma circulação.

[12] Classificam-se no Ativo Realizável a Longo Prazo as contas que representam bens e direitos que se realizam após o término do exercício social seguinte ao exercício do Balanço em que as contas estiverem sendo apresentadas. Na entidade cujo ciclo operacional tiver duração maior que o exercício social, a classificação no circulante ou longo prazo terá por base o prazo desse ciclo (parágrafo único do artigo 179º da Lei n. 6.404/1976). Com exceção das Disponibilidades, poderão figurar neste grupo, todas as demais contas representativas das aplicações de recursos em Bens e Direitos, inclusive das despesas pagas antecipadamente que constarem do Ativo Circulante, desde que tenham o prazo de realização superior a 12 meses.

[13] Ver nota 5.

[14] Ver nota 6.

(continuação)

1.2.1.24 (–) Perdas Estimadas
1.2.1.24.1.001 (–) ...
1.2.1.25 (–) Ajuste a Valor Presente (Juros Ativos a Vencer)
1.2.1.25.1.001 (–) ...
1.2.1.30 Tributos a Recuperar (ou a Compensar)
1.2.1.31 Impostos a Recuperar
1.2.1.31.1.001 IPI a Recuperar
1.2.1.32 Contribuições a Recuperar
1.2.1.32.1.001 COFINS a Recuperar
1.2.1.33 Tributos Diferidos a Recuperar[15]
1.2.1.33.1.001 IR Diferido a Recuperar
1.2.1.33.1.002 CSLL Diferida a Recuperar
1.2.1.34 (–) Ajuste a Valor Presente
1.2.1.34.1.001 (–) ...
1.2.1.40 Investimentos Temporários a Longo Prazo
1.2.1.41 Aplicações Financeiras em Fundos de Investimento de Renda Variável (Pós-fixada)
1.2.1.41.1.001 Banco Urupês S.A.
1.2.1.42 Aplicações Financeiras de Renda Fixa (Prefixada)
1.2.1.42.1.001 Banco Urupês S.A.
1.2.1.43 Investimentos Temporários em Ouro
1.2.1.43.1.001 Banco Urupês S.A.
1.2.1.44 Ações de Outras Empresas
1.2.1.44.1.001 Sociedade A
1.2.1.45 Debêntures
1.2.1.45.1.100 Companhia X
1.2.1.45.1.101 Valor Nominal
1.2.1.45.1.102 (–) Deságio a Apropriar
1.2.1.46 Depósitos por Incentivos Fiscais Compulsórios e Valores Restituíveis
1.2.1.46.1.100 Depósitos por Incentivos Fiscais
1.2.1.46.1.101 FINOR
1.2.1.46.1.102 FINAM
1.2.1.46.1.103 FUNRES
1.2.1.46.1.200 Depósitos Judiciais
1.2.1.46.1.201 Entidade A
1.2.1.46.1.300 Empréstimos Compulsórios
1.2.1.46.1.301 Entidade A
1.2.1.47 Outros Títulos e Valores Mobiliários
1.2.1.47.1.001 Entidade A
1.2.1.48 (–) Ajuste a Valor Presente
1.2.1.48.1.001 (–) ...
1.2.1.49 (–) Perdas Estimadas
1.2.1.49.1.001 (–) ...

(continua)

[15] Subgrupo de contas apropriado para o registro do IR e da CSLL recolhidos sobre o lucro líquido em decorrência de adições lançadas no ELALUR por exigência fiscal. Esse subgrupo pode figurar também no Ativo Circulante, quando o prazo previsto para a reversão da adição for inferior a 12 meses da data do Balanço. Trata-se de Ativo fiscal diferido (valor do tributo sobre o lucro recuperável em períodos futuros) (Assunto disciplinado pela NBC TG 32, fundamentada no CPC 32).

(continuação)

1.2.1.50 Estoques
1.2.1.51 Estoques de Longa Maturação
1.2.1.51.1.001 ...
1.2.1.52 (–) Perdas Estimadas em Estoques
1.2.1.52.1.001 (–) Perdas Estimadas por Redução ao Valor Realizável Líquido
1.2.1.60 Despesas de Exercícios Futuros
1.2.1.61 Despesas Pagas Antecipadamente
1.2.1.61.1.001 Prêmios de Seguro a Vencer (ou a Apropriar)
1.2.1.70 Créditos com Pessoas Ligadas
1.2.1.71 Transações Não Usuais
1.2.1.71.1.001 Controlada A
1.2.1.71.1.002 Diretores
1.2.1.71.1.003 Acionistas
1.2.2 INVESTIMENTOS[16]
1.2.2.10 Avaliados pelo Método da Equivalência Patrimonial
1.2.2.11 Participações em Controladas
1.2.2.11.1.100 Controlada A
1.2.2.11.1.101 Valor de Patrimônio Líquido
1.2.2.11.1.102 Mais Valia
1.2.2.11.1.103 Ágio por Expectativa de Rentabilidade Futura – *goodwill*
1.2.2.11.1.104 (–) Perdas Estimadas
1.2.2.12 Participações em Controladas em Conjunto (*Joint Venture*)
1.2.2.12.1.100 Sociedade A
1.2.2.13 Participações em Coligadas
1.2.2.13.1.100 Coligada A
1.2.2.14 Participações em sociedades do grupo
1.2.2.14.1.100 Sociedade A
1.2.2.20 Avaliados pelo Método do Valor Justo
1.2.2.21 Participações no Capital de Outras Sociedades
1.2.2.21.1.001 Participação na Companhia A
1.2.2.21.1.002 (–) Perdas Prováveis na Realização de Investimentos[17]
1.2.2.22 Participações em Fundos de Investimentos Incentivados
1.2.2.22.1.001 FINOR
1.2.2.22.1.002 (–) Perdas Prováveis na Realização de Investimentos
1.2.2.30 Avaliados pelo Método do Custo de Aquisição
1.2.2.31 Participações no Capital de Outras Sociedades
1.2.2.31.1.001 Participação na Companhia A
1.2.2.31.1.002 (–) Perdas Prováveis na Realização de Investimentos
1.2.2.40 Propriedades para Investimento[18]

(continua)

[16] Classificam-se como Investimentos, as contas representativas das Participações permanentes no Capital de outras sociedades como em controladas, coligadas ou outras. Essas Participações geram rendimentos para a empresa, quase sempre, em forma de dividendos. Classificam-se ainda como investimentos, as contas representativas dos Direitos de qualquer natureza não classificáveis no Ativo Circulante ou no Realizável a Longo Prazo e que não se destinem à manutenção da atividade principal da empresa como por exemplo os investimentos em obras de arte, ou ainda em bens que gerem receitas para a empresa, independentemente das suas atividades operacionais (Imóveis de Renda, aplicações em ouro etc.).

[17] Inciso III do artigo 183º da Lei n. 6.404/1976.

[18] Segundo a NBC TG 28, fundamentada no CPC 28, Propriedade para Investimento é a propriedade (terreno ou edifício – ou parte de edifício – ou ambos) mantida (pelo proprietário ou pelo arrendatário em arrendamento financeiro) para auferir aluguel ou para valorização do capital ou para ambas, e não para: a) uso na produção ou fornecimento de bens ou serviços ou para finalidades administrativas; ou b) venda no curso ordinário do negócio.

(continuação)

1.2.2.40.1.001 Terrenos
1.2.2.40.1.002 Edifícios
1.2.2.41 (−) Depreciações Acumuladas
1.2.2.41.1.001 (−) Depreciação Acumulada de Edifícios
1.2.2.42 (−) Perdas por Redução ao Valor Recuperável
1.2.2.42.1.001 (−) Perdas por Redução ao Valor Recuperável de Terrenos
1.2.2.50 Outros Investimentos
1.2.2.50.1.001 Antiguidades
1.2.2.50.1.002 Investimentos Permanentes em Ouro
1.2.2.50.1.003 Obras de Arte
1.2.2.51 (−) Perdas Estimadas
1.2.2.51.1.001 (−) Perdas por Redução ao Valor Recuperável
1.2.3 IMOBILIZADO[19]
1.2.3.01 Operacional Corpóreo (Tangível)
1.2.3.01.1.001 Bibliotecas
1.2.3.01.1.002 Benfeitorias em Propriedades de Terceiros
1.2.3.01.1.003 Computadores e Periféricos
1.2.3.01.1.004 Ferramentas
1.2.3.01.1.005 Imóveis
1.2.3.01.1.006 Instalações
1.2.3.01.1.007 Máquinas e Equipamentos Industriais
1.2.3.01.1.008 Móveis e Utensílios
1.2.3.01.1.009 Peças e Acessórios de Reposição (Almoxarifado)[20]
1.2.3.01.1.010 Veículos
1.2.3.02 Operacional Recursos Naturais
1.2.3.02.1.001 Jazidas
1.2.3.02.1.002 Florestamento e Reflorestamento
1.2.3.03 Imobilizado Objeto de Arrendamento Mercantil
1.2.3.03.1.001 Veículos
1.2.3.04 Imobilizado em Andamento
1.2.3.04.1.001 Aquisições de Imóveis em Andamento
1.2.3.04.1.002 Construções em Andamento
1.2.3.04.1.003 Importações em Andamento
1.2.3.04.1.004 Adiantamentos a Fornecedores (Inversões Fixas)[21]
1.2.3.05 (−) Depreciações Acumuladas
1.2.3.05.1.001 (−) Depreciação Acumulada de Bibliotecas
1.2.3.06 (−) Exaustões Acumuladas
1.2.3.06.1.001 (−) Exaustão Acumulada de Jazidas
1.2.3.07 (−) Perdas por Redução ao Valor Recuperável
1.2.3.07.1.001(−) Perdas por Redução ao Valor Recuperável de bibliotecas

(continua)

[19] Nesse grupo são classificadas as contas representativas dos recursos aplicados em bens corpóreos destinados à manutenção das atividades da companhia ou da empresa, ou exercidos com essa finalidade, inclusive os decorrentes de operações que transfiram à companhia os benefícios, riscos e controle desses bens, como é o caso daquele objeto de arrendamento mercantil.

[20] Peças para reposição em bens do Ativo Imobilizado. Quando essas peças forem aplicadas, os seus custos integrarão os custos dos respectivos bens.

[21] Adiantamentos para aquisição de bens de uso.

(continuação)

1.2.4 INTANGÍVEL[22]
1.2.4.01 Operacional Incorpóreo (Imaterial)
1.2.4.01.1.001 Direitos Autorais
1.2.4.01.1.002 Direitos de Uso de Marcas e Patentes
1.2.4.01.1.003 Direitos sobre Filmes Cinematográficos
1.2.4.01.1.004 Franquias
1.2.4.01.1.005 Fundo de Comércio (Goodwil)
1.2.4.01.1.006 Listas de Clientes
1.2.4.01.1.007 Sistemas Aplicativos – Software[23]
1.2.4.01.1.008 Ativos Intangíveis em Desenvolvimento.
1.2.4.02 (–) Amortizações Acumuladas
1.2.4.02.1.001 (–) Amortização Acumulada de Direitos Autorais
1.2.4.03 (–) Perdas por Redução ao Valor Recuperável
1.2.4.03.1.001 (–) Perdas por Redução ao Valor Recuperável de Direitos Autorais

2. PASSIVO

2.1 PASSIVO CIRCULANTE[24]
2.1.1 OBRIGAÇÕES A FORNECEDORES
2.1.1.01 Duplicatas a Pagar a Terceiros – Nacionais
2.1.1.01.1.001 Fornecedor A
2.1.1.02 Duplicatas a Pagar a Terceiros – Estrangeiros
2.1.1.02.1.001 Fornecedor A
2.1.1.03 Duplicatas a Pagar a Pessoas Ligadas
2.1.1.03.1.001 Controlada A
2.1.1.03.1.002 Coligada A
2.1.1.04 (–) Ajuste a Valor Presente (Juros Passivos a Vencer)
2.1.1.04.1.001 (–) ...
2.1.2 EMPRÉSTIMOS E FINANCIAMENTOS
2.1.2.01 Bancos conta Caução
2.1.2.01.1.001 Banco Urupês S.A.
2.1.2.02 Bancos conta Empréstimos
2.1.2.02.1.001 Banco Urupês S.A.
2.1.2.03 Comissões a Pagar
2.1.2.03.1.001 Credor A

(continua)

[22] Neste grupo, são classificadas as contas representativas dos recursos aplicados em bens imateriais. São direitos que têm por objeto bens incorpóreos destinados à manutenção das atividades da empresa ou exercidos com essa finalidade.

[23] Alguns ativos intangíveis podem estar contidos em elementos que possuem substância física, como um disco (como no caso de software), documentação jurídica (no caso de licença ou patente) ou em um filme. Para saber se um ativo que contém elementos intangíveis e tangíveis deve ser tratado como Ativo Imobilizado de acordo com a NBC TG 27 – Ativo Imobilizado ou como Ativo Intangível, nos termos da presente Norma, a entidade avalia qual elemento é mais significativo. Por exemplo, um software de uma máquina-ferramenta controlada por computador que não funciona sem esse software específico é parte integrante do referido equipamento, devendo ser tratado como Ativo Imobilizado. O mesmo se aplica ao sistema operacional de um computador. Quando o software não é parte integrante do respectivo hardware, ele deve ser tratado como Ativo Intangível. (Item 4 da NBC TG 04).

[24] Classificam-se no Passivo Circulante as contas que representam obrigações cujos vencimentos ocorram durante o exercício social subsequente ao do Balanço no qual as contas estiverem sendo classificadas.

(continuação)

2.1.2.04 Duplicatas Descontadas
2.1.2.04.1.001 Banco Urupês S/A
2.1.2.05 Promissórias a Pagar
2.1.2.05.1.001 Credor A
2.1.2.06 Juros Passivos a Pagar
2.1.2.06.1.001 Credor A
2.1.2.07 (–) Encargos Financeiros a Vencer (ou a Apropriar)[25]
2.1.2.07.1.001 (–) ...
2.1.2.08 Debêntures a Pagar
2.1.2.08.1.100 Debêntures Conversíveis em Ações
2.1.2.08.1.101 Debenturista A
2.1.2.08.1.200 Debêntures Não Conversíveis
2.1.2.08.1.201 Debenturista A
2.1.2.08.1.300 (–) Comissões Passivas a Apropriar
2.1.2.08.1.301 (–) ...
2.1.2.08.1.400 (–) Deságios a Apropriar
2.1.2.08.1.401 (–) ...
2.1.2.09 (–) Ajuste a Valor Presente (Juros Passivos a Vencer)
2.1.2.09.1.001 (–) ...
2.1.3 OBRIGAÇÕES TRIBUTÁRIAS
2.1.3.01 Impostos a Recolher
2.1.3.01.1.001 ICMS a Recolher
2.1.3.01.1.002 Impostos e Taxas a Recolher
2.1.3.01.1.003 IPI a Recolher
2.1.3.01.1.004 IR a Recolher
2.1.3.01.1.005 IRR Fonte a Recolher
2.1.3.01.1.006 IR por Estimativa a Recolher
2.1.3.01.1.007 (–) IR a Compensar
2.1.3.01.1.008 ISS a Recolher
2.1.3.02 Contribuições a Recolher
2.1.3.02.1.001 COFINS a Recolher
2.1.3.02.1.002 CSLL a Recolher
2.1.3.02.1.003 CSLL por Estimativa a Recolher
2.1.3.02.1.004 (–) CSLL a Compensar
2.1.3.02.1.005 PIS/PASEP a Recolher
2.1.4 OBRIGAÇÕES TRABALHISTAS E PREVIDENCIÁRIAS
2.1.4.01 Obrigações Trabalhistas
2.1.4.01.1.001 Comissões a Pagar[26]
2.1.4.01.1.002 Décimo Terceiro Salário a Pagar
2.1.4.01.1.003 Férias a Pagar[27]
2.1.4.01.1.004 Gratificações a Pagar
2.1.4.01.1.005 Honorários a Pagar
2.1.4.01.1.006 Salários a Pagar

(continua)

[25] Trata-se de despesas pagas antecipadamente, pro rata tempore (proporcional ao número de dias do empréstimo ou do financiamento tomado).

[26] As comissões devidas aos vendedores normalmente são pagas em duas etapas: uma parte na ocasião das vendas e outra parte por ocasião do recebimento das duplicatas, quando se tratar de vendas a prazo. No momento da venda, o registro contábil é feito debitando-se a conta "Comissões sobre Vendas" (Despesa com Vendas) e creditando-se a conta "Comissões a Pagar".

[27] Também intitulado por alguns contabilistas como Pró-labore a Pagar.

(continuação)

2.1.4.02 Obrigações Previdenciárias
2.1.4.02.1.001 Contribuição(ões) Previdenciária(s) sobre Décimo Terceiro Salário a Recolher
2.1.4.02.1.002 Contribuição(ões) Previdenciária(s) sobre Férias a Recolher
2.1.4.02.1.003 Contribuição(ões) Previdenciária(s) sobre Salários a Recolher
2.1.4.02.1.004 Contribuição(ões) Sindical(is) a Recolher
2.1.4.02.1.005FGTS sobre Décimo Terceiro Salário a Recolher
2.1.4.02.1.006 FGTS sobre Férias a Recolher
2.1.4.02.1.007 FGTS sobre Salários a Recolher
2.1.5 OUTRAS OBRIGAÇÕES
2.1.5.01 Adiantamentos Recebidos de Clientes
2.1.5.01.1.001 Cliente A
2.1.5.02 Aluguéis Passivos a Pagar
2.1.5.02.1.001 Locador A
2.1.5.03 Arrendamentos Passivos a Pagar
2.1.5.03.1.001 Arrendador A
2.1.5.04 (−) Ajuste a Valor Presente (Juros Passivos a Vencer)
2.1.5.04.1.001 (−) Arrendador A
2.1.5.05 Contas a Pagar
2.1.5.05.1.001 Energia Elétrica a Pagar
2.1.5.06 Juros sobre o Capital Próprio a Pagar[28]
2.1.5.06.1.001 Acionista A
2.1.6 PARTICIPAÇÕES E DESTINAÇÕES DO LUCRO LÍQUIDO
2.1.6.01 Dividendos
2.1.6.01.1.001 Dividendos a Pagar
2.1.6.01.1.002 Dividendos Propostos a Pagar
2.1.6.02 Juros sobre o Capital Próprio
2.1.6.02.1.001 Juros sobre o Capital Próprio a Pagar
2.1.6.03 Participações
2.1.6.03.1.001 Participações de Debêntures a Pagar
2.1.6.03.1.002 Participações de Empregados a Pagar
2.1.6.03.1.003 Participações de Administradores a Pagar
2.1.6.03.1.004 Participações de Partes Beneficiárias a Pagar
2.1.6.03.1.005 Participações de Instituições ou Fundos de Assistência ou Previdência de Empregados a Pagar
2.1.7 PROVISÕES[29]
2.1.7.01 Provisão para Benefícios a Empregados
2.1.7.01.1.001 ...
2.1.7.02 Provisão para Desmontagem de Equipamentos
2.1.7.02.1.001 ...
2.1.7.03 Provisão para Garantias
2.1.7.03.1.001 Provisão para Garantias de Produtos
2.1.7.04 Provisão por Danos Ambientais
2.1.7.04.1.001 ...

(continua)

[28] Incluímos a conta JUROS SOBRE O CAPITAL PRÓPRIO A PAGAR no subgrupo OUTRAS OBRIGAÇÕES, para atender a disciplina da legislação tributária, e incluímos a mesma conta no subgrupo PARTICIPAÇÕES E DESTINAÇÕES DO RESULTADO, para atender o contido na Interpretação Técnica ICPC 08 - R1- (itens 10 e 11) do CPC, aprovada pela Deliberação CVM n. 683/2012.

[29] O termo "Provisão" somente deve ser utilizado na intitulação de contas representativas de Passivos de prazo ou valor incertos. (NBC TG 25)

(continuação)

2.1.7.05 (–) Ajuste a Valor Presente
2.1.7.05.1.001 (–) ...

2.2 PASSIVO NÃO CIRCULANTE[30]
2.2.1 PASSIVO EXIGÍVEL A LONGO PRAZO[31]
2.2.1.10 Obrigações a Fornecedores
2.2.1.11 Duplicatas a Pagar a Terceiros – Nacionais
2.2.1.11.1.001 Fornecedor A
2.2.1.12 Duplicatas a Pagar a Terceiros – Estrangeiros
2.2.1.12.1.001 Fornecedor A
2.2.1.13 Duplicatas a Pagar a Pessoas Ligadas
2.2.1.13.1.001 Controlada A
2.2.1.13.1.002 Coligada A
2.2.1.14 (–) Ajuste a Valor Presente (Juros Passivos a Vencer)
2.2.1.14.1.001 (–) ...
2.2.1.20 Empréstimos e Financiamentos
2.2.1.21 Bancos conta Caução
2.2.1.21.1.001 Banco Urupês S.A.
2.2.1.22 Bancos conta Empréstimos
2.2.1.22.1.001 Banco Urupês S.A.
2.2.1.23 Promissórias a Pagar
2.2.1.23.1.001 Credor A
2.2.1.24 (–) Encargos Financeiros a Vencer (ou a Apropriar)
2.2.1.24.1.001 Entidade A
2.2.1.25 Debêntures a Pagar
2.2.1.25.1.100 Debêntures Conversíveis em Ações
2.2.1.25.1.101 Debenturista A
2.2.1.25.1.200 Debêntures Não Conversíveis
2.2.1.25.1.201 Debenturista A
2.2.1.25.1.202 (–) Comissões Passivas a Apropriar
2.2.1.25.1.203 (–) ...
2.2.1.25.1.204 (–) Deságio a Apropriar
2.2.1.25.1.205 (–) ...
2.2.1.26 (–) Ajuste a Valor Presente
2.2.1.26.1.001 (–) ...
2.2.1.30 Obrigações Tributárias
2.2.1.31 Impostos a Recolher
2.2.1.31.1.001 IR a Recolher
2.2.1.32 Contribuições a Recolher
2.2.1.32.1.001 CSLL a Recolher

(continua)

[30] O Passivo Não Circulante é o oposto do Passivo Circulante. Enquanto no Passivo Circulante são classificadas as contas representativas de obrigações vencíveis a curto prazo, no Passivo Não Circulante são classificadas as contas representativas das obrigações de longo prazo (obrigações de pagar), inclusive aquelas representativas das receitas recebidas antecipadamente (obrigações de fazer).

[31] Classificam-se no Passivo Exigível a Longo Prazo as contas que representam obrigações cujos vencimentos ocorram após o término do exercício social subsequente ao do Balanço na qual as contas estiverem sendo apresentadas. Na companhia cujo ciclo operacional tiver duração maior que o exercício social, a classificação no circulante ou longo prazo terá por base o prazo desse ciclo (parágrafo único do artigo 179º da Lei n. 6.404/1976).

(continuação)

2.2.1.33 Tributos Diferidos a Recolher[32]
2.2.1.33.1.001 IR Diferido a Recolher
2.2.1.33.1.002 CSLL Diferida a Recolher
2.2.1.34 (–) Ajuste a Valor Presente
2.2.1.34.1.001 (–) ...
2.2.1.40 Outras Obrigações
2.2.1.41 Arrendamentos Passivos
2.2.1.41.1.100 Arrendamentos Passivos a Pagar
2.2.1.41.1.101 Arrendador A
2.2.1.41.1.200 (–) Encargos Financeiros sobre Arrendamentos a Pagar
2.2.1.41.1.201 (–) ...
2.2.1.42 Títulos a Pagar
2.2.1.42.1.001 Credor A
2.2.1.43 (–) Ajuste a Valor Presente (Juros Passivos a Vencer)
2.2.1.43.1.001 (–) ...
2.2.1.50 Obrigações a Pessoas Ligadas
2.2.1.51 Transações Não Usuais
2.2.1.51.1.001 Controlada A
2.2.1.51.1.002 Coligada A
2.2.1.52 (–) Ajuste a Valor Presente (Juros Passivos a Vencer)
2.2.1.52.1.001 (–) ...
2.2.1.60 PROVISÕES
2.2.1.60.01 Provisão para Benefícios a Empregados
2.2.1.60.01.1.001 ...
2.2.1.60.02 Provisão para Desmontagem de Equipamentos
2.2.1.60.02.1.001 ...
2.2.1.60.03 Provisão para Garantias
2.2.1.60.03.1.001 Provisão para Garantias de Produtos
2.2.1.60.04 Provisão por Danos Ambientais
2.2.1.60.04.1.001 ...
2.2.2 RECEITAS DIFERIDAS[33]
2.2.2.01 Receitas Recebidas Antecipadamente
2.2.2.01.1.001 Aluguéis Ativos a Vencer (ou a Apropriar)
2.2.2.01.1.002 Arrendamentos Ativos a Vencer (ou a Apropriar)
2.2.2.02 (–) Custos/Despesas ou Encargos Vinculados às Receitas
2.2.2.02.1.001 (–) ...
2.3 PATRIMÔNIO LÍQUIDO
2.3.1 CAPITAL SOCIAL
2.3.1.01.1.999 Capital Subscrito
2.3.1.02.1.999 (–) Capital a Realizar

(continua)

[32] Subgrupo de contas apropriado para o registro do IR e da CSLL devidos sobre o lucro líquido em decorrência de exclusões lançadas no ELALUR por exigência fiscal. Esse subgrupo pode figurar também no Passivo Circulante, quando o prazo previsto para a reversão da exclusão for inferior a 12 meses da data do Balanço. Trata-se de Passivo fiscal diferido (valor do tributo sobre o lucro devido em período futuro relacionado às diferenças temporárias tributáveis) (Assunto disciplinado pela NBC TG 32, fundamentada no CPC 32).

[33] A Lei n. 6.404/1976, em seu artigo 299º-B, estabelece que as contas representativas das receitas recebidas antecipadamente devem ser classificadas no Passivo Não Circulante, deduzidas dos custos e despesas a elas correspondentes.

(continuação)

2.3.2 RESERVAS 2.3.2.01 Reservas de Capital 2.3.2.01.1.001 Reserva de Ágio na Emissão de Ações/Cotas 2.3.2.01.1.002 Reserva de Alienação de Partes Beneficiárias 2.3.2.01.1.003 Reserva de Alienação de Bônus de Subscrição 2.3.2.01.1.004 (–) Ações em Tesouraria[34] 2.3.2.02 Reservas de Lucros 2.3.2.02.1.001 Reserva Legal 2.3.2.02.1.002 Reservas Estatutárias 2.3.2.02.1.003 Reservas para Contingências 2.3.2.02.1.004 Reservas para Incentivos Fiscais 2.3.2.02.1.005 Reservas de Lucros a Realizar 2.3.2.02.1.006 Reservas de Lucros para Expansão 2.3.2.02.1.007 Reserva Especial para Dividendo Obrigatório não Distribuído 2.3.2.02.1.008 (–) Ações em Tesouraria 2.3.3 (+ou–) AJUSTES DE AVALIAÇÃO PATRIMONIAL 2.3.3.01 Ajustes de Elementos do Ativo 2.3.3.01.1.001 ... 2.3.3.02 (–) Ajustes de Elementos do Passivo 2.3.3.02.1.001 (–) ... 2.3.4 (+ou–) LUCROS OU PREJUÍZOS ACUMULADOS[35] 2.3.4.01.1.999 Lucros Acumulados 2.3.4.02.1.999 (–) Prejuízos Acumulados

QUADRO II

CONTAS DE RESULTADO
3. DESPESAS E CUSTOS
3.1 DESPESAS OPERACIONAIS 3.1.1 DESPESAS COM VENDAS 3.1.1.01 Pessoal 3.1.1.01.1.001 Assistência Médica e Social

(continua)

[34] Correspondem a ações representativas do capital da própria empresa, adquiridas por ela mesma. Segundo estabelece o § 5º do artigo 182º da Lei n. 6.404/1976, as Ações em Tesouraria deverão ser destacadas no Balanço como dedução da conta do Patrimônio Líquido que registrar a origem dos recursos aplicados na sua aquisição. Por esse motivo, posicionamos a conta Ações em Tesouraria em dois lugares no Patrimônio Líquido. Na vida prática, havendo dificuldade de identificação da origem do recurso, conforme estabelece o preceito legal citado, o contabilista deve escolher o melhor posicionamento em cada caso particular.

[35] Com o advento da Lei n. 11.638/2007, as entidades constituídas sob a forma jurídica de sociedade por ações, ficaram obrigadas a dar destinação total aos lucros apurados em cada exercício social. Deste modo, ficou vedado a esse tipo de entidade, a manutenção de saldo credor na conta Lucros ou Prejuízos Acumulados (ou na subconta Lucros Acumulados), nos Balanços de final de exercício social. Contudo, esse procedimento não se aplica às demais sociedades e entidades de forma geral, as quais poderão manter em seus Balanços saldo credor na conta Lucros ou Prejuízos Acumulados, para futuras destinações. (Ver itens 48 a 50 do Comunicado Técnico CTG 2000 aprovado pela Resolução CFC n. 1159/2009.

(continuação)

3.1.1.01.1.002 Aviso Prévio e Indenizações
3.1.1.01.1.003 Contribuição(ões) de Previdência
3.1.1.01.1.004 FGTS
3.1.1.01.1.005 Décimo Terceiro Salário
3.1.1.01.1.006 Férias
3.1.1.01.1.007 Lanches e Refeições
3.1.1.01.1.008 Prêmios e Gratificações
3.1.1.01.1.009 Pró-labore
3.1.1.01.1.010 Salários
3.1.1.01.1.011 Seguro de Vida em Grupo
3.1.1.01.1.012 Seguros de Acidente de Trabalho
3.1.1.01.1.013 Vale-refeição
3.1.1.01.1.014 Vale-transporte
3.1.1.01.1.015 Outros Encargos
3.1.1.02 Comissões
3.1.1.02.1.001 Comissões sobre Vendas
3.1.1.03 Propaganda e Publicidade
3.1.1.03.1.001 Amostras Grátis
3.1.1.03.1.002 Pesquisas de Mercado
3.1.1.03.1.003 Brindes e Presentes
3.1.1.03.1.004 Veiculações Diversas na Mídia
3.1.1.04 Despesas com Viagens e Estadas
3.1.1.04.1.001 Condução e Transporte
3.1.1.04.1.002 Hospedagem
3.1.1.04.1.003 Lanches e Refeições
3.1.1.04.1.004 Viagens Terrestres
3.1.1.05 Despesas com Entregas
3.1.1.05.1.001 Despesas com Arrendamentos Passivos
3.1.1.05.1.002 Combustíveis
3.1.1.05.1.003 Fretes e Carretos
3.1.1.05.1.004 Manutenção de Veículos
3.1.1.06 Ocupação
3.1.1.06.1.001 Água e Esgoto
3.1.1.06.1.002 Aluguéis Passivos
3.1.1.06.1.003 Amortização
3.1.1.06.1.004 Comunicação (Telefone, Fax etc.)
3.1.1.06.1.005 Conservação Predial
3.1.1.06.1.006 Depreciação
3.1.1.06.1.007 Energia Elétrica
3.1.1.06.1.008 Manutenção em Elevadores
3.1.1.06.1.009 Manutenção e Reparos
3.1.1.07 Gerais
3.1.1.07.1.001 Despesas Postais
3.1.1.07.1.002 Materiais de Consumo
3.1.1.07.1.003 Material de Escritório (Expediente)
3.1.1.07.1.004 Material de Informática
3.1.1.07.1.005 Material de Higiene e Limpeza
3.1.1.07.1.006 Perdas com Clientes
3.1.1.07.1.007 Prêmios de Seguro
3.1.1.07.1.008 Revistas e Publicações
3.1.1.07.1.009 Despesas Eventuais

(continua)

(continuação)

3.1.1.08 Serviços de Terceiros
3.1.1.08.1.001 Assistência Técnica em Processamento de Dados
3.1.1.08.1.002 Recrutamento e Seleção
3.1.1.08.1.003 Segurança
3.1.1.08.1.004 Treinamento de Pessoal
3.1.1.08.1.005 Outros Serviços de Terceiros
3.1.1.09 Tributárias
3.1.1.09.1.001 Imposto Predial e Territorial Urbano (IPTU)
3.1.1.09.1.002 Imposto sobre Veículos Automotores (IPVA)
3.1.1.09.1.003 Imposto Territorial Rural (ITR)
3.1.1.09.1.004 Impostos e Taxas Diversas
3.1.1.10 Despesas com Perdas Estimadas
3.1.1.10.1.001 Despesas com Perdas Estimadas em Créditos de Liquidação Duvidosa
3.1.1.10.1.002 Despesas com Perdas Estimadas por Redução ao Valor Realizável Líquido
3.1.1.10.1.003 Despesas com Perdas Prováveis na Realização de Investimentos
3.1.1.10.1.004 Despesas com Provisões para Benefícios a Empregados
3.1.2 DESPESAS FINANCEIRAS
3.1.2.01 Derivadas de Transações Comerciais
3.1.2.01.1.001 Ajuste a Valor Presente (Compras de Bens ou Serviços)
3.1.2.01.1.002 Descontos Concedidos
3.1.2.01.1.003 Encargos Financeiros sobre Arrendamentos Passivos
3.1.2.02 Derivadas de Transações Financeiras
3.1.2.02.1.001 Despesas Bancárias
3.1.2.02.1.002 Juros Passivos
3.1.2.03 Tributárias
3.1.2.03.1.001 Impostos sobre Operações Financeiras
3.1.2.04 Variações Monetárias
3.1.2.04.1.001 Variação Cambial Passiva
3.1.2.04.1.002 Variação Monetária Passiva
3.1.2.05 Outras
3.1.2.05.1.001 Juros sobre o Capital Próprio
3.1.3 DESPESAS ADMINISTRATIVAS
3.1.3.01 Pessoal
3.1.3.01.1.001 Assistência Médica e Social
3.1.3.01.1.002 Aviso Prévio e Indenizações
3.1.3.01.1.003 Contribuição(ões) de Previdência
3.1.3.01.1.004 FGTS
3.1.3.01.1.005 Décimo Terceiro Salário
3.1.3.01.1.006 Férias
3.1.3.01.1.007 Lanches e Refeições
3.1.3.01.1.008 Prêmios e Gratificações
3.1.3.01.1.009 Pró-labore[36]
3.1.3.01.1.010 Salários
3.1.3.01.1.011 Seguro de Vida em Grupo
3.1.3.01.1.012 Seguros de Acidente de Trabalho

(continua)

36 Pró-labore ou Honorários é a remuneração paga a sócios, diretores, administradores ou a titulares de empresas individuais, considerados não trabalhadores da empresa, pelos serviços por eles prestados à empresa. Sobre essa remuneração, a empresa tem ainda encargos com a Previdência Social (20%) e opcionalmente com o FGTS (8%).

(continuação)

3.1.3.01.1.013 Vale-refeição
3.1.3.01.1.014 Vale-transporte
3.1.3.01.1.015 Outros Encargos
3.1.3.02 Honorários[37]
3.1.3.02.1.001 Honorários da Diretoria
3.1.3.02.1.002 Honorários do Conselho de Administração
3.1.3.02.1.003 Honorários do Conselho Fiscal
3.1.3.03 Despesas com Viagens e Estadas
3.1.3.03.1.001 Condução e Transporte
3.1.3.03.1.002 Hospedagem
3.1.3.03.1.003 Lanches e Refeições
3.1.3.03.1.004 Viagens Terrestres
3.1.3.04 Ocupação
3.1.3.04.1.001 Água e Esgoto
3.1.3.04.1.002 Aluguéis Passivos
3.1.3.04.1.003 Amortização
3.1.3.04.1.004 Comunicação (Telefone, Fax etc.)
3.1.3.04.1.005 Conservação Predial
3.1.3.04.1.006 Depreciação
3.1.3.04.1.007 Energia Elétrica
3.1.3.04.1.008 Manutenção em Elevadores
3.1.3.04.1.009 Manutenção e Reparos
3.1.3.05 Gerais
3.1.3.05.1.001 Despesas com Arrendamentos Passivos
3.1.3.05.1.002 Combustíveis
3.1.3.05.1.003 Copa e Cozinha
3.1.3.05.1.004 Despesas Legais e Judiciais
3.1.3.05.1.005 Despesas Postais
3.1.3.05.1.006 Doações Diversas
3.1.3.05.1.007 Fretes e Carretos
3.1.3.05.1.008 Manutenção de Veículos
3.1.3.05.1.009 Materiais de Consumo
3.1.3.05.1.010 Material de Escritório (Expediente)
3.1.3.05.1.011 Material de Informática
3.1.3.05.1.012 Material de Higiene e Limpeza
3.1.3.05.1.013 Prêmios de Seguro
3.1.3.05.1.014 Revistas e Publicações
3.1.3.05.1.015 Despesas Eventuais
3.1.3.06 Serviços de Terceiros
3.1.3.06.1.001 Assistência Técnica em Processamento de Dados
3.1.3.06.1.002 Auditoria
3.1.3.06.1.003 Consultoria Contábil e Fiscal
3.1.3.06.1.004 Recrutamento e Seleção
3.1.3.06.1.005 Segurança
3.1.3.06.1.006 Treinamento de Pessoal
3.1.3.06.1.007 Outros Serviços de Terceiros

(continua)

[37] Idem comentário da nota 36.

(continuação)

3.1.3.07 Tributárias
3.1.3.07.1.001 Contribuição(ões) Sindical(is) – empresa
3.1.3.07.1.002 Impostos e Taxas Diversas
3.1.3.07.1.003 Imposto Predial e Territorial Urbano (IPTU)
3.1.3.07.1.004 Imposto sobre Veículos Automotores (IPVA)
3.1.3.07.1.005 Imposto Territorial Rural (ITR)
3.1.3.08 Despesas com Perdas Estimadas
3.1.3.08.1.001 Despesas com Perdas Estimadas na Realização de Investimentos
3.1.3.08.1.002 Despesas com Perdas Estimadas por Redução ao Valor Realizável Líquido
3.1.3.08.1.003 Despesas com Provisões para Benefícios a Empregados
3.1.4 OUTRAS DESPESAS OPERACIONAIS
3.1.4.01 Gerais
3.1.4.01.1.001 Despesas de Organização
3.1.4.01.1.002 Insubsistências Ativas
3.1.4.01.1.003 Multas de Trânsito
3.1.4.01.1.004 Multas Fiscais
3.1.4.01.1.005 Perdas Estimadas em Estoques
3.1.4.01.1.006 Perdas ou Quebras de Estoques
3.1.4.01.1.007 Perdas por Divergências de Estoques
3.1.4.01.1.008 Superveniências Passivas
3.1.4.01.1.009 Despesas Eventuais
3.1.4.02 Tributárias
3.1.4.02.1.001 COFINS Demais Receitas[38]
3.1.4.02.1.002 PIS/PASEP Demais Receitas[39]
3.1.4.03 Despesas de Participações Societárias
3.1.4.03.1.001 Despesas de Participações Societárias Avaliadas pelo MEP
3.1.4.03.1.002 Amortização de Ágios
3.1.4.03.1.003 Despesas de Participações Societárias Avaliadas pelo MC
3.1.4.04 Despesas com Custos não Alocados à Produção
3.1.4.04.1.001 Custos Indiretos não Alocados
3.2 OUTRAS DESPESAS[40]
3.2.1 PERDAS DE CAPITAL NO ATIVO NÃO CIRCULANTE
3.2.1.01 Perdas de Capital nos Investimentos
3.2.1.01.1.001 Perdas na Baixa de Investimentos Avaliados pelo MEP
3.2.1.01.1.002 Perdas na Baixa de Investimentos Avaliados pelo Valor Justo
3.2.1.01.1.003 Perdas na Baixa de Investimentos Avaliados pelo MC
3.2.1.02 Perdas de Capital no Imobilizado
3.2.1.02.1.001 Perdas na Baixa de Bens do Imobilizado

(continua)

[38] Considerar, aqui, as parcelas da COFINS incidentes sobre demais receitas, uma vez que as parcelas referentes ao faturamento (Receita Bruta de Vendas de Mercadorias, de Produtos e Receita Bruta da Prestação de Serviços) figurarão no grupo da Receita Bruta. É importante destacar que a COFINS e o PIS/Pasep, sobre as demais receitas, é devida somente pelas pessoas jurídicas sujeitas à tributação pelo regime de incidência não cumulativa (Lei n. 11.941/2009).

[39] Valem os mesmos comentários da nota 38.

[40] É importante salientar que a nova redação dada ao inciso IV do artigo 187º da Lei n. 6.404/1976 pela Lei n. 11.941/09, substituiu na Demonstração do Resultado do Exercício, a denominação "Despesas Não Operacionais" por "Outras Despesas".

(continuação)

3.2.1.03 Perdas de Capital no Intangível
3.2.1.03.1.001 Perdas na Baixa de Bens do Intangível
3.2.1.04 Perdas Estimadas
3.2.1.04.1.001 Despesas com Perdas Estimadas na Realização de Investimentos[41]
3.3 CUSTOS
3.3.1 CUSTO DAS COMPRAS DE MATERIAIS[42]
3.3.1.10 Custos das Compras de Mercadorias[43]
3.3.1.11 Mercado Interno
3.3.1.11.1.001 Compras de Mercadorias
3.3.1.11.1.002 Fretes e Seguros sobre Compras
3.3.1.11.1.003 (–) Abatimentos sobre Compras
3.3.1.11.1.004 (–) Compras Anuladas ou Devoluções de Compras
3.3.1.11.1.005 (–) Descontos Incondicionais Obtidos
3.3.1.12 Mercado Externo
3.3.1.12.1.001 Compras de Mercadorias
3.3.1.12.1.002 Fretes e Seguros sobre Compras
3.3.1.12.1.003 Aluguéis de Contêineres
3.3.1.12.1.004 Imposto sobre Importação (II) – não recuperável
3.3.1.12.1.005 ICMS sobre Importação – não recuperável
3.3.1.12.1.006 IPI sobre Importação – não recuperável
3.3.1.12.1.007 Taxas Aduaneiras
3.3.1.12.1.008 (–) Abatimentos sobre Compras
3.3.1.12.1.009 (–) Compras Anuladas ou Devoluções de Compras
3.3.1.12.1.010 (–) Descontos Incondicionais Obtidos
3.3.1.20 Custo das Compras de Matérias-Primas
(Classificação semelhante à do subgrupo 3.3.1.10)
3.3.1.30 Custo das Compras Materiais Secundários
(Classificação semelhante à do subgrupo 3.3.1.10)
3.3.1.40 Custo das Compras Materiais Auxiliares
(Classificação semelhante à do subgrupo 3.3.1.10)
3.3.1.50 Custo das Compras Materiais de Acondicionamento e Embalagem
(Classificação semelhante à do subgrupo 3.3.1.10)
3.3.1.60 Custo das Compras Materiais de Escritório (Expediente)
(Classificação semelhante à do subgrupo 3.3.1.10)

(continua)

[41] Inciso III do artigo 183º da Lei n. 6.404/1976.

[42] Nos registros das compras de qualquer material, deve-se também considerar o sistema de controle de estoques e apuração de resultados adotado pela entidade (inventário periódico ou permanente), bem como a inclusão ou não, nos estoques, dos tributos incidentes conforme estabelecer a legislação pertinente. Lembramos que há tributos recuperáveis, os quais não integram o custo das compras, e há tributos não recuperáveis, que integram o custo das compras. É importante ressaltar, ainda, que os materiais de consumo, como aqueles utilizados no expediente regular das empresas, normalmente compõem-se de muitos itens, incluindo valores inexpressivos, sendo perfeitamente aceitável a apuração do consumo por diferenças entre os valores lançados a débito da respectiva conta de estoque e o estoque final apurado por meio de levantamento físico (convenção contábil da materialidade).

[43] Quando a empresa adotar o sistema de inventário permanente para o registro e controle das operações com mercadorias, as contas desse subgrupo não serão utilizadas, uma vez que, nesse caso, os Débitos e os Créditos referentes ao custo de aquisição das mercadorias serão lançados diretamente na conta que registra o respectivo estoque. Haverá necessidade de controle extracontábil para possibilitar o acompanhamento das compras à vista e a prazo, tanto no mercado interno como no externo. Observar ainda a exclusão dos impostos recuperáveis.

(continuação)

3.3.1.70 Custo das Compras Materiais de Informática
(Classificação semelhante à do subgrupo 3.3.1.10)
3.3.1.80 Custo das Compras Materiais de Higiene e Limpeza
(Classificação semelhante à do subgrupo 3.3.1.10)
3.3.1.90 Custo das Compras Materiais de Manutenção
(Classificação semelhante à do subgrupo 3.3.1.10)
3.3.2 CUSTOS DIRETOS DE FABRICAÇÃO
3.3.2.01 Materiais Diretos
3.3.2.01.1.001 Matéria-prima
3.3.2.01.1.002 Materiais Secundários
3.3.2.01.1.003 Materiais Auxiliares
3.3.2.01.1.004 Materiais de Acondicionamento e Embalagem
3.3.2.02 Mão de Obra Direta
3.3.2.02.1.001 Assistência Médica e Social
3.3.2.02.1.002 Aviso Prévio e Indenizações
3.3.2.02.1.003 Contribuição(ões) de Previdência
3.3.2.02.1.004 FGTS
3.3.2.02.1.005 Décimo Terceiro Salário
3.3.2.02.1.006 Férias
3.3.2.02.1.007 Lanches e Refeições
3.3.2.02.1.008 Prêmios e Gratificações
3.3.2.02.1.009 Salários
3.3.2.02.1.010 Seguro de Acidentes do Trabalho
3.3.2.02.1.011 Seguro de Vida em Grupo
3.3.2.02.1.012 Vale-refeição
3.3.2.02.1.013 Vale-transporte
3.3.2.02.1.014 Outros Encargos
3.3.2.03 Gastos Gerais de Fabricação Diretos
3.3.2.03.1.001 Combustíveis e Lubrificantes
3.3.2.03.1.002 Energia Elétrica
3.3.2.03.1.003 Oficinas Externas
3.3.2.03.1.004 Serviços de Terceiros
3.3.2.03.1.005 Outros Gastos Gerais de Fabricação
3.3.3 CUSTOS INDIRETOS DE FABRICAÇÃO (CIFs)
3.3.3.01 Materiais Indiretos
3.3.3.01.1.001 Materiais Secundários
3.3.3.01.1.002 Materiais Auxiliares
3.3.3.01.1.003 Materiais de Acondicionamento e Embalagem
3.3.3.01.1.004 Materiais
3.3.3.01.1.005 Materiais de Informática
3.3.3.01.1.006 Materiais de Higiene e Limpeza
3.3.3.01.1.007 Materiais de Manutenção
3.3.3.02 Mão de Obra Indireta
3.3.3.02.1.001 Assistência Médica e Social
3.3.3.02.1.002 Aviso Prévio e Indenizações
3.3.3.02.1.003 Contribuição(ões) de Previdência
3.3.3.02.1.004 FGTS
3.3.3.02.1.005 Décimo Terceiro Salário
3.3.3.02.1.006 Férias
3.3.3.02.1.007 Honorários (Pró-labore)
3.3.3.02.1.008 Lanches e Refeições

(continua)

(continuação)

3.3.3.02.1.009 Prêmios e Gratificações
3.3.3.02.1.010 Salários
3.3.3.02.1.011 Seguro de Acidentes do Trabalho
3.3.3.02.1.012 Seguro de Vida em Grupo
3.3.3.02.1.013 Vale-refeição
3.3.3.02.1.014 Vale-transporte
3.3.3.02.1.015 Outros Encargos
3.3.3.03 Gastos Gerais de Fabricação Indiretos
3.3.3.03.1.001 Água e Esgoto
3.3.3.03.1.002 Aluguéis e Arrendamentos
3.3.3.03.1.003 Amortização
3.3.3.03.1.004 Combustíveis
3.3.3.03.1.005 Comunicações
3.3.3.03.1.006 Conservação Predial
3.3.3.03.1.007 Depreciação
3.3.3.03.1.008 Energia Elétrica
3.3.3.03.1.009 Impostos e Taxas
3.3.3.03.1.010 Manutenção em Elevadores
3.3.3.03.1.011 Manutenção e Reparos – Produção
3.3.3.03.1.012 Roupas Especiais
3.3.3.03.1.013 Segurança
3.3.3.03.1.014 Serviços de Terceiros
3.3.3.03.1.015 Comunicação (Telefone, Fax etc.)
3.3.3.03.1.016 Transporte
3.3.3.03.1.017 Outros Gastos Gerais de Fabricação
3.3.3.04.1.999 CIF[44]
3.3.3.04.2.999 CIFs Estimados[45]
3.3.3.04.3.999 Variação de CIF
3.3.4 CUSTO EM FORMAÇÃO
3.3.4.01 Produto A
3.3.4.01.1.001 Materiais
3.3.4.01.1.002 Mão de obra
3.3.4.01.1.003 Gastos Gerais de Fabricação
3.3.4.02 Produto B
3.3.4.02.1.001 Materiais
3.3.4.02.1.002 Mão de obra
3.3.4.02.1.003 Gastos Gerais de Fabricação
3.4 CUSTO DA PRESTAÇÃO DE SERVIÇOS
3.4.1 CUSTOS DIRETOS DA PRESTAÇÃO DE SERVIÇOS

(continua)

[44] Quando o programa utilizado no processamento eletrônico de dados não permitir automaticamente os cálculos e rateio de cada conta representativa do custo indireto de fabricação para o custo em formação de cada produto, pode-se optar, por razões práticas, em transferir os saldos de todas as contas dos subgrupos 3.3.3.01 a 3.3.3.03 para a conta única 3.3.3.04.1.999 CIF. Agindo dessa forma, os cálculos para rateio e os lançamentos de transferência serão feitos com base no saldo de uma só conta, facilitando assim os registros contábeis. Lembramos, no entanto, que esse procedimento é apenas uma sugestão, e que a sua adoção dependerá de cada caso particular.

[45] Conta própria para contabilização dos custos indiretos de fabricação estimados. É utilizada nos casos em que a empresa precisa apurar custos de produtos cujos processos de fabricação são encerrados ao longo do mês, antes mesmo de se conhecer o montante dos custos indiretos incorridos no respectivo mês

(continuação)

3.4.1.01 Materiais Diretos
3.4.1.01.1.001 Materiais Diversos Aplicados na Prestação de Serviços
3.4.1.02 Mão de Obra Direta
3.4.1.02.1.001 Assistência Médica e Social
3.4.1.02.1.002 Aviso Prévio e Indenizações
3.4.1.02.1.003 Contribuição(ões) de Previdência
3.4.1.02.1.004 FGTS
3.4.1.02.1.005 Décimo Terceiro Salário
3.4.1.02.1.006 Férias
3.4.1.02.1.007 Lanches e Refeições
3.4.1.02.1.008 Prêmios e Gratificações
3.4.1.02.1.009 Salários
3.4.1.02.1.010 Seguro de Acidentes do Trabalho
3.4.1.02.1.011 Seguro de Vida em Grupo
3.4.1.02.1.012 Vale-refeição
3.4.1.02.1.013 Vale-transporte
3.4.1.02.1.014 Outros Encargos
3.4.1.03 Gastos Gerais Diretos
3.4.1.03.1.001 Combustíveis e Lubrificantes
3.4.1.03.1.002 Energia Elétrica
3.4.1.03.1.003 Serviços de Terceiros
3.4.1.03.1.004 Outros
3.4.2 CUSTOS INDIRETOS DA PRESTAÇÃO DE SERVIÇOS
3.4.2.01 Materiais Indiretos
3.4.2.01.1.001 Materiais Diversos Aplicados na Prestação de Serviços
3.4.2.02 Mão de Obra Indireta
3.4.2.02.1.001 Assistência Médica e Social
3.4.2.02.1.002 Aviso Prévio e Indenizações
3.4.2.02.1.003 Contribuição(ões) de Previdência
3.4.2.02.1.004 FGTS
3.4.2.02.1.005 Décimo Terceiro Salário
3.4.2.02.1.006 Férias
3.4.2.02.1.007 Honorários (Pró-labore)
3.4.2.02.1.008 Lanches e Refeições
3.4.2.02.1.009 Prêmios e Gratificações
3.4.2.02.1.010 Salários
3.4.2.02.1.011 Seguro de Acidentes do Trabalho
3.4.2.02.1.012 Seguro de Vida em Grupo
3.4.2.02.1.013 Vale-refeição
3.4.2.02.1.014 Vale-transporte
3.4.2.02.1.015 Outros Encargos
3.4.2.03 Gastos Gerais Indiretos
3.4.2.03.1.001 Água e Esgoto
3.4.2.03.1.002 Aluguéis e Arrendamentos
3.4.2.03.1.003 Amortização
3.4.2.03.1.004 Combustíveis
3.4.2.03.1.005 Comunicações (Telefone, Fax etc.)
3.4.2.03.1.006 Depreciação
3.4.2.03.1.007 Energia Elétrica
3.4.2.03.1.008 Impostos e Taxas

(continua)

(continuação)

3.4.2.03.1.009 Manutenção e Reparo
3.4.2.03.1.010 Refeitório
3.4.2.03.1.011 Roupas Especiais
3.4.2.03.1.012 Serviços de Terceiros
3.4.2.03.1.013 Outros
3.4.3 CUSTO EM FORMAÇÃO
3.4.3.01 Ordem de Serviço A
3.4.3.01.1.001 Materiais
3.4.3.01.1.002 Mão de obra
3.4.3.01.1.003 Gastos Gerais
3.4.3.02 Ordem de Serviço B
3.4.3.02.1.001 Materiais
3.4.3.02.1.002 Mão de obra
3.4.3.02.1.003 Gastos Gerais

4. RECEITAS

4.1 RECEITAS OPERACIONAIS
4.1.1 RECEITA BRUTA DE VENDAS DE MERCADORIAS
4.1.1.01 Mercado Interno
4.1.1.01.1.001 Vendas de Mercadorias
4.1.1.01.1.002 (–) Abatimentos sobre Vendas
4.1.1.01.1.003 (–) Vendas Anuladas (ou Devoluções de Vendas)
4.1.1.01.1.004 (–) Descontos Incondicionais Concedidos
4.1.1.01.1.005 (–) ICMS sobre Vendas
4.1.1.01.1.006 (–) IPI sobre Vendas[46]
4.1.1.01.1.007 (–) Imposto sobre Vendas a Varejo de Combustíveis Líquidos e Gasosos (IVVC)
4.1.1.01.1.008 (–) PIS/PASEP sobre Faturamento[47]
4.1.1.01.1.009 (–) COFINS sobre Faturamento[48]
4.1.1.02 Mercado Externo
4.1.1.02.1.001 Vendas de Mercadorias
4.1.1.02.1.002 (–) Abatimentos sobre Vendas
4.1.1.02.1.003 (–) Vendas Anuladas (ou Devoluções de Vendas)
4.1.1.02.1.004 (–) Descontos Incondicionais Concedidos
4.1.1.02.1.005 (–) ICMS sobre Vendas
4.1.1.02.1.006 (–) IPI sobre Vendas
4.1.1.02.1.007 (–) Imposto sobre Exportação (IE)
4.1.1.02.1.008 (–) PIS/PASEP sobre Faturamento
4.1.1.02.1.009 (–) COFINS sobre Faturamento
4.1.1.02.1.010 Taxas Aduaneiras

(continua)

[46] Esta conta aparecerá somente na contabilidade das empresas que adotarem o critério de contabilizar o valor total da nota fiscal (produtos + IPI) como venda bruta. A orientação do Fisco é que a receita bruta de vendas seja contabilizada, líquida do IPI.

[47] Considerar, aqui, somente o PIS/Pasep incidentes sobre o faturamento, uma vez que as parcelas referentes às demais receitas figurarão no grupo das Outras Despesas Operacionais, subgrupo Tributárias.

[48] Valem os mesmos comentários da nota 47.

(continuação)

4.1.2 RECEITA BRUTA DE VENDA DE PRODUTOS
(Subgrupos e contas semelhantes aos do grupo 4.1.1, feitas as devidas adaptações relativas à natureza da operação e aos tributos incidentes)
4.1.3 RECEITA BRUTA DA PRESTAÇÃO DE SERVIÇOS
4.1.3.01 Mercado Interno
4.1.3.01.1.001 Receitas de Serviços
4.1.3.01.1.002 (–) Descontos Incondicionais Concedidos
4.1.3.01.1.003 (–) Impostos sobre Serviços (ISS)
4.1.3.01.1.004 (–) ICMS sobre Receitas de Serviços[49]
4.1.3.01.1.005 (–) PIS/Faturamento sobre Receitas de Serviços
4.1.3.01.1.006 (–) COFINS sobre Receitas de Serviços
4.1.4 RECEITAS FINANCEIRAS
4.1.4.01 Derivadas de Transações Comerciais
4.1.4.01.1.001 Ajuste a Valor Presente (Vendas de bens ou serviços)
4.1.4.01.1.002 Descontos Obtidos
4.1.4.01.1.003 Receitas Financeiras sobre Arrendamentos Ativos
4.1.4.02 Derivadas de Transações Financeiras
4.1.4.02.1.001 Juros Ativos
4.1.4.02.1.002 Rendimentos sobre Investimentos Temporários
4.1.4.03 Variações Monetárias
4.1.4.03.1.001 Variação Cambial Ativa
4.1.4.03.1.002 Variação Monetária Ativa
4.1.4.04 Outras
4.1.4.04.1.001 Juros sobre o Capital Próprio
4.1.5 OUTRAS RECEITAS OPERACIONAIS
4.1.5.01 Gerais
4.1.5.01.1.001 Aluguéis Ativos
4.1.5.01.1.002 Arrendamentos Ativos
4.1.5.01.1.003 Insubsistências Passivas
4.1.5.01.1.004 Receitas com Perdas Recuperadas
4.1.5.01.1.005 Receitas com ICMS sobre Leasing[50]
4.1.5.01.1.006 Superveniências Ativas
4.1.5.01.1.007 Receitas Eventuais
4.1.5.02 Receitas com Reversões de Perdas Estimadas e Provisões
4.1.5.02.1.001 Receitas com Reversão de Perdas Estimadas em Créditos de Liquidação Duvidosa
4.1.5.02.1.002 Receitas com Reversão de Provisão para Benefícios a Empregados
4.1.5.02.1.003 Receitas com Reversão de Provisão para Garantias de Produtos
4.1.5.03 Receitas de Participações Societárias
4.1.5.03.1.001 Dividendos Recebidos – Equivalência Patrimonial
4.1.5.03.1.002 Ganhos por Compra Vantajosa
4.1.5.03.1.003 Dividendos Recebidos – Método do Valor Justo
4.1.5.03.1.004 Dividendos Recebidos – Método do Custo

(continua)

[49] Lembramos que o ICMS é um imposto que incide não só sobre operações relativas à circulação de mercadorias, mas também sobre prestações de alguns serviços como: transporte interestadual e intermunicipal; comunicação e fornecimento de energia elétrica.
[50] Receita sujeita a previsão em dispositivo da legislação do ICMS.

(continuação)

4.2 OUTRAS RECEITAS[51]
4.2.1 GANHOS DE CAPITAL NO ATIVO NÃO CIRCULANTE
4.2.1.01 Ganhos de Capital nos Investimentos
4.2.1.01.1.001 Ganhos na Baixa de Investimentos Avaliados pelo MEP
4.2.1.01.1.002 Ganhos na Baixa de Inv. Avaliados pelo Valor Justo
4.2.1.01.1.003 Ganhos na Baixa de Investimentos Avaliados pelo MC
4.2.1.02 Ganhos de Capital no Imobilizado
4.2.1.02.1.001 Ganhos na Baixa de Bens do Imobilizado
4.2.1.03 Ganhos de Capital no Intangível
4.2.1.03.1.001 Ganhos na Baixa de Bens do Intangível
4.2.1.04 Reversão de Perdas Estimadas
4.2.1.04.1.001 Reversão de Perdas Prováveis na Realização de Investimentos

5. APURAÇÃO DE RESULTADOS

5.1 RESULTADO OPERACIONAL BRUTO
5.1.1 CUSTO DAS MERCADORIAS, DOS PRODUTOS E DOS SERVIÇOS
5.1.1.01 Custo das Mercadorias
5.1.1.01.1.001 Custo das Mercadorias Vendidas (CMV)
5.1.1.02 Custo dos Produtos
5.1.1.02.1.001 Custo de Produção do Período (CPP)
5.1.1.02.1.002 Custo de Produção (CP)
5.1.1.02.1.003 Custo da Produção Acabada no Período (CPAP)
5.1.1.02.1.004 Custo dos Produtos Disponíveis para Venda (CPDV)
5.1.1.02.1.005 Custo dos Produtos Vendidos (CPV)
5.1.1.03 Custo dos Serviços
5.1.1.03.1.001 Custo dos Serviços Prestados (CSP)
5.1.2 RESULTADO DE MERCADORIAS, PRODUTOS E SERVIÇOS
5.1.2.01 Resultado da Conta Mercadorias (RCM)
5.1.2.01.1.001 Lucro sobre Vendas de Mercadorias
5.1.2.01.1.002 (–) Prejuízo sobre Vendas de Mercadorias
5.1.2.02 Resultado da Venda de Produtos (RVP)
5.1.2.02.1.001 Lucro sobre Vendas de Produtos
5.1.2.02.1.002 (–) Prejuízo sobre Vendas de Produtos
5.1.2.03 Resultado da Prestação de Serviços (RPS)
5.1.2.03.1.001 Lucro sobre Prestação de Serviços
5.1.2.03.1.002 (–) Prejuízo sobre Prestação de Serviços
5.2 OUTROS RESULTADOS
5.2.1 RESULTADO NA BAIXA DE BENS DO ATIVO NÃO CIRCULANTE
5.2.1.01 Ganhos ou Perdas de Capital na Baixa de Investimentos
5.2.1.01.1.001 Ganhos na Baixa de Investimentos
5.2.1.01.1.002 (–) Perdas na Baixa de Investimentos

(continua)

[51] É importante salientar que a nova redação dada ao inciso IV do artigo 187º da Lei n. 6.404/1976 pela Lei n. 11.941/09, substituiu na Demonstração do Resultado do Exercício, a denominação "Receitas Não Operacionais" por "Outras Receitas". Outras receitas representam os valores que sejam oriundos, principalmente, de baixas por alienação de ativos não correntes, tais como resultados na venda de imobilizado, de investimentos etc. (Item 9 do PRONUNCIAMENTO TÉCNICO CPC 09/2008).

(continuação)

5.2.1.02 Ganhos ou Perdas de Capital na Baixa de Imobilizações
5.2.1.02.1.001 Ganhos na Baixa de Imobilizações
5.2.1.02.1.002 (–) Perdas na Baixa de Imobilizações
5.2.1.03 Ganhos ou Perdas de Capital na Baixa de Intangíveis
5.2.1.03.1.001 Ganhos na Baixa de Intangíveis
5.2.1.03.1.002 (–) Perdas na Baixa de Intangíveis

5.3 RESULTADO LÍQUIDO
5.3.1 RESULTADO LÍQUIDO DO EXERCÍCIO
5.3.1.01.1 Resultado do Exercício
5.3.1.01.1.001 Lucro Líquido do Exercício
5.3.1.01.1.002 (–) Prejuízo do Exercício

QUADRO III

CONTAS EXTRAPATRIMONIAIS

6. CONTAS DE COMPENSAÇÃO

6.1 CONTAS DE COMPENSAÇÃO DO ATIVO
6.1.1 CONTRATOS E EMPENHOS
6.1.1.01 Arrendamento Mercantil Contratado
6.1.1.01.1.001 Companhia Jambo de Arrendamento Mercantil[52]
6.1.1.02 Compras Contratadas
6.1.1.03 Seguros Contratados
6.1.1.04 Serviços Contratados
6.1.2 RISCOS E ÔNUS PATRIMONIAIS
6.1.2.01 Alienação Fiduciária
6.1.2.02 Fianças a Favor de Terceiros
6.1.2.03 Imóveis Hipotecados
6.1.2.04 Títulos Avalizados
6.1.2.05 Títulos Endossados
6.1.3 VALORES EM PODER DE TERCEIROS
6.1.3.01 Bens Cedidos em Comodato
6.1.3.02 Bens Penhorados
6.1.3.03 Cheques em Cobrança
6.1.3.04 Duplicatas em Caução Bancária
6.1.3.05 Duplicatas em Cobrança Bancária
6.1.3.06 Duplicatas em Cobrança Judicial
6.1.3.07 Duplicatas em Cobrança por Representantes
6.1.3.08 Produtos Remetidos em Consignação
6.1.3.09 Produtos Remetidos para Conserto
6.1.3.10 Produtos Remetidos para Demonstração

(continua)

[52] Por razões práticas, deixamos de incluir subcontas nas demais contas de compensação deste elenco. Para exemplificar, fizemos constar apenas na conta 6.1.1.01 ARRENDAMENTO MERCANTIL CONTRATADO a subconta 6.1.1.01.1.001 Companhia Jambo de Arrendamento Mercantil.

(continuação)

6.1.3.11 Produtos Remetidos para Industrialização
6.1.3.12 Produtos Remetidos para Vendas Fora do Estabelecimento
6.1.4 VALORES DE TERCEIROS
6.1.4.01 Ações Caucionadas
6.1.4.02 Ações em Caução
6.1.4.03 Bens Recebidos em Comodato
6.1.4.04 Bens sob Alienação Fiduciária
6.1.4.05 Bens sob Hipoteca
6.1.4.06 Bens sob Penhor Mercantil
6.1.4.07 Bens sob Reserva de Domínio
6.1.4.08 Produtos Recebidos em Consignação
6.1.4.09 Produtos Recebidos para Conserto
6.1.4.10 Produtos Recebidos para Demonstração
6.1.4.11 Produtos Recebidos para Industrialização
6.1.4.12 Títulos Recebidos em Caução
6.2 CONTAS DE COMPENSAÇÃO DO PASSIVO
6.2.1 CONTRATOS E EMPENHOS
6.2.1.01 Contrato de Arrendamento Mercantil
6.2.1.01.1.001 Companhia Jambo de Arrendamento Mercantil
6.2.1.02 Contratos de Compras
6.2.1.03 Contratos de Seguros
6.2.1.04 Contratos de Serviços de Terceiros
6.2.2 RISCOS E ÔNUS PATRIMONIAIS
6.2.2.01 Contratos de Alienação Fiduciária
6.2.2.02 Favores de Terceiros em Fiança
6.2.2.03 Hipotecas de Imóveis
6.2.2.04 Avais de Títulos
6.2.2.05 Endossos de Títulos
6.2.3 VALORES EM PODER DE TERCEIROS
6.2.3.01 Remessas de Bens em Comodato
6.2.3.02 Penhoras de Bens
6.2.3.03 Endossos de Títulos
6.2.3.04 Endossos para Caução de Duplicatas
6.2.3.05 Endossos para Cobrança de Duplicatas
6.2.3.06 Endossos para Cobrança Judicial de Duplicatas
6.2.3.07 Endossos para Cobrança de Duplicatas por Representantes
6.2.3.08 Remessas de Produtos em Consignação
6.2.3.09 Remessas de Produtos para Conserto
6.2.3.10 Remessas de Produtos para Demonstração
6.2.3.11 Remessas de Produtos para Industrialização
6.2.3.12 Remessas de Produtos para Venda Fora do Estabelecimento
6.2.4 VALORES DE TERCEIROS
6.2.4.01 Caução da Diretoria
6.2.4.02 Caução de Ações
6.2.4.03 Recebimento de Bens em Comodato
6.2.4.04 Alienação Fiduciária de Bens
6.2.4.05 Hipotecas de Bens
6.2.4.06 Penhora Mercantil de Bens
6.2.4.07 Reserva de Domínio de Bens

(continua)

(continuação)

6.2.4.08 Recebimento de Produtos em Consignação 6.2.4.09 Recebimento de Produtos para Conserto 6.2.4.10 Recebimento de produtos para Demonstração 6.2.4.11 Recebimento de Produtos para Industrialização 6.2.4.12 Caução de Títulos

Nota

- É importante salientar, conforme orientação derivada do Conselho Federal de Contabilidade, que as entidades constituídas sob qualquer forma jurídica, desde que não seja a de sociedade por ações, poderão manter saldo credor na conta Lucros Acumulados para futuras destinações e apresentá-la no Patrimônio Líquido de seus Balanços no final do exercício social. (Itens 46 a 50 do Comunicado Técnico CT n. 01 aprovado pela Resolução CFC n. 1.159/2009).

ATIVIDADES TEÓRICAS

1. Responda:

1.1 O que é o plano de contas?

1.2 Plano de contas e elenco de contas são a mesma coisa? Por quê?

1.3 O que são contas de exercício e para que servem?

1.4 Cite quatro informações que podem ser obtidas no manual de contas.

1.5 Cite três demonstrações contábeis cujos modelos devem constar do plano de contas.

2. Classifique em verdadeira ou falsa:

2.1 ( ) No plano de contas, de conformidade com o estabelecido na Lei n. 6.404/1976 e nos itens 29 e 30 da Interpretação Técnica ITG 2000 – Escrituração Contábil, aprovada pela Resolução CFC n. 1330/2011, devem constar três grupos de contas: patrimoniais, de resultado e de compensação.

2.2 ( ) O plano de contas deve ser uniforme em todas empresas; conter as mesmas informações e quantidade de contas, independentemente do porte dessas mesmas empresas.

2.3 ( ) As contas extrapatrimoniais servem para o registro dos atos administrativos relevantes.

2.4 ( ) O registro dos atos administrativos considerados relevantes por meio das contas de compensação será o suporte para a preparação de informações que envolvem os ônus reais constituídos sobre elementos do Ativo, as garantias prestadas a terceiros e outras responsabilidades eventuais ou contingentes a serem apresentadas em notas explicativas.

2.5 ( ) Segundo estabelece a letra "d" do inciso IV do § 5º do artigo 176º da Lei n. 6.404/1976, os ônus reais constituídos sobre elementos do Ativo, as garantias prestadas a terceiros e outras responsabilidades eventuais ou contingentes deverão ser apresentadas em notas explicativas.

2.6 ( ) Conforme a Lei n. 6.404/1976, no Ativo as contas devem estar estruturadas em dois grupos principais: Ativo Circulante e Ativo Não Circulante, sendo este composto por Ativo Realizável a Longo Prazo, Investimentos, Imobilizado e Intangível.

2.7 ( ) No Passivo, segundo a Lei n..6.404/1976, as obrigações, as despesas e as receitas devem estar estruturadas em três grupos principais: Passivo Circulante, Passivo Não Circulante e Patrimônio Líquido.

2.8 ( ) O critério de codificação das contas que adotamos no elenco de contas proposto, e que permite facilmente a exclusão ou inclusão de contas, conforme o interesse e a necessidade de cada usuário, apresenta as contas a serem movimentadas por débitos e créditos com nove algarismos, para atender as exigências contidas no Regulamento do Imposto de Renda.

3. Escolha a alternativa correta:

3.1 Examine a seguinte relação: contas de compensação, contas de resultado, contas patrimoniais, elenco de contas, manual de contas e modelos de demonstrações contábeis padronizadas. Dessa lista, constituem parte do plano de contas:

a) todos os itens;
b) nenhum dos itens;
c) dois itens;
d) quatro itens;
e) três itens.

3.2 Código numérico, intitulação, função, funcionamento, natureza e os critérios de avaliação de cada conta devem constar do:

a) manual de contas;
b) elenco de contas;
c) modelo de demonstrações padronizadas;
d) todas estão corretas;
e) todas estão erradas.

3.3 Caixa, ICMS a Recuperar (CP), Depreciação Acumulada, Fornecedores, Imposto de Renda a Recolher, Juros a Pagar, Ações em Tesouraria, Aluguéis Passivos, Amortização, Juros Ativos. Escolha a alternativa que contém a quantidade de contas conforme o grupo citado:

a) 10 Patrimoniais;
b) 5 Ativos; 3 Passivos; 1 Despesas Administrativas; 1 Receita Financeira;
c) 1 Redutora do Ativo; 5 Passivos; 4 de Resultado;
d) 1 Ativo Circulante; 2 Ativos Não Circulantes; 3 Passivos Circulantes; 1 Patrimônio Líquido; 1 Receita Antecipada; 1 Despesas com Vendas; 1 Despesas Administrativas.
e) 2 Ativos Circulantes, 1 Ativo Não Circulante, 3 Passivos Circulantes, 1 Patrimônio Líquido 2 despesas e 1 receita.

3.4 Ao elaborar o plano de contas, a empresa deve observar:

a) Os interesses da empresa.
b) As disciplinas contidas na Lei n. 6.404/1976.
c) A legislação específica do ramo de atividade exercido pela empresa.
d) As Normas Brasileiras de Contabilidade.
e) Todas estão corretas.

ATIVIDADE PRÁTICA

Classifique as contas constantes do quadro a seguir, com base nos seguintes códigos:

a) Patrimonial (P), Resultado(R) ou Compensação (C);

b) Ativo (A), Passivo (P), Redutora do Ativo (RA), Redutora do Passivo (RP), Despesa (D), Custos (C), Receita(R), Custo das Compras (CC), Receita Bruta (RB), Compensação Ativa (CA) ou Compensação Passiva (CP);

c) devedora(D) ou credora(C);

d) por seus respectivos grupos, conforme o elenco de contas.

N.	CONTAS	A	B	C	D
01	Ações em Tesouraria	P	RP	D	PL
02	Adiantamentos a Fornecedores				
03	Adiantamentos Recebidos de Clientes				
04	Cartões de Crédito a Receber				
05	Aluguéis Ativos a Vencer				
06	Aplicações Financeiras com Rendimentos Pós-Fixados				
07	Aplicações Financeiras de Liquidez Imediata				
08	Aquisições de Imóveis em Andamento				
09	Arrendamentos Passivos a Vencer				
10	Pesquisas de Mercado				
11	Capital Subscrito				
12	Comissões a Pagar				
13	Comissões sobre Vendas				
14	Compras Contratadas				
15	Compras de Mercadorias				
16	Contrato de Compras				
17	CSLL a Compensar				
18	CSLL por Estimativa a Recolher				
19	Debêntures Conversíveis em Ações				
20	Depreciação de Bens do Setor Administrativo				
21	Despesas de Participações Societárias				
22	Direitos Autorais				
23	Dividendos Propostos a Pagar				
24	Duplicatas Descontadas				
25	Endossos para Cobrança de Duplicatas				
26	Exaustões Acumuladas				
27	Férias do Pessoal de Vendas				
28	Fornecedores Estrangeiros				
29	Fornecedores Nacionais				
30	Fretes e Seguros sobre Compras				
31	Honorários do Conselho Fiscal				
32	IPTU de Imóveis do Setor Comercial				
33	Juros sobre o Capital Próprio				
34	Juros sobre o Capital Próprio a Pagar				
35	Multas Fiscais				
36	Participação na Controlada				
37	Perdas com Clientes				
38	Perdas de Capital nos Investimentos				
39	Perdas por Redução ao Valor Realizável Líquido				

(continua)

(continuação)

N.	CONTAS	A	B	C	D
40	CSLL a Recolher				
41	Perdas Estimadas na Realização de Investimentos				
42	Receitas de Participações Societárias				
43	Rendimentos sobre Aplicações Financeiras				
44	Reversão de Perdas Estimadas em Créd. Liq. Duv.				
45	Salários do Pessoal Administrativo				
46	Seguros Contratados				
47	Títulos Avalizados				
48	Variação Cambial Passiva				
49	Variação Monetária Passiva				
50	Vendas de Mercadorias				

TESTES DE CONCURSO

Auditor-Fiscal da Receita Federal – AFRF (2000) – Contabilidade Geral

1. Considere os seguintes dados:

ATIVO CIRCULANTE	PASSIVO CIRCULANTE
Mercadorias.......... 50	Impostos a Pagar.......... 80
Duplicatas a Receber.......... 70	Salários a Pagar.......... 120
Caixa.......... 10	Fornecedores.......... 240
Bancos.......... 30	Empréstimos Bancários.......... 180
Outras Contas.......... 60	
Matérias-Primas.......... 60	
Máquinas.......... 120	

A apresentação acima de acordo com as disposições da Lei n. 6.404/76 incorre em algumas impropriedades. Elas são em número de:

a) 3
b) 1
c) 2
d) 5
e) 4

Auditor-Fiscal da Receita Federal – AFRF (2000) – Contabilidade Geral

2. Indique a opção correta:

a) Os financiamentos para aquisição de bens do Ativo Imobilizado, vencíveis após o término do exercício social seguinte, são classificados no Ativo Realizável a Longo Prazo.

b) Os empréstimos recebidos de sociedades coligadas ou controladas, vencíveis no curso do exercício social seguinte, serão classificados no Ativo Circulante.

c) Os empréstimos recebidos de sociedades coligadas ou controladas, vencíveis após o término do exercício social seguinte, serão classificados no Passivo Exigível a Longo Prazo.

d) Os financiamentos da aquisição de bens do Ativo Imobilizado vencíveis após o término do exercício social seguinte, serão classificados no Passivo Circulante.

e) Os empréstimos recebidos de sociedades coligadas ou controladas, vencíveis no curso do exercício social seguinte, serão classificados no Ativo Realizável a Longo Prazo.

2 Constituição das empresas

2.1 Introdução

Para as empresas desenvolverem suas atividades, é preciso que estejam devidamente constituídas e legalizadas. A legalização se dá por meio do registro de seus atos constitutivos, pelo menos nos seguintes órgãos:

- Junta Comercial do Estado (empresas mercantis – cujo ramo de atividade seja a produção ou a circulação de bens ou de serviços);
- Cartório do Registro Civil de Pessoas Jurídicas (quando se tratar de empresas não mercantis);
- Secretaria da Receita Federal (todas as empresas);
- Secretaria de Estado dos Negócios da Fazenda;
- Prefeitura do Município da sede da empresa;
- Previdência Social; e
- Delegacia Regional do Trabalho.

Dependendo do ramo de atividade que irão desenvolver, as empresas estão sujeitas ainda a registro em outros órgãos, como na Secretaria da Saúde, da Agricultura e outras, ou à obtenção de alvarás para funcionamento, na Delegacia de Polícia, no destacamento do Corpo de Bombeiros e outros.

Antes de estudarmos a contabilização dos fatos que ocorrem na fase de constituição das empresas em geral, veremos os livros nos quais esses registros são efetuados.

2.2 Livros utilizados pelas empresas

Todos os acontecimentos que ocorrem diariamente na empresa, responsáveis pela movimentação do seu patrimônio, são registrados em livros próprios, nos quais fica configurada sua própria vida.

2.2.1 Classificação

Os livros de escrituração têm várias finalidades: uns servem para registrar as compras, outros para registrar as vendas, controlar os estoques, os lucros ou prejuízos fiscais; há livros em que são registrados os empregados e outros em que se registram atas das assembleias quando se trata de sociedades por ações. Enfim, podemos classificar os livros em três grupos: livros fiscais, livros contábeis e livros sociais.

2.2.1.1 Livros fiscais

Livros fiscais são os exigidos pelo fisco federal, estadual ou municipal. Os mais comuns são:

1. Registro de Entradas (modelo 1);
2. Registro de Entradas (modelo 1-A);
3. Registro de Saídas (modelo 2);
4. Registro de Saídas (modelo 2-A);
5. Registro de Controle da Produção e do Estoque (modelo 3);
6. Registro do Selo Especial de Controle (modelo 4);
7. Registro de Impressão de Documentos Fiscais (modelo 5);
8. Registro de Utilização de Documentos Fiscais e Termos de Ocorrência (modelo 6);
9. Registro de Inventário (modelo 7);
10. Registro de Apuração do IPI (modelo 8);
11. Registro de Apuração do ICMS (modelo 9);
12. Livro de Movimentação de Combustíveis (LMC);
13. Livro Eletrônico de Escrituração e Apuração do Imposto sobre a Renda e da Contribuição Social sobre o Lucro Líquido da Pessoa Jurídica Tributada pelo Lucro Real (e-Lalur); e
14. Livro de Registro de Prestação de Serviços (modelo 1P.M).

Alguns livros fiscais devem ser usados por todo e qualquer tipo de empresa, como é o caso do livro de registro de utilização de documentos fiscais e termos de ocorrências, enquanto outros são empregados somente por algumas empresas, conforme seu ramo de atividades, como é o caso do livro de Registro de Impressão de Documentos Fiscais, modelo 5, que deve ser escriturado somente pelos estabelecimentos gráficos.

2.2.1.2 Livros contábeis

Livros contábeis são aqueles utilizados pelo setor de contabilidade e que se destinam à escrituração contábil dos fatos administrativos, bem como dos atos administrativos relevantes que ocorrem na empresa.

Segundo estabelecem os artigos 1.179º e 1.194º do Código Civil Brasileiro, aprovado pela Lei n. 10.406, de 10/01/2002, o empresário e a sociedade empresária são obrigados a seguir um sistema de contabilidade, mecanizado ou não, com base na escrituração uniforme de seus livros, em correspondência com a documentação respectiva. Devem, ainda, levantar anualmente o balanço patrimonial e o de resultado econômico e conservar em boa guarda toda a escrituração, correspondência e mais papéis concernentes à sua atividade, enquanto não ocorrer prescrição ou decadência no tocante aos atos neles consignados.

Também, de acordo com o Código Civil Brasileiro, *empresário* é todo aquele que exerce profissionalmente atividade econômica organizada para a produção ou a circulação de bens ou de serviços. *Sociedade empresária* é aquela que tem por objeto o exercício de atividade própria de empresário, sendo consideradas *sociedades simples*, as demais.

Tanto o empresário (empresa individual) quanto a empresa societária estão obrigados à inscrição no Registro Público de Empresas Mercantis da respectiva sede, antes do início de suas atividades.

Conforme disposição contida no artigo 257º do RIR/99, a pessoa jurídica tem de seguir ordem uniforme de escrituração, mecanizada ou não, utilizando os livros e papéis adequados, cujo número e espécie ficam a seu critério.

Está dispensado da escrituração contábil, pelo Código Civil, somente o pequeno empresário.

Pequeno empresário, é o empresário individual caracterizado como microempresa que aufira receita bruta anual de até $ 60.000,00. (artigo 68º da Lei Complementar n. 123/2006).

Microempresa (ME) é a sociedade empresária, a sociedade simples e o empresário, devidamente registrados no Registro de Empresas Mercantis ou no Registro Civil de Pessoas Jurídicas, conforme o caso, desde que aufira, em cada ano-calendário, receita bruta igual ou inferior a $ 360.000,00.

Os principais livros utilizados pela contabilidade são:

- Livro diário;
- Livro razão;
- Livro caixa; e
- Livro contas correntes.

2.2.1.3 Livros sociais

Conforme estabelece o artigo 100º da Lei n. 6.404/1976, a companhia deve ter, além dos livros obrigatórios para qualquer comerciante, os seguintes, revestidos das mesmas formalidades legais:

- Livro de Registro de Ações Nominativas;
- Livro de Transferência de Ações Nominativas;
- Livro de Registro de Partes Beneficiárias Nominativas;

- Livro de Transferência de Partes Beneficiárias Nominativas;
- Livro de Atas das Assembleias Gerais;
- Livro de Presença dos Acionistas;
- Livro de Atas das Reuniões do Conselho de Administração;
- Livro de Atas das Reuniões de Diretoria;
- Livro de Atas e Pareceres do Conselho Fiscal.

Nas companhias abertas, os Livros de Registro de Ações Nominativas, de Transferência de Ações Nominativas, de Registro de Partes Beneficiárias Nominativas e de Transferência de Partes Beneficiárias Nominativas poderão ser substituídos, observadas as normas expedidas pela Comissão de Valores Mobiliários, por registros mecanizados ou eletrônicos (§ 2º do artigo 100º da Lei n. 6.404/1976).

Além dos livros citados, as empresas poderão estar sujeitas à manutenção e/ou escrituração de outros, como: livro de Registro de Duplicatas (obrigatório para toda empresa que adotar o regime de vendas ou de prestação de serviços a prazo com emissão de faturas e duplicatas – artigo 19º da Lei n. 5.474, de 18/07/1977), livro de inspeção do trabalho (todas as empresas estão obrigadas a manter esse livro, ainda que não tenham empregados), livro de registro de empregados (obrigatório somente para as empresas que admitirem empregados) etc.

ATIVIDADES TEÓRICAS

1. Escolha a alternativa correta:

1.1 Os livros utilizados pelas empresas podem ser classificados em:

a) fiscais, contábeis e especiais;
b) fiscais, comerciais e diversos;
c) comerciais, sociais e contábeis;
d) fiscais, sociais e contábeis;
e) comerciais, societários e financeiros.

1.2 Escolha a alternativa que contenha apenas livros fiscais:

a) Registro de Entradas, Diário, Razão;
b) Registro de Saídas, Registro de Entradas, Caixa;
c) LALUR, Registro de Inventário, Registro de Saídas;
d) Registro de Atas do Conselho Fiscal, Diário, LALUR;
e) Diário, Razão, Caixa e Contas Correntes.

1.3 Registro de Entradas modelo-A, Diário, livro de Registro de Atas das Assembleias Gerais, Livro de Apuração do Lucro Real, livro de Registro de Inventário, livro Razão. A relação apresentada acima contém:

a) 2 livros fiscais; 2 livros comerciais-contábeis e 2 livros sociais;
b) 3 livros fiscais e 3 livros contábeis;
c) 3 livros fiscais, 2 livros contábeis e 1 livro social;
d) 3 livros sociais, 2 livros contábeis e 1 livro fiscal;
e) n.d.a.

2. Responda:

2.1 Cite dois livros fiscais que as empresas comerciais não estão obrigadas a escriturar.

2.2 O que são livros contábeis?

2.3 Segundo o Código Civil, que tipo de empresa está desobrigada de manter escrituração contábil?

2.4 Cite três livros contábeis.

2.5 Cite dois livros sociais.

2.3 Operações de abertura

Os primeiros lançamentos a serem escriturados no Livro Diário são aqueles referentes aos fatos que ocorrem na fase de constituição das empresas.

Nesta fase, podemos considerar dois momentos:

a. **constituição do capital:**

Empresas individuais: ocorre quando o titular (proprietário) decide montar seu negócio, definindo o valor do capital, a forma de realização e providenciando o registro da empresa nos órgãos competentes, visando dotá-la de personalidade jurídica.

Sociedades: ocorre quando os sócios se reúnem para definir o valor do capital, a parcela que caberá a cada um, bem como a forma e a data de realização. A formalização desse ato se dá com a assinatura do contrato social (sociedades em geral) ou do estatuto social (sociedades por ações). Dessa forma, uma vez subscrito o capital, os sócios se comprometem não só em realizar a parcela do capital que a cada um caberá, bem como cumprir todas as regras que irão reger a vida da sociedade, constantes do documento de constituição. Como ocorre com as empresas individuais, as sociedades somente adquirem personalidade jurídica, estando prontas para iniciar suas atividades, depois de devidamente registradas nos órgãos competentes;

b. **realização ou integralização do capital:**

Momento em que o proprietário (empresa individual) ou os sócios (sociedades) entregam para a empresa, como realização (pagamento) do capital que subscreveram – dinheiro, ou dinheiro e outros bens – inclusive direitos e obrigações.

Esses dois momentos devem ser registrados pela contabilidade, segregadamente, embora, por razões práticas, nas empresas individuais, quando o capital é realizado de uma só vez, costuma-se contabilizar em um só lançamento a sua constituição e realização.

2.3.1 Empresa individual

Empresa individual é uma organização formada por uma só pessoa, que a representa e responde ilimitadamente por todos os atos que praticar em nome da empresa.

Conforme já dissemos, o Código Civil Brasileiro criou o conceito de *empresário*, como sendo aquele que exerce profissionalmente atividade econômica organizada para a produção ou a circulação de bens ou de serviços. O documento que caracteriza a constituição desse tipo de empresa é uma *petição*. Por meio dela, o proprietário registra sua firma individual inicialmente na Junta Comercial do Estado, quando se tratar de empresa mercantil, ou no Cartório de Registro de Títulos e Documentos, quando se tratar de empresa não mercantil.

Para os efeitos do imposto de renda, as empresas individuais são equiparadas às pessoas jurídicas (Decreto-lei n. 1.706, de 23 de outubro de 1979, art. 2º).

2.3.1.1 Capital realizado em dinheiro

Suponhamos que Benedito da Silveira constitua uma empresa individual para explorar o ramo de comércio de motocicletas, situada na rua da Rodoviária Nova, n. 50, nesta cidade. O capital, no valor de $ 100.000, foi realizado em dinheiro no ato da constituição, conforme registro na Junta Comercial do Estado sob n. 01.895, em sessão de 12/02. A empresa foi também legalizada nos demais órgãos públicos necessários.

CONTABILIZAÇÃO:

Pela constituição e realização do capital:

1) *Caixa*

a Capital Subscrito

Valor com o qual Benedito da Silveira constitui o capital de sua firma individual para explorar o comércio de motocicletas, conforme registro na Junta Comercial do Estado sob n. 01.895, em sessão de 12/02, com capital realizado em dinheiro......................... *100.000*

Nota

O titular da empresa individual bem como os quotistas, sócio ou acionistas no caso de sociedades estarão sujeitos, a qualquer tempo, a justificar para o fisco a origem do recurso financeiro utilizado para realização do capital. Recomenda-se, portanto, para evitar desconfortos com o fisco que o valor do capital realizado em dinheiro seja feito por meio de cheque nominal, emitido pelo titular, quotista, sócio ou acionista, de sua conta corrente particular, a favor da empresa em organização.

Pela abertura de conta bancária:

2) *Bancos conta Movimento*

Banco Urupês S/A

a Caixa

Nosso depósito inicial com abertura de conta conforme recibo n. 583....................................... *100.000*

Nota

É necessária a abertura de conta corrente bancária em nome da empresa, com depósito inicial correspondente ao valor do capital realizado em dinheiro. Ao mesmo tempo que isso serve de prova, perante as autoridades judiciais e fiscais, de que houve realmente a realização do capital, caracteriza a distinção dos bens da pessoa física do titular dos bens da entidade que inicia suas atividades comerciais.

Razonetes:

CAPITAL SUBSCRITO	
	(1) 100.000

CAIXA	
(1) 100.000	(2) 100.000

BANCO CONTAS MOVIMENTO	
(2) 100.000	

2.3.1.2 Capital realizado em bens e direitos

Carlos Alberto Ribeiro constitui uma firma individual para explorar o ramo de comércio de móveis em geral, estabelecido na rua Santo Honofre, n. 1.000, nesta cidade, conforme registro na Junta Comercial do Estado, sob n. 321.810, em sessão de 10/05. Seu capital é de $ 55.000, a ser realizado no ato da constituição da empresa da seguinte maneira:

- um microcomputador marca TKX, avaliado, conforme laudo, em $ 2.000;
- um automóvel marca Lua, certificado de propriedade n. 521.908, avaliado em $ 15.000;
- em dinheiro: $ 33.000;
- uma nota promissória n. 001, com vencimento para 60 dias, emitida a seu favor por Ricardo Augusto, no valor de $ 5.000

Contabilização:
Pela constituição do capital:

1) *Titular conta Capital a Realizar*
Carlos Alberto Ribeiro conta Capital a Realizar
a Capital Subscrito.
Pela constituição de sua firma individual, com capital registrado na Junta Comercial do Estado, sob n. 321.810, em sessão de 10/05, a ser realizado em diversos valores ativos *55.000*

■ A conta "Titular conta Capital a Realizar" (Quotistas, Sócios ou Acionistas conta Capital a Realizar) representa o direito que a empresa tem para receber do seu titular ou dos sócios, referente ao valor do capital por eles subscrito. Essa conta que registra o valor do capital a realizar, em decorrência do disposto no art. 182º da Lei n. 6.404/1976, deve figurar como conta retificadora da conta que registra o capital subscrito, no grupo do Patrimônio Líquido, subgrupo Capital Social.

Pela realização do capital em diversos valores ativos:

2) *Diversos*
a Titular conta Capital a Realizar
a Carlos Alberto Ribeiro conta Capital a Realizar

Pela realização de seu capital, conforme instrumento de registro arquivado na Junta Comercial do Estado, como segue:

Caixa

Valor realizado em dinheiro.................................. 33.000

Promissórias a Receber

Ricardo Augusto

Valor da NP n. 001, vencimento para 60 dias transferida para essa firma e originariamente emitida a favor de seu titular................. 5.000

Computadores e Periféricos

Um microcomputador marca TKX, avaliado............. conforme laudo 2.000

Veículos

Um automóvel marca Lua, certificado de................. propriedade n. 521.908 .... 15.000 55.000

______________ ______________

Notas

- A empresa, além de contabilizar, conforme lançamento supra, os bens móveis (Mercadorias, Móveis e Utensílios, Veículos etc.) recebidos do titular ou dos sócios como realização do capital, deverá, ainda, para caracterizar o ingresso desses bens no estabelecimento bem como a circulação das mercadorias, emitir nota fiscal de entrada com as especificações de praxe.
- Quando se tratar de sociedades por ações, os bens móveis entregues pelos acionistas para realização do capital devem ser avaliados nos termos do artigo 8º da Lei n. 6.404/1976. No caso de empresas individuais, recomenda-se a aplicação do dispositivo legal citado, naquilo que couber.
- O titular ou os sócios estarão sujeitos, a qualquer tempo, a apresentar para as autoridades fiscais, provas da legitimidade da posse anterior bem como da origem dos referidos bens. Essas provas poderão ser feitas por meio de notas fiscais de compras ou de recibos formalizados por pessoas físicas.
- No caso dos bens imóveis cujo valor alcançado pela avaliação for maior que o valor do capital a ser realizado, incorpora-se o referido bem ao patrimônio da empresa pelo valor real da avaliação, sendo o sócio reembolsado pelo excesso.

Pela abertura de conta bancária:

3) *Bancos conta Movimento*

Banco Urupês S/A

a Caixa

Pelo depósito efetuado da parte do capital realizada em dinheiro, conforme recibo n. 841, d/data 33.000

______________ ______________

Notas

- É sempre conveniente, conforme já visto, que a parte do capital realizada em dinheiro seja depositada em conta bancária, em nome da empresa. Agindo dessa forma, fica mais fácil comprovar, para as autoridades fiscais, que o capital foi realmente realizado.
- Quanto aos bens entregues como realização de capital, para configurar a transmissão da propriedade do titular ou dos sócios para a empresa, bem como para caracterizar a circulação da mercadoria, será necessária a emissão de uma nota fiscal de entrada, na qual serão discriminados os dados identificativos de cada bem e os respectivos valores. Para se resguardarem no caso de precisar comprovar ao fisco, o titular ou os sócios deverão ainda manter em boa guarda os documentos de origem dos respectivos bens, como notas fiscais de compra, recibos ou outros.
- O titular da firma individual ou o sócio, ao transferir títulos de crédito para realização do capital da empresa, ficará coobrigado a liquidar os referidos títulos, caso o devedor não o faça.

Razonetes:

TITULAR C/CAPITAL A REALIZAR CARLOS ALBERTO RIBEIRO	
(1) 55.000	(2) 55.000

CAPITAL	
	(1) 55.000

CAIXA	
(2) 33.000	(3) 33.000

COMPUTADORES E PERIFÉRICOS	
(2) 2.000	

BANCOS CONTA MOVIMENTO VEÍCULOS	
(2) 15.000	

BANCO URUPÊS S/A	
(3) 33.000	

PROMISSÓRIAS A RECEBER RICARDO AUGUSTO	
(2) 5.000	

2.3.1.3 Capital realizado em bens, direitos e obrigações

Alexandre Reis constitui uma empresa para explorar o comércio de produtos farmacêuticos e perfumaria, com capital no valor de $ 100.000, devidamente registrado na Junta Comercial do Estado, sob n. 871.902, em sessão de 02/05.

O capital será realizado com os seguintes elementos:

- em dinheiro 30.000
- vários móveis, conforme laudo, avaliados em 25.000
- mercadorias diversas, avaliadas em 65.000

Total dos valores ativos	120.000
(menos) duas duplicatas, n.ºs 01 e 02, vencíveis de 30 em 30 dias, no valor de $ 10.000 cada, a favor do fornecedor de mercadorias da Distribuidora Patativa Ltda	20.000
Total do capital..	100.000

Contabilização:

Pela constituição do capital:

1) *Titular conta Capital a Realizar*
Alexandre Reis conta Capital a Realizar
a Capital Subscrito
Pela constituição de sua firma individual com capital registrado na Junta Comercial do Estado, sob n. 871.902, em sessão de 02/05, a ser realizado em valores ativos e passivos 100.000

Pela realização do capital em valores ativos:

2) *Diversos*
a Titular conta Capital a Realizar
a Alexandre Reis conta Capital a Realizar
Pela realização de seu capital, conforme instrumento de registro de empresário, arquivado na Junta Comercial do Estado, pelos seguintes valores ativos:

Caixa		
Valor realizado em dinheiro........................	*30.000*	
Estoque de Mercadorias		
Conforme relação........................	*65.000*	
Móveis e Utensílios		
Valor correspondente a vários móveis, conforme laudo........................	*25.000*	*120.000*

Pela abertura de conta bancária:

3) *Bancos conta Movimento*
Banco Urupês S/A
a Caixa
Pelo depósito, nesta data, conforme recibo n. 041 .... 30.000

Pelo registro dos valores passivos:

4) *Titular conta Capital a Realizar*
Alexandre Reis conta Capital a Realizar
a Duplicatas a Pagar
a Distribuidora Patativa Ltda.
Valor de duas duplicatas nºs 01 e 02, vencíveis de 30 em 30 dias, a partir de __/__/__, de aceite do titular d/firma, como parte da realização de seu capital.. 20.000

________________ ________________

RAZONETES:

TITULAR C/CAPITAL A REALIZAR ALEXANDRE REIS C/CAPITAL REAL	
(1) 100.000	(2) 120.000
(4) 20.000	
Soma 120.000	

CAPITAL	
	(1) 100.000

MÓVEIS E UTENSÍLIOS	
(2) 25.000	

ESTOQUE DE MERCADORIAS	
(2) 65.000	

BANCOS CONTA MOVIMENTO	
(3) 30.000	

CAIXA	
(2) 30.000	(3) 30.000

DUPLICATAS A PAGAR DISTRIBUIDORA PATATIVA LTDA.	
	(4) 20.000

2.3.2 Sociedades

Sociedade é a empresa constituída por duas ou mais pessoas que se reúnem para explorar determinado ramo de negócio. Existem vários tipos de sociedades como: sociedades por quotas de responsabilidade limitada, sociedades anônimas, sociedades em nome coletivo, sociedades cooperativas etc.

O documento que caracteriza a constituição das sociedades é o contrato social. As sociedades anônimas, entretanto, são constituídas por estatutos.

2.3.2.1 Sociedade por quotas de responsabilidade limitada

Regida pelos artigos 1052º a 1087º do Código Civil Brasileiro, a **sociedade por quotas de responsabilidade limitada** tem o capital social dividido em quotas, iguais ou desiguais, cabendo uma ou diversas a cada sócio.

Nesse tipo de sociedade, a responsabilidade dos sócios pelas dívidas por eles assumidas em nome da empresa, é solidária e limitada ao montante do capital social. Isto equivale a dizer que cada sócio é responsável pelo pagamento do total das dívidas da empresa, porém essa responsabilidade não vai além do total do capital social por eles subscrito.

2.3.2.1.1 Capital realizado em dinheiro

Pedro Borelli e João Mariotto constituíram uma sociedade por quotas de responsabilidade limitada, a fim de explorar o comércio de madeiras em geral, com a designação de Borelli & Mariotto Ltda., com o capital de $ 200.000, sendo que:

a. o capital foi dividido em 200 quotas, no valor de $ 1.000 cada, subscritas pelos sócios quotistas em partes iguais, devidamente registrado na Junta Comercial, conforme contrato arquivado sob n. 11.984, em sessão de 10/01;

b. os sócios realizaram integralmente suas quotas, em dinheiro;

c. os sócios abriram conta bancária para movimento no banco Urupês S/A e depositaram o montante do capital realizado. A conta bancária recebeu o n. 130-49182 e o recibo do depósito foi o de n. 021, de 05/01.

Nota

- Na letra *a*, dissemos que as quotas foram subscritas pelos sócios quotistas. **Subscrição do capital** é o ato por meio do qual cada sócio se compromete perante os demais, na assinatura do contrato social, a realizar (integralizar, pagar) o valor do capital na forma e nas condições constantes do respectivo contrato, concordando ainda em cumprir as demais regras nele estipuladas.

Contabilização:

Pela subscrição do capital:

1) *Quotistas conta Capital a Realizar*
a Capital Subscrito
Pela subscrição do capital da Sociedade Limitada Borelli e Mariotto Ltda., conforme contrato devidamente arquivado na Junta Comercial, sob n. 11.984, em sessão de 10/01, da seguinte maneira:
Pedro Borelli conta Quotas
s/subscrição de 100 quotas 100.000
João Mariotto conta Quotas
s/subscrição de 100 quotas 100.000 200.000

Pela realização integral das quotas, em dinheiro:

2) *Caixa*

a Quotistas conta Capital a Realizar

Pela realização do capital social,
pelos sócios quotistas, conforme contrato
social arquivado na Junta Comercial, a saber:

a Pedro Borelli conta Quotas

s/entrega em moeda corrente para
realização de 100 quotas subscritas *100.000*

a João Mariotto conta Quotas

s/entrega em moeda corrente para
realização de 100 quotas subscritas *100.000* *200.000*

Pela abertura de conta bancária, com o depósito da importância correspondente ao montante do capital:

3) *Bancos conta Movimento*
Banco Urupês S/A

a Caixa

Pela abertura de conta bancária
n. 130-49182, com depósito inicial
correspondente ao total das quotas sociais
realizadas, conforme recibo n. 021, de 05/01 .... *200.000*

Razonetes:

QUOTISTAS CONTA CAPITAL A REAL. PEDRO BORELLI E JOÃO MARIOTTO.	
(1) 200.000	(2) 200.000

CAPITAL SUBSCRITO	
	(1) 200.000

CAIXA	
(2) 200.000	(3) 200.000

BANCOS CONTA MOVIMENTO BANCO URUPÊS S/A	
(3) 200.000	(2) 200.000

Note que, neste caso de constituição de sociedade por quotas de responsabilidade limitada, os procedimentos contábeis são semelhantes aos de abertura de uma empresa individual, podendo ser resumidos em três lançamentos (ocorrendo todas as operações normalmente):

a. registro da subscrição do capital, que corresponde ao compromisso assumido pelos sócios em realizar as suas quotas;

b. registro da realização do capital, que corresponde ao pagamento em dinheiro ou em bens ou, ainda, em bens, direitos e obrigações;

c. registro do depósito bancário do valor realizado em dinheiro.

A realização do capital poderá ocorrer de três formas:

a. em dinheiro integralmente: é o que ocorreu no presente exemplo;
b. em bens, em direitos ou em bens, direitos e obrigações: cujo procedimento é semelhante ao exemplo que apresentamos de empresa individual, com a diferença, apenas, de que na sociedade a realização é individualizada, ou seja, cada sócio realiza a sua parte;
c. em dinheiro ou em bens, direitos e obrigações: parcialmente permanecendo abertas no livro razão as contas dos sócios, até que eles realizem o restante do capital, o qual poderá ser realizado, inclusive, com lucros apurados no exercício pela própria empresa. Todas estas situações devem estar previstas no contrato social, que, depois de devidamente registrado e arquivado na Junta Comercial do Estado, equivale à certidão de nascimento da sociedade.

2.3.2.2 Sociedade anônima

A **sociedade anônima** ou **companhia**, regida pela Lei n. 6.404/1976, é aquela cujo capital é dividido em ações. Nesse tipo de sociedade, a responsabilidade de cada sócio ou acionista é limitada ao preço de emissão das ações subscritas ou adquiridas por ele. Isto equivale a dizer que a responsabilidade de cada acionista pelas dívidas da sociedade não vai além do montante de sua participação no capital da sociedade. A sociedade anônima é considerada aberta ou fechada conforme os valores mobiliários de sua emissão estejam ou não admitidos à negociação em bolsa ou no mercado de balcão (art. 4º da Lei n. 6.404/1976).

Entretanto, para que a sociedade anônima possa distribuir seus títulos e valores mobiliários (ações, debêntures etc.) no mercado e negociá-los na bolsa ou no mercado de balcão, é preciso que ela esteja devidamente registrada na Comissão de Valores Mobiliários.

Conforme dispõe o artigo 80º da citada Lei, a constituição da sociedade anônima depende do cumprimento de alguns requisitos preliminares, veja:

> Art. 80º. A constituição da companhia depende do cumprimento dos seguintes requisitos preliminares:
> I. subscrição, pelo menos por duas pessoas, de todas as ações em que se divide o capital social fixado no estatuto;
> II. realização, como entrada, de dez por cento, no mínimo, do preço de emissão das ações subscritas em dinheiro;
> III. depósito, no Banco do Brasil S.A., ou em outro estabelecimento bancário autorizado pela Comissão de Valores Mobiliários, da parte do capital realizado em dinheiro.
> Parágrafo único. O disposto no inciso II não se aplica às companhias para as quais a lei exige realização inicial de parte maior do capital social.

O depósito deverá ser feito pelo fundador no prazo de cinco dias, contados do recebimento das quantias, em nome do subscritor e a favor da sociedade em organização, que só poderá levantá-lo após haver adquirido personalidade jurídica (artigo 81º da Lei n. 6.404/1976).

A sociedade anônima adquire personalidade jurídica a partir do momento em que estiver devidamente registrada nos diversos órgãos públicos necessários.

Caso a companhia não se constitua em seis meses, contados a partir da data do depósito, o banco restituirá as quantias depositadas diretamente aos subscritores (parágrafo único do artigo 81º da Lei n. 6.404/1976).

A constituição da sociedade anônima poderá ser por subscrição pública ou por subscrição particular.

A subscrição pública do capital está sujeita a prévio registro da emissão na Comissão de Valores Mobiliários, e a subscrição somente poderá ser efetuada com a intermediação da instituição financeira.

Veja o que estabelecem os §§ 1º e 2º do artigo 82º da Lei n. 6.404/76:

> § 1º O pedido de registro de emissão obedecerá às normas expedidas pela Comissão de Valores Mobiliários e será instruído com:
>
> **a.** o estudo da viabilidade econômica e financeira do empreendimento;
>
> **b.** o projeto do estatuto social;
>
> **c.** o prospecto, organizado e assinado pelos fundadores e pela instituição financeira intermediária.
>
> § 2º A Comissão de Valores Mobiliários poderá condicionar o registro a modificações no estatuto ou no prospecto e denegá-lo por inviabilidade ou temeridade do empreendimento, ou inidoneidade dos fundadores.

A subscrição particular do capital poderá ser feita em assembleia geral constituída pelos sócios que subscreverão o capital ou por escritura pública.

2.3.2.2.1 Capital realizado em dinheiro

Geraldo Carlos da Silva e Hugo Bertonazzi resolveram fundar uma sociedade anônima para explorar o ramo de comércio de automóveis, cuja denominação será Bertonazzi Comércio de Automóveis S/A, com o capital de $ 1.000.000, subscrito como segue:

1. em assembleia geral de 10/05, os sócios reuniram-se e constituíram a sociedade, aprovando o estatuto. A subscrição do capital, dividido em 1.000.000 de ações ordinárias, no valor de $ 1 cada, foi feita a saber:
   - o sócio Geraldo Carlos da Silva subscreveu, em 01/05, 60% das ações;
   - o sócio Hugo Bertonazzi subscreveu, em 01/05, 40% das ações.
2. os sócios realizaram, em dinheiro, apenas 10% dos valores de suas subscrições, conforme disposição legal, em 06/05;
3. foi depositada no Banco do Brasil S/A a importância realizada, com abertura da conta especial n. 721.421, em nome da sociedade Bertonazzi Comércio de Automóveis S/A em organização, conforme recibo n. 901, de 08/05;
4. em 11/05, após devidamente constituída a sociedade e adquirida forma jurídica (legalizada em todas as repartições públicas necessárias e aprovada por Assembleia de 10/05, conforme ata), o banco transfere o depósito da conta especial para a conta movimento.

CONTABILIZAÇÃO:

Pela subscrição de 1.000.000 de ações que constituem o capital:

1) *Acionistas conta Capital a Realizar*
a Capital Subscrito
Pela subscrição de 1.000.000 de ações ordinárias, de valor nominal de $ 1,00 cada, representativa do capital social de Bertonazzi Comércio de Automóveis S/A, a saber:
a Geraldo Carlos da Silva Conta Capital
s/subscrição de 600.000 ações *600.000*
a Hugo Bertonazzi Conta Capital
s/subscrição de 400.000 ações *400.000* *1.000.000*

Pela realização de 10% das ações subscritas, em dinheiro:

2) *Caixa*
a Acionistas conta Capital a Realizar
Realização de 10% das ações subscritas, nos termos do inciso II do art. 80º da Lei n. 6.404/1976, a saber:
a Geraldo Carlos da Silva Conta Capital
s/pagamento de 10% das ações subscritas *60.000*
a Hugo Bertonazzi Conta Capital
s/pagamento de 10% das ações subscritas *40.000* *100.000*

Pelo depósito do dinheiro recebido, em conta bancária especial:

3) *Bancos conta Especial*
Banco do Brasil S/A
a Caixa
Nosso depósito correspondente à parte do capital realizado em dinheiro, nos termos do inciso III do art. 80º da Lei n. 6.404/1976, efetuado a favor de Bertonazzi Comércio de Automóveis S/A em organização e em nome dos subscritores:
a Geraldo Carlos da Silva *60.000*
a Hugo Bertonazzi *40.000* *100.000*

Pela transferência do depósito para a Conta Movimento:

4) *Bancos conta Movimento*
Banco do Brasil S/A
a Bancos conta Especial
a Banco do Brasil S/A
Abertura de nossa conta n. 88.192 por transferência dos valores da conta especial, nos termos do artigo 81º da Lei n. 6.404/1976 *100.000*

Razonetes:

ACIONISTAS C/CAPITAL A REALIZAR	
(1) 1.000.000	(2) 100.000
Saldo 900.000	

CAPITAL SOCIAL	
	(1) 1.000.000

CAIXA	
(2) 100.000	(3) 100.000

BANCOS CONTA ESPECIAL BANCO DO BRASIL S/A	
(3) 100.000	(4) 100.000

BANCOS CONTA MOVIMENTO BANCO DO BRASIL S/A	
(4) 100.000	

Segundo o artigo 148º, da Lei n. 6.404/1976, o estatuto pode estabelecer que o exercício do cargo de administrador deva ser assegurado, pelo titular ou por terceiro, mediante penhor de ações da companhia ou outra garantia, a qual só será levantada após aprovação das últimas contas apresentadas pelo administrador que houver deixado o cargo.

Suponhamos, então, que o acionista Hugo Bertonazzi, para exercer o cargo de diretor financeiro, tenha entregue em garantia, para a sociedade, 10.000 ações ordinárias, da companhia, por ele subscritas. A contabilização será feita no sistema de compensação, pelo seguinte lançamento:

Ações em Caução
Hugo Bertonazzi
a Caução da Diretoria
a Hugo Bertonazzi
Sua entrega de 10.000 ações ordinárias de sua subscrição, para garantia do exercício no cargo de diretor financeiro, nos termos do art. 148º da Lei n. 6.404/1976.......................... .... 10.000

Nota

■ No exemplo apresentado, os acionistas realizaram apenas 10% do valor das ações subscritas, ficando, portanto, um saldo a ser realizado posteriormente. A conta Capital a Realizar permanecerá com saldo até que o restante do capital subscrito seja totalmente realizado. O estatuto deverá prever a forma bem como a época em que o restante do capital deva ser realizado.

2.3.2.3 Sociedade em nome coletivo

A **sociedade em nome coletivo** é a forma jurídica de sociedade regida pelos artigos 1039º a 1044º do Código Civil Brasileiro, na qual somente pessoas físicas podem tomar parte, respondendo todos os sócios, solidária e ilimitadamente, pelas obrigações sociais.

Sem prejuízo da responsabilidade perante terceiros, podem os sócios, no ato constitutivo, ou por unânime convenção posterior, limitar entre si a responsabilidade de cada um.

2.3.2.3.1 Capital realizado em dinheiro

1. Juliana Moura Ribeiro e Luciana Pereira, por meio do contrato social devidamente arquivado na Junta Comercial do Estado, em sessão de 21/11/X1, sob n. 889.732, constituem uma sociedade em nome coletivo para explorar o comércio de artefatos de couro em geral, cuja designação será Juliana Moura Ribeiro & Cia., com capital no valor de $ 100.000, sendo subscritos 50% para cada sócia.
2. As sócias realizaram parte do capital subscrito:
   - Juliana realizou $ 40.000;
   - Luciana realizou $ 35.000.
3. O dinheiro correspondente ao capital realizado foi depositado no Banco Urupês S/A, conforme recibo desta data, na conta movimento n. 824.721-10.

Contabilização:

Pela subscrição do capital:

1) *Sócios conta Capital a Realizar*
a Capital Subscrito
Pela subscrição do capital da sociedade em nome coletivo, com a razão social de Juliana Moura Ribeiro & Cia., conforme contrato social arquivado na Junta Comercial, sob n. 889.732, em sessão de 21/11/X1, como segue:

a Juliana Moura Ribeiro conta Capital s/subscrição de 50% do capital	*50.000*	
a Luciana Pereira conta Capital s/subscrição de 50% do capital	*50.000*	*100.000*

Pela realização de parte do capital subscrito:

2) *Caixa*
a Sócios c/Capital a Realizar
Pela entrega de dinheiro para realização de parte do capital subscrito:

a Juliana Moura Ribeiro conta Capital s/realização de parte do capital	*40.000*	
a Luciana Pereira conta Capital s/realização de parte do capital	*35.000*	*75.000*

Pela abertura de conta bancária:

3) *Bancos conta Movimento*
Banco Urupês S/A
a Caixa
Nossa abertura da conta movimento,
sob n. 824.721-10, com depósito
conforme recibo desta data 75.000

Razonetes:

SÓCIOS C/CAPITAL A REALIZAR	
(1) 100.000	(2) 75.000

CAPITAL SUBSCRITO	
	(1) 100.000

CAIXA	
(2) 75.000	(3) 75.000

BANCOS CONTA MOVIMENTO BANCO URUPÊS S/A	
(3) 75.000	

Nota

■ Nos casos que envolvem sociedades, apresentamos somente exemplos com realização do capital em dinheiro. Porém, da mesma forma que na empresa individual, o capital das sociedades pode ser realizado não só em dinheiro, mas também em bens, direitos ou obrigações. Os lançamentos são semelhantes ao exemplo da empresa individual, diferenciando-se apenas em dois pontos:

— no exemplo da empresa individual, a conta usada como contrapartida da realização foi Titular conta Capital a Realizar, enquanto nas sociedades será Quotistas conta Capital a Realizar; Acionistas conta Capital a Realizar ou Sócios conta Capital a Realizar;

— no exemplo da empresa individual, a realização foi feita apenas pelo titular, pois só ele subscreveu o capital. No caso de sociedades, a realização será feita por todos os sócios.

ATIVIDADES TEÓRICAS

1. Responda:

1.1 Qual a diferença entre subscrição e integralização do capital?

1.2 Qual é o procedimento mais indicado para que o titular ou os sócios de empresas comprovem que realmente realizaram o capital em dinheiro?

2. Classifique em falsa ou verdadeira:

2.1 ( ) O documento que caracteriza a constituição das empresas individuais é uma petição.

2.2 ( ) A empresa individual não precisará obter registro na Junta Comercial do Estado, ainda que seu ramo de atividade seja mercantil.

2.3 ( ) Para caracterizar o ingresso de bens recebidos como integralização de capital, a empresa deverá emitir nota fiscal de entradas, especificando adequadamente os referidos bens.

2.4 ( ) O titular ou os sócios não precisam apresentar, para as autoridades fiscais, provas da legitimidade da posse anterior, bem como da origem dos bens que entregaram como realização do capital.

2.5 ( ) No caso de sociedades por ações, os bens móveis entregues pelos acionistas para realização do capital devem ser avaliados nos termos do artigo 8º da Lei n. 6.404/1976.

2.6 ( ) O documento que caracteriza a constituição das sociedades é o contrato social e, nos casos das sociedades por ações, é o estatuto social.

2.7 ( ) A responsabilidade dos acionistas nas sociedades por ações é limitada ao preço de emissão das ações subscritas ou adquiridas por eles.

2.8 ( ) A constituição da sociedade anônima poderá ser por subscrição pública ou por subscrição particular.

2.9 ( ) A subscrição pública do capital da sociedade anônima está sujeita a prévio registro da emissão na Comissão de Valores Mobiliários.

2.10 ( ) O artigo 148º da Lei n. 6.404/1976 prevê que o estatuto pode estabelecer que o exercício do cargo de administrador deva ser assegurado, pelo titular ou por terceiro, mediante penhor de ações da companhia.

3. Escolha a alternativa correta:

3.1 O capital de uma empresa poderá ser realizado:

a) somente por bens;
b) por bens e direitos;
c) por bens, direitos e obrigações;
d) as alternativas "a", "b" e "c" estão erradas;
e) as alternativas "a", "b" e "c" estão corretas.

3.2 A responsabilidade dos sócios nas sociedades por quotas de responsabilidade limitada, perante os atos por eles praticados em nome da empresa, é:

a) solidária e limitada ao montante do capital social;
b) solidária e ilimitada;
c) limitada, porém não solidária;
d) variável conforme o cargo que ele ocupará na sociedade;
e) n.d.a.

3.3 Caixa

a Acionistas conta Capital a Realizar

Este lançamento corresponde a:

a) constituição de capital em empresa societária;
b) realização de capital em sociedades limitadas;
c) realização de capital em sociedade anônima;
d) realização em dinheiro de capital em sociedade anônima;
e) as alternativas "b", "c" e "d" estão corretas.

3.4 A Lei n. 6.404/1976 exige, por ocasião da constituição da companhia:

a) que 10% do valor do capital seja depositado no Banco do Brasil S/A, em nome da empresa em constituição;

b) que todo valor recebido em dinheiro como integralização do capital seja depositado no Banco do Brasil S/A, ainda que inferior a 10%;

c) que os acionistas integralizem 10% do valor do capital subscrito, em 20 dias;

d) depósito, no Banco do Brasil S.A., ou em outro estabelecimento bancário autorizado pela Comissão de Valores Mobiliários, da parte do capital realizado em dinheiro, cujo montante não poderá ser inferior a 10% do valor do capital subscrito;

e) depósito de montante igual ao capital subscrito, ainda que tenha ocorrido realização em outros bens e ou direitos.

3.5 As ações recebidas em caução, de diretores, para garantia de seus mandatos:

a) deverão ser contabilizadas por meio de contas de compensação;

b) não precisarão ser contabilizadas, uma vez que bastará anotar no livro de atas da assembleia geral;

c) serão contabilizadas por meio das contas de compensação e patrimoniais;

d) serão contabilizadas por meio de contas de resultado;

e) n.d.a.

3.6 Nas sociedades em nome coletivo:

a) somente pessoas físicas podem tomar parte;

b) os sócios respondem, solidária e ilimitadamente, pelas obrigações sociais;

c) a responsabilidade dos sócios é solidária e limitada;

d) somente a alternativa "a" está errada;

e) as alternativas "a" e "b" estão corretas.

ATIVIDADES PRÁTICAS

Escriturar no diário e razonete:

1. Natália Moura Ribeiro constitui sua firma individual para explorar o comércio de brinquedos, com capital realizado integralmente, em dinheiro, no valor de $ 200.000, devidamente registrado na Junta Comercial do Estado, sob n. 12.233, em sessão de 12/12. A firma está estabelecida nesta cidade e o valor do capital foi depositado no banco Urupês S/A, em conta movimento, conforme recibo n. 111.

2. Clóvis Azevedo constitui uma empresa comercial com o ramo de comércio de utensílios domésticos em geral, nesta cidade, com capital no valor de $ 90.000, devidamente registrado na Junta Comercial, sob n. 15. O capital foi realizado como segue:

a) em dinheiro: $ 80.000;

b) diversos móveis avaliados em $ 10.000.

3. Henrique Ribeiro e Otávio Padoan constituíram uma sociedade por quotas de responsabilidade limitada para explorar o comércio de bicicletas, cuja razão social girará sob o nome Henrique Bicicletas Ltda., com capital de $ 100.000, sendo que:

a) o capital foi dividido em 100 quotas, no valor de $ 1.000 cada, subscritas pelos sócios quotistas, na proporção de 60% e 40%, respectivamente, devidamente registrado na junta comercial, conforme contrato arquivado sob n. 7.777, em sessão de 11/01;

b) o sócio Henrique realizou suas 60 quotas, integralmente, em dinheiro, e o sócio Otávio realizou suas quotas da seguinte maneira:

- em dinheiro: $ 20.000;

- um automóvel marca Ford avaliado em $ 10.000;
- uma nota promissória, de emissão de Inês Mariotto, no valor de $ 10.000, vencível em 60 dias;

c) foi aberta conta no Banco Urupês S/A com depósito de toda a importância recebida em dinheiro, conforme recibo n. 223.

4. José Souza e Luiz Santos fundaram uma sociedade anônima para explorar o ramo de comércio de cereais, cuja denominação escolhida foi Cerealista Souza S/A, com capital de $ 300.000, subscrito como segue:

a) em assembleia geral de 19/02 foi aprovado o estatuto;

b) o capital foi dividido em 300.000 ações, no valor de $ 1 cada, e subscrito em partes iguais pelos acionistas;

c) os acionistas realizaram 40% de suas partes, em dinheiro;

d) foi depositada no Banco do Brasil S/A toda a importância realizada, com abertura da conta especial n. 66.655 nos termos da lei, em nome da sociedade em organização, conforme recibo n. 553;

e) após devidamente constituída a sociedade e adquirida forma jurídica, o banco transfere o depósito da conta especial para a conta movimento n. 112.233.

5. Francisco Alves e Vicente Toledo, por meio do contrato social devidamente arquivado na Junta Comercial do Estado, em sessão de 22/01, sob n. 434.343, constituem uma sociedade em nome coletivo para explorar o comércio de roupas masculinas em geral, cuja denominação será Francisco Alves e Cia., com capital no valor de $ 20.000, sendo subscritos 50% para cada sócio. Os sócios realizaram todo o capital subscrito, entregando 50% em dinheiro e 50% em mercadorias. O dinheiro recebido, correspondente ao capital realizado, foi depositado no banco Urupês S/A, conforme recibo desta data, em conta movimento n. 1.234.

2.4 Despesas de constituição

Na fase de constituição da empresa, uma série de gastos são necessários, visando sua organização. Esses gastos, realizados pelo titular (empresa individual) ou pelos sócios (empresa societária), representam não só despesas como também aquisições de estoques e bens de uso, sendo indispensáveis tanto para que a empresa adquira personalidade jurídica quanto para estruturá-la adequadamente, preparando-a para o início das suas atividades operacionais.

Trataremos, neste tópico, somente dos gastos que representam despesas, uma vez que as aquisições de estoques e de bens de uso serão abordadas em outros capítulos. Dessa forma, podemos segregar as despesas da fase de constituição das empresas em dois grupos: despesas de legalização e despesas pré-operacionais, embora ambas ocorram antes mesmo que a empresa inicie suas atividades operacionais.

As despesas de legalização compreendem aquelas necessárias para que a empresa adquira personalidade jurídica e possa operar. São normalmente gastos de pequena monta envolvendo o pagamento de taxas para registro da empresa; aquisição de formulários, livros contábeis e fiscais; confecção de talonários de documentos fiscais além de outros que podem variar conforme o porte ou o ramo de atividade a ser explorado pela empresa. Incluem-se, também, os honorários pagos a contadores, advogados e despachantes.

Depois que a empresa estiver devidamente constituída e legalizada perante os órgãos públicos, há um período denominado de período pré-operacional durante o qual o titular ou os sócios irão estruturar a empresa, preparando-a para entrar em atividade.

O período pré-operacional varia conforme o ramo de atividade e o porte da empresa. Nas empresas comerciais, ele abrange desde a fase da constituição do capital, até o momento do início das vendas de mercadorias aos clientes. Nas empresas industriais, esse período pré-operacional tende a ser maior que nas demais. Uma indústria montadora de automóveis, por exemplo, depois de constituída, necessita de um longo período para começar a produzir. Nesse espaço de tempo, muitos gastos são necessários com terraplanagem, construção de prédios, compra e instalação de máquinas e equipamentos de produção; compra de matérias-primas e outros materiais a serem aplicados no processo produtivo; pagamento de despesas com treinamento de pessoal, propaganda e publicidade, consumo de bens e muitos outros.

Antes do advento da Medida Provisória n. 449/2008, convertida na Lei n. 11.941/2009 que promoveu alterações na Lei das Sociedades por Ações, as despesas de legalização bem como todas as demais que ocorriam na fase pré-operacional, eram ativadas no patrimônio, isto é, contabilizadas em contas representativas de bens imateriais classificadas no Ativo Diferido. Posteriormente, por meio da amortização, o montante dessas despesas era rateado para integrar o resultado de vários exercícios. A partir de 01 de janeiro de 2009, esse procedimento mudou; agora, todos os gastos que o proprietário ou os sócios realizam no período pré-operacional, visando a constituição da empresa, e que correspondam a despesas ou gastos de organização, devem ser contabilizados normalmente em contas de despesas operacionais do grupo das Outras Despesas Operacionais, para compor o resultado do exercício em que foram incorridos, exceto aqueles gastos que possam ser incorporados aos bens de uso, como é o caso dos gastos com treinamento do pessoal que irá colocar máquinas e equipamentos em funcionamento, os quais devem ser incorporados ao custo das respectivas máquinas e equipamentos.

EXEMPLOS DE CONTABILIZAÇÃO:

1. Suponhamos que os gastos realizados por uma determinada empresa, visando a sua organização, sejam os constantes da seguinte relação:

RELAÇÃO DOS GASTOS COM A ORGANIZAÇÃO DA EMPRESA "X", REALIZADOS ENTRE 10 E 30 DE MARÇO DE X2

1	Nota fiscal n. 632, referente à aquisição de formulários para abertura da firma, adquiridos na Papelaria Zico	50
2	Nota fiscal n. 834, da Papelaria Z, referente à aquisição de livros fiscais e contábeis	150
3	Nota fiscal de serviços n. 201, referente ao pagamento efetuado ao despachante Sr. Lopes	200
4	Nota fiscal de serviços n. 009, referente à pintura efetuada na empresa, paga à Casa do Pintor	2.000
5	Diversos documentos correspondentes às despesas com condução, lanches e outros	150
6	Nota fiscal de serviços n. 071, da Copiadora AZ, referente a diversas cópias xerográficas	50

(continua)

(continuação)

7	Recibo, sem número do Cartório Segundo Ofício, referente a autenticações de documentos e reconhecimento de firmas	20
8	Recibo, sem número, referente ao pagamento efetuado ao Sr. José Silva, por serviços de limpeza efetuado nas dependências do estabelecimento	200
9	Nota fiscal de serviços n. 981, do Escritório Contábil Taubaté, referente às despesas com registros diversos e honorários	300
	Total	3.120

Contabilização:

Despesas de Organização
a Caixa
Pagamento de despesas com a legalização e organização da empresa, conforme relação.......... 3.120

2. Foi pago à Rádio Difusora Ltda. a importância de $ 1.500, conforme nota fiscal de serviços n. 721, para veiculação de propaganda da empresa durante três meses que antecederam o início das atividades operacionais. O pagamento foi efetuado por meio do cheque n. 500.001, contra o banco Urupês S/A.

Contabilização:

Despesas de Organização
a Bancos conta Movimento
a Banco Urupês S/A
Pagamento da NF n. 721 da Rádio Difusora Ltda., por meio do nosso cheque n. 500.001, referente à veiculação de propaganda nos meses de março a maio do corrente ano.......... 1.500

ATIVIDADES TEÓRICAS

1. Responda:

   1.1 O que são despesas de constituição?

   1.2 Cite dois gastos que são comuns na fase de organização das empresas.

2. Classifique em falsa ou verdadeira:

   2.1 ( ) As despesas que ocorrem na fase de constituição das empresas podem ser divididas em despesas de legalização e despesas de organização.

2.2 ( ) As despesas ocorridas na fase de constituição das empresas podem ser segregadas em despesas de legalização e despesas pré-operacionais.

2.3 ( ) As despesas de legalização permitem à empresa adquirir personalidade jurídica.

2.4 ( ) As despesas pré-operacionais ocorrem depois que a empresa estiver devidamente legalizada e visam a estruturação do patrimônio.

2.5 ( ) Na fase de constituição, todos os gastos devem ser considerados como bens imateriais e classificados no Ativo Intangível.

2.6 ( ) Na fase de constituição das empresas, poderão ocorrer despesas com a organização, que representam despesa do período bem como outros gastos com aquisições de bens de troca e, ou, de uso.

3. Escolha a alternativa correta:

3.1 O período pré-operacional:

a) é igual em todo e qualquer tipo de empresa;
b) engloba a fase de constituição e até 90 dias após a empresa começar a operar;
c) nas empresas comerciais abrange desde a fase da constituição do capital até o momento do início das vendas de mercadorias aos clientes;
d) abrange somente a fase em que a empresa está sendo legalizada;
e) não tem data certa para seu início.

3.2 As Despesas de Organização são contabilizadas em contas representativas de:

a) Receitas operacionais
b) Despesas operacionais
c) Bens imateriais
d) Bens materiais
e) n.d.a.

ATIVIDADES PRÁTICAS

Contabilize os seguintes eventos ocorridos na fase de constituição de uma empresa:

1. Pagamento, ao despachante Luiz de Almeida, da importância de $ 100, referente a taxas diversas na obtenção de documentos, visando a legalização da empresa, conforme recibo n. 5. O pagamento foi efetuado em dinheiro.
2. Compra de mercadorias para comercialização, conforme nota fiscal n. 555 da Comercial Paraíba Ltda., no valor de $ 10.000. O pagamento foi efetuado em dinheiro.
3. Pagamento à Rádio Itaipu S/A, conforme nota fiscal n. 864, da importância de $ 1.000, referente a despesas com propagandas. O pagamento foi efetuado em dinheiro.
4. Compra de móveis para uso, conforme nota fiscal n. 0056 de J. A. Ltda., no valor de $ 5.000. A compra foi efetuada a prazo, para pagamento em 30 dias, com aceite de duas duplicatas.

TESTES DE EXAME DE SUFICIÊNCIA

Contador – ano 2002, prova 1 – Área de Conhecimentos Gerais

1. O tipo societário em que todos os sócios respondem ilimitadamente pelas obrigações sociais é:

a) em comandita simples;
b) de capital indústria;
c) em nome coletivo;
d) por quotas de responsabilidade limitada.

Contador – ano 2001, prova 2 – Área de Conhecimentos Contábeis

2. Durante o mês de setembro, uma empresa foi registrada na Junta Comercial e captou recursos totais de $ 64.000,00, sendo $ 40.000,00 dos sócios sob a forma de Capital Registrado e $ 24.000,00 de terceiros, destes 2/3 a título de financiamentos de longo prazo e 1/3 como receitas. Os referidos recursos foram aplicados no mesmo mês, sendo $ 23.800,00 em Mercadorias para Revenda; $ 9.590,00 em Aplicações Financeiras de Curto Prazo, $ 6.135,00 na compra de Máquinas e Equipamentos, $ 18.350,00 na concessão de Empréstimos a Terceiros e o restante em despesas. Assim, o total do Patrimônio Líquido será:

a) $ 41.875,00.
b) $ 64.000,00.
c) $ 57.875,00
d) $ 56.000,00.

TESTE DE CONCURSO

Auditor-Fiscal da Receita Federal – AFRF (2002) – Contabilidade Geral

Assinale, abaixo, a opção que não se enquadra no complemento da frase:

A companhia deve ter, além dos livros obrigatórios para qualquer comerciante, os seguintes, revestidos das mesmas formalidades legais:

a) Livro de Registro de Ações Ordinárias.
b) Livro de Atas das Assembleias-Gerais.
c) Livro de Presença de Acionistas.
d) Livro de Atas e Pareceres do Conselho Fiscal.
e) Livro de Transferência de Ações Nominativas.

3 Operações com mercadorias

3.1 Introdução

Mercadorias são os objetos que as empresas comerciais compram para revender. As operações que envolvem a compra e a venda de mercadorias, constituem a atividade principal das empresas comerciais.

Empresas comerciais, portanto, são aquelas que se caracterizam pela compra e pela venda de mercadorias.

No presente capítulo, estudaremos as operações que envolvem a movimentação de mercadorias, compreendendo compras, vendas, fatos que alteram os valores de compras e vendas (abatimentos, descontos, devoluções, fretes e seguros, juros embutidos e tributos), estoques (formação, critérios de avaliação, divergências entre o estoque físico e o contábil, perdas e quebras), apuração do resultado da conta Mercadorias (resultado bruto), Perdas por Redução ao Valor Realizável Líquido e Perdas Estimadas em Créditos de Liquidação Duvidosa.

3.2 Métodos e sistemas para registro das operações com mercadorias

Existem dois métodos e dois sistemas que podem ser adotados para o registro das operações que envolvem mercadorias.

3.2.1 Métodos

São dois os métodos utilizados: conta mista e conta desdobrada.

A **conta mista** consiste na adoção de uma só conta para o registro de todas as operações que envolvem mercadorias. Normalmente, essa conta é denominada *Mercadorias*. Considera-se método da conta mista porque a conta Mercadorias exerce, ao mesmo tempo, duas funções: patrimonial e de resultado.

Exerce função *patrimonial* porque registra o valor dos estoques inicial e final, figurando no Balanço Patrimonial junto com as demais contas do Ativo.

Exerce função de *resultado* porque registra também as compras, as devoluções de compras, as vendas, as devoluções de vendas etc., permitindo assim que por meio dela seja apurado o resultado bruto do exercício.

A **conta desdobrada** consiste em desdobrar a conta Mercadorias em tantas quantas forem necessárias para a contabilização isolada de cada tipo de fato que envolva as operações com mercadorias. Basicamente, as contas são três: Estoque de Mercadorias, Compras e Vendas, podendo ainda existir Abatimentos sobre Compras, Abatimentos sobre Vendas, Compras Anuladas, Vendas Anuladas, Fretes e Seguros sobre Compras, Descontos Incondicionais Obtidos, Descontos Incondicionais Concedidos, ICMS sobre Vendas, PIS sobre Faturamento e COFINS.

3.2.2 Sistemas

São dois os sistemas conhecidos: inventário periódico e inventário permanente.

O **inventário periódico** é chamado de inventário periódico porque, a partir de sua adoção, as empresas passam a elaborar o inventário físico das mercadorias existentes em estoque somente no final de um período que normalmente corresponde a um ano. Assim, o resultado da conta Mercadorias (resultado bruto do exercício) só será conhecido no final desse período.

O **inventário permanente** consiste em controlar permanentemente os estoques de mercadorias efetuando os respectivos registros a cada compra ou devolução e a cada venda ou devolução. Dessa forma, como os estoques de mercadorias são mantidos atualizados constantemente, as empresas podem apurar o resultado da conta Mercadorias no momento em que desejarem.

A combinação entre os dois métodos e os dois sistemas resulta em pelo menos três maneiras diferentes que podem ser adotadas para o registro e controle das operações com mercadorias:

a. conta mista com inventário periódico (conta mista de mercadorias);

b. conta desdobrada com inventário periódico; e

c. conta desdobrada com inventário permanente.

Não há exigência legal que determine a adoção desse ou daquele método ou sistema. As empresas são livres para escolher a maneira mais adequada às suas realidades, normalmente em função do porte e dos interesses internos. As empresas de menor porte, por não necessitarem de detalhes em seus registros, normalmente utilizam com mais frequência o método da conta mista com inventário periódico, enquanto as empresas de maior porte, por necessitarem de detalhes em seus registros, adotam o método da conta desdobrada com inventário periódico ou com inventário permanente. Com o advento do computador, tornou-se mais aplicável o método da conta desdobrada com inventário permanente, que permite a cada compra e a cada venda instantânea atualização do saldo dos estoques, tanto em relação às quantidades quanto aos valores, sem a necessidade de ocupar um grande número de pessoas para efetuar esses controles.

3.3 Compras de mercadorias

Servindo de intermediárias nas trocas, as empresas comerciais compram mercadorias para depois revendê-las.

A empresa comercial, pode comprar mercadorias de seus fornecedores, à vista ou a prazo. Nas compras à vista, o pagamento é feito no ato; nas compras a prazo, cria-se obrigação para pagamento futuro.

3.3.1 Compras à vista

A Papelaria Palmeiras comprou do fornecedor Comercial S/A, mercadorias no valor de $ 25.000, conforme nota fiscal n. 8.742, tendo efetuado o pagamento à vista, em dinheiro.

Contabilização da compra em partida de Diário:

a. empresa que adota a conta mista de mercadorias

Mercadorias
a Caixa
NF n. 8.742 da Comercial S/A 25.000

Nota

- Nas compras à vista, o pagamento normalmente é efetuado por meio de cheque, evitando a manipulação de somas elevadas de dinheiro, caso em que a conta a ser creditada no lançamento seria Bancos conta Movimento.

Por razões práticas, didaticamente, usamos com mais frequência a conta Caixa.

b. Empresa que adota a conta desdobrada com inventário periódico

Compras de Mercadorias
a Caixa
NF n. 8.742 da Comercial S/A 25.000

c. Empresa que adota a conta desdobrada com inventário permanente

Estoque de Mercadorias
a Caixa
NF n. 8.742 da Comercial S/A 25.000

3.3.2 Compras a prazo

Nas compras de mercadorias a prazo, o registro contábil será semelhante ao das compras de mercadorias à vista. Evidentemente, a conta a ser creditada não será Caixa, mas sim Fornecedores ou Duplicatas a Pagar.

3.3.3 Fatos que alteram os valores de compras

O custo de aquisição das mercadorias que irão compor os estoques das empresas comerciais, nem sempre corresponde ao valor pago ao fornecedor. Ele poderá ser inferior ou superior a esse valor. A orientação está no item 11 da NBC TG 16: o custo de aquisição dos bens que integrarão os estoques, compreende o preço de compra, os impostos de importação e outros tributos, bem como os custos de transporte, seguro, manuseio e outros diretamente atribuíveis à aquisição de produtos acabados, materiais e serviços. Devem ser excluídos do custo de aquisição, os descontos comerciais (descontos incondicionais obtidos), os abatimentos, os tributos recuperáveis, bem como os juros embutidos nas operações de compras a prazo, conforme veremos a seguir.

3.3.3.1 Fretes e seguros sobre compras

Fretes e seguros sobre compras correspondem às importâncias pagas pela empresa compradora das mercadorias, diretamente ao fornecedor ou a uma terceira empresa que promoveu o transporte das mercadorias, desde o estabelecimento do fornecedor até a sede da empresa. Normalmente, refere-se à despesa com fretes e seguros.

Exemplo:

Suponhamos que a nossa empresa tenha pago a importância de $ 3.000, para a Transportadora Jardins S/A, referente a fretes e seguros, conforme nota fiscal de serviço de transporte n. 10.777, para transportar, até o nosso estabelecimento, mercadorias adquiridas do fornecedor Leandro Reis Ltda.

Registro no livro Diário:

a. Empresa que adota a conta mista de mercadorias

Mercadorias
a Caixa
Pagamento da NF n. 10.777 da
Transportadora Jardins S/A, referente a
fretes e seguros 3.000

b. Empresa que adota a conta desdobrada com inventário periódico

Fretes e Seguros sobre Compras
a Caixa
Pagamento da NF n. 10.777 da
Transportadora Jardins S/A, referente a
fretes e seguros 3.000

c. Empresa que adota a conta desdobrada com inventário permanente

Estoque de Mercadorias
a Caixa
Pagamento da NF n. 10.777 da

Transportadora Jardins S/A, referente a fretes e seguros 3.000

3.3.3.2 Compras anuladas ou devoluções de compras

Compras anuladas ou devoluções de compras consistem na devolução total ou parcial das mercadorias adquiridas, tendo em vista fatos desconhecidos no momento da compra, por exemplo, quando, ao recebermos as mercadorias adquiridas de um fornecedor, for constatado que as referidas mercadorias sofreram avarias no transporte, ou não correspondem ao pedido, ou ainda por qualquer outro fato não atendem às nossas expectativas.

Exemplo:

Suponhamos que a nossa empresa tenha devolvido parte de uma compra de mercadorias efetuada do fornecedor Leandro Reis Ltda. Para acompanhar as mercadorias devolvidas, emitimos a nota fiscal n. 5.202, no valor de $ 2.000. O fornecedor nos devolveu a importância em dinheiro.

Registro no livro Diário:

a. Empresa que adota a conta mista de mercadorias

Caixa

a Mercadorias

Devolução de parte da compra efetuada do fornecedor Leandro Reis Ltda. conforme n/ NF n. 5.202 .... 2.000

---

b. Empresa que adota a conta desdobrada com inventário periódico

Caixa

a Compras Anuladas

Devolução de parte da compra efetuada do fornecedor Leandro Reis Ltda. conforme n/ NF n. 5.202 .... 2.000

---

c. Empresa que adota a conta desdobrada com inventário permanente

Caixa

a Estoque de Mercadorias

Devolução de parte da compra efetuada do fornecedor Leandro Reis Ltda. conforme n/ NF n. 5.202 .... 2.000

3.3.3.3 Abatimento sobre compras

Sempre que nossa empresa, tendo recebido mercadorias adquiridas de fornecedores, constatar que as referidas mercadorias não atendem às nossas expectativas, por motivos desconhecidos no momento da compra, poderemos devolver total ou parcialmente conforme exemplo anterior (*compras anuladas*). Entretanto, havendo interesse em ficar com as mercadorias, poderemos solicitar ao fornecedor que conceda um **abatimento**.

Ganhando, então, um abatimento no preço de compra, nossa empresa não precisará devolver mercadorias ao fornecedor, mas irá sim lhe pagar valor menor que o constante dos documentos fiscais originalmente emitidos.

Exemplo:

Como as mercadorias adquiridas por meio da nota fiscal n. 544 do fornecedor J. C. Santos chegaram com avarias sofridas no transporte, nossa empresa obteve do fornecedor um abatimento no valor de $ 5.000. A compra tinha sido efetuada a prazo.

Veja como o fato será registrado no livro Diário:

a. Empresa que adota a conta mista de mercadorias

Fornecedores
J. C. Santos
a Mercadorias
Abatimento obtido tendo em vista avaria ocorrida no transporte referente à compra conforme NF n. 544 .... *5.000*

---

b. Empresa que adota a conta desdobrada com inventário periódico

Fornecedores
J. C. Santos
a Abatimentos sobre Compras
Abatimento obtido tendo em vista avaria ocorrida no transporte referente compra conforme NF n. 544 .... *5.000*

---

c. Empresa que adota a conta desdobrada com inventário permanente

Fornecedores
J. C. Santos
a Estoque de Mercadorias
Abatimento obtido tendo em vista avaria ocorrida no transporte referente compra conforme NF n. 544 .... *5.000*

3.3.3.4 Descontos incondicionais obtidos

Descontos incondicionais obtidos compreendem aqueles descontos que as empresas ganham dos fornecedores no momento em que efetuam compras de mercadorias. São destacados nas próprias notas fiscais, e os fornecedores não impõem condição alguma aos seus clientes para oferecê-los.

Exemplo:

Compra de mercadorias, à vista, do fornecedor Girassol S/A, conforme nota fiscal n. 530, no valor de $ 4.000. Houve desconto destacado na nota fiscal no valor de $ 400.

A contabilização desse tipo de desconto, do ponto de vista técnico, é desnecessária, podendo a compra ser registrada pelo seu valor líquido. Entretanto, havendo interesse, a contabilização poderá ser feita debitando-se o valor total (incluso o desconto) a débito da conta Mercadorias, Compras de Mercadorias ou Estoques de Mercadorias e creditando-se a conta Caixa, Bancos, Fornecedores etc. pelo valor líquido, além da conta Descontos Incondicionais Obtidos.

Veja como deve ser contabilizado:

a. Empresa que adota a conta mista de mercadorias

Pela característica dessa metodologia, não caberá a contabilização do Desconto Incondicional obtido, embora nada impeça que seja contabilizado.

Mercadorias		
a Diversos		
NF n. 530 de Girassol S/A,		
como segue:		
a Caixa		
Valor líquido pago	*3.600*	
a Descontos Incondicionais Obtidos		
10% destacado na NF supra	*400*	*4.000*

b. Empresas que adotam a conta desdobrada com inventário periódico

Compras de Mercadorias		
a Diversos		
NF n. 530 de Girassol S/A, como segue:		
a Caixa		
Valor líquido pago	*3.600*	
a Descontos Incondicionais Obtidos		
10% destacados na NF supra	*400*	*4.000*

c. Empresa que adota a conta Mercadorias com inventário permanente. Já que esse sistema de registro das operações com mercadorias visa manter o valor dos estoques permanentemente atualizado, não cabe a contabilização do desconto incondicional obtido.

Nota

■ Nas empresas que adotam a conta desdobrada com inventário periódico, os saldos das contas: fretes e seguros sobre compras, compras anuladas, abatimentos sobre compras e descontos incondicionais obtidos, como interferem no valor das compras, serão transferidos para a conta CMV, no final do exercício, por ocasião da apuração do resultado bruto, conforme veremos na Seção 3.7.3.1.

3.3.3.5 Juros embutidos nas compras a prazo

A Lei n. 6.404/1976, em consonância com as normas internacionais de contabilidade (IFRS), ao disciplinar acerca dos critérios de avaliação do Passivo, determinou no inciso III do artigo 184º que as obrigações, encargos e riscos classificados no passivo não circulante serão ajustados ao seu valor presente, sendo os demais ajustados quando houver efeito relevante.

Em decorrência dessa exigência legal, ao se contabilizar uma compra efetuada para pagamento a longo prazo, ou mesmo para pagamento a curto prazo, porém com efeitos relevantes para o patrimônio, deve-se expurgar do custo da referida compra, o montante dos juros cobrados pelo fornecedor.

Para fins de aplicação dessa regra, deve-se considerar as taxas de juros usuais no mercado, ainda que o fornecedor utilize, em benefício do cliente, taxas menores que as usuais.

... importante destacar que esse procedimento que não era permitido no Brasil antes do advento das Leis n.os 11.638/07 e 11.941/09, encontra-se devidamente disciplinado nas Normas Brasileiras de Contabilidade NBC TG 12, 16 e 30.

Segundo o item 18 da NBC TG 16, nas compras a prazo, normalmente o preço que o comprador pagará ao fornecedor é superior ao preço que pagaria se efetuasse a compra da mesma mercadoria à vista. Portanto, a diferença entre o preço de compra a prazo e o preço de compra à vista é o custo do financiamento e por esse motivo, deve ser reconhecida como despesa de juros durante o período do financiamento.

Suponhamos o seguinte fato ocorrido em uma empresa comercial:

Compra de mercadorias, a prazo, do fornecedor Nelson Ribeiro S/A, conforme NF n. 35, no valor de R$ 1.000.

Considerar:

- juros embutidos pelo fornecedor no valor de $ 100; e
- o pagamento será efetuado em 10 parcelas mensais iguais de $ 100.

Considerando, ainda, que a empresa adota a conta desdobrada com inventário periódico, pede-se:

a. Contabilizar o fato no dia da compra; e

b. Contabilizar o pagamento em dinheiro da primeira parcela.

Solução:

a. Contabilizar o fato na data da compra;

1) *Diversos*
a Fornecedores
a Nelson Ribeiro S/A
Compra de mercadorias conf. NF n. 35, como segue:
Ajuste a Valor Presente (Despesas Financeiras a Vencer)

Juros embutidos na operação.................................	*100*	
Compra de Mercadorias		
Valor líquido da operação.....................................	*900*	*1.000*

Observe que a conta "Ajuste a Valor Presente", neste caso, representa despesa financeira antecipada (poderia ser denominada de "Despesas Financeiras a Vencer" ou a Apropriar), é redutora da conta Fornecedores e figurará no Balanço Patrimonial como segue:

Passivo circulante

Fornecedores..	*1.000*
(–) Ajuste a Valor Presente.....................................	*(100)*
Saldo...	*900*

b. Contabilizar o pagamento em dinheiro da primeira parcela.

Tendo em vista que o pagamento será parcelado em 10 vezes de R$ 100, por ocasião de cada pagamento, será preciso calcular o valor dos juros embutidos em cada parcela.

Conforme estabelece a NBC TG 12, no item 22, a quantificão do ajuste a valor presente deve ser realizada em base exponencial pro rata dia, a partir da origem de cada transação, sendo os seus efeitos apropriados nas contas a que se vinculam.

Assim, como os juros são calculados "pro rata dia", será preciso, então aplicar o cálculo exponencial, para se conhecer o valor justo dos juros cobrados em cada parcela.

O cálculo exponencial deve ser efetuado com ajuda de calculadora científica. No capítulo 12 do livro Contabilidade Avançada de nossa autoria, você encontra detalhes desse cálculo.

Apenas para completar o raciocínio contábil, vamos assumir que no nosso caso, o valor dos juros embutidos na primeira parcela tenha sido de R$ 10. Lembramos, no entanto que aplicando a fórmula do cálculo exponencial, os valores dos juros de cada parcela, serão progressivos. Contudo, no final dos 10 pagamentos, corresponderá exatamente ao montante de R$ 100, acordado na data da compra.

Faremos:

2) *Fornecedores*
Nelson Ribeiro S/A
a Caixa
Pagamento da primeira parcela etc. 100

Agora, é preciso dar baixa do valor dos juros registrados na conta redutora "Ajustes a Valor Presente" (Juros Passivos a Vencer) para integrá-lo no resultado do exercício atual. Faremos:

3) *Despesas Financeiras*
a Ajuste a Valor Presente (Despesas Financeiras a Vencer)
Apropriação que se processa,
conforme cálculos etc. 10

3.4 Vendas de mercadorias

As **vendas de mercadorias** constituem a principal fonte de receita das empresas comerciais. Como ocorre com as compras, podem ser efetuadas à vista ou a prazo.

Nas vendas à vista, a empresa recebe no ato da venda o valor das mercadorias, e nas vendas a prazo ela passa a ter direito de receber, futuramente, o valor das mercadorias transacionadas.

3.4.1 Vendas à vista

Suponhamos que uma determinada empresa comercial tenha vendido mercadorias à vista, no valor de $ 3.000, conforme nota fiscal n. 456.

A contabilização desta venda no livro Diário será:

a. Empresa que adota a conta mista de mercadorias.

Caixa

a Mercadorias

N/NF n. 456.. 3.000

---

b. Empresa que adota a conta desdobrada com inventário periódico.

Caixa

a Vendas de Mercadorias

N/NF n. 456.. 3.000

---

c. Empresa que adota a conta desdobrada com inventário permanente.

Como a característica do sistema de inventário permanente é possibilitar o controle instantâneo dos estoques a cada compra e a cada venda, sempre que ocorrer vendas ou devoluções de vendas é preciso saber o valor do custo das mercadorias que estão sendo vendidas ou recebidas em devolução, para que se possa baixar ou integrar novamente o respectivo custo aos estoques.

Suponhamos, então, que o custo das mercadorias vendidas conforme a nota fiscal n. 456 tenha sido igual a $ 2.200, faremos:

Caixa

a Vendas de Mercadorias

N/NF n. 456.. 3.000

Custo das Mercadorias Vendidas

a Estoque de Mercadorias

Baixa nos estoques tendo em vista nossa venda conforme

NF n. 456 .... 2.200

Observação

- Neste caso, dois lançamentos precisam ser efetuados: um para registrar o valor da receita bruta de vendas e outro para registrar a baixa nos estoques, pelo valor do custo das mercadorias vendidas.

3.4.2 Vendas a prazo

Nas vendas de mercadorias a prazo, o registro contábil será semelhante ao das vendas de mercadorias à vista. Evidentemente, a conta a ser debitada não será Caixa, mas sim Clientes ou Duplicatas a Receber.

3.4.3 Fatos que alteram os valores de vendas

A receita obtida com a venda de mercadorias, nem sempre corresponde ao valor total cobrado do cliente. Nesse valor poderá estar embutido tributos que devem ser repassados ao governo, juros de financiamentos quando a venda for realizada a prazo etc.

Segundo os itens 9 e 10 da NBC TG 30, a receita deve ser mensurada pelo valor justo da contraprestação recebida ou a receber, deduzida de quaisquer descontos comerciais e/ou bonificações concedidos ao cliente. Na sequência, trataremos dos fatos que interferem no valor das vendas.

3.4.3.1 Vendas anuladas ou devoluções de vendas

É comum as empresas receberem de seus clientes, em devolução, o total ou parte das mercadorias a eles vendidas, por motivos desconhecidos no momento das vendas.

Exemplo:

Recebemos do cliente Ronaldo Oliveira, em devolução, mercadorias no valor de $ 6.000, referentes à parte de nossa venda efetuada por meio da nossa nota fiscal n. 2.000. Considerar que a importância tenha sido restituída ao cliente em dinheiro e que o custo das referidas mercadorias vendidas correspondeu a $ 4.000.

Registro no livro Diário:

a. Empresa que adota a conta mista de mercadorias

Mercadorias
a Caixa
Devolução de vendas recebida do cliente Ronaldo de Oliveira, referente à parte da nossa NF n. 2.000 .... *6.000*

b. Empresa que adota a conta desdobrada com inventário periódico

Vendas Anuladas
a Caixa
Devolução de vendas recebida do cliente Ronaldo de Oliveira, referente à parte da nossa NF n. 2.000 .... *6.000*

c. Empresa que adota a conta desdobrada com inventário permanente

Vendas Anuladas
a Caixa
Devolução de vendas recebida do cliente Ronaldo de Oliveira, referente à parte da nossa NF n. 2.000 .... *6.000*

Estoque de mercadorias
a Custo das Mercadorias Vendidas
Reintegração ao Estoque de Mercadorias recebidas em devolução, referente à venda conforme NF n. 2.000 .... *4.000*

3.4.3.2 Abatimentos sobre vendas

Quando os clientes, ao receberem as mercadorias adquiridas, constatarem alguma irregularidade (avaria em decorrência do transporte, o modelo não corresponde ao pedido etc.), eles poderão devolver total ou parcialmente as mercadorias ou solicitar um abatimento no preço de custo.

Exemplo:

Como as mercadorias constantes da nossa nota fiscal n. 333, vendidas a J. Nogueira Ltda., chegaram com avarias no seu destino, concedemos ao cliente um abatimento no valor de $ 1.000. O valor da nota fiscal citada é de $ 8.000, e a venda foi efetuada a prazo. Considerar, ainda, que o custo das mercadorias vendidas correspondeu a 70% do preço de venda.

Veja como fica o registro no livro Diário:

a. Empresa que adota a conta mista de mercadorias

Mercadorias
a Clientes
a J. Nogueira Ltda.
Abatimento concedido, por avarias
ocorridas no transporte, referente à nossa
NF n. 333 .... 1.000

b. Empresa que adota a conta desdobrada com inventário periódico

Abatimento sobre Vendas
a Clientes
a J. Nogueira Ltda.
Abatimento concedido, por avarias
ocorridas no transporte, referente à nossa
NF n. 333 .... 1.000

c. Empresa que adota a conta desdobrada com inventário permanente

Abatimento sobre Vendas
a Clientes
a J. Nogueira Ltda.
Abatimento concedido, por avarias
ocorridas no transporte, referente à nossa
NF n. 333 .... 1.000

Observação

- Neste caso, não caberá lançamento para reintegrar ao estoque o valor do custo referente ao abatimento concedido, uma vez que não houve retorno de mercadorias para nossa empresa. O abatimento representa uma redução no valor da receita bruta de vendas.

3.4.3.3 Descontos incondicionais concedidos

Independentemente de qualquer condição posterior à emissão da nota fiscal, nossa empresa também poderá oferecer descontos, destacando-os nas notas fiscais de venda.

Exemplo:

Venda de mercadorias a Rolota Ribeiro, conforme nossa nota fiscal n. 2.030, no valor de $ 8.000, tendo sido concedido desconto incondicional, destacado na própria nota fiscal, igual a $ 800. Considerar que o custo das mercadorias vendidas correspondeu a $ 6.000.

Convém ressaltar que a contabilização do desconto incondicional concedido, como ocorre também com o desconto incondicional obtido (já estudado na Seção 3.3.3.4), é desnecessária. Entretanto, havendo interesse da empresa, ele poderá ser contabilizado.

Vejamos, então, como contabilizar:

a. Empresa que adota a conta mista de mercadorias

Pela característica dessa metodologia, não caberá a contabilização do desconto incondicional concedido, embora nada impeça que seja contabilizado.

Diversos
a Mercadorias
NF n. 2.030, como segue:
Caixa
Valor líquido da nota 7.200
Descontos Incondicionais Concedidos
10% destacados na NF supra 800 8.000

b. Empresa que adota a conta desdobrada com inventário periódico

Diversos
a Vendas de Mercadorias
NF n. 2.030, como segue:
Caixa
Valor líquido da nota 7.200
Descontos Incondicionais Concedidos
10% destacados na NF supra 800 8.000

c. Empresas que adotam a conta desdobrada com inventário permanente

Diversos
a Vendas de Mercadorias
NF n. 2.030, como segue:
Caixa
Valor líquido da nota 7.200
Descontos Incondicionais Concedidos
10% destacados na nota fiscal supra 800 8.000

Notas

- Os valores dos fretes e dos seguros calculados sobre as vendas, quando correrem por conta do vendedor (fornecedor), devem ser contabilizados em contas representativas de despesas operacionais, classificadas no grupo das Despesas com Vendas. Portanto, esses gastos não interferem no valor da receita bruta de vendas de mercadorias. Ressalte-se que, nesta Seção 3.4, estamos tratando somente dos fatos que interferem no valor da receita bruta de vendas de mercadorias.
- Nas empresas que adotam a conta desdobrada com inventário periódico ou permanente, os saldos das contas: Vendas Anuladas, Abatimentos sobre Vendas e Descontos Incondicionais Concedidos, como interferem no valor da receita bruta de vendas, serão transferidos para a conta RCM, no final do exercício, por ocasião da apuração do resultado bruto do exercício, conforme veremos na Seção 3.7.

3.4.3.4 Juros embutidos nas vendas a prazo

A Lei n. 6.404/1976, em consonância com as normas internacionais de contabilidade IFRS, ao disciplinar acerca dos critérios de avaliação do Ativo, determinou no inciso VII do artigo 183º que os elementos do Ativo decorrentes de operações de longo prazo serão ajustados a valor presente, sendo os demais ajustados quando houver efeito relevante.

Em decorrência dessa exigência legal, ao se contabilizar uma venda efetuada para recebimento a longo prazo, ou mesmo para recebimento a curto prazo, porém com efeitos relevantes para o patrimônio, deve-se expurgar do montante da referida venda, o valor dos juros cobrados do cliente.

Para fins de aplicação dessa regra, conforme comentamos na seção 3.3.3.5, deve-se considerar as taxas de juros usuais no mercado, ainda que o vendedor utilize, em benefício do seu cliente, taxas menores que as usuais.

... importante destacar, mais uma vez que esse procedimento que não era permitido no Brasil antes do advento das Leis n.ºs 11.638/07 e 11.941/09, encontra-se devidamente disciplinado nas Normas Brasileiras de Contabilidade NBC TG 12, 16 e 30.

Segundo o item 9 da NBC TG 30, a receita deve ser mensurada pelo valor justo da contraprestação recebida ou a receber.

Valor justo a ser contabilizado como receita derivada da venda de mercadorias quando a venda for realizada à vista, é o valor recebido do cliente no ato da venda.

Valor justo a ser contabilizado como receita derivada da venda de mercadorias quando a venda for realizada a prazo, conforme estabelece o item 11 da NBC TG 30, é o valor presente da contraprestação, isto é, o valor nominal da venda diminuído dos juros imbutidos pelo vendedor. Nesse caso, os juros são reconhecidos como receita financeira e não como receita de vendas.

Suponhamos o seguinte fato ocorrido em uma empresa comercial:

Venda de mercadorias, a prazo, para a cliente Idalina Padoan, no valor de R$ 5.000.

Considerar:

- juros embutidos na operação no valor de $ 300; e
- a venda será recebida em 10 parcelas mensais iguais de $ 500.

Considerando, ainda, que a empresa adota a conta desdobrada com inventário periódico, pede-se:

a. Contabilizar o fato no dia da venda; e

b. Contabilizar o recebimento em dinheiro da primeira parcela.

Solução:

a. Contabilizar o fato no dia da venda; e

1) *Clientes*
Idalina Padoam
a Diversos
Venda conf. NF n. 251 etc., como segue:
a Ajuste a Valor Presente (Receita Financeira a Vencer)
Juros embutidos na operação etc. 300
a Vendas de Mercadorias
Valor líquido etc. 4.700 5.000

A conta "Ajuste a Valor Presente", agora, é redutora da conta Clientes. Essa conta, que neste caso representa receitas de juros antecipados, poderia receber a intitulação de "**Receitas Financeiras a Vencer**" (ou a Apropriar).

Veja como ficará no Balanço:

2) *Ativo circulante*

Clientes	5.000
(–) Ajuste a Valor Presente	(300)
Saldo	4.700

b. Contabilizar o recebimento em dinheiro da primeira parcela. Tendo em vista que o pagamento foi parcelado, no vencimento de cada parcela, deve-se dar baixa no direito e apropriar a receita financeira registrada na conta **Ajuste a Valor Presente**. O valor da receita financeira a ser apropriada, a exemplo do que ocorreu com a apropriação da despesa financeira no caso de compra a prazo, estudada na Seção 3.3.3.5, deverá ser apurado mediante cálculo exponencial. Contudo, para simplificar, vamos assumir que na primeira parcela esses juros tenham correspondido a $ 30. Faremos:

3) *Caixa*
a Clientes
a Idalina Padoan
Valor recebido etc. 500

4) *Ajuste a Valor Presente (Receitas Financeiras a Vencer)*
a Receitas Financeiras
Apropriação que se processa,
conforme cálculos etc. 30

ATIVIDADES TEÓRICAS

1. Responda:

1.1 Em que consiste o método da conta mista de mercadorias?

1.2 Em que consiste o método da conta desdobrada?

1.3 Qual a diferença entre o sistema de inventário periódico e o permanente?

1.4 Qual a diferença entre descontos e abatimentos concedidos?

1.5 Qual é o tratamento contábil adequado aos juros embutidos nas compras e nas vendas de mercadorias a prazo?

2. Classifique em falsa ou verdadeira:

2.1 ( ) No método da conta mista, a conta mercadorias assume duas funções: patrimonial e de resultado.

2.2 ( ) A adoção do método ou do sistema para registro das operações com mercadorias é obrigatoriedade legal.

2.3 ( ) Nas compras a prazo de mercadorias, o título de crédito que garante ao vendedor o recebimento da operação é uma nota promissória.

2.4 ( ) Nas compras a prazo de mercadorias, o documento que garante ao vendedor o recebimento do valor da venda é a duplicata.

2.5 ( ) O valor dos fretes e seguros incidentes sobre as compras será contabilizado diretamente na conta Estoques, quando o sistema for de inventário permanente.

2.6 ( ) O valor dos fretes e dos seguros sobre as compras deve ser contabilizado separadamente do valor das compras, porque não deve integrar o custo das compras.

2.7 ( ) Denomina-se incondicional o desconto oferecido pelo vendedor independentemente de impor ao cliente alguma condição, e deve ser destacado na própria nota fiscal de venda.

3. Escolha a alternativa correta:

3.1 Compras de Mercadorias, Vendas de Mercadorias, Compras Anuladas, Vendas Anuladas, Descontos Incondicionais Obtidos, Descontos Incondicionais Concedidos, Fretes e Seguros sobre Compras, Abatimentos Obtidos e Abatimentos Concedidos.

Da relação supra, são utilizadas, por empresa que adota o sistema de inventário permanente, quantas contas:

a) 5;
b) 6;
c) 7;
d) 8;
e) 9.

3.2 Compras de Mercadorias, Vendas de Mercadorias, Compras Anuladas, Vendas Anuladas, Descontos Incondicionais Obtidos, Descontos Incondicionais Concedidos, Fretes e Seguros sobre Compras, Abatimentos Concedidos e Abatimentos Obtidos.

Da relação supra, são utilizadas, por empresa que adota o sistema de inventário periódico, quantas contas:

a) 5;
b) 6;
c) 7;
d) 8;
e) 9.

ATIVIDADES PRÁTICAS

Fatos ocorridos em uma empresa comercial:

1. Compra de mercadorias, à vista, do fornecedor Atacadão S/A, conforme nota fiscal nº 800, no valor de $ 15.000.

2. Devolução de parte da compra efetuada ao fornecedor Atacadão S/A, no valor de $ 2.000. Foi emitida nossa nota fiscal n. 4.321.

3. Tendo em vista avarias ocorridas no transporte, o fornecedor Atacadão S/A concedeu um abatimento no valor de $ 500 sobre a nossa compra referente à nota fiscal n. 800. O fornecedor nos restituiu a importância em dinheiro.

4. Pagamento efetuado à Transportadora Pássaro Marrom Ltda., referente a fretes e seguros sobre a compra conforme nota fiscal n. 800 do fornecedor Atacadão S/A. O pagamento no valor de $ 1.000 foi efetuado por meio de cheque de nossa emissão contra o banco Urupês S/A, em pagamento da nota fiscal n. 321, emitida pela transportadora supra.

5. Venda de mercadorias, à vista, ao cliente Batista Ltda., conforme nota fiscal n. 444, no valor de $ 42.000. Foi concedido desconto incondicional, destacado na nota fiscal, no valor de $ 2.000. O valor do custo das mercadorias vencidas foi igual a $ 30.000.

6. Foi concedido um abatimento, a pedido do cliente Batista Ltda., no valor de $ 1.000, referente a nossa venda mediante nota fiscal n. 444, tendo sido devolvida ao cliente a importância em dinheiro.

7. Recebemos em devolução, parte da nossa venda efetuada ao cliente Batista Ltda., conforme nossa nota fiscal de entradas n. 560, no valor de $ 7.800. Foi restituída ao cliente a importância em dinheiro. Valor do custo das mercadorias vendidas $ 6.000.

Pede-se:

a) contabilizar os fatos supra, considerando que a empresa adota a conta mista de mercadorias;

b) contabilizar os fatos supra, levando em conta que a empresa adota a conta desdobrada com inventário periódico; e

c) contabilizar os fatos supra, tendo em vista que a empresa adota a conta desdobrada com inventário permanente.

3.5 Tributos incidentes sobre compras e vendas

Nas operações de compras e vendas de mercadorias, poderão incidir alguns tributos, inclusos no valor das mercadorias, ou a ele adicionados. Consideram-se **tributos incidentes sobre as vendas** os impostos, as taxas e as contribuições, que guardem proporcionalidade com o preço da venda efetuada ou do serviço prestado, ainda que o montante do referido tributo integre a sua própria base de cálculo.

Os mais expressivos impostos incidentes sobre as vendas são os seguintes:

a. imposto sobre operações relativas à circulação de mercadorias e sobre prestações de serviços de transporte interestadual e intermunicipal e de comunicação (ICMS);

b. imposto sobre produtos industrializados (IPI);

c. imposto sobre serviços de qualquer natureza (ISS);

d. imposto sobre vendas a varejo de combustíveis líquidos e gasosos;

e. imposto de exportação (IE).

Incluem-se, também, nos tributos incidentes sobre as vendas:

a. as taxas que guardam proporcionalidade com o preço de venda;

b. as parcelas de contribuições mensais com recursos próprios para: programa de formação do patrimônio do servidor público (Pasep); programa de integração social (PIS); contribuição para o financiamento da seguridade social (COFINS);

c. as quotas de contribuição ou retenção cambial devida na exportação.

Para as empresas comerciais, enfoque principal dos nossos estudos no presente capítulo, os tributos incidentes sobre as vendas mais comuns são: ICMS; IPI (em alguns casos); ISS (em alguns casos); PIS sobre Faturamento; e Cofins.

3.5.1 ICMS

3.5.1.1 O que você precisa saber

O **ICMS** (imposto sobre operações relativas à circulação de mercadorias e sobre prestações de serviços de transporte interestadual e intermunicipal e de comunicação) é um imposto de competência estadual, incidente sobre a circulação de mercadorias e sobre a prestação de alguns serviços, como o fornecimento de energia elétrica, os transportes e as comunicações. É considerado imposto por dentro, pois seu valor está incluído no valor das mercadorias ou dos serviços constantes da nota fiscal.

O ICMS é calculado mediante a aplicação de uma alíquota (porcentagem) sobre o valor das mercadorias ou dos serviços. Essa porcentagem pode variar de acordo com o tipo da mercadoria ou do serviço, sua origem e destinação. Para a maioria das mercadorias, nas operações realizadas dentro do Estado, a alíquota é de 17%. Contudo, em alguns Estados, essa alíquota pode ser diferente. No Estado de São Paulo, por exemplo, é de 18%.

Nem todas as mercadorias estão sujeitas a esse imposto: há mercadorias que não sofrem a sua tributação, seja por força da própria Constituição Federal (imunidade) ou seja por força da legislação específica de cada Estado da Federação (não incidência); há aquelas que, mesmo sofrendo a incidência desse imposto, tendo em vista benefícios fiscais, poderão estar isentas por um determinado período (isenção); há, ainda, as que estão sujeitas à incidência de outros impostos.

O ICMS é o imposto mais comum entre as operações realizadas pelas empresas comerciais. Assim, na maioria das compras e vendas de mercadorias, as empresas comerciais registram a ocorrência desse imposto.

O ICMS é considerado imposto não cumulativo. Isso significa que o valor do imposto pago em uma operação é compensado no valor do imposto a pagar na operação subsequente.

3.5.1.2 Mecanismo de incidência do ICMS

A contabilização do ICMS torna-se muito simples a partir do momento em que se passa a conhecer o mecanismo que envolve a sua incidência nas operações de compras e de vendas de mercadorias.

Você já sabe que a atividade principal de uma empresa comercial se concentra em duas operações: compra e venda. Quando a empresa compra, paga ao fornecedor, junto com o custo dessas mercadorias, uma parcela correspondente ao ICMS; quando a empresa vende mercadorias, recebe do cliente, junto com o valor da venda, uma parcela correspondente ao ICMS, que terá de ser repassada ao Governo do Estado. Note, no entanto, que antes de repassar ao Governo do Estado a parcela do ICMS recebida do cliente (constante da nota fiscal de venda), a empresa poderá compensar, desse total, o valor do ICMS que pagou ao fornecedor (constante da nota fiscal de compra) por ocasião da compra da mercadoria que está sendo vendida.

Exemplo:

Vamos supor que a sua empresa tenha adquirido determinado lote de mercadorias de um fornecedor, pagando $ 100, com ICMS incluso no valor de $ 18. Seu fornecedor, ao receber os $ 100, deverá repassar $ 18 ao Governo do Estado. Dessa forma, você pagou ao fornecedor $ 100, sendo $ 82 correspondente ao custo das mercadorias adquiridas e $ 18 correspondente ao ICMS. Suponhamos, agora, que você tenha vendido o mesmo lote de mercadorias a um cliente por $ 150, com ICMS incluso no valor de $ 27. Dos $ 150 que você recebeu (receita bruta de vendas), $ 123 correspondem à receita líquida de vendas e $ 27, ao ICMS que você deveria recolher ao Governo do Estado. É isso mesmo, deveria recolher, pois sendo o ICMS um imposto não cumulativo, você poderá compensar (abater) desses $ 27 devidos em função da venda do lote de mercadorias os $ 18 de ICMS que pagou pelo mesmo lote quando o comprou de seu fornecedor. Assim, você recolherá ao governo apenas $ 9, ou seja, $ 27 menos $ 18. Diante do exposto, podemos concluir:

a. o valor do ICMS que você paga ao fornecedor por ocasião da compra representa um direito para sua empresa com o Governo do Estado;

b. o valor do ICMS que você recebe do seu cliente por ocasião da venda representa uma obrigação da sua empresa com o Governo do Estado.

As operações com ICMS que envolve direitos e obrigações com o Governo do Estado podem ser apuradas mensalmente da seguinte maneira:

a. no final do mês, somam-se os valores do ICMS incidentes em todas as compras efetuadas durante o referido mês (direitos da empresa);

b. da mesma forma, são somados os valores do ICMS incidentes em todas as vendas efetuadas no mesmo mês (obrigações da empresa), ainda que essas mercadorias vendidas não correspondam àquelas compradas no mesmo mês;

c. se o total do ICMS incidente nas compras for superior ao total do ICMS incidente nas vendas, a diferença representará direito da empresa com o governo estadual em relação às operações realizadas naquele mês. Se, por outro lado, o valor do ICMS incidente nas vendas for superior ao valor do ICMS incidente nas compras, a diferença representará obrigação da empresa, devendo ser recolhida ao Estado no mês seguinte. Agora que você conhece o mecanismo que envolve o funcionamento do ICMS nas operações de compras e de vendas, veja, na Seção a seguir, como é fácil a contabilização desse imposto.

3.5.1.3 Contabilização do ICMS

Para conhecermos duas das opções mais utilizadas para a contabilização desse imposto, considere os fatos ocorridos em uma empresa comercial durante o mês de outubro:

1. compras de mercadorias, à vista, do fornecedor Comercial São Carlos conforme nota fiscal n. 501, no valor de $ 10.000, com ICMS incidente de $ 1.800;

2. vendas de mercadorias efetuadas durante o mês, à vista, conforme nossas notas fiscais n.os 20 a 80, no valor de $ 30.000, com ICMS incidente de $ 5.400.

Nota

- Seja qual for o método ou o sistema utilizado pela empresa para registrar as operações com mercadorias, o mecanismo de contabilização do ICMS será sempre o mesmo. Apresentaremos nossas explicações considerando que a empresa adota a conta desdobrada com inventário periódico.

CONTABILIZAÇÃO:

Opção 1: adoção da Conta Corrente do ICMS.

Consiste em adotar uma só conta para registrar os direitos e as obrigações relativas ao ICMS.

Por essa opção, os direitos relativos ao ICMS originados pelas compras e as obrigações geradas pelas vendas são contabilizados em uma única conta – considerada Conta Corrente do ICMS –, que poderá ter como título Conta Corrente ICMS, ICMS a Recuperar ou ICMS a Compensar, por exemplo.

1) *Diversos*
a Caixa
Compra de mercadorias, conforme NF n. 501 da Comercial São Carlos S/A

Compras de Mercadorias		
Valor do custo das mercadorias adquiridas	*8.200*	
ICMS a Recuperar		
18% sobre a NF supra	*1.800*	*10.000*

2) *Caixa*
a Vendas de Mercadorias

Nossas notas fiscais n.os 20 a 80	*30.000*

2-A) *ICMS sobre Vendas*
a ICMS a Recuperar

Imposto incidente sobre as vendas supra	*5.400*

Observações

- A conta Compras de Mercadorias foi debitada no lançamento (1) pelo valor pago ao fornecedor, diminuído do ICMS.
- A conta ICMS a Recuperar, que é a Conta Corrente do ICMS, foi debitada no lançamento (1) pelo valor do ICMS incidente na compra, pois representa direito da empresa. No lançamento (2-A) foi creditada pelo valor do ICMS incidente nas vendas, pois representa obrigação da empresa.

Observações

- A conta Vendas de Mercadorias foi creditada no lançamento (2) pelo valor bruto da venda, pois o valor da venda, incluindo o ICMS, representa receita bruta de vendas.
- A conta ICMS sobre Vendas, que é uma conta de despesa, foi debitada no lançamento (2-A) pelo valor do ICMS incidente sobre a venda. Essa conta é redutora da receita bruta de vendas.

Nas compras com incidência do ICMS, um lançamento foi suficiente para registrar a operação, ao passo que nas vendas com incidência desse imposto são necessários dois lançamentos: um para registrar o valor da receita bruta de vendas e outro para registrar o valor do ICMS incidente na respectiva venda.

Considerando que durante o mês de outubro ocorreram somente essas operações envolvendo ICMS, precisamos apurar, no último dia do mês, o saldo da conta ICMS a Recuperar, para ver se nesse mesmo mês a movimentação de mercadorias gerou direito ou obrigação. Veja:

ICMS A RECUPERAR	
(1) 1.800	(2A) 5.400
	Saldo 3.600

O saldo credor apurado indica que as obrigações superaram os direitos no referido mês; logo, essa importância deverá ser recolhida ao Governo do Estado no mês seguinte. Para regularizar a situação, ainda no último dia de outubro, faremos:

3) *ICMS a Recuperar*
a ICMS a Recolher
Saldo credor apurado no mês 3.600

Após este lançamento, a conta ICMS a Recuperar fica com saldo igual a zero, e a conta ICMS a Recolher, que é do Passivo Circulante, indica a existência de obrigação da empresa com o Governo do Estado, relativa ao ICMS.

No mês em que a conta ICMS a Recuperar apresentar saldo devedor, indicará que a movimentação com mercadorias nesse mesmo mês resultou em direito da empresa com o Governo do Estado. Como a conta ICMS a Recuperar é do Ativo Circulante, não haverá necessidade de lançamento de ajuste, permanecendo o saldo na própria conta para ser compensado no movimento do mês seguinte.

Opção 2: adoção de contas distintas para contabilização do ICMS.

Por essa opção, os direitos relativos ao ICMS são contabilizados em uma conta do Ativo Circulante (a mesma utilizada na opção 1), e as obrigações, registradas em uma conta do Passivo Circulante que poderá ser denominada de ICMS a Recolher. Veja os mesmos fatos já contabilizados pela opção 1 e compare:

1) *Diversos*
a Caixa
Compra de mercadorias, conforme NF n. 501 da Comercial São Carlos S/A
Compras de Mercadorias
Valor do custo das mercadorias adquiridas *8.200*
ICMS a Recuperar
18% incidente sobre nota fiscal supra *1.800* *10.000*

---

2) *Caixa*
a Vendas de Mercadorias
Nossas notas fiscais nºs 20 a 80 .... *30.000*

2-A) *ICMS sobre Vendas*
a ICMS a Recolher
Imposto incidente sobre as vendas supra *5.400*

Observe que na opção 1 utilizamos uma só conta para registrar o ICMS incidente nas compras e nas vendas; na opção 2, usamos contas distintas: uma para registrar o ICMS incidente nas compras (ICMS a Recuperar), e outra para registrar o ICMS incidente nas vendas (ICMS a Recolher). No último dia do mês, para apurar o saldo do ICMS, efetuaremos obrigatoriamente o seguinte lançamento:

3) *ICMS a Recolher*
a ICMS a Recuperar
Registro que se processa, pelo menor saldo entre as duas contas, para apuração do saldo do ICMS *1.800*

Veja a posição das contas envolvidas em seus respectivos razonetes:

ICMS A RECUPERAR	
(1) 1.800	(3) 1.800

ICMS A RECOLHER	
(1) 1.800	(2A) 5.400
	Saldo 3.600

Pela opção 2, no último dia do mês será feito obrigatoriamente o lançamento de ajuste, debitando-se sempre a conta ICMS a Recolher e creditando-se a conta ICMS a Recuperar, utilizando o menor saldo existente entre as duas contas envolvidas.

Após o lançamento de ajuste, a conta que tinha o menor saldo ficará "zerada", e a outra refletirá o resultado do ICMS do mês, que será igual a direito (saldo devedor na conta ICMS a Recuperar) ou obrigação (saldo credor na conta ICMS a Recolher).

3.5.1.4 ICMS nas devoluções de compras e nas devoluções de vendas

Considere os seguintes fatos ocorridos em uma empresa comercial no mês de fevereiro:

1. Devolução de parte da compra efetuada do fornecedor JB Ltda., conforme nossa nota fiscal n. 130, no valor de $ 1.000, com ICMS incluso de $ 180.
2. Recebemos, em devolução, parte das mercadorias vendidas à vista por $ 5.000 com ICMS incidente no valor de $ 900, conforme nossa nota fiscal de entradas n. 150.

Nota

- Seja qual for a opção adotada para contabilização do ICMS, é importante salientar que, ocorrendo devoluções de compras e de vendas, a contabilização desses eventos será feita invertendo-se os lançamentos originais como se fossem estornos. Se a empresa, no entanto, adotar o método da conta desdobrada com inventário periódico em lugar das contas Compras e Vendas de Mercadorias, o correto será utilizar Compras Anuladas e Vendas Anuladas respectivamente.

Veja, então, como serão contabilizadas as devoluções em questão:

1) *Caixa*
a Diversos
Nossa devolução de parte da compra efetuada do fornecedor JB Ltda., conforme nossa NF n. 150
a Compras Anuladas
Custo das Mercadorias Devolvidas *820*
a ICMS a Recuperar
Imposto incidente sobre operação supra *180* *1.000*

2) *Vendas Anuladas*
a Caixa
Mercadorias recebidas em devolução, conforme NF n. 150 .... *5.000*

2-A) *ICMS a Recuperar*
a ICMS sobre Vendas
ICMS incidente sobre devolução supra *900*

Esses dois lançamentos foram efetuados pela opção 1 apresentada para contabilização do ICMS (uso da Conta Corrente do ICMS), considerando-se, ainda, que a empresa adota o método da conta desdobrada com inventário periódico. Caso contabilizássemos pela opção 2, a única alteração seria no lançamento 2-A, em que a conta debitada seria ICMS a Recolher.

Notas

- As duas opções apresentadas nesta seção para o registro do ICMS referem-se ao método da conta desdobrada com inventário periódico.
- As mesmas explicações, contudo, são válidas e podem ser facilmente adaptadas para as empresas que adotam o método da conta mista ou da conta desdobrada com inventário permanente.

3.5.2 Imposto sobre Produtos Industrializados (IPI)

3.5.2.1 O que você precisa saber

O **Imposto sobre Produtos Industrializados (IPI)** é um imposto de competência federal, exigido principalmente nas empresas industriais. É considerado imposto por fora, pois seu cálculo é feito sobre o valor dos produtos (mercadorias) e a ele é adicionado.

O IPI é calculado mediante a aplicação de uma alíquota sobre o valor dos produtos. Essa alíquota varia em função do tipo do produto.

Embora esse imposto seja próprio das empresas industriais, há casos em que outras empresas podem estar sujeitas a seu pagamento, como ocorre com algumas exportações efetuadas por empresas comerciais, as quais são equiparadas às empresas industriais por força da legislação, para efeito de recolhimento desse imposto.

O IPI não incide sobre todos os produtos e também é considerado imposto não cumulativo, pois o valor do imposto pago na compra de matérias-primas ou de outros materiais aplicados na produção é compensado do imposto a pagar das operações subsequentes de mercadorias, matérias-primas ou produtos.

3.5.2.2 Mecanismo de incidência do IPI

O **mecanismo de incidência do IPI** é semelhante ao do ICMS, ou seja: a empresa tem direito com o Governo Federal, referente ao IPI por ela pago ao fornecedor dos materiais que irão integrar o processo de produção, e terá obrigação com o Governo Federal, referente ao IPI incidente na venda dos seus produtos.

3.5.2.3 Contabilização do IPI

Agora que você já conhece o mecanismo de contabilização do ICMS, não encontrará dificuldade para contabilizar o IPI.

A atividade principal de uma empresa industrial tradicional concentra-se nas seguintes operações: compra, transformação e venda. A empresa industrial compra materiais, transforma-os em novos produtos e os vende. Assim, o IPI incidente nas compras dos materiais que irão integrar o processo de fabricação, cujos valores são pagos aos fornecedores, será compensado do valor do IPI incidente na venda dos produtos fabricados com esses materiais.

Como ocorre com o ICMS, o IPI também é apurado periodicamente, sendo mais comum sua apuração mensal.

A contabilização do IPI é semelhante à do ICMS. Apresentaremos, a seguir, duas opções para a contabilização do IPI, acompanhe:

Fatos ocorridos em uma empresa industrial, durante o mês de setembro:

1. compra de matéria-prima, à vista, da empresa Industrial Três Marias S/A, conforme nota fiscal n. 150, no valor de $ 2.000, com IPI incidente de $ 200, perfazendo o total de $ 2.200;
2. vendas de produtos, à vista, realizadas durante o mês, conforme nossas notas fiscais n.os 150 a 290, no valor de $ 7.000, com IPI incidente de $ 700, perfazendo o total de $ 7.700.

Opção 1: adoção da conta corrente do IPI.

Consiste em utilizar uma só conta considerada, conta corrente do IPI, para registrar os direitos e as obrigações referentes a esse imposto. Essa conta pode ser denominada Conta Corrente do IPI ou IPI a Recuperar.

1) *Diversos*		
a Caixa		
NF n. 150 de Três Marias S/A		
Compras de Matérias-primas		
Custo das Matérias-primas	*2.000*	
IPI a Recuperar		
IPI incidente na compra supra	*200*	*2.200*

2) *Caixa*		
a Diversos		
Nossas NF n.os 150 a 290		
a Vendas de Produtos		
Valor da receita bruta de vendas, conforme notas fiscais supra	*7.000*	
a IPI a Recuperar		
IPI incidente nas vendas supra	*700*	*7.700*

Observe que a única diferença existente entre a contabilização do IPI apresentada e a contabilização do ICMS pela opção 1 é o registro da venda. O ICMS, por integrar o valor das mercadorias, é contabilizado por dentro, integrando a receita bruta de vendas; por isso, são necessários dois lançamentos.

Por outro lado, sendo o IPI um imposto por fora, não integra a receita bruta de vendas, podendo ser contabilizado em um lançamento só, registrando-se a receita bruta de vendas na conta Venda de Produtos e o valor do imposto diretamente a crédito da conta IPI a Recuperar.

No último dia do mês, a exemplo do que ocorre com o ICMS, será necessário apurar o saldo da conta IPI a Recuperar para verificar se, no referido mês, as operações com IPI geraram direito ou obrigação para a empresa. Veja:

IPI A RECUPERAR

Débito	Crédito
(1) 200	(2) 700
	Saldo 500

Note que o saldo da conta IPI a Recuperar é credor de $ 500, significando que, no referido mês, a movimentação com IPI gerou obrigação para a empresa, que terá de recolher aos cofres do Governo Federal o respectivo valor no mês seguinte. Neste caso, há a necessidade do seguinte lançamento de ajuste:

3) *IPI a Recuperar*
a IPI a Recolher
Pelo saldo credor apurado, conforme livro Razão 500

Opção 2: adoção de contas distintas para contabilização do IPI.

Veja os mesmos fatos já contabilizados pela opção 1:

1) *Diversos*
a Caixa
NF n. 150 de Três Marias S/A
Compras de Matérias-primas
Custo das Matérias-primas 2.000
IPI a Recuperar
IPI incidente na compra supra 200 2.200

---

2) *Caixa*
a Diversos
Nossas NF n°s 150 a 290
a Vendas de Produtos
Valor da receita bruta de vendas, conforme notas fiscais supra 7.000
a IPI a Recolher
IPI incidente nas vendas supra 700 7.700

Adotando essa opção, a exemplo do que ocorre com o ICMS, no final do mês, obrigatoriamente, faremos o seguinte lançamento de ajuste:

3) *IPI a Recolher*
a IPI a Recuperar
Transferência que se processa do menor saldo entre as contas supra para apuração do IPI 200

Observações

- Após este lançamento de ajuste, a conta IPI a Recuperar, que possuía saldo devedor de $ 200, ficou com saldo igual a zero; a conta IPI a Recolher, que tinha o saldo credor de $ 700, sendo debitada por $ 200, ficou com saldo credor de $ 500, representando assim a obrigação da empresa para com o Governo Federal.

Observações

- Pela opção 2, o resultado final é o mesmo obtido pela opção 1, ou seja, a conta IPI a Recuperar ficou com saldo igual a zero, e a conta IPI a Recolher, com saldo de $ 500, refletindo, assim, a obrigação da empresa correspondente ao respectivo mês.

3.5.3 Informações adicionais sobre o ICMS e o IPI

- Em uma mesma compra de mercadorias, pode haver a incidência do ICMS e do IPI. Esse fato ocorre com mais frequência quando a compra é efetuada de uma empresa industrial. Neste caso, o tratamento a ser dispensado a esses impostos dependerá da operação subsequente: se na venda dessas mercadorias houver a incidência de ambos os tributos, os dois deverão ser excluídos do custo de aquisição.
- Na venda de produtos com incidência somente do ICMS, o valor total da nota fiscal corresponde ao valor da receita bruta de vendas. Ex.: venda de 50 unidades de determinado produto de nossa fabricação, por $ 10 a unidade, com incidência de ICMS pela alíquota de 18%. Neste caso, o total da nota fiscal será igual a $ 500, havendo destaque na referida nota fiscal do valor do ICMS que será igual a $ 90. Assim, o valor da venda a ser contabilizado a crédito da conta Vendas de Mercadorias, que corresponde ao total da receita bruta, será igual a $ 500.
- Na venda de produtos de nossa fabricação, com incidência do ICMS e do IPI ao mesmo tempo, o valor do ICMS estará incluso no valor dos produtos, enquanto o valor do IPI será adicionado a ele. Ex.: suponhamos que nossa empresa tenha vendido 30 unidades de determinado produto por $ 50 a unidade, com ICMS pela alíquota de 18% e IPI pela alíquota de 10%. Neste caso, o total da nota fiscal será igual a $ 1.650, sendo que $ 1.500 correspondem ao valor da receita bruta de vendas e $ 150, ao IPI, que é adicionado ao valor do produto. Neste caso, a empresa contabilizará como vendas de produtos (receita bruta) $ 1.500 e como IPI a Recolher (ou a Recuperar), $ 150.
- Para que a empresa tenha direito de recuperar o valor do ICMS pago aos fornecedores no momento das compras de mercadorias, é necessário que, ao serem vendidas, essas mercadorias sofram a incidência desse imposto. Caso contrário, o valor do ICMS incidente nas compras integrará o custo de aquisição das referidas mercadorias. Cabe salientar, aqui, que é comum a legislação do ICMS isentar do imposto determinadas operações; por isso uma empresa poderá comprar mercadorias com incidência do ICMS e revendê-las com isenção.
- Para que a empresa possa recuperar o valor do IPI incidente nas compras de materiais, é necessário que os produtos fabricados com esses materiais sofram a incidência do referido imposto por ocasião das vendas. Caso contrário, a exemplo do ICMS, o valor do IPI incidente nas compras integrará o custo de aquisição dos respectivos materiais. Como ocorre com o ICMS, também é comum a legislação do IPI isentar determinadas operações do imposto; por isso, a empresa poderá adquirir materiais com incidência do IPI e revendê-los com isenção.
- O ICMS incidente sobre o valor do frete das mercadorias também pode ser compensado do valor do ICMS incidente nas vendas realizadas no respectivo período. O governo

tem permitido que as empresas recuperem também parte ou o valor total do ICMS pago nas contas de energia elétrica e de telefone.

- Quando, na compra de determinada mercadoria, houver a incidência do ICMS e do IPI e, na venda dessa mesma mercadoria, houver incidência apenas do ICMS, o valor do IPI pago na compra deverá integrar o custo de aquisição da mercadoria, sendo o ICMS contabilizado separadamente.
- Para concluir, o ICMS e o IPI (impostos não cumulativos), dependendo do destino a ser dado aos bens na empresa, poderão ser recuperados ou não. Assim, a empresa poderá adquirir bens para serem comercializados (mercadorias); para serem aplicados no processo de fabricação (matérias-primas, materiais auxiliares e outros); para serem consumidos (materiais de limpeza, expediente etc.) ou, ainda, para serem incorporados ao Ativo Imobilizado.
- Para saber em quais situações o ICMS e o IPI devem ou não integrar o custo de aquisição, é necessário que você acompanhe frequentemente as legislações desses tributos para aplicar os critérios que estiverem em vigor em cada ano.

3.5.4 Imposto sobre Serviços de Qualquer Natureza (ISS)

O **Imposto sobre Serviços de Qualquer Natureza (ISS)** é um imposto incidente sobre a receita de serviços prestados pelas empresas, por trabalhadores autônomos e por profissionais liberais.

Por ser um imposto de competência municipal, a sua regulamentação pode divergir entre os milhares de municípios brasileiros. As empresas prestadoras de serviços normalmente recolhem o ISS mensalmente, com base no total das receitas de serviços prestados em cada mês.

O cálculo do ISS é feito mediante a aplicação de uma alíquota sobre o total das receitas auferidas na prestação de serviços.

A alíquota, bem como a base para o cálculo desse imposto, pode variar em cada município.

Como, em geral, o ISS deve ser recolhido sempre no mês seguinte ao da ocorrência do seu fato gerador, no mês da ocorrência esse imposto deve ser contabilizado como segue:

Suponhamos que o total da receita bruta auferida por serviços prestados por uma empresa, durante o mês de outubro, tenha sido de $ 30.000. Considerando que a alíquota do ISS no referido município seja de 5%, faremos:

ISS
a ISS a Recolher
5% sobre o faturamento do mês 1.500

Observações

- A conta ISS é conta de despesa, redutora da receita bruta de serviços prestados.
- A conta ISS a Recolher é conta de obrigação; pertencente ao Passivo Circulante, representa a obrigação da empresa em recolher o respectivo tributo aos cofres do município, no mês seguinte.

3.5.5 PIS/PASEP e COFINS sobre faturamento

3.5.5.1 Introdução

A Contribuição para o Programa de Integração Social (PIS), a Contribuição para o Programa de Formação do Patrimônio do Servidor Público (Pasep) e a Contribuição para o Financiamento da Seguridade Social (COFINS), são modalidades de tributo que as entidades em geral devem recolher mensalmente ao Governo Federal. O PIS foi criado pela Lei Complementar n. 7, de 07 de setembro de 1970; o PASEP pela Lei Complementar n. 8, de 03 de dezembro de 1970 e a COFINS pela Lei Complementar n. 70, de 30 de Dezembro de 1991. A legislação tributária trata da Contribuição para o PIS, juntamente com a Contribuição para o Pasep (PIS/PASEP). Existem dois regimes de incidência dessas contribuições: cumulativo e não cumulativo. No regime cumulativo, as entidades calculam mensalmente os valores das contribuições mediante a aplicação de alíquotas fixadas pelo governo sobre bases de cálculos também fixadas pelo governo e recolhem os respectivos valores aos cofres públicos no mês seguinte ao da ocorrência dos respectivos fatos geradores. No regime não cumulativo, os procedimentos são semelhantes aos praticados no regime cumulativo, contudo, além das alíquotas e bases de cálculos serem diferentes, neste segundo regime, as entidades podem compensar do montante das contribuições devidas, importâncias dos respectivos tributos devidas por outras entidades em decorrência de transações realizadas com elas.

3.5.5.2 Regime Cumulativo

3.5.5.2.1 Aspectos Legais

O regime cumulativo é disciplinado por várias Leis, a começar pelas que criaram as contribuições para o PIS, para o PASEP e para a COFINS, pela Lei n. 9.715/1998, pela Lei n. 9.718/1998 e por outros dispositivos legais posteriores que provocaram alterações nessas Leis.

3.5.5.2.2 Contribuintes

Segundo a Lei n. 9.715/1998, são contriuintes do PIS/PASEP, as pessoas jurídicas de direito privado e as que lhes são equiparadas pela legislação do imposto de renda, inclusive as empresas públicas e as sociedades de economia mista e suas subsidiárias bem como as entidades sem fins lucrativos definidas como empregadoras pela legislação trabalhista, as fundações e as pessoas jurídicas de direito público interno. A Lei n. 9.718/1998, trata das contribuições para o PIS/PASEP e COFINS, devidas pelas pessoas jurídicas de direito privado. Para fins didáticos, podemos considerar contribuintes das contribuições para o PIS/PASEP e COFINS pelo regime cumulativo, todas as pessoas jurídicas de direito público e privado que não estejam obrigadas ao recolhimento do Imposto de Renda com base no lucro Real.

3.5.5.2.3 Alíquotas e base de cálculo

No regime cumulativo, a alíquota para as contribuições para o PIS/PASEP é de 0,65% e para a COFINS é de 3,0%.

A base de cálculo das contribuições para o PIS/PASEP e COFINS, devidas pelas pessoas jurídicas de direito privado e as que lhes são equiparadas pela legislação do imposto de renda, pelo regime cumulativo, é o faturamento.

A legislação tributária, por meio da Lei n. 9.718/1998, considera faturamento a receita bruta de que trata o art. 12º do Decreto-lei n. 1.598/1977. Veja:

> Art. 12º. A receita bruta compreende:
> I – o produto da venda de bens nas operações de conta própria;
> II – o preço da prestação de serviços em geral;
> III – o resultado auferido nas operações de conta alheia; e
> IV – as receitas da atividade ou objeto principal da pessoa jurídica, não compreendidas nos incisos I a III.

A mencionada Lei n. 9.718/1998, nos vários parágrafos do art. 3º apresenta situações que influenciam na base de cálculo. Especificamente no § 2º arrola uma série de valores que devem ser excluídos da receita bruta para fins de determinação da base de cálculo das contribuições em estudo, como por exemplo: vendas canceladas, descontos incondicionais concedidos, reversões de provisões e recuperações de créditos baixados como perda, que não representem ingresso de novas receitas etc.

Por fim, é importante destacar que a legislação tributária prevê outras bases de cálculo e alíquotas a serem observadas por entidades sem fins lucrativos, públicas ou particulares, como folhas de pagamento (PIS/PASEP), receitas correntes etc.

3.5.5.2.4 Exemplo prático

Suponhamos que a empresa Comércio de Veículos Lorena Ltda., auferiu no mês de março de X2, receita bruta com a venda de mercadorias no valor de $ 700.000 e com a prestação de serviços no valor de $ 300.000. Considerando que essa empresa está sujeita ao regime cumulativo de incidência das contribuições para o PIS/PASEP e COFINS, pede-se:

a. Calcular e contabilizar em 31 de março, as contribuições para o PIS/PASEP e COFINS (provisionamento), pelas alíquotas de 0,65% e 3,0% respectivamente;

b. Considerando que em 15 de abril a empresa efetuou o recolhimento das contribuições em dinheiro, proceder a respectiva contabilização.

Solução:

Em 31/03/X2

1) *PIS/PASEP sobre Faturamento*
a PIS/PASEP a Recolher
0,65% sobre $ 1.000.000 .... 6.500

2) *COFINS sobre Faturamento*
a COFINS a Recolher
3% sobre $ 1.000.000 .... 30.000

Observações

- As contas "PIS/PASEP sobre Faturamento e COFINS sobre Faturamento", debitadas nos lançamentos 1 e 2, são contas redutoras da receita bruta de vendas e serão transferidas para a conta "Resultado da Conta Mercadorias", por ocasião da apuração do resultado bruto.
- As contas "PIS/PASEP a Recolher e COFINS a Recolher", creditadas nos lançamentos 1 e 2, são contas patrimoniais classificadas no Passivo Circulante do Balanço Patrimonial.

Em 15/04/X2

3) *Diversos*

a Caixa

Recolhimentos efetuados nesta data, como segue:

PIS/PASEP a Recolher

Conforme guia. *6.500*

COFINS a Recolher

Idem. *30.000* *36.500*

3.5.5.3 Regime não cumulativo

3.5.5.3.1 Aspectos legais

O regime não cumulativo é disciplinado pela Lei n. 10.637, de 30 de dezembro de 2002 (PIS-PASEP), pela Lei n. 10.833, de 29 de dezembro de 2003 (COFINS) e por outros dispositivos legais posteriores que provocaram alterações nessas leis.

3.5.5.3.2 Contribuintes

São contribuintes das contribuições para o PIS/PASEP e COFINS pelo regime não cumulativo, as mesmas pessoas jurídicas sujeitas ao recolhimento dessas contribuições pelo regime cumulativo, poreém, que estejam obrigadas ao recolhimento do Imposto de Renda com base no lucro Real.

Nota

- É importante destacar que no art. 8º da Lei n. 10.837/2002 e no art. 10º da Lei n. 10.837/2003, são arroladas as pessoas jurídicas que permanecem sujeitas ao regime cumulativo do PIS/Pasep e COFINS, respectivamente.

3.5.5.3.3 Alíquotas e base de cálculo

No regime não cumulativo, a alíquota para as contribuições para o PIS/PASEP é de 1,65% e para a COFINS é de 7,6%. A base de cálculo dessas contribuições pelo regime não cumulativo compreende o total das receitas auferidas no mês pela pessoa jurídica, independentemente de sua denominação ou classificação contábil. Para fins de incidência do PIS/PASEP e da COFINS, o total das receitas compreende a receita bruta de que trata o art. 12º do Decreto-lei n. 1.598/2013 (transcrito na Seção 3.5.5.2.3), e todas as demais receitas auferidas pela pessoa jurídica com os seus respectivos valores decorrentes do ajuste a valor presente de que trata o inciso VIII do *caput* do art. 183º da Lei n. 6.404, de 15 de dezembro de 1976 (caput e § 1º do art. 1º das Leis nº 10.637/2002 e 10.833/2003).

É importante destacar que o inciso VIII do art. 183º da Lei n. 6.404/1976 estabelece que os elementos do Ativo decorrentes de operações de longo prazo devem ser contabilizados pelo respectivo valor presente, isto é, descontados os juros embutidos na operação. Contudo, conforme se pode observar, o fisco não reconhece o expurgo dos juros embutidos nas vendas a prazo, da base de cálculo das contribuições para o PIS/PASEP e para a COFINS. Exemplo: em uma venda de mercadorias a prazo por R$ 100 com R$ 10 de juros embutidos, a base de cálculo do PIS/PASEP e da COFINS será R$ 100 e não R$ 90.

No § 3º do artigo 1º e no artigo 2º das mencionadas Leis n.os 10.637/2002 e 10.833/2003, constam situações que influenciam na base de cálculo, inclusive valores que devem ser excluídos do total das receitas, como por exemplo: vendas canceladas; descontos incondicionais concedidos; reversões de provisões e recuperações de créditos baixados como perda, que não representem ingresso de novas receitas; receitas decorrentes da venda de bens do ativo não circulante, classificados como investimento, imobilizado ou intangível etc.

Notas

- É importante destacar que as legislações do PIS/PASEP e da COFINS, estabelecem, ainda, os casos de isenção, não incidência e de redução de alíquotas a 0.
- Na vida prática, o contabilista deve acompanhar as mudanças que frequentemente ocorrem na legislação tributária, para aplicar os critérios que estiverem em vigor em cada ano.

3.5.5.3.4 Direito de compensação

Conforme dissemos, as pessoas jurídicas sujeitas ao recolhimento das contribuições para o PIS/PASEP e COFINS pelo regime não cumulativo, têm direito de descontar do montante devido, parcelas da contribuição pagas a fornecedores de mercadorias e de outros bens ou serviços. Esses créditos são apurados pela aplicação da alíquota de 1,65% (PIS/PASEP) ou de 7,6% (COFINS), sobre os direitos arrolados no art. 3º tanto da Lei n. 10.637/2002 quanto da Lei n. 10.833/2003.

Assim, a pessoa jurídica poderá descontar do montante devido, créditos calculados em relação a: bens adquiridos para revenda (exceto casos previstos nas mencionadas leis); bens e serviços, utilizados como insumo na prestação de serviços e na produção ou fabricação de bens ou produtos destinados à venda, inclusive combustíveis e lubrificantes (exceto casos previstos nas mencionadas Leis); aluguéis de prédios, máquinas e equipamentos, pagos a pessoa jurídica, utilizados nas atividades da empresa; valor das contraprestações de operações de arrendamento mercantil de pessoa jurídica, exceto de optante pelo Sistema Integrado de Pagamento de Impostos e Contribuições das Microempresas e das Empresas de Pequeno Porte – SIMPLES; máquinas, equipamentos e outros bens incorporados ao ativo imobilizado, adquiridos ou fabricados para locação a terceiros ou para utilização na produção de bens destinados à venda ou na prestação de serviços; edificações e benfeitorias em imóveis de terceiros, quando o custo, inclusive de mão de obra, tenha sido suportado pela locatária; energia elétrica e energia térmica, inclusive sob a forma de vapor, consumidas nos estabelecimentos da pessoa jurídica etc.

3.5.5.3.5 Exemplo prático

Suponhamos os seguintes fatos ocorridos em uma empresa comercial, durante o mês de fevereiro de X7, considerando que a empresa está sujeita ao regime não cumulativo de incidência do PIS/PASEP e da COFINS:

1. Compra de mercadorias, a prazo, conforme NF n. 272, de J.C. S/A, no valor de $ 40.000, com ICMS incidente no montante de $ 7.200.

Observação

- Operação com direito a crédito do PIS/Pasep pela alíquota de 1,65% e da COFINS pela alíquota de 7,6%.

2. Receitas auferidas no mês, recebidas em dinheiro:

- Vendas de mercadorias: $ 100.000
- Receitas de aluguéis: $ 20.000.

Pede-se:

a. Contabilizar os fatos em partidas de Diário. Vamos assumir, neste exemplo prático que a receita com vendas sofre a tributação do ICMS (18%), do PIS/PASEP (1,65%) e da COFINS (7,6%) e que a receita de aluguéis sofre a incidência do PIS/PASEP e COFINS pelas mesmas alíquotas citadas.

b. Considerando que no início do período não havia saldo a recuperar nas contas representativas dos tributos, ajustar os saldos das contas de direitos e obrigações do ICMS, PIS/PASEP e COFINS.

Solução:

a. Contabilizar os fatos em partidas de Diário, ..

1) *Diversos*

a Fornecedores

a J.C. S/A

Compra de mercadorias conf. s/NF n. 272, como segue:

Estoque de Mercadorias (ou Compras de Mercadorias)		
Custo da compra	*29.100*	
ICMS a Recuperar		
Pela alíquota de 18%	*7.200*	
PIS/Pasep a Recuperar		
Pela alíquota de 1,65%	*660*	
COFINS a Recuperar		
Pela alíquota de 7,6%	*3.040*	*40.000*

2) *Caixa*

a Diversos

Receitas auferidas no mês, como segue.

a Vendas de Mercadorias		
Conf. livro Registro de Saídas etc.	*100.000*	
a Aluguéis Ativos		
Conforme recibos etc.	*20.000*	*120.000*

3) *ICMS sobre Faturamento*
a ICMS a Recolher
18% incidente sobre vendas etc. 18.000

---

4) *Diversos*
a PIS/Pasep a Recolher
Pela apropriação da contribuição
ref. total das receitas do mês,
como segue:

PIS/Pasep sobre Faturamento		
1,65% sobre...	*100.000*	*1.650*
PIS/PASEP Demais Receitas		
1,65% sobre $ 20.000..	*330*	*1.980*

---

5) *Diversos*
a COFINS a Recolher
Pela apropriação da contribuição
ref. total das receitas do mês,
como segue:

COFINS sobre Faturamento		
7,6% sobre $ 100.000...	*7.600*	
COFINS Demais Receitas		
7,6% sobre $ 20.000...	*1.520*	*9.120*

Observações

- As contas ICMS sobre Faturamento, PIS/PASEP sobre Faturamento e COFINS sobre Faturamento, debitadas nos lançamentos 3, 4 e 5, são contas redutoras da receita bruta de vendas. Os saldos dessas contas serão transferidos para a conta Resultado da Conta Mercadorias, por ocasião da apuração do resultado bruto.
- As contas PIS Demais Receitas e COFINS Demais Receitas, debitadas nos lançamentos 4 e 5, são contas classificadas como Despesas Tributárias, do grupo das Despesas Administrativas. Os saldos dessas contas serão transferidos para a conta Resultado do Exercício, por ocasião da apuração do resultado líquido do exercício.
- As demais contas, creditadas nos lançamentos 3 a 5, são todas contas de obrigação, classificadas no Passivo Circulante do Balanço Patrimonial.

b. Considerando que no início do período não havia saldo a recuperar nas contas representativas dos tributos, ajustar os saldos das contas de direitos e obrigações do ICMS, PIS/PASEP e COFINS. Após os cinco lançamentos efetuados, as contas representativas dos tributos apresentam os seguintes saldos:

- ICMS a Recuperar, saldo devedor de $ 7.200

- ICMS a Recolher, saldo credor de $ 18.000
- PIS/PASEP a Recuperar, saldo devedor de $ 660
- PIS/PASEP a Recolher, saldo credor de $ 1.980
- COFINS a Recuperar, saldo devedor de $ 3.040
- COFINS a Recolher, saldo credor de $ 9.120

Para ajustar os saldos dessas contas, basta debitar a conta que tem saldo credor e creditar a que tem saldo devedor, representativas do mesmo tributo, utilizando o menor dos dois saldos. Veja:

6) *ICMS a Recolher*
a ICMS a Recuperar
Transferência que se processa do menor saldo entre as contas supra, para ajuste. *7.200*

7) *PIS/PASEP a Recolher*
a PIS/PASEP a Recuperar
Transferência que se processa do menor saldo entre as contas supra, para ajuste. *660*

8) *COFINS a Recolher*
a COFINS a Recuperar
Transferência que se processa do menor saldo entre as contas supra, para ajuste. *3.040*

Após os lançamentos de ajuste, as contas representativas de direitos e obrigações relativas aos tributos envolvidos, ficarão como segue:

- As contas ICMS a Recuperar, PIS/PASEP a Recuperar e COFINS a Recuperar, ficaram com saldo igual a zero;
- A conta ICMS a Recolher ficou com saldo credor de $ 10.800, a conta PIS/PASEP a Recolher ficou com saldo credor de $ 1.320 e a conta COFINS a Recolher ficou com saldo credor de $ 6.080.

Nota

- Quando no cotejo entre as contas PIS/PASEP a Recuperar e PIS/PASEP a Recolher permanecer saldo devedor na conta PIS/PASEP a Recuperar, esse saldo que representa direito da empresa perante o Governo federal, ficará na própria conta de direito (PIS/PASEP a Recuperar) para ser compensado no mês seguinte. Essa informação que também se aplica ao cotejo entre as contas COFINS a Recuperar e COFINS a Recolher, aplica-se também ao cotejo entre as contas ICMS a Recuperar e ICMS a Recolher.

3.5.5.4 Regime misto de incidência

As legislações do PIS/PASEP e da COFINS estabelecem, ainda, situações em que uma mesma pessoa jurídica pode estar sujeita à incidência não cumulativa em relação a uma parte de suas receitas e à incidência cumulativa em relação a outra parte. Nesse caso, os valores dos créditos a serem compensados dos montantes dos tributos devidos, serão apurados, exclusivamente, em relação aos custos, despesas e encargos vinculados às receitas tributadas pelo regime não cumulativo. As legislações do PIS/PASEP e da COFINS estabelecem, também os critérios a serem observados pelas empresas em relação ao cálculo proporcional dos créditos, no caso de sujeição ao regime misto de incidência dessas duas contribuições.

ATIVIDADES TEÓRICAS

1. Responda:

1.1 O ICMS é um imposto não cumulativo. Explique.

1.2 Uma determinada empresa comercial, comprou mercadorias por 200, com ICMS incluso no valor de 36 e vendeu essas mesmas mercadorias por 300, com ICMS incluso no valor de 54. Considerando que no período ocorreram somente essas duas operações, quanto que a empresas deverá recolher ao governo do estado a título de ICMS?

1.3 Quando na compra de uma determinada mercadoria houver a incidência do ICMS e do IPI, porém, na venda dessa mercadoria ocorrer somente a incidência do ICMS, qual o destino a ser dado ao valor do IPI incidente na compra?

1.4 Apresente os significados das siglas: PIS, PASEP e COFINS.

1.5 Em que consiste o regime cumulativo de incidência do PIS/PASEP e da COFINS?

1.6 Em que consiste o regime não cumulativo de incidência do PIS/PASEP e da COFINS?

1.7 Quem está sujeito ao regime cumulativo de incidência do PIS/PASEP e da COFINS?

1.8 Cite dois valores que devem ser excluídos da receita bruta para fins de determinação da base de cálculo das contribuições para o PIS/PASEP e COFINS.

1.9 Quem está sujeito ao regime não cumulativo de incidência do PIS/PASEP e da COFINS?

1.10 Em que consiste o regime misto de incidência do PIS/PASEP e COFINS?

1.11 Considerando que durante o mês de junho, uma empresa comercial auferiu receitas de Vendas no montante de $ 50.000, como ficaria o registro contábil do PIS/ PASEP (1,65%) e da COFINS (7,6%), estando a empresas sujeita ao regime não cumulativo desses tributos?

2. Classifique as afirmativas em falsas (F) ou verdadeiras (V):

2.1 ( ) O ICMS é um imposto por dentro, de competência estadual.

2.2 ( ) O ICMS incide sobre a circulação de toda e qualquer mercadoria e sobre alguns serviços, como o fornecimento de energia elétrica.

2.3 ( ) A alíquota do ICMS é variável dependendo da mercadoria e da operação.

2.4 ( ) Quando, durante o mês, o total das compras for superior ao total das vendas, sendo que tanto nas compras quanto nas vendas incidam ICMS, a empresa não terá obrigação para com o governo estadual.

2.5 ( ) Quando durante um mês o total das vendas for superior ao total das compras, em cujas operações houve incidência do ICMS, no referido mês, a empresa terá saldo a recolher ao governo federal, relativo ao ICMS.

2.6 ( ) Os procedimentos a serem adotados em relação a contabilização do ICMS, nas devoluções de compras e de vendas, são semelhantes aos adotados nas vendas e nas compras respectivamente.

2.7 ( ) O IPI é considerado imposto por fora e é de competência do governo federal.

2.8 ( ) A contabilização do IPI é semelhante a do ICMS, porém o IPI não gera direito para a empresa, enquanto que o ICMS gera.

2.9 ( ) O IPI é cumulativo e a sua alíquota é única para todo e qualquer produto.

2.10 ( ) O ISS – Imposto sobre Serviços de Qualquer Natureza, é um imposto incidente sobre a Receita de Serviços prestados pelas empresas.

2.11 ( ) Normalmente o ISS é recolhido pelas empresas Prestadoras de Serviços, com base no faturamento do mês.

2.12 ( ) As contribuições para o PIS/PASEP e para a COFINS poderão ser cumulativas ou não cumulativas.

2.13 ( ) No regime cumulativo, as alíquotas do PIS/PASEP e COFINS são respectivamente de 3,0% e 0,65%.

2.14 ( ) A base de cálculo das contribuições para o PIS/PASEP e COFINS pelo regime cumulativo para as empresas em geral, é o faturamento.

2.15 ( ) No regime de incidência cumulativa, a base de cálculo das contribuições para o PIS/PASEP e COFINS é somente o faturamento.

2.16 ( ) No regime não cumulativo, as alíquotas do PIS/PASEP e COFINS são respectivamente: 1,65% e 7,6%.

2.17 ( ) No regime de incidência não cumulativa, a base de cálculo das contribuições para o PIS/PASEP e COFINS abrangem o faturamento e todas as demais receitas.

3. Escolha a alternativa correta.

3.1 Para contabilizar o ICMS, a empresa deverá:

a) adotar uma só conta denominada Conta Corrente do ICMS;
b) adotar uma conta para registrar o direito e outra para registrar a obrigação relativas ao ICMMS;
c) adotar as duas opções das letras "a" e "b" supra, ao mesmo tempo;
d) As alternativas "a" e "b" estão corretas.

3.2 Nas compras com incidência do ICMS, um só lançamento é suficiente para a contabilização, enquanto que na venda com incidência do ICMS:

a) serão necessários dois lançamentos;
b) também haverá um só lançamento;
c) haverá um lançamento se for à vista e dois se for a prazo; e
d) não haverá incidência do ICMS.

3.3 O saldo devedor apurado no final do mês na conta ICMS a recuperar:

a) deverá ser transferido para a conta ICMS a recolher;
b) não poderá ser maior que o saldo da conta Caixa;
c) permanecerá na conta, pois o direito da empresa será considerado no período seguinte;
d) n.d.a.

ATIVIDADES PRÁTICAS

Operações realizadas na empresa Comercial J.Miranda Ltda.:

Mês de Outubro

1. Compra de mercadorias de J. A. & Cia., conforme Nota Fiscal n. 890, no valor de $ 20.000, à vista. ICMS destacado pela alíquota de 18%.
2. Venda de mercadorias à vista, conforme nossa Nota Fiscal n. 545, no valor de $ 10.000. ICMS destacado pela alíquota de 18%.
3. Nossa devolução ao fornecedor J. A. & Cia. de parte da compra efetuada à vista, conforme nossa Nota Fiscal n. 144, no valor de $ 1.000. ICMS destacado pela alíquota de 18%.
4. Recebemos, em devolução, mercadorias vendidas à vista, conforme nossa Nota Fiscal de entrada n. 14, no valor de $ 2.500. ICMS destacado pela alíquota de 18%.
5. Compra de mercadorias à prazo, mediante aceite de duplicatas, da Casa Palmeiras S/A, conforme Nota Fiscal n. 8.870, no valor de $ 100.000. Valor do IPI: $ 10.000; ICMS calculado pela alíquota de 18%.

Mês de Novembro

6. Compra de mercadorias a prazo, com aceite de duas duplicatas, do fornecedor Elias Lopes S/A, conforme Nota Fiscal n. 723. Valor das mercadorias:$ 500.000; valor do IPI: $50.000; ICMS destacado pela alíquota de 18%.
7. Venda de mercadorias à vista, efetuada durante o mês, conforme livro Registro de Saídas, no valor de $ 1.000.000. ICMS destacado pela alíquota de 18%.

   Considerando que a empresa adota contas distintas para o registro das operações com ICMS, que não é contribuinte do IPI e que está sujeita ao regime cumulativo de incidência do PIS/PASEP e COFINS, pede-se:

   a) Contabilize no Diário e nos Razonetes, as operações referentes ao mês de Outubro;
   b) Em 31 de Outubro, apure os saldos das contas ICMS a Recuperar e a Recolher, e efetue os ajustes necessários;
   c) Calcule e contabilize as contribuições para o PIS/PASEP e para a COFINS (provisionamento), sobre o faturamento de outubro, pelas alíquotas de 0,65% e 3,0% respectivamente;
   d) Contabilize no Diário e nos Razonetes os fatos ocorridos em novembro;
   e) Efetue os recolhimentos em dinheiro, referentes às obrigações com o PIS/PASEP e com a COFINS de outubro;
   f) Apure, em 30 de novembro, os saldos das contas ICMS a Recuperar e ICMS a Recolher e efetue os ajustes necessários;
   g) Calcule e contabilize as contribuições para o PIS/PASEP e para a COFINS sobre o faturamento de novembro, pelas alíquotas de 0,65% e 3,0% respectivamente.

3.6 Estoques

3.6.1 Introdução

Neste tópico focalizaremos os principais critérios utilizados para a valoração das mercadorias estocadas na empresa. Para determinarmos o custo das mercadorias estocadas, faremos uso dos custos das compras, isto é, do valor pago pela aquisição de tais mercadorias, diminuído ou acrescido dos fatos que alteram os valores das compras, conforme estudamos na Seção 3.3.3.

Tendo em vista que a empresa poderá adquirir um mesmo tipo de mercadoria em datas diferentes, pagando por ela preços variados, para determinarmos o custo das mercadorias estocadas, há necessidade de adotarmos algum critério.

Os critérios mais conhecidos são: preço específico; PEPS; UEPS; custo médio ponderado móvel e custo médio ponderado fixo.

3.6.2 Critérios de avaliação dos estoques

3.6.2.1 Preço específico

O critério de avaliação dos estoques pelo **preço específico** consiste em atribuir a cada unidade do estoque o preço efetivamente pago por ela.

É um critério que só pode ser utilizado para mercadorias de fácil identificação física, como imóveis para revenda, veículos etc.

Exemplo:

A empresa Veículos Vale Ltda. efetuou as seguintes aquisições:

1. em 5/10, um automóvel marca Halley, chassi n. 2.000, por $ 20.000;
2. em 10/10, um automóvel marca Lord, chassi n. 134, por $ 45.000;
3. em 13/10, um automóvel marca Guel, chassi n. 22.221, por $ 22.000.

Neste caso, são facilmente identificáveis as mercadorias e seus respectivos custos. Assim, no momento da venda, o critério a ser utilizado a fim de baixar o valor da mercadoria vendida dos estoques será o do custo específico de cada veículo. As mercadorias que permanecerem estocadas serão obviamente avaliadas também pelos seus respectivos custos.

Havendo incidência de tributos recuperáveis como é o caso do ICMS, os respectivos valores não integrarão o custo de aquisição, conforme visto na Seção 3.5.

Vamos, agora, estudar os outros critérios.

Para facilitar o entendimento, apresentaremos sete operações ocorridas na empresa Moura Ribeiro S/A, atacadista de portas de mogno tamanho 2,20 m × 0,80 m, e as fichas de estoques desses critérios com as mesmas operações.

Nota

- Para efeito didático, apresentaremos números inteiros e levaremos em conta que os tributos recuperáveis já foram excluídos dos referidos valores. Na venda, a baixa é feita pelo custo, logo, também sem incidência de tributos.

1. em 05/02, adquiriu do fornecedor Pereira Ltda. 100 portas por $ 100 cada, conforme nota fiscal n. 7.002;
2. em 08/02, vendeu ao cliente Depósito Humaitá Ltda. 20 portas, conforme notafiscal n. 101;
3. em 10/02, adquiriu do fornecedor Pereira Ltda. 50 portas por $ 113 cada, conforme nota fiscal n. 8.592;
4. em 19/02, adquiriu do fornecedor Pereira Ltda. 50 portas por $ 159 cada, conforme nota fiscal n. 9.721;

5. em 20/02, devolveu ao fornecedor Pereira Ltda. 10 portas, conforme nota fiscal n. 115;
6. em 27/02, vendeu ao cliente Taboão S/A 140 portas, conforme nota fiscal n. 102;
7. em 28/02, recebeu em devolução, do cliente Taboão S/A, 5 portas conforme notafiscal de entrada n. 142.

Nota

- Veja o custo das vendas nas fichas de controle de estoques nas seções 3.6.2.2,3.6.2.3 e 3.6.2.4.

3.6.2.2 Primeiro que entra, primeiro que sai (PEPS)

PEPS significa primeiro que entra, primeiro que sai e é também conhecido por Fifo, iniciais da frase inglesa *first in, first out*. Adotando este critério para valoração dos estoques, a empresa atribuirá às mercadorias estocadas os custos mais recentes.

ACOMPANHE:

MERCADORIA: PORTAS DE MOGNO TAMANHO 2,20 x 0,80 MÉTODO DE CONTROLE: PEPS										
DATA	HISTÓRICO	ENTRADAS			SAÍDAS			SALDO		
		QUANT.	CUSTO UNIT.	CUSTO TOTAL	QUANT.	CUSTO UNIT.	CUSTO TOTAL	QUANT.	CUSTO UNIT.	CUSTO TOTAL
05/02	NF n. 7.002	100	100	10.000	–	–	–	100	100	10.000
08/02	NNF* n. 101	–	–	–	20	100	2.000	80	100	8.000
10/02	NF n. 8.592	50	113	5.650	–	–	–	80 50 130	100 113	8.000 5.650 13.650
19/02	NF n. 9.721	50	159	7.950	–	–	–	80 50 50 180	100 113 159	8.000 5.650 7.950 21.600
20/02	NNF n. 115	(10)	159	(1.590)	–	–	–	80 50 40 170	100 113 159	8.000 5.650 6.360 20.010
27/02	NNF n. 102	–	–	–	80 50 10 140	100 113 159	8.000 5.650 1.590 15.240	30	159	4.770
28/02	NFE n. 142	–	–	–	(5)	159	(795)	35	159	5.565
	TOTAIS	190	22.010		155			16.445		

Observações

- Na coluna de saldo, ficam evidenciadas as quantidades estocadas devidamente separadas ou identificadas pelos respectivos custos de aquisição. A cada venda, a baixa é feita iniciando-se pelos custos mais antigos, no caso, pelos menores custos. Assim, por meio desta ficha, ficam controladas as quantidades estocadas sempre pelos preços mais recentes. Por isso, este critério é chamado de primeiro que entra, primeiro que sai.

Observações

- As devoluções de compras efetuadas aos fornecedores são escrituradas negativamente entre parênteses na coluna das entradas.Por outro lado, as devoluções de vendas recebidas de clientes são escrituradas negativamente entre parênteses na coluna das saídas. Assim, a soma da coluna das entradas corresponderá efetivamente ao valor das compras líquidas, e a soma da coluna das saídas corresponderá efetivamente ao custo das mercadorias vendidas, ou seja, ao valor das saídas líquidas.

Notas

- As devoluções de compras deverão ser registradas na ficha de controle de estoques pelo valor pago ao fornecedor por ocasião da compra das mesmas mercadorias que estiverem sendo devolvidas.
- As devoluções de vendas deverão ser lançadas pelos mesmos valores das respectivas saídas.
- Os gastos eventuais, tanto nas devoluções de compras como nas devoluções de vendas (fretes, seguros etc.), devem ser considerados despesas operacionais e não custos.

3.6.2.3 Último que entra, primeiro que sai (UEPS)

A sigla **UEPS** significa último que entra, primeiro que sai e é também conhecida por **Lifo**, iniciais da frase inglesa *last in, first out*. Adotando este critério para valoração dos seus estoques, a empresa sempre atribuirá às suas mercadorias em estoque os custos mais antigos.

MERCADORIA: PORTAS DE MOGNO TAMANHO 2,20 × 0,80
MÉTODO DE CONTROLE: UEPS

DATA	HISTÓRICO	ENTRADAS			SAÍDAS			SALDO		
		QUANT.	CUSTO UNIT.	CUSTO TOTAL	QUANT.	CUSTO UNIT.	CUSTO TOTAL	QUANT.	CUSTO UNIT.	CUSTO TOTAL
05/02	NF n. 7.002	100	100	10.000	–	–	–	100	100	10.000
08/02	NNF n. 101	–	–	–	20	100	2.000	80	100	8.000
10/02	NF n. 8.592	50	113	5.650	–	–	–	80 50 130	100 113	8.000 5.650 13.650
19/02	NF n. 9.721	50	159	7.950	–	–	–	80 50 50 180	100 113 159	8.000 5.650 7.950 21.600
20/02	NNF n. 115	(10)	159	(1.590)	–	–	–	80 50 40 170	100 113 159	8.000 5.650 6.360 20.010
27/02	NNF n.102	–	–	–	40 50 50 140	159 113 100	6.360 5.650 5.000 17.010	30	100	3.000
28/02	NFE n. 142	–	–	–	(5)	100	(500)	35	100	3.500
	TOTAIS		190		22.010	155		18.510		

Observação

- Neste caso, na coluna do saldo, são controladas as quantidades, tendo em vista os respectivos custos de aquisição. As baixas sempre são feitas pelos custos das últimas aquisições.

3.6.2.4 Custo médio ponderado móvel

Adotando este critério, as mercadorias estocadas serão sempre valoradas pela média dos custos de aquisição, sendo estes atualizados a cada compra efetuada.

Este método é denominado de **custo médio ponderado móvel**, pois a cada compra por custo unitário diferente dos que constarem do estoque, o custo médio modifica-se.

MERCADORIA: PORTAS DE MOGNO TAMANHO 2,20 × 0,80
MÉTODO DE CONTROLE: CUSTO MÉDIO PONDERADO MÓVEL*

DATA	HISTÓRICO	ENTRADAS			SAÍDAS			SALDO		
		QUANT.	CUSTO UNIT.	CUSTO TOTAL	QUANT.	CUSTO UNIT.	CUSTO TOTAL	QUANT.	CUSTO UNIT.	CUSTO TOTAL
05/02	NF n. 7.002	100	100	10.000	–	–	–	100	100	10.000
08/02	NNF n. 101	–	–	–	20	100	2.000	80	100	8.000
10/02	NF n. 8.592	50	113	5.650	–	–	–	130	105	13.650
19/02	NF n. 9.721	50	159	7.950	–	–	–	180	120	21.600
20/02	NNF n. 115	(10)	159	(1.590)	–	–	–	170	117*	20.010
27/02	NNF n. 102	–	–	–	140	117	16.500	30	117	3.510
28/02	NFE n. 142	–	–	–	(5)	117	(585)	35	117	4.950
	TOTAIS		190	22.010	155		17.915			

* Suprimimos as casas decimais somente para fins didáticos. É aconselhável adotar o valor mais próximo possível do real, ajustando as diferenças de centavos na saída seguinte, para que o valor unitário do estoque remanescente após esta saída, multiplicado pela quantidade existente, resulte em valor exato.

Observações

- A coluna destinada ao saldo indicará sempre as quantidades em estoque com seus respectivos valores médios, isto é, atualizados sempre em função das últimas compras.
- Para obter o custo médio ponderado móvel das unidades estocadas, depois de efetuada nova compra com custo unitário diferente do custo unitário do estoque, procede-se da seguinte maneira: somam-se as quantidades que estavam em estoque com as quantidades da nova compra; soma-se o valor total do estoque com o valor total da nova compra; em seguida, divide-se o total obtido pela soma dos valores pelo total obtido pela soma das quantidades, obtendo-se, assim, o novo custo médio ponderado móvel unitário das unidades em estoque. Analise a ficha que apresentamos e refaça os cálculos.

3.6.2.5 Custo médio ponderado fixo

No critério do **custo médio ponderado fixo**, as mercadorias estocadas são valoradas somente no final do período (normalmente no final do ano) pela média dos custos das mercadorias que estiveram disponíveis para venda durante todo o período. Consiste, portanto, no custo médio das mercadorias disponíveis para venda, apurado uma só vez e no final do ano.

Enquanto o custo médio ponderado móvel é atualizado durante o exercício tantas vezes quantas forem as compras efetuadas, o custo médio ponderado fixo é apurado uma só vez, e no final do exercício, após a última compra efetuada.

Para obtê-lo, basta dividir o custo total das mercadorias disponíveis para venda, pela quantidade total dessas mesmas mercadorias.

O custo total das mercadorias disponíveis para venda é obtido somando-se o custo do Estoque Inicial com o custo das Compras Líquidas Realizadas no mesmo período.

Convém ressaltar que o custo total das Compras Líquidas compreende o custo total das compras diminuído ou adicionado dos valores dos fatos que alteram o valor das compras, conforme já estudamos.

O critério do custo médio ponderado fixo somente pode ser adotado por empresas que utilizam o sistema de inventário periódico, uma vez que só é possível a sua apuração no final do exercício.

O valor obtido por meio da média ponderada fixa é atribuído a todas as unidades de mercadorias existentes em estoque no último dia do ano, bem como a todas as unidades de mercadorias vendidas durante o ano, independentemente das datas em que ocorreram as respectivas vendas.

Aproveitando os mesmos dados utilizados para ilustrar os critérios anteriores, veja como ficarão os cálculos:

a. Cálculo do custo médio ponderado fixo.

Custo total das mercadorias disponíveis para venda dividido pelas quantidades totais das mercadorias disponíveis para venda.

Note que, no nosso exemplo, não havia estoque inicial. Portanto, o custo total bem como as quantidades de mercadorias disponíveis para a venda correspondem ao total das compras líquidas.

Teremos:

$$\frac{22.010}{190} = 115,8421$$

b. Atribuição do custo ao estoque final.

Unidades de mercadorias existentes em estoque no final do período multiplicadas pelo custo médio ponderado fixo.

Teremos:

$$35 \text{ unidades} \times 115,8421 = 4.054,47$$

c. Cálculo do custo das mercadorias vendidas.

Custo total das mercadorias disponíveis para venda diminuído do custo do estoque final.

Teremos:

$$22.010,00 - 4.054,47 = 17.955,53$$

3.6.2.6 Resumo

Para melhor visualização dos últimos quatro critérios, vamos supor que nos quatro casos as mercadorias tenham sido vendidas:

Em 08/02, NNF n. 101, 20 peças por 4.400
Em 28/02, NNF n. 102, 140 peças por 30.440
Total de vendas 34.840

Sendo assim, consideremos os seguintes dados extraídos das fichas (exceto valor vendas, igual para todas):

Valor total compras .... $ 22.010
Valor total Vendas .... $ 34.840
Estoque final
PEPS .... $ 5.565
UEPS .... $ 3.500
Custo médio ponderado móvel .... $ 4.095
Custo médio ponderado fixo .... $ 4.054,47

Veja, no quadro a seguir, os resultados:

HISTÓRICO	PEPS	UEPS	CMPM	CMPF
1. APURAÇÃO DO CMV				
Compras	22.010	22.010	22.010	22.010
(2) Estoque Final	(5.565)	(3.500)	(4.095)	(4.054*)
(5) CMV	16.445	18.510	17.915	17.956
2. LUCRO SOBRE VENDAS				
Receita Bruta de Vendas	34.840	34.840	34.840	34.840
(2) CMV	16.445	18.510	17.915	17.956
(5) Lucro sobre Vendas	18.395	16.330	16.925	16.884

* Valor aproximado para facilitar a visualização.

3.6.2.7 Qual dos critérios deve ser utilizado?

Quando a economia do país estiver equilibrada e os preços mantiverem-se estáveis, qualquer que seja o critério adotado para valoração dos estoques, não interferirá nos resultados. Entretanto, nos casos de oscilações de preços, em decorrência de inflação ou deflação, a escolha do critério constituirá fator decisivo na determinação dos resultados da empresa.

Nos períodos de inflação galopante, por exemplo, a adoção do critério UEPS provocará sérias distorções, tanto na avaliação dos estoques quanto na atribuição dos custos das vendas, resultando em estoques disformes dos preços de mercado e custos elevados, reduzindo consideravelmente os lucros. No quadro da seção anterior, você pode confirmar essa tese.

Portanto, quando não for possível a adoção do critério do custo específico, o mais indicado será o do custo médio ponderado móvel, por espelhar maior realidade no valor dos estoques, nos custos e nos lucros, ao longo do exercício social. A empresa poderá adotar o critério que melhor atenda aos seus interesses. Contudo, a adoção do critério UEPs, pelas razões já expostas (redução no valor dos estoques e dos lucros), não é contemplada pelas normas internacionais e brasileiras de contabilidade e também pelo fisco brasileiro.

Convém ressaltar que no momento da elaboração do Balanço, os estoques deverão ser avaliados pelo valor de custo ou pelo valor realizável líquido, conforme veremos na Seção 3.6.6.

Lembre-se de que o custo de aquisição dos estoques será sempre apurado pela adoção de um dos critérios que acabamos de estudar.

3.6.2.8 Critério do preço de venda diminuído da margem de lucro

A avaliação de estoques pelo critério do preço de venda diminuído da margem de lucro, também conhecida por critério ou método de varejo, está prevista no item 22 da NBC TG 16 e no artigo 295º do RIR/99, como opção para ser adotada nos casos em que não seja viável a aplicação de outros critérios de custeio. Esse critério, muitas vezes usado no setor de varejo para mensurar estoques de grande quantidade de itens que mudam rapidamente, consiste na obtenção do custo de produção ou aquisição, subtraindo-se a margem de lucro do preço de venda. A expressão "margem de lucro, nesse caso, deve ser interpretada como sendo o montante adicionado pela empresa ao custo de fabricação ou de aquisição, para compor o preço de venda.

Tecnicamente esse montante é conhecido por "markup", palavra inglesa cujo significado pode ser entendido exatamente como sendo a diferença entre o custo total de produção ou de aquisição e o preço de venda de um bem.

As empresas que trabalham com grande variedade de mercadorias, como ocorre por exemplo com os supermercados e com as lojas de departamentos, em decorrência do grande número de notas fiscais de entrada bem como da permanência de itens semelhantes em vários pontos de venda, preferem para fins gerenciais, controlar seus estoques com base nos preços de venda.

Exemplo prático

Suponhamos que uma determinada unidade de mercadoria adquirida por $ 120, tenha seu preço de venda fixado em $ 208,80, em decorrência dos seguintes encargos e lucro almejado baseados no próprio preço de venda:

Tributos	*22%*
Comissões a vendedores	*3%*
Outras Despesas	*8%*
Lucro almejado	*9,50%*
Total	*42,50%*

O preço de venda pode ser obtido mediante a aplicação de um índice sobre o custo de aquisição. Esse índice ou coeficiente, denominado tecnicamente de "markup multiplicador", será calculado como segue:

a. Soma-se tudo que se pretende cobrar no preço de venda, exceto o próprio custo de fabricação ou de aquisição. Os itens que se pretende incluir no preço de venda, devem ser apresentados em percentuais em relação ao próprio preço de venda.

   No cálculo já apresentado, obtivemos o montante de 42,50%.

   Como o preço de venda que resulta da soma do custo + tudo aquilo que a empresa desejar a ele adicionar, será 100,00%, concluímos que o custo de aquisição de $ 120 representará 57,50% do referido preço de venda.

b. Em seguida, basta dividir 100% pela porcentagem do preço de venda correspondente ao custo de aquisição ou produção, para se obter o índice:

$$\frac{100\%}{57{,}5} = 1{,}74$$

c. Cálculo do preço de venda.

   Basta, agora, multiplicar o preço de custo pelo índice encontrado na letra "b", veja:

$$\$\ 120 \times 1{,}74 = 208{,}80$$

Assim, durante o exercício social, para todas mercadorias cujos encargos adicionados ao lucro pretendido corresponda a 42.50% do preço de venda, bastará multiplicar o custo pelo coeficiente 1,74 para se obter o preço de venda.

No final do período, portanto, estando diante do estoque final de mercadorias avaliados ao preço de venda, para conhecer os respectivos custos de aquisição, bastará, então fazer o cálculo inverso ou seja, dividir o preço de venda pelo mesmo coeficiente que serviu para o cálculo do referido preço.

Considerando que a mesma unidade de mercadoria com preço de venda fixado em $ 208,80 estava em estoque no final do período, para apurar o custo de aquisição, faremos:

$$\frac{\$\ 208{,}80}{1{,}74} = \$\ 120$$

A adoção desse método requer cuidados especiais como o cálculo de índice específico para cada grupo de mercadorias que apresentem despesas a serem recuperadas e margem de lucro desejada iguais; acompanhamento e inclusão das remarcações de preços que podem promover a troca de produtos de um para outro grupo etc.

Portanto, a aplicação desse critério deve se restringir aos casos em que a relação "custo/benefício" aponte pela inviabilidade de adoção dos critérios tradicionais.

ATIVIDADES TEÓRICAS

1. Responda:

1.1 Após várias compras por preços unitários variados, referentes a uma mesma mercadoria, a empresa devolveu ao fornecedor parte de uma das compras. Qual valor deverá atribuir às unidades devolvidas?

1.2 Ainda em relação à pergunta 1.1, considerando que a empresa adote o critério do custo médio ponderado móvel, para atribuição de custos aos estoques, como deverá proceder para ajustar o estoque remanescente após a devolução efetuada?

1.3 No caso de devolução de vendas, qual o valor a ser atribuído às referidas mercadorias que retornam aos estoques?

2. Classifique em falsa ou verdadeira:

2.1 ( ) UEPS significa primeiro que entra, primeiro que sai.

2.2 ( ) PEPS significa primeiro que entra, primeiro que sai.

2.3 ( ) O critério do preço específico pode perfeitamente ser aplicado nos estoques de um supermercado.

2.4 ( ) O valor dos tributos incidentes sobre as compras deve ser desprezado na atribuição de custos aos estoques, em todos os casos.

2.5 ( ) Nos períodos de inflação galopante, a adoção do critério UEPS distorce completamente os resultados bem como o valor dos estoques.

2.6 ( ) Nos períodos de estabilidade, não havendo inflação ou deflação, aconselha-se a adoção do critério do custo médio ponderado móvel.

3. Escolha a alternativa correta:

3.1 Leia as alternativas e escolha a correta:

a) o critério de avaliação dos estoques pelo preço específico consiste em atribuir a cada unidade do estoque o preço efetivamente pago por ela;
b) a sigla PEPS em inglês corresponde a Fifo;
c) a sigla UEPS em inglês corresponde a Lifo;
d) pelo critério do custo médio ponderado móvel, as mercadorias estocadas serão sempre valoradas pela média dos custos de aquisição, sendo estes atualizados a cada compra efetuada;
e) adotando o critério do custo médio ponderado fixo, as mercadorias estocadas serão valoradas somente no final do período (normalmente no final do ano) pela média dos custos das mercadorias que estiveram disponíveis para venda durante todo o período;
f) as letras "a" a "e" estão corretas;
g) somente as letras "a" e "c" estão erradas.

3.2 Os gastos eventuais, tanto nas devoluções de compras como nas devoluções de vendas (fretes, seguros etc.), devem ser:

a) considerados baixa dos custos de aquisição;
b) despesas operacionais;
c) custos somente se o critério for UEPS;
d) custo, somente se o critério for o do CMPM;
e) despesas não operacionais.

ATIVIDADES PRÁTICAS

Prática 1

Fatos ocorridos em uma empresa comercial, durante o mês de maio:

1. Compra, à vista, de 50 furadeiras marca Ideal, no valor unitário de $ 40.

2. Venda, à vista, de 30 furadeiras, por $ 45 a unidade.

Sabendo que no dia 01 de maio havia em estoque 20 unidades ao custo unitário de $ 15, calcular o valor do estoque final adotando os critérios: PEPS; UEPS, custo médio ponderado móvel e custo médio ponderado fixo.

Prática 2

Tendo em vista os fatos a seguir, elabore fichas de controle de estoques pelos critérios PEPS, UEPS, custo médio ponderado móvel e custo médio ponderado fixo:

1. em 01/01, compra de 100 peças de mercadorias a $ 10 cada, conforme nota fiscal n. 234 da Casa Rabelo;
2. em 02/01, compra de 100 peças de mercadorias a $ 11 a unidade, conforme nota fiscal n. 324 da Casa Rabelo;
3. em 03/01, venda de 50 peças, conforme nossa nota fiscal n. 01;
4. em 04/01, venda de 60 peças, conforme nossa nota fiscal n. 02;
5. em 06/01, compra de 100 peças por $ 20 cada, conforme nota fiscal n. 3.244 da Casa Rabelo;
6. em 10/01, venda de 70 peças, conforme nossa nota fiscal n. 003.

OBS: para fins didáticos, desconsideramos a incidência de tributos. Após elaborar as respectivas fichas de controle de estoque, responda qual foi o valor encontrado para o estoque e para o CMV, considerando os critérios: PEPS; UEPS; CMPM e CMPF, respectivamente.

Após elaborar as respectivas fichas de controle de estoque, responda qual foi o valor encontrado para o estoque e para o CMV, considerando os critérios: PEPS; UEPS; CMPM e CMPF, respectivamente.

3.6.3 Inventário de mercadorias

O **inventário de mercadorias** consiste na contagem física das mercadorias existentes em estoque no fim do exercício social com o objetivo de conhecer o valor do estoque final de mercadorias.

Quando a empresa adota o sistema de inventário permanente para atribuir custos às unidades existentes em estoque, basta consultar as respectivas fichas de controle de estoques de cada mercadoria. Assim, os custos serão atribuídos, conforme constarem das fichas de estoques, seja qual for o critério de avaliação adotado pela empresa (PEPS, UEPS, média ponderada fixa, ou outro).

Quando a empresa adota o sistema de inventário periódico, por não manter fichas de controles de estoques das mercadorias, a maneira mais sensata de atribuir custos às unidades estocadas é adotar o critério PEPS, recorrendo-se às últimas notas fiscais de compras. Se, por exemplo, no final do exercício social, existir em estoque 50 unidades de determinada mercadoria e contendo a última nota fiscal de compra, datada de 15 de dezembro, apenas 30 unidades, a essas 30 unidades serão atribuídos os custos da referida nota fiscal, sendo que para as 20 unidades remanescentes recorrer-se-á à penúltima nota fiscal e se esta ainda for insuficiente, recorrer-se-á à antepenúltima e assim sucessivamente, até que sejam atribuídos custos a todas as unidades existentes em estoque.

3.6.4 Divergências entre o estoque físico e o contábil

Para apurar o resultado da conta Mercadorias, no fim do exercício social ou no fim de cada período, quando inferior ao exercício social, as empresas devem elaborar o inventário físico das mercadorias existentes em estoque na referida data.

Quando a empresa adota o sistema de inventário periódico para o registro das operações com mercadorias, o total das mercadorias existentes em estoque apurado por meio do inventário físico será contabilizado na conta Estoque de Mercadorias, para representar o estoque final existente, o qual figurará no Balanço de encerramento do período.

Por este sistema, não haverá divergência, uma vez que não houve controle contábil dos estoques durante o período.

Quando a empresa adota o sistema de inventário permanente, após efetuar o inventário físico, deverá confrontar o montante nele encontrado com o saldo da conta que, durante todo o período, registrou os estoques na contabilidade. Neste caso, é comum aparecerem divergências entre o saldo escriturado na conta que registra o estoque de mercadorias com o valor inventariado.

Essas divergências podem decorrer de simples erro nos registros contábeis, de perdas ou de quebras conforme explanadas na Seção 3.6.5 a seguir, ou, ainda, de furtos, desfalques ou desvios.

Quanto às divergências inexpressivas decorrentes de erros nos registros contábeis, a regularização deverá ser feita entre as contas Estoque de Mercadorias e Custo das Mercadorias Vendidas. Quando as diferenças forem volumosas, será necessário apurar as causas que certamente serão estranhas à movimentação normal do patrimônio da empresa. Neste caso, quando o inventário físico for superior ao contábil, poderá ter ocorrido compra de mercadorias sem respaldo em documentação fiscal, sendo que a regularização envolverá, inclusive, ajustes fiscais em decorrência dos impostos incidentes como o ICMS e o IPI; quando o estoque físico for inferior ao contábil, poderá caracterizar vendas sem a emissão de documentação fiscal, furtos, desvios etc.

No caso em que ficar comprovado o furto, o roubo etc., a regularização será feita debitando-se uma conta de despesa operacional, do grupo das Outras Despesas Operacionais que reflita a referida baixa (poderá ser: Perdas por Divergências de Estoques) e a crédito da conta que registra o respectivo estoque. Neste caso, para dar suporte ao registro contábil, a empresa deverá arquivar os respectivos boletins de ocorrência policial, ou, se ficar comprovada, a responsabilidade de empregados, os comprovantes dos inquéritos realizados conforme determina a legislação trabalhista.

Exemplos práticos

Empresa comercial que adota o sistema de inventário permanente para o registro das operações com mercadorias.

Exemplo 1 – Divergências inexpressivas

a. Estoque físico superior ao estoque contábil:

Suponhamos que em 31 de dezembro de X1, em uma empresa comercial, o inventário físico das mercadorias tenha apresentado o montante de $ 221.200, enquanto a conta Estoque de Mercadorias apresentava nos registros contábeis saldo de $ 221.000.

Regularização:

Estoque de Mercadorias
a Custo das Mercadorias Vendidas
Pela divergência encontrada no confronto entre o estoque físico e o contábil, conforme documento n. 01 .... *200*

b. Estoque físico menor que o contábil:

Suponhamos, agora, que o estoque físico atinja o montante de $ 50.000, enquanto o estoque contábil apresente saldo igual a $ 50.500.

Regularização:

Custo das Mercadorias Vendidas
a Estoque de Mercadorias
Divergência a menor entre o estoque físico e o contábil etc. *500*

Exemplo 2 – Diferenças expressivas

Suponhamos que, em 31 de dezembro de X1, o inventário físico das mercadorias em estoque em uma empresa comercial tenha sido igual a $ 200.000 enquanto o saldo contábil da conta estoques tenha sido igual a $ 300.000. Ficando constatada a ocorrência de roubo por terceiros estranhos à empresa, foi feita queixa com a autoridade policial da localidade.

Regularização:

Perdas por Divergências de Estoques
a Estoque de Mercadorias
Baixa que se processa, tendo em vista furto ocorrido nas dependências da empresa, conforme boletim de ocorrência policial n. 443 .... *100.000*

3.6.5 Quebras ou perdas de estoque

Os estoques estão sujeitos a perdas ou quebras que podem variar em função da natureza do bem e da atividade desenvolvida pela empresa. Elas podem ocorrer na fabricação, no transporte, no manuseio ou na armazenagem.

Existem perdas ou quebras que são consideradas normais ou razoáveis, uma vez que decorrem da própria natureza dos bens, como é o caso, por exemplo, dos bens que sofrem perdas com evaporação, seja no processo de fabricação, transporte ou armazenagem (produtos químicos – petróleo e seus derivados); com produtos que são armazenados por processo de congelamento ou resfriamento e sofrem perda de peso (frangos); com produtos que, em decorrência do processo de fabricação, sofrem perdas, como ocorre na indústria de papel e seus derivados (aparas), nas indústrias de confecções etc.

Existem perdas ou quebras de estoques que são consideradas anormais, por serem esporádicas, como aquelas decorrentes de deterioração, obsolescência ou ainda pela ocorrência de riscos não cobertos por seguros.

A legislação tributária reconhece por meio do art. 291º do RIR/99 que as perdas e as quebras de estoques, sejam elas normais ou anormais, devem ser contabilizadas como custo de produção ou como custo das mercadorias vendidas, interferindo assim no resultado bruto, desde que devidamente comprovadas como segue:

a. por laudo ou certificado de autoridade sanitária ou de segurança que especifique e identifique as quantidades destruídas ou inutilizadas e as razões da providência;

b. por certificado de autoridade competente, nos casos de incêndios, inundações ou outros eventos semelhantes;

c. mediante laudo de autoridade fiscal chamada a certificar a destruição de bens obsoletos, invendáveis ou danificados, quando não houver valor residual apurável.

A contabilização das perdas ou quebras de estoques, portanto, conforme entendimento do fisco, sejam elas normais ou anormais, desde que devidamente justificadas, devem ser contabilizadas como custo de produção ou como custo das mercadorias vendidas, embora, do ponto de vista técnico em relação às perdas anormais, o mais correto seria contabilizá-las diretamente a débito de uma conta representativa de despesa operacional, classificável no subgrupo das Outras Despesas Operacionais. No plano de contas do Capítulo 1, previmos a conta Perdas ou Quebras de Estoques.

ATIVIDADES TEÓRICAS

1. Responda:

1.1 O inventário físico efetuado no final do exercício social, apresentou saldo de mercadorias em estoque no valor de $ 36.500.

Considerando que o saldo da conta Estoque de Mercadorias na contabilidade era de $ 36.000, regularizar.

1.2 No confronto entre o saldo do estoque físico e o contábil, em 31/12/X5, constatou-se que o estoque contábil era maior em $ 1.000. Regularizar.

2. Classifique em falsa ou verdadeira:

2.1 ( ) O inventário de mercadorias consiste na contagem física das mercadorias, existentes em estoque no final do exercício social, para conhecer o valor do estoque final.

2.2 ( ) As empresas que adotam o sistema de inventário permanente, estão dispensadas da elaboração do inventário de mercadorias.

2.3 ( ) Nas empresas que adotam o sistema de inventário periódico, somente se conhece o valor do estoque final de mercadorias por meio do inventário.

2.4 ( ) Nas empresas que adotam o sistema de inventário permanente, o inventário físico visa o cotejo entre a existência física e o saldo contábil, relativo aos estoques de mercadorias.

2.5 ( ) A atribuição de custos aos estoques, nas empresas que adotam o sistema de inventário permanente, é feita, extraindo-se os dados das próprias fichas de controle, seja o critério escolhido pela empresa PEPS, UEPS ou outro.

2.6 ( ) Quando a empresa adota o sistema de inventário periódico, obrigatoriamente deverá adotar o critério da média ponderada móvel, para atribuir custos aos estoques finais.

2.7 ( ) Nas empresas que adotam o sistema de inventário periódico, a atribuição de custos aos estoques finais é feita pelo critério PEPS, sendo que, para isto, bastará consultar as últimas notas fiscais de compras.

2.8 ( ) Quando a empresa adota o sistema de inventário permanente, normalmente haverá ajuste a contabilizar, tendo em vista que o valor do estoque físico levantado, dificilmente coincidirá com o valor constante dos registros contábeis.

2.9 ( ) Além das divergências entre o estoque físico e o contábil, os estoques estão sujeitos, ainda, a perdas ou quebras que podem variar em função da natureza do bem e da atividade desenvolvida pela empresa.

3. Escolha a alternativa correta:

3.1 Para regularizar uma diferença de estoque expressiva entre o estoque físico e o contábil, decorrente de furto não coberto por seguro, a conta a ser debitada no lançamento de Diário será:

a) CMV.
b) Estoque de Mercadorias.
c) Despesas Não operacionais.
d) Perdas ou Quebras de Estoque.
e) Perdas por Divergência de Estoques.

3.6.6 Custo ou valor realizável líquido, dos dois o menor

3.6.6.1 Introdução

O artigo 183º da Lei n. 6.404/1976 apresenta os critérios de avaliação dos elementos do Ativo para efeito de elaboração do Balanço Patrimonial. Um deles é o do custo ou valor de mercado, quando este for inferior.

Esse critério é utilizado para avaliar os estoques de: mercadorias e produtos destinados à venda, produtos em elaboração, materiais de consumo e materiais a serem aplicados no processo de fabricação ou na prestação de serviços.

A avaliação de estoques também foi disciplinada pela NBC TG 16, fundamentada no CPC 16 convergente com as normas internacionais de contabilidade IFRS.

O item 9 dessa NBC TG, estabelece que os estoques devem ser mensurados pelo valor de custo ou pelo valor realizável líquido, dos dois o menor.

Os propósitos da Lei e da norma contábil são convergentes, ou seja: evitar que no Balanço figurem estoques com valores que não sejam recuperáveis, isto é, com valores que não sejam capazes de gerar fluxos de caixa futuros para a empresa, com a venda ou consumo.

Assim, sempre que, na data do levantamento do Balanço, um ou mais itens do estoque apresentar valor de recuperação (valor de mercado, valor justo ou valor realizável líquido) inferior ao seu custo, a empresa deverá reconhecer essa perda.

Contabilmente, a perda é reconhecida mediante débito em uma conta de despesa e crédito em conta redutora do respectivo estoque, conforme veremos adiante.

É importante destacar que o valor a ser comparado com o custo dos estoques é denominado pela Lei n. 6.404/1976 de "valor de mercado" ou "valor justo" e é denominado pela NBC TG 16, de "valor realizável líquido".

A partir daqui adotaremos a denominação dada pela NBC TG 16, ou seja: valor realizável líquido.

Para facilitar a aplicação dessa regra, vamos segregar os estoques em três grupos, conforme consta do inciso II do art. 183º da Lei n. 6.404/1976:

a. matérias-primas e bens em almoxarifado;

b. mercadorias e produtos acabados; e

c. produtos em fabricação.

Para aplicar a regra "custo ou valor realizável líquido, dos dois o menor", na época do levantamento do Balanço, o contabilista estará diante de dois valores: custo e valor realizável líquido.

Vamos, então, ver o que significa estoques, relembrar o que seja custo e entender o que seja valor realizável líquido para cada um dos grupos de estoques mencionados.

3.6.6.2 Estoque

Para a NBC TG 16, os estoques compreendem mercadorias, produtos acabados, produtos em elaboração, materiais de consumo e materiais a serem aplicados no processo de transformação ou na prestação de serviços.

Esses estoques serão apresentados no Balanço pelo valor de custo ou pelo valor realizável líquido, dos dois o menor.

3.6.6.3 Custo

Vejamos, inicialmente, o que significa custo para cada um desses grupos de estoque.

Na realidade, na época do levantamento do Balanço, o contabilista não terá dificuldade para encontrar os custos dos itens dos estoques, pois eles já estão devidamente contabilizados; contudo, o valor realizável líquido precisará ser encontrado. Esse valor depende de fatores externos, pois normalmente é o preço de venda, não o que a empresa define, mas aquele que o mercado estiver disposto a atribuir.

Embora o custo seja facilmente encontrável na escrita contábil, vamos relembrar.

a. Matérias-primas e bens em almoxarifado

São os bens adquiridos de terceiros para serem aplicados no processo de fabricação e na prestação de serviços, bem como para serem consumidos em outras áreas da empresa como os materiais de expediente, informática, limpeza, manutenção etc.

Você já sabe que o custo de aquisição de mercadorias, matérias-primas e de outros bens mantidos em almoxarifado, corresponde ao valor pago ao fornecedor. Sabe, também que esse valor é influenciado pelos fatos que alteram os valores das compras, conforme vimos na Seção 3.3.3.

Você sabe, também que no final de um período, esses estoques poderão ser compostos por bens de um mesmo tipo, porém adquiridos em datas diferentes, com custos, também diferentes. Essa circunstância nos levou a estudar na Seção 3.6.2, seis critérios que podem ser adotados pela empresa para atribuir custos aos seus estoques ao longo do exercício social, lembra-se? São eles: Preço específico, PEPS, UEPS, Custo médio ponderado móvel, Custo médio ponderado fixo ou Preço de venda diminuído da margem de lucro (Critério de Varejo).

Assim, no final do período, data do levantamento do Balanço, o custo que você deverá considerar para comparar com o valor realizável líquido, é o custo que atribuiu aos estoques utilizando um desses seis critérios.

b. Mercadorias e produtos acabados.

O custo das mercadorias é determinado da mesma forma do custo das matérias-primas e dos outros materiais adquiridos de terceiros, conforme vimos na letra "a" anterior.

O custo dos produtos acabados é composto pelo custo dos materiais, da mão de obra e dos gastos gerais de fabricação incorridos na fabricação dos produtos. Esse assunto está desenvolvido nos livros Contabilidade de Custos e Contabilidade de Custos Fácil de nossa autoria.

c. Produtos em fabricação.

O custo a ser atribuído aos produtos em elaboração, poderá ser determinado conforme seja a fase do processo em que o produto se encontre. Quando o processo estiver no início, pode-se adotar o custo das matérias-primas aplicadas; contudo, nas fases mais avançadas, dever-se-á atribuir os custos já incorridos até a respectiva fase.

3.6.6.4 Valor Realizável Líquido

a. Matérias-primas e bens em almoxarifado.
É o preço pelo qual possam ser repostos, mediante compra no mercado (alínea a do §1º do art. 183º da Lei n. 6.404/1976 e item 32 da NBC TG 16).
O valor de reposição é obtido mediante consulta efetuada aos fornecedores.

Exemplo prático

Suponhamos que um lote de matérias-primas adquirido por $ 3.000, tenha como valor de reposição (valor de mercado) no final de um período, $ 2.500.
Nesse caso, para ajustar o custo de aquisição ao valor de reposição, considerando que o custo de aquisição devidamente contabilizado não pode ser modificado, será preciso, então, reconhecer essa perda mediante débito em conta de despesa e crédito em conta redutora do Ativo. Veja:

Despesas com Perdas Estimadas por Red. ao Val. Real. Líq.
a Perdas Estimadas por Redução ao Val. Real. Líq.
Pelo reconhecimento de perda,
conforme documentos etc.. 500

Observações

- A conta debitada é conta do grupo das Despesas Operacionais e o seu saldo será transferido para a conta Resultado do Exercício por ocasião da apuração do resultado líquido. Com o débito nessa conta, a empresa estará reconhecendo a perda de $ 500, no momento em que ela foi constatada.
- A conta creditada é conta patrimonial e figurará no Balanço como redutora da conta Estoque de Matérias-primas, permitindo, assim que o saldo dessa conta reflita o seu valor recuperável.

b. Mercadorias e produtos acabados.

Segundo o item 6 da NBC TG 16, valor realizável líquido é o preço de venda estimado no curso normal dos negócios deduzido dos custos estimados para sua conclusão[1] e dos gastos estimados necessários para se concretizar a venda.

A Lei n. 6.404/1976, na alínea b do §1º do art. 183º apresenta definição semelhante, porém inclui a margem de lucro entre as deduções do preço de venda.

A margem de lucro, contestada por alguns tratadistas, deve ser aplicada comedidamente, uma vez que na maioria dos casos fará com que o valor realizável líquido se iguale ao custo.

Segundo o item 30 da mencionada NBC TG 16, as estimativas consideradas para se chegar ao valor realizável líquido (preço de venda, custos para conclusão e gastos para concretizar a venda), devem ser baseadas nas evidências mais confiáveis disponíveis no momento em que essas estimativas são feitas.

Os gastos estimados necessários para se concretizar a venda, referem-se àqueles que irão incorrer quando as mercadorias e produtos forem vendidos. É importante destacar que alguns desses gastos são fixos e não guardam proporcionalidade com o preço de venda, como por exemplo as despesas com embalagens, fretes, pedágio etc., porém, outros são variáveis e guardam proporcionalidade com o preço de venda como é o caso das comissões devidas a vendedores, dos tributos (ICMS, IPI, COFINS e outros.) etc.

É importante destacar que entre as despesas necessárias para realização da venda deve-se incluir também as despesas financeiras como por exemplo aquelas decorrentes do desconto de duplicatas.

Exemplo prático

Vamos assumir que em 31/12/X5, um lote de determinada mercadoria integrante do estoque final, esteja contabilizado pelo custo de $ 7.000. Vamos assumir também que o preço de venda estimado dessa mercadoria seja igual a $ 11.000 e que os gastos estimados necessários para se concretizar a venda sejam de $ 2.500.

Considerando as informações apresentadas, veja como encontraremos o valor realizável líquido:

- Preço de venda estimado .... $ 11.000
  (–) Gastos estimados para se concretizar a venda .... ($ 2.500)
  (=) Valor Realizável Líquido .... $ 8.500

[1] A expressão "dos custos estimados para sua conclusão", aplica-se aos estoques de produtos em elaboração.

Sendo o valor realizável líquido superior ao custo de aquisição, esse lote de mercadorias figurará no Balanço pelo custo de aquisição.

Vamos assumir agora, que os gastos estimados necessários para se concretizar a venda sejam de $ 5.000 com o mesmo preço de venda.

Veja, então como ficará o valor realizável líquido:

- Preço de venda estimado .... $ 11.000

  (–) Gastos estimados para se concretizar a venda .... ($ 5.000)

  (=) Valor Realizável Líquido .... $ 6.000

Com o valor realizável líquido inferior ao custo de aquisição, o lote de mercadorias figurará no Balanço pelo valor realizável líquido.

Para que isto seja possível, será preciso reconhecer contabilmente a perda de $ 1.000. A contabilização é semelhante ao exemplo apresentado para as matérias-primas.

c. Produtos em fabricação.

   Tendo em vista que os custos a serem atribuídos aos produtos em elaboração podem ser os das matérias-primas ou então os custos realmente incorridos até a fase de fabricação em que os produtos se encontrem, para cotejar com esses custos pode-se utilizar o valor de reposição das matérias-primas ou o preço de venda estimado para os produtos acabados no curso normal dos negócios deduzido dos custos estimados para sua conclusão e dos gastos estimados necessários para se concretizar a venda, conforme já comentamos.

   Finalmente, é importante destacar que, segundo o item 33 da NBC TG 16, em cada período subsequente deve ser feita uma nova avaliação do valor realizável líquido. Quando as circunstâncias que anteriormente provocaram a redução dos estoques abaixo do custo deixarem de existir ou quando houver uma clara evidência de um aumento no valor realizável líquido devido à alteração nas circunstâncias econômicas, a quantia da redução deve ser revertida como receita (a reversão é limitada à quantia da redução original), de modo a que o novo montante registrado do estoque seja o menor valor entre o custo e o valor realizável líquido revisto.

3.7 Resultado da conta mercadorias

3.7.1 Introdução

Os fatos administrativos que ocorrem na empresa comercial, envolvendo compra e venda de mercadorias, representam seu principal movimento. O resultado dessas transações influi diretamente no destino dessas empresas.

Ao lado da compra e da venda de mercadorias, ocorre uma série de outros fatos administrativos, muitos dos quais já tivemos oportunidade de apresentar. Veremos, nos capítulos seguintes, mais exemplos desses fatos, como compras de bens do ativo imobilizado, pagamento de aluguéis, impostos, juros, salários e muitos outros.

Para fazer face aos seus compromissos fiscais, trabalhistas, previdenciários e outros, além da remuneração do capital investido pelos proprietários, a empresa comercial precisa obter lucros em sua atividade principal.

Vamos, então, aprender como se apura o resultado da conta Mercadorias pelos dois métodos já enfocados, ou seja, conta mista e conta desdobrada.

3.7.2 Apuração do resultado pelo método da conta mista

A apuração do resultado da conta Mercadorias por este método é bem simples. Veja:

Suponhamos que durante o exercício a conta Mercadorias da empresa Comercial Rodrigues Ltda. apresente o seguinte movimento:

MERCADORIAS	
50.000	10.000
60.000	70.000
40.000	80.000
20.000	30.000
3.000	5.000
Soma 173.000	Soma 195.000

Sabemos que no lado do débito do razonete da conta Mercadorias constam os valores representativos de:

a. estoque inicial;

b. compras;

c. fretes e seguros sobre compras;

d. vendas anuladas;

e. descontos incondicionais concedidos.

Da mesma forma, sabemos que no lado do crédito do razonete da conta Mercadorias constam os valores representativos de:

a. vendas;

b. compras anuladas;

c. descontos incondicionais obtidos.

Assim, para apurar o resultado da conta Mercadorias, os procedimentos são os seguintes:

1. efetuar a contagem física das mercadorias existentes em estoque no fim do período, para conhecer o valor do estoque final;

2. efetuar o cálculo extracontábil para conhecer o resultado;

3. registrar, por meio de um único lançamento, o resultado da conta Mercadorias.

Considerando que o valor do estoque final da empresa Comercial Rodrigues Ltda. tenha sido igual a $ 50.000, veja como apuraremos o resultado:

No exemplo em questão, temos no débito da conta Mercadorias, $ 173.000, e no crédito, $ 195.000.

Como o estoque final corresponde a crédito, pois, para efeito de apuração do resultado, supomos que as mercadorias em estoque devam ser vendidas pelo menos ao preço de custo, concluímos:

1. Existindo estoque no final do exercício:

a. se o saldo da conta Mercadorias for credor, a ele se adicionará o valor do estoque final e será igual ao lucro;

b. se o saldo da conta Mercadorias for devedor, porém superior ao estoque final, subtrairemos do referido saldo devedor o valor do estoque final e o que sobrar corresponderá ao prejuízo;

c. se o saldo da conta Mercadorias for devedor, porém inferior ao estoque final, subtrairemos do estoque final o saldo devedor e o que remanescer corresponderá ao lucro;

d. se o saldo da conta Mercadorias for devedor, porém igual ao estoque final, o resultado da conta Mercadorias será nulo, isto é, não ocorrerá lucro nem prejuízo.

2. Inexistindo estoque no final do exercício:

a. se o saldo da conta Mercadorias for credor, corresponderá ao lucro;

b. se o saldo da conta Mercadorias for devedor, corresponderá ao prejuízo.

Com estes esclarecimentos, teremos, em nosso exemplo:

Crédito da conta Mercadorias	*195.000*
(–) Débito da conta Mercadorias	*(173.000)*
Saldo credor	*22.000*

Como o saldo é credor, basta adicionar a ele o valor do estoque final e teremos o valor do lucro sobre as vendas (letra *a* do item 1).

Assim:

Saldo credor	*22.000*
(+) Estoque final	*50.000*
Lucro	*72.000*

Após efetuado o cálculo extracontábil e conhecido o resultado, basta contabilizá-lo. Veja o saldo apurado no razonete:

MERCADORIAS	
•	•
•	•
Soma 173.000	Soma 195.000
	Saldo 22.000

Tendo o resultado extracontábil apresentado lucro de $ 72.000, precisamos registrar esse valor em uma conta que reflita o respectivo resultado.

Veja:

1) *Mercadorias*

   a Lucro sobre Vendas

   Lucro apurado nas vendas referente ao período, conforme cálculos *72.000*

Veja a posição das contas envolvidas, em seus respectivos razonetes:

MERCADORIAS	
(1) 72.000	(8) 22.000
(8) 50.000	

LUCRO SOBRE VENDAS	
	(1) 72.000

Observação

- Após o lançamento efetuado, as duas contas envolvidas permaneceram com saldos: a conta Mercadorias com débito de $ 50.000, cujo valor corresponde ao estoque final (esta conta figurará no Balanço Patrimonial); e a conta Lucro sobre Vendas com crédito de $ 72.000, correspondendo ao lucro sobre as vendas (o saldo desta conta será transferido oportunamente para a conta Resultado do Exercício no momento da apuração do resultado líquido).

Veja, a seguir, um exemplo com prejuízo:

1. Razonete da conta Mercadorias, refletindo todo o movimento ocorrido durante o exercício:

MERCADORIAS	
•	•
•	•
Soma 284.000	Soma 284.000
Saldo 93.000	

2. Estoque final, conforme inventário físico realizado: $ 13.000.
3. Apuração do resultado:

   a. Cálculos extracontábeis:

Saldo devedor da conta Mercadorias	*93.000*
(–) Estoque final	*(13.000)*
Prejuízo	*80.000*

   b. Contabilmente:

Lançamento no livro Diário

1) *Prejuízo sobre Vendas*

   a Mercadorias

   Prejuízo apurado no período *80.000*

Razonetes:

MERCADORIAS	
•	•
•	•
Saldo 93.000	80.000 (1)
Saldo 13.000	

PREJUÍZO SOBRE VENDAS	
(1) 80.000	

Observe que o saldo da conta Mercadorias é de $ 13.000 devedor, que representa o estoque final apurado, e a conta Prejuízo sobre Vendas foi aberta com débito de $ 80.000, representando o prejuízo apurado.

Nota

- Para apurar o resultado da conta Mercadorias, segundo a legislação atual, seja qual for o método adotado (conta mista ou conta desdobrada), deve-se excluir do valor da receita bruta de vendas o valor dos tributos que guardem proporção com o valor das vendas. Portanto, antes de apurar o saldo da conta Mercadorias, havendo ICMS, este deverá ser transferido a débito da referida conta. O mesmo deverá ocorrer com o PIS e a COFINS.

Maneira prática

Há uma maneira prática que pode ser adotada para a apuração do resultado da conta mista de mercadorias, que consiste no seguinte:

No final do período, estaremos diante de dois dados acerca da conta Mercadorias:

a. saldo de Razão da conta Mercadorias;

b. valor do estoque final.

De posse desses dois dados, procede-se assim:

1. transferir o saldo da conta Mercadorias para a conta Resultado da Conta Mercadorias (RCM);

2. contabilizar o estoque final, debitando-se a conta Mercadorias e creditando-se a conta RCM.

Após esses procedimentos, a conta Mercadorias conterá a débito o valor do estoque final, para figurar no Balanço Patrimonial, e o saldo da conta RCM refletirá o resultado bruto do exercício: se credor – corresponderá a lucro sobre vendas e, se devedor, a prejuízo sobre vendas.

Vamos apurar o resultado da conta Mercadorias da Comercial Rodrigues Ltda., apresentada anteriormente.

Dados no final do período:

a. saldo da conta Mercadorias: credor de $ 22.000;

b. estoque final: $ 50.000.

Faremos:

1) *Mercadorias*
   a RCM
      Transferência que se processa do saldo da 1ª para a 2ª das contas supra para apuração do resultado bruto *22.000*

2) *Mercadorias*
   a RCM
      Registro do estoque final conforme inventário realizado *50.000*

Observação

■ Após os dois lançamentos, supra, conforme dissemos, a conta Mercadorias ficou com saldo devedor igual a $ 50.000, que corresponde ao valor do estoque final, e a conta RCM apresenta saldo credor de $ 72.000, o qual corresponde ao lucro sobre as vendas.

ATIVIDADES PRÁTICAS

1. A conta Mercadorias apresentou no débito o total de $ 580.000 e no crédito $ 720.000. Sabendo que o do Estoque Final, conforme inventário, foi de $ 110.000, apure o resultado extracontábil e contabilmente.
2. A conta Mercadorias apresentou no débito o total de $ 310.000 e, no crédito, $ 260.000. Sabendo que o Estoque Final foi de $ 20.000, apure o resultado extracontábil e contabilmente.
3. A conta Mercadorias apresentou no débito o total $ 17.200 e no crédito, $ 14.200. Sabendo que o Estoque Final foi de $ 8.000, apure o resultado extracontábil e contabilmente.
4. Sabendo que o saldo da conta Mercadorias foi devedor de $ 1.000 e o Estoque Final foi de $ 800, qual o resultado?
5. Sabendo que o saldo da conta Mercadorias foi de $ 100.000 devedor e o Estoque Final importou em $ 110.000, qual o resultado?
6. O saldo da conta Mercadorias foi credor de $ 900.000 e o Estoque Final, de $ 450.000. Qual o resultado?

7. Sabendo que o saldo da conta Mercadorias foi credor de $ 800.000 e inexistindo Estoque Final, qual é o resultado?

8. Sabendo que o saldo da conta Mercadorias foi devedor de $ 600.000 e inexistindo Estoque Final, qual é o resultado?

3.7.3 Apuração do resultado pelo método da conta desdobrada

3.7.3.1 Inventário periódico

Por este sistema, na contabilidade, teremos pelo menos as seguintes contas: Estoque de Mercadorias (estoque inicial); Compras ou Compras de Mercadorias; Fretes e Seguros sobre Compras; Compras Anuladas; Descontos Incondicionais Obtidos; Vendas ou Vendas de Mercadorias; Vendas Anuladas e Descontos Incondicionais Concedidos.

Além destas, evidentemente há as contas que registram os tributos (ICMS, PIS e COFINS).

Suponhamos que durante o exercício a empresa Casa das Tintas Ltda. tenha apresentado movimento nas contas cujos saldos finais foram:

Estoque de Mercadorias	*50.000*
Compras de Mercadorias	*170.000*
Compras Anuladas	*8.000*
Vendas de Mercadorias	*320.000*
Vendas Anuladas	*10.000*
ICMS sobre Vendas	*54.400*
PIS sobre Faturamento	*2.000*
COFINS	*6.000*

Adotando-se este sistema, ou seja, sem controle permanente dos estoques para conhecer a quantidade e o valor das mercadorias existentes em estoque no final do exercício, há necessidade de efetuar uma contagem física das mercadorias existentes.

Então, além dos dados anteriores, que já estão devidamente registrados nos livros Diário e Razão (razonete), vamos considerar que o estoque final, conforme inventário realizado, tenha sido de $ 120.000.

Veja, a seguir, como proceder para apurar o resultado da conta Mercadorias.

São duas as fórmulas utilizadas:

1ª fórmula

$$CMV = EI + (C + FSC - CA - AC - DIO) - EF$$

CMV = Custo das Mercadorias Vendidas
EI = Estoque Inicial
C = Compras de Mercadorias
FSC = Fretes e Seguros sobre Compras

CA = Compras Anuladas
AC = Abatimentos sobre Compras
DIO = Descontos Incondicionais Obtidos
EF = Estoque Final

2ª fórmula

$$RCM = (V - VA - AV - DIC - ICMS - PIS - COFINS) - CMV$$

RCM = Resultado da Conta Mercadorias
V = Vendas de Mercadorias
VA = Vendas Anuladas
AV = Abatimentos sobre Vendas
DIC = Descontos Incondicionais Concedidos
ICMS = ICMS sobre Vendas
PIS = PIS/PASEP sobre Faturamento
COFINS = COFINS sobre Faturamento
CMV = Custo das Mercadorias Vendidas (apurado na 1a fórmula)

Agora que já apresentamos as fórmulas necessárias, vamos à apuração do resultado da conta Mercadorias:

a. extracontabilmente.

$$CMV = EI + (C + FSC - CA - AC - DIO) - EF$$
$$CMV = 50.000 + (170.000 - 8.000) - 120.000$$
$$CMV = 92.000$$
$$RCM = (V - VA - AV - DIC - ICMS - PIS - COFINS) - CMV$$
$$RCM = (320.000 - 10.000 - 54.400 - 2.000 - 6.000) - 92.000$$
$$RCM = 155.600$$

Se o RCM foi de $ 155.600 positivo, logo corresponde ao lucro bruto, ou seja, o lucro apurado sobre as vendas.

b. contabilmente.

Vamos, agora, estudar como se contabiliza a apuração do resultado da conta Mercadorias nos livros Diário e Razão.
Para efeito didático, visando a facilitar seu raciocínio, primeiro reconstituiremos os razonetes das contas envolvidas:

ESTOQUE DE MERCADORIAS	
50.000	

COMPRAS DE MERCADORIAS	
170.000	

COMPRAS ANULADAS	
	8.000

VENDAS ANULADAS	
10.000	

VENDAS DE MERCADORIAS	
	320.000

ICMS SOBRE VENDAS	
54.400	

PIS SOBRE FATURAMENTO	
2.000	

COFINS	
6.000	

CMV	

RCM	

A contabilização da apuração do resultado da conta Mercadorias consiste na elaboração de uma série de lançamentos, por meio dos quais transferimos primeiro todos os saldos das contas que constam na fórmula do CMV para a respectiva conta CMV, nos livros Diário e Razão simultaneamente, até apurarmos o saldo dessa conta. O mesmo procedimento deverá ser utilizado para os saldos das contas que compõem a fórmula do RCM para esta respectiva conta, também simultaneamente no Diário e no razonete, até que nos permita apurar o saldo da referida conta.
Se este saldo apurado for credor, corresponderá a lucro; se for devedor, corresponderá a prejuízo.
O lucro apurado na conta Mercadorias é o lucro bruto do exercício.

Nota

- Para facilitar seu trabalho na contabilização, é conveniente que você siga rigorosamente a ordem em que se encontram as contas nas fórmulas do CMV e do RCM, para a transferência dos respectivos saldos.

Você deve ter observado que nos razonetes incluímos as contas CMV e RCM, que não possuem saldos. É porque estas contas aparecem na escrita contábil somente nesta ocasião.

O estoque final, conforme já mencionamos, é apurado mediante a contagem física das mercadorias no final do ano; por isso, ele não consta nos razonetes e será registrado por meio do lançamento (4).

Veja, agora, os procedimentos contábeis:

LANÇAMENTOS EM PARTIDAS DE DIÁRIO

Transferência do estoque inicial para a conta CMV:

1) *Custo das Mercadorias Vendidas*
a Estoque de Mercadorias
Valor que se transfere da segunda para a primeira das contas acima, para apuração do CMV.. 50.000

Transferência do saldo da conta Compras de Mercadorias para a conta CMV:

2) *Custo das Mercadorias Vendidas*
a Compras de Mercadorias
Transferência que se processa da segunda para a primeira das contas acima, referente às compras efetuadas durante o exercício para efeito de apuração do CMV 170.000

Transferência do saldo da conta Compras Anuladas para a conta CMV:

3) *Compras Anuladas*
a Custo das Mercadorias Vendidas
Transferência que se processa da primeira para a segunda das contas supra para efeito da apuração do CMV 8.000

Registro do estoque final:

4) *Estoque de Mercadorias*
a Custo das Mercadorias Vendidas
Estoque final apurado conforme inventário físico realizado 120.000

Com estes quatro lançamentos concluímos todas as transferências exigidas pela fórmula do CMV e, tendo já transferido tais valores também para os razonetes, apurando da conta CMV seu respectivo saldo (veja nos razonetes no final deste item).

Agora, contabilizaremos conforme a fórmula do RCM.

Veja:

Transferência do saldo da conta Vendas de Mercadorias para a conta RCM:

5) *Vendas de Mercadorias*
a Resultado da Conta Mercadorias
Transferência que se processa da primeira para a segunda das contas supra, para efeito de apuração do RCM 320.000

Transferência dos saldos das contas que representam deduções ou abatimento sobre as vendas para a conta RCM.

6) *Resultado da Conta Mercadorias*
a Diversos
Transferências que se processam para apuração do RCM:
a Vendas Anuladas
Saldo desta conta 10.000

a ICMS sobre Vendas
Saldo desta conta *54.400*
a PIS sobre Faturamento
Saldo desta conta *2.000*
a COFINS
Saldo desta conta *6.000* *72.400*

Transferência do CMV para a conta RCM:

7) *Resultado da Conta Mercadorias*
a Custo das Mercadorias Vendidas
Transferência que se processa da segunda para a primeira das contas supra, para efeito de apuração do RCM *92.000*

Depois de efetuados estes três últimos lançamentos, temos condições de apurar no razonete o saldo da conta RCM. Veja os razonetes no fim deste item.

O respectivo saldo foi credor de $ 155.600, que corresponde ao lucro.

O resultado da conta Mercadorias será transferido para a conta Resultado do Exercício por ocasião da apuração do resultado líquido.

Sendo este saldo credor, ele representa lucro bruto do exercício; caso seja devedor, representará prejuízo sobre vendas. Entretanto, para efeito didático, visando a melhor fixação desse resultado, podemos transferi-lo para a conta Lucro Bruto ou Lucro sobre Vendas (se for credor), ou Prejuízo sobre Vendas (se for devedor).

Veja:

Transferência do RCM para a conta Lucro sobre Vendas:

8) *Resultado da Conta Mercadorias*
a Lucros sobre Vendas
Lucro apurado nas vendas *155.600*

Com este lançamento, encerram-se os procedimentos necessários à apuração do resultado da conta Mercadorias.

Veja, a seguir, a posição de todas as contas envolvidas:

ESTOQUE DE MERCADORIAS	
50.000	(1) 50.000
(4) 120.000	

COMPRAS DE MERCADORIAS	
170.000	(2) 170.000

COMPRAS ANULADAS	
(3) 8.000	8.000

VENDAS DE MERCADORIAS	
(5) 320.000	320.000

VENDAS ANULADAS	
10.000	(6) 10.000

ICMS SOBRE VENDAS	
54.000	(6) 54.400

PIS SOBRE FATURAMENTO	
2.000	(6) 2.000

COFINS	
6.000	(6) 6.000

CMV			
(1)	50.000	(3)	8.000
(2)	170.000	(4)	120.000
Soma	220.000	Soma	128.000
(S)	92.000	(7)	92.000

RCM			
(6)	72.400	(5)	320.000
(7)	92.000		
Soma	164.400		
(8)	155.600	(7)	155.600

LUCRO SOBRE VENDAS	
	(8) 155.600

Note que, após a contabilização do RCM, das onze contas envolvidas apenas duas permaneceram com saldos: Estoque de Mercadorias, com saldo devedor de $ 120.000, cujo saldo representa o estoque final existente, e Lucro sobre Vendas, com saldo credor de $ 155.600, representando o lucro apurado na conta Mercadorias.

Observações

- A conta Estoque de Mercadorias é conta patrimonial, portanto figurará no Balanço Patrimonial.
- A conta Lucro sobre Vendas é conta de resultado (reflete o resultado bruto do exercício) e será transferida para a conta Resultado do Exercício na apuração do resultado líquido.

Se porventura o resultado da conta Mercadorias apontasse prejuízo (o que não é muito comum para a empresa comercial), o lançamento seria:

Prejuízo sobre Vendas
a Resultado da Conta Mercadorias
Prejuízo apurado.. $

3.7.3.1.1 Fretes e Seguros sobre Compras

Caso a empresa registre os valores do frete e do seguro separadamente das compras, e havendo estoque no final do exercício, o valor deverá ser rateado: uma parte para o CMV e outra parte para o estoque final (regime de competência). O rateio poderá ser feito com base na seguinte fórmula:

$$FSS/E = \frac{EF}{C - CA} \times FS/C$$

em que:

FSS/E = fretes e seguros sobre estoques
EF = estoque final
C = compras
CA = compras anuladas
FS/C = fretes e seguros sobre compras

O valor encontrado pela aplicação desta fórmula corresponde ao valor dos fretes e seguros sobre compras que deverá ser transferido para a conta Estoque de Mercadorias. Portanto, o valor a ser transferido para a conta Custo das Mercadorias Vendidas (CMV) corresponderá à diferença existente entre o saldo dos Fretes e Seguros sobre Compras e o valor encontrado na presente fórmula. Assim, dois lançamentos serão efetuados:

Transferência para o CMV

1) *Custo das Mercadorias Vendidas (CMV)*
a Fretes e Seguros sobre Compras
Transferência que se processa referente à parte dos fretes e seguros sobre compras que deve integrar o custo das mercadorias vendidas neste período, conforme cálculos .... $

Observação

- Esta transferência deve ser efetuada junto com as transferências do estoque inicial e das compras de mercadorias, já que influi no CMV do período atual.

Transferência para o estoque final

2) *Estoque de Mercadorias*
a Fretes e Seguros sobre Compras
Transferência que se processa referente à parte dos fretes e seguros sobre compras que deve integrar o valor do estoque final, conforme cálculos .... $

Observação

- Este lançamento, cujo valor foi apurado na fórmula apresentada, deve ser efetuado somente após encerrados os procedimentos extracontábeis e contábeis referentes à apuração do resultado da conta Mercadorias, pois não interfere no resultado bruto do exercício atual.

ATIVIDADES PRÁTICAS

Apure o resultado da conta Mercadorias pelo método da conta desdobrada com inventário periódico, nos seguintes casos:

Prática 1

Estoque de Mercadorias (EI)	*1.000*
Compras de Mercadorias	*3.000*
Vendas de Mercadorias	*5.000*
ICMS sobre Vendas	*900*
Cofins	*100*
PIS s/Faturamento	*30*
Estoque final	*400*

Prática 2

Estoque de Mercadorias (EI)	10.000
Compras de Mercadorias	30.000
Compras Anuladas	1.000
Vendas de Mercadorias	106.000
Vendas Anuladas	5.000
Descontos Incondicionais Concedidos	1.000
ICMS sobre Vendas	18.000
PIS s/Faturamento	650
COFINS	2.000
Fretes e Seguros sobre Compras	1.100
Estoque final	12.000

Prática 3

Estoque de Mercadorias (EI)	*700*
Compras de Mercadorias	*1.100*
Vendas de Mercadorias	*2.020*
Compras Anuladas	*100*
ICMS sobre Vendas	*360*
PIS s/Faturamento	*13*
Cofins	*40*
Descontos Incondicionais Concedidos	*20*
Estoque final	*60*

3.7.3.2 Inventário permanente

Utilizando o sistema de inventário permanente, conforme vimos, na contabilidade teremos registradas as seguintes contas: Estoque de Mercadorias, Vendas de Mercadorias, Custo das Mercadorias Vendidas, Vendas Anuladas, Abatimentos sobre Vendas, Descontos Incondicionais Concedidos e as contas que registram os tributos (ICMS sobre Vendas, PIS sobre Faturamento e Cofins).

Suponhamos que durante o exercício a empresa Comercial Andréa Márcia Ribeiro Ltda apresente movimento nas contas a seguir, cujos saldos finais foram:

ESTOQUE DE MERCADORIAS	
630.000	

ICMS SOBRE VENDAS	
90.000	

CMV	
300.000	

VENDAS DE MERCADORIA	
	500.000

RCM*	

PIS SOBRE FATURAMENTO	
3.000	

COFINS	
10.000	

* A conta RCM não possui saldo, pois será utilizada a partir deste momento.

Como por este sistema já se conhecem os estoques atualizados e também o CMV, para apurar o resultado basta transferir para a conta RCM o CMV o valor das vendas, bem como todas as contas que representam redução da conta Vendas. Apuração:

a. extracontabilmente

RCM = (V – VA – DIC – AV – ICMS – PIS – COFINS) – CMV

RCM = (500.000 – 90.000 – 3.000 – 10.000) – 300.000

RCM = 97.000

b. contabilmente

Veja, agora, como se processa a contabilização da apuração do RCM por este sistema. Lançamentos no livro Diário.

Transferência das deduções ou abatimentos para a conta RCM.

1) *RCM*

a	*Diversos*		
a	*ICMS sobre Vendas*	*90.000*	
a	*PIS sobre Faturamento*	*3.000*	
a	*COFINS*	*10.000*	*103.000*

Transferência do CMV para a conta RCM:

2) *RCM*

a CMV

Transferência que se processa da segunda para a primeira das contas supra, para efeito de apuração do RCM *300.000*

Transferência do saldo das vendas de mercadorias para a conta RCM:

3) *Vendas de Mercadorias*

a RCM

Transferência do saldo da primeira
para a segunda das contas supra,
para apuração do RCM 500.000

Após estes lançamentos, temos devidamente registrados na conta RCM todos os valores necessários à sua apuração, conforme consta na fórmula apresentada.

Assim, basta apurar o saldo da conta RCM e estará conhecido o resultado da respectiva conta. Se seu saldo for devedor, será igual a prejuízo; se for credor, igual a lucro (veja os cálculos nos razonetes a seguir).

Como o saldo da conta RCM é credor de $ 97.000, logo, corresponde ao lucro bruto. Este saldo poderá ficar registrado na própria conta RCM e, posteriormente, no momento da apuração do resultado líquido, será transferido para a conta Resultado do Exercício.

Para efeito didático e tendo em vista sua melhor fixação, vamos transferi-lo, neste momento, para a conta Lucro sobre Vendas. Veja:

Transferência do resultado da conta Mercadorias para a conta Lucros sobre Vendas:

4) *RCM*

a Lucro sobre Vendas

Lucro apurado 97.000

Veja, a seguir, a posição das contas utilizadas em seus respectivos razonetes após os procedimentos contábeis:

ESTOQUE DE MERCADORIAS	
630.000	

ICMS SOBRE VENDAS	
90.000	(2) 90.000

CMV	
300.000	(2) 300.000

VENDAS DE MERCADORIA	
(2) 500.000	500.000

RCM	
(1) 103.000	(3) 500.000
(2) 300.000	
Soma 403.000	
(4) 97.000	(S) 97.000

LUCRO SOBRE VENDAS	
	(4) 97.000

PIS SOBRE FATURAMENTO	
3.000	(1) 3.000

COFINS	
10.000	(1) 10.000

Observações

- Após a apuração e respectiva contabilização a conta Estoque de Mercadorias, que representa o estoque existente, permanece com o mesmo saldo anterior aos procedimentos da apuração do resultado, pois, por este sistema, esta conta é atualizada a cada operação efetuada, não havendo necessidade de ajuste no momento da apuração do resultado.
- As contas CMV, Vendas de Mercadorias, ICMS sobre Vendas, PIS e Cofins foram encerradas, pois tiveram seus saldos transferidos por meio dos lançamentos de apuração efetuados.
- A conta RCM, que serviu para apuração do respectivo resultado, também ficou encerrada, pois seu saldo (o resultado) foi transferido para a conta Lucro sobre Vendas.

ATIVIDADES PRÁTICAS

Nos casos a seguir, apure o resultado da conta Mercadorias pelo método da conta desdobrada com inventário permanente:

Prática 1

Estoque de Mercadorias *50.000*
Custo das Mercadorias Vendidas *130.000*
Vendas de Mercadorias *300.000*
ICMS sobre Vendas *54.000*
PIS sobre Faturamento *2.000*
Cofins *6.000*

Prática 2

Estoque de Mercadorias *30.000*
Vendas de Mercadorias *100.000*
Custo das Mercadorias Vendidas *40.000*
ICMS sobre Vendas *18.000*
PIS sobre Faturamento *650*
COFINS *2.000*

3.8 Demonstração da Conta Mercadorias

DEMONSTRAÇÃO DA CONTA MERCADORIAS

I. APURAÇÃO DO CUSTO DAS MERCADORIAS VENDIDAS		
Estoque Inicial		
(+) Compras Líquidas		
Compras de Mercadorias	$	
(+) Fretes e Seguros sobre Compra	$	
(−) Compras Anuladas	($)	
(−) Abatimentos sobre Compras	($)	
(−) Descontos Incondicionais Obtidos	($)	$
(−) Estoque Final		($)
(=) Custo das Mercadorias Vendidas		$

(continua)

(continuação)

II. APURAÇÃO DAS VENDAS LÍQUIDAS Vendas Líquidas Receita Bruta de Vendas (−) Vendas Anuladas (−) Abatimentos sobre Vendas (−) Descontos Incondicionais Concedidos (−) ICMS sobre Vendas (−) PIS sobre Faturamento (−) Cofins sobre Faturamento	 $ ($) ($) ($) ($) ($) ($)	 $
III. APURAÇÃO DO RESULTADO DA CONTA MERCADORIAS Vendas Líquidas (II) (−) Custo das Mercadorias Vendidas (I) (=) Resultado da Conta Mercadorias		 $ ($) $

3.9 Perdas estimadas em créditos de liquidação duvidosa

3.9.1 Introdução

Perdas Estimadas em Créditos de Liquidação Duvidosa (PECLD), é a nova denominação dada a antiga Provisão para Créditos de Liquidação Duvidosa ou Provisão para Devedores Duvidosos.

Essa nova intitulação foi adotada no processo de adequação da terminologia contábil brasileira aos padrões internacionais de contabilidade IFRS. Para esses padrões internacionais, conforme consta da NBC TG 25, fundamentada no CPC 25, o termo Provisão somente deve ser utilizado na intitulação de contas representativas de passivos de prazo ou valor incertos.

Portanto, Perdas Estimadas em Créditos de Liquidação Duvidosa (PECLD) é uma conta redutora do Ativo, que representa valor provisionado no final do exercício social, para cobrir, no exercício seguinte, perdas prováveis decorrentes do não recebimento de parte dos créditos (direitos) da empresa, existentes na data do levantamento do Balanço.

Contabilmente, quando se provisiona um valor mediante crédito em conta retificadora do Ativo, em contrapartida, debita-se uma conta de despesa ou custo, para que a perda estimada ou efetiva seja devidamente reconhecida no resultado do respectivo exercício.

Os direitos sujeitos ao reconhecimento dessa perda são aqueles derivados das vendas a prazo de mercadorias, produtos e serviços, contabilizados nas contas Clientes ou Duplicatas a Receber.

O reconhecimento dessa perda bem como seu provisionamento em conta redutora do Ativo, está previsto tanto na Lei n. 6.404/76 como também nas normas internacionais de contabilidade IFRS consubstanciadas nas NBCS TGS.

Segundo estabelece a Lei n. 6.404/76, no Balanço, a conta Duplicatas a Receber (ou Clientes), deve ser apresentada no Ativo Circulante ou no Realizável a Longo Prazo, pelo seu valor original, ajustado ao valor provável de realização, quando este for inferior. (letra b do inciso I do art. 183º)

Segundo a NBC TG 01, fundamentada no CPC 01, convergente com as normas internacionais de contabilidade IFRS, toda entidade deve assegurar que seus ativos estejam registrados contabilmente por valor que não exceda seus valores de recuperação.

Assim, quando um ativo estiver registrado no Balanço por valor excedente ao seu valor de recuperação, esse ativo é caracterizado como sujeito ao reconhecimento de perdas.

Contabilmente, conforme já dissemos, a perda é reconhecida, mediante débito em uma conta de despesa e crédito em uma conta redutora do Ativo.

Deste modo, a perda fica reconhecida tanto no resultado (a despesa reduz o lucro) como também no Balanço (a conta redutora do direito permite que esse direito figure pelo seu valor recuperável, isto é, pelo custo ou valor de emissão (valor original), diminuído da perda devidamente provisionada.

3.9.2 Disciplina da NBC TG 38

Segundo o item 58 da NBC TG 38, fundamentada no CPC 38, a entidade deve avaliar, na data de cada balanço patrimonial, se existe ou não qualquer evidência objetiva de que um ativo financeiro ou um grupo de ativos financeiros esteja sujeito a perda do respectivo valor recuperável.

Conforme se pode observar, para as normas internacionais de contabilidade IFRS, a empresa somente poderá reconhecer perda em ativo financeiro, quando existir evidência objetiva de que esse ativo financeiro está sujeito a essa perda. Assim, as perdas esperadas como resultado de acontecimentos futuros, independentemente do grau de probabilidade, não são reconhecidas.

No item 59 a mencionada NBC TG 38, apresenta exemplos de eventos que evidenciam a existência objetiva de perda no valor recuperável da conta Duplicatas a Receber ou Clientes, e que justificam o reconhecimento da perda e a necessidade de provisionamento, como: significativa dificuldade financeira do cliente; quebra de contrato, tal como o descumprimento ou atraso nos pagamentos de juros ou de capital; falência etc.

É importante destacar que, antes da adoção das normas internacionais de contabilidade IFRS, era prática comum no Brasil o reconhecimento no final de cada exercício social, de perdas com créditos de liquidação duvidosa com base em um valor estimado.

Esse valor era estimado em cada empresa, através de estudos fundamentados, principalmente, nas perdas incorridas nos últimos exercícios.

Esses estudos resultavam sempre em um percentual que era aplicado sobre o saldo da conta Duplicatas a Receber ou Clientes existente no final do exercício social. O montante encontrado era reconhecido como perda no exercício em que ocorriam as receitas com vendas e ao mesmo tempo provisionado em conta redutora da conta Duplicatas a Receber ou Clientes.

Conforme vimos, as normas internacionais mudaram radicalmente esse procedimento, uma vez que reconhecem somente perdas quando houver evidência objetiva de que o montante do crédito não mais será recebido, no todo ou em parte.

3.9.3 Disciplina do Fisco

O Fisco brasileiro, até o ano de 1996, reconhecia a existência de perdas estimadas com créditos de liquidação duvidosa, mediante a aplicação de percentuais sobre o montante das Duplicatas a Receber existentes no final de cada exercício Social e constituição da respectiva provisão.

O percentual permitido atendia conveniências do poder público sendo inicialmente de 3% e depois de 1,5%.

Assim, grande parte das empresas brasileiras, por comodidade, adotava o limite fixado pelo Fisco, aplicando o percentual permitido sobre o saldo de Duplicatas a Receber para obter o montante da perda a ser reconhecida antecipadamente.

A partir de 01 de janeiro de 1997, o fisco deixou de reconhecer essas perdas, que eram estimadas, como dedutíveis da base de cálculo do imposto de renda incidente sobre o lucro líquido.

Agora, as empresas podem reconhecer perdas conforme estabelecem as normas contábeis, contudo, devem oferecer o valor da perda reconhecida antecipadamente para a tributação, mediante ajustes no ELALUR.

O Fisco somente reconhece as perdas efetivas, conforme disciplinas contidas nos artigos 340º a 343º do RIR/99.

Assim, são dedutíveis da base de cálculo do Imposto de Renda, créditos como:

a. em relação aos quais tenha havido a declaração de insolvência do devedor, em sentença emanada do Poder Judiciário;

b. sem garantia, de valor:

   b1. até cinco mil reais, por operação, vencidos há mais de seis meses, independentemente de iniciados os procedimentos judiciais para o seu recebimento;

   b2. acima de cinco mil reais, até trinta mil reais, por operação, vencidos há mais de um ano, independentemente de iniciados os procedimentos judiciais para o seu recebimento, porém, mantida a cobrança administrativa;

   b3. superior a trinta mil reais, vencidos há mais de um ano, desde que iniciados e mantidos os procedimentos judiciais para o seu recebimento;

c. com garantia (proveniente de vendas com reserva de domínio, de alienação fiduciária em garantia ou de operações com outras garantias reais), vencidos há mais de dois anos, desde que iniciados e mantidos os procedimentos judiciais para o seu recebimento ou o arresto das garantias;

d. contra devedor declarado falido ou pessoa jurídica declarada concordatária, relativamente à parcela que exceder o valor que esta tenha se comprometido a pagar.

Estabelece ainda o fisco que no caso de crédito com empresa em processo falimentar ou de concordata, a dedução da perda será admitida a partir da data da decretação da falência ou da concessão da concordata, desde que a credora tenha adotado os procedimentos judiciais necessários para o recebimento do crédito.

O Fisco também não admite a dedução de perda no recebimento de créditos com pessoa jurídica que seja controladora, controlada, coligada ou interligada, bem como com pessoa física que seja acionista controlador, sócio, titular ou administrador da pessoa jurídica credora, ou parente até o terceiro grau dessas pessoas físicas.

É importante destacar, ainda que o fisco apresenta, nos artigos citados do RIR/99, outras exigências para o reconhecimento de perdas com créditos de liquidação duvidosa.

3.9.4 Exemplo prático

3.9.4.1 Definição do montante da perda

Como vimos, segundo as regras contidas na NBC TG 38, a empresa poderá reconhecer perdas com créditos de liquidação duvidosa no final de cada exercício social, somente quando existir evidência objetiva de que esse ativo financeiro está sujeito a essa perda.

Caso, no futuro, os organismos internacionais responsáveis pela emissão das normas contábeis IFRS reconsiderem e passem a aceitar o reconhecimento de perdas estimadas, o montante a ser provisionado poderá resultar da aplicação de um percentual, definido em cada empresa, sobre o saldo da conta Duplicatas a Receber ou Clientes, como era feito no Brasil anteriormente.

Para fins didáticos, a aplicação de um percentual definido pelo professor sobre o saldo da conta Duplicatas a Receber, facilita os estudos.

Suponhamos que no final do exercício de X2 o saldo da conta Duplicatas a Receber de uma empresa comercial seja igual a $ 100.000.

Suponhamos, também que estudos realizados por responsáveis pelos setores de vendas, crédito e cobrança da empresa, com fundamento nas regras contidas na NBC TG38, tenham indicado que o montante das perdas a serem reconhecidas sejam de $ 1.500.

Veja, a seguir, como essa perda será contabilizada.

3.9.4.2 Contabilização

Lançamento no livro Diário:

1) *Despesas com Perdas Estimadas em Créditos de Liquidação Duvidosa*
a Perdas Estimadas em Créditos de Liquidação Duvidosa
Pelo reconhecimento da perda etc. *1.500*

Observações

- A conta debitada, é conta de Despesa Operacional, do grupo das Despesas com Vendas. O saldo dessa conta, juntamente com os saldos das demais contas de despesas do período, será transferido para a conta Resultado do Exercício no momento da apuração do resultado.
- A conta creditada, é conta patrimonial que registra o valor provisionado o qual será utilizado para cobrir possíveis não recebimentos dos créditos durante o exercício seguinte. No Balanço Patrimonial essa conta figurará no Ativo Circulante como redutora da conta Duplicatas a Receber ou Clientes (conta que serviu de base para o seu cálculo).

3.9.4.3 Baixa de direitos considerados incobráveis

Primeiro caso: provisionamento suficiente

Suponhamos, agora, que em setembro de X3, depois de esgotados todos os recursos disponíveis para a cobrança, considerou-se incobrável uma Duplicata no valor de $ 450.

Para regularizar, basta proceder à baixa. Veja:

O lançamento no livro Diário ficará como segue:

2) *Perdas Estimadas em Créditos de Liquidação Duvidosa*
a Duplicatas a Receber
Baixa da Duplicata n. X, por ter sido considerada incobrável etc. — *450*

Nota

Recomenda-se que a baixa de uma Duplicata como incobrável somente seja efetuada depois que a empresa esgotar todos os recursos necessários à sua cobrança. Esses recursos podem ser: telefonemas, envio de telegramas, de cartas além de outros procedimentos, culminando com o protesto do título em cartório.

Segundo caso: provisionamento insuficiente

Suponhamos que, em outubro de X3, após os procedimentos de praxe, tenha sido considerada incobrável mais uma duplicata no valor de $ 2.000.

Nesse caso, as perdas estimadas, cujo saldo da conta que as registram, é de $ 1.050, torna-se insuficiente. Assim, a diferença será levada a débito de uma conta de Despesa Operacional normal nesta data.

Lançamento no livro Diário:

3) *Diversos*
a Duplicatas a Receber
a Fulano
Baixa da Duplicata n. X, por ter sido considerada incobrável, conf. documentação anexa:
Perdas Estimadas em Créditos de Liquidação Duvidosa
Até o limite provisionado... *1.050*
Perdas com Clientes
Excesso conf. documentação anexa..................................... *950* *2.000*

3.9.4.4 Reconhecimento de novas perdas – Novo Provisionamento

No final do exercício de X3, como ocorre no final de cada exercício social, a empresa deverá proceder os cálculos e os levantamentos necessários para definir o montante a ser provisionado e consequentemente a ser reconhecido como perda do período.

Para isto, será preciso verificar se existe ou não saldo remanescente na conta PECLD.

Primeiro caso: sem saldo remanescente

Quando não houver saldo remanescente na conta PECLD, o procedimento será como já explicado, isto é, reconhece-se a perda pelo montante levantado, debitando-se a conta de despesa e creditando-se a conta redutora da conta Duplicatas a Receber.

Segundo caso: com saldo remanescente

Havendo saldo remanescente na conta PECLD, derivado do exercício anterior, e não utilizado totalmente, para contabilização do novo provisionamento, pode-se adotar uma das seguintes opções:

a. complementar o saldo existente (método da complementação); ou

b. reverter o saldo remanescente e contabilizar o novo provisionamento (método da reversão). Veja:

a. Método da Complementação

Consiste em complementar o saldo existente na conta PECLD para que atinja o novo montante a ser provisionado.

O valor a ser complementado será igual a diferença entre o novo montante estipulado e o saldo existente na conta PECLD, remanescente do exercício anterior.

Vamos assumir que em 31 de dezembro de X3, estejamos diante das seguintes informações:

- Total a ser provisionado .... $ 3.000
- Saldo remanescente na conta PECLD .... ($ 500)
- Valor a complementar... $ 2.500

Contabilização no livro Diário:

a1. Despesas com Perdas Estimadas em Créditos de Liquidação Duvidosa
a Perdas Estimadas em Créditos de Liquidação Duvidosa
Pelo provisionamento adotando-se
o método da complementação conf. cálculos. 2.500

_______________ _______________

b. Método da Reversão

Por esse método, antes de contabilizar o novo provisionamento, deve-se reverter o saldo existente na conta PECLD, provisionado no exercício anterior e não utilizado totalmente, para uma conta de receita ou diretamente para a conta Resultado do Exercício. Assim, a conta PECLD ficará com saldo igual a zero e, em seguida, contabilizar-se-á o novo provisionamento.

Para exemplificar, vamos assumir as mesmas informações do caso "a" anterior, ou seja:

- Total a ser provisionado .... $ 3.000
- Saldo remanescente na conta PECLD...................................... $ 500

Faremos:

Reversão do saldo remanescente

b1. Perdas Estimadas em Créditos de Liquidação Duvidosa
a Resultado do Exercício
Pela reversão do saldo remanescente do exercício anterior etc. 500

_______________ _______________

Observações

- A conta PECLD, sendo debitada por $ 500, ficou com seu saldo igual a zero.
- Com o crédito de $ 500 na conta Resultado do Exercício, estamos considerando como receita desse exercício de X3, o saldo provisionado no exercício anterior e não utilizado.
- É importante salientar, conforme já dissemos, que, havendo preferência, a conta creditada no lançamento acima poderá ser uma que represente a respectiva receita com a reversão. Essa conta deve figurar no grupo das Outras Receitas Operacionais. Nesse caso, posteriormente o saldo dessa conta de receita será transferido para a conta Resultado do Exercício, juntamente com os saldos das demais contas de receitas, para fins de apuração do resultado do exercício.

Agora que o saldo remanescente da conta PECLD já foi revertido como receita, basta contabilizar o novo provisionamento pelo seu valor total, veja:

b2. Despesas com Perdas Estimadas em Créditos de Liquidação Duvidosa
a Perdas Estimadas em Créditos de Liquidação Duvidosa
Provisionamento conf. cálculos etc.. .... 3.000

Notas

- Sempre que não houver saldo na conta PECLD, seja porque tenha sido totalmente absorvido por perdas anteriores ou porque a empresa não tenha procedido o respectivo provisionamento, as perdas decorrentes do não recebimento de direitos serão baixadas em contrapartida de uma conta de Despesa Operacional no momento em que tais perdas forem consumadas.
- Não se deve reconhecer perdas sobre direitos que não ofereçam riscos para a empresa como por exemplo aqueles derivados de vendas com reserva de domínio, com alienação fiduciária em garantia ou de operações com garantia real.

ATIVIDADES TEÓRICAS

1. Responda:

1.1 O que significa o título “Perdas Estimadas em Créditos de Liquidação Duvidosa?

1.2 Quando se provisiona um valor em conta do Ativo, qual é a contrapartida dessa conta em lançamento de Diário?

1.3 Por que a perda em créditos de liquidação duvidosa deve ser reconhecida no final do exercício social?

1.4 Cite dois eventos que justificam o reconhecimento de perdas no valor recuperável de direitos, conforme a NBC TG 38.

1.5 Quando a empresa reduz seu resultado com o provisionamento de uma perda para atender normas de contabilidade, como deve proceder perante o Fisco?

1.6 Quando houver uma duplicata para ser baixada como incobrável e não havendo saldo na conta PECLD, como proceder?

1.7 Como fica o lançamento de baixa de duplicatas com aproveitamento de saldo na conta PECLD?

2. Classifique as afirmativas em falsas (f) ou verdadeiras (v)

2.1 ( ) O reconhecimento de perdas bem como o provisionamento em conta redutora do Ativo, está previsto tanto na Lei n. 6.404/76 como também nas normas internacionais de contabilidade IFRS.

2.2 ( ) Quando um ativo estiver registrado no Balanço por valor superior ao seu valor de recuperação, estará sujeito ao reconhecimento de perda.

2.3 ( ) As normas internacionais de contabilidade IFRS reconhecem somente as perdas estimadas.

2.4 ( ) O fisco brasileiro reconhece somente as perdas efetivas e proíbe o provisionamento em contas do Ativo.

ATIVIDADES PRÁTICAS

Prática 1

Considerando que no final do exercício de X5, a conta Duplicatas a Receber apresentava saldo igual a $ 450.000 e que, mediante estudos fundamentados na NBC TG 38, a empresa tenha decidido reconhecer uma perda em créditos de liquidação duvidosa no montante de $ 20.000, proceder a contabilização.

Prática 2

Assumindo que em julho de X7, foram consideradas incobráveis duplicatas no montante de $ 30.000 e sabendo-se que havia saldo de $ 50.000 na conta PECLD, proceder o registro contábil correspondente.

Prática 3

Em 31 de dezembro de X8, após estudos realizados na empresa, devidamente fundamentados na NBC TG 38, ficou evidenciado que $ 50.000 de duplicatas não serão recebidas em X9.

Considerando que a conta PECLD apresentava saldo remanescente de $ 10.000, proceder a contabilização do novo provisionamento:

a) pelo método da complementação;

b) pelo método da reversão.

TESTES DE EXAME DE SUFICIÊNCIA

1. A Comercial Pinheiro Ltda., que iniciou suas atividades em 01/12/1999, apresentou até 31/12/1999, data do primeiro balanço, a seguinte movimentação em relação a determinada mercadoria:

DATA	NATUREZA DA OPERAÇÃO	VALOR TOTAL (EM $)
08/12/1999 16/12/1999 23/12/1999 31/12/1999	Compra de 30 unidades Venda de 05 unidades Compra de 40 unidades Venda de 30 unidades	2.400,00* 500,00 3.600,00* 2.200,00

(*) Valor líquido de ICMS.

O valor do estoque final, avaliado pelo método PEPS, atingiu o montante de:

a) 3.300,00.
b) 4.050,00.
c) 4.000,00.
d) 3.600,00.

Contador – ano 2001, prova 1 — Área de Conhecimentos Contábeis

2. Considerando os dados abaixo, na ordem apresentada, apure, respectivamente, o custo das mercadorias vendidas e o valor do estoque, com base no Custo Médio Ponderado, sabendo-se que, no decorrer das operações, foram enviadas ao fornecedor, para conserto, 25 unidades:

- Saldo inicial de 100 unidades a $ 11,00 cada
- Aquisição de 300 unidades por $ 3.200,00 + Frete no valor de $ 300,00
- Venda de 200 unidades por $ 5.000,00
- Aquisição de 150 unidades por $ 2.075,00
- Aquisição de 50 unidades por $ 825,00
- Venda de 180 unidades por $ 4.100,00 + frete no valor de $ 200,00

a) $ 4.340,00 e $ 2.560,00.
b) $ 4.640,00 e $ 2.860,00.
c) $ 6.100,00 e $ 2.560,00.
d) $ 6.400,00 e $ 2.860,00.

Analista de Comércio Exterior — 2002 – Exame de Suficiência 1ª Edição 2011

3. Uma companhia efetuou, em dezembro de 2010, a venda de mercadorias para recebimento com prazo de 13 meses, considerando uma taxa de juros de 10% no período. O valor da nota fiscal foi de $110.000,00.

O registro contábil CORRETO no ato da transação é:

a) Débito: Contas a Receber (Ativo Não Circulante) $110.000,00
Crédito: Receita Bruta de Vendas $110.000,00

b) Débito: Contas a Receber (Ativo Não Circulante) $110.000,00
Crédito: Receita Bruta de Vendas $100.000,00
Crédito: Receita Financeira $10.000,00

c) Débito: Contas a Receber (Ativo Não Circulante) $100.000,00
Crédito: Receita Bruta de Vendas $100.000,00

d) Débito: Contas a Receber (Ativo Não Circulante) $110.000,00
Crédito: Receita Bruta de Vendas $100.000,00
Crédito: Receita Financeira a Apropriar (Ativo Não Circulante) $10.000,00

TESTES DE CONCURSO

1. A empresa Três Ramos de Trevo realizou apenas duas vendas em agosto. Uma de 300 unidades, no dia 15; e outra de 480 unidades, no dia 25. O valor apurado foi o mesmo em cada operação, sendo a primeira a prazo e a segunda a vista. O valor total cobrado foi de $ 5.280,00, correspondente ao preço de venda com incidência de ICMS de 17% e de IPI de 10%.

Exclusivamente com base nas informações acima, podemos dizer que o preço unitário de venda alcançado na operação do dia:

a) 25 de agosto foi de $ 5,00.

b) 25 de agosto foi de $ 5,50.

c) 15 de agosto foi de $ 6,64.

d) 15 de agosto foi de $ 7,92

e) 15 de agosto foi de $ 8,80

Técnico da Receita Federal – TRF 1997 – Contabilidade Geral

2. Na data de encerramento do exercício social o estoque de mercadorias para revenda de uma empresa era de $ 5.000,00, registrado pelo valor de aquisição. O seu valor de mercado era, entretanto, de $ 4.500,00. No Balanço Patrimonial, essas mercadorias devem ser registradas no valor de:

a) $ 5.000,00.

b) $ 4.740,00.

c) $ 4.500,00.

d) $ 4.500 ou $ 5.000,00 facultativamente.

e) $ 5.000,00, deduzido de Provisão de $ 500.

Auditor-Fiscal da Receita Federal – AFRF – ano 2000

HISTÓRICO	QUANTIDADE	VALOR TOTAL
Estoque Inicial	120	1.200
Compras	400	5.040
Estoque Final	20	240

O resultado operacional é 2.000. Desconsidere impostos incidentes sobre compras e vendas.

4 Operações com Pessoal

4.1 Folha de Pagamento de Salários

4.1.1 Conceito

Folha de pagamento de salários é o documento no qual são relacionados os nomes dos empregados com cargo, a função ou o serviço prestado, o valor bruto dos salários, os descontos, o valor das quotas do salário-família e o valor líquido que cada um tem a receber.

Embora, oficialmente, não exista modelo padronizado, sua emissão é obrigatória para efeito de fiscalização trabalhista e previdenciária. Assim, as empresas preparam mensalmente as folhas de pagamento de salários, inserindo nelas informações de seu interesse, além daquelas exigidas por leis.

As disciplinas a serem observadas para a elaboração da folha de pagamento, estão contidas no artigo 47 da Instrução Normativa RFB n. 971, DE 13 DE NOVEMBRO DE 2009.

Esse dispositivo estabelece as obrigações a serem cumpridas pelas empresas como:

- elaborar folha de pagamento mensal da remuneração paga, devida ou creditada a todos os segurados a seu serviço, de forma coletiva por estabelecimento, por obra de construção civil e por tomador de serviços, com a correspondente totalização e resumo geral;
- lançar mensalmente em títulos próprios de sua contabilidade, de forma discriminada, os fatos geradores de todas as contribuições sociais a cargo da empresa, as contribuições sociais previdenciárias descontadas dos segurados, as retenções e os totais recolhidos;

Os lançamentos que são escriturados nos Livros Diário e Razão, devem:

- atender ao regime contábil de competência;
- registrar, em contas individualizadas, todos os fatos geradores de contribuições sociais de forma a identificar, clara e precisamente, as rubricas (contas) integrantes e as não

integrantes do salário-de-contribuição, bem como as contribuições sociais previdenciárias descontadas dos segurados, as contribuições sociais a cargo da empresa, os valores retidos de empresas prestadoras de serviços, os valores pagos a cooperativas de trabalho e os totais recolhidos, por estabelecimento da empresa, por obra de construção civil e por tomador de serviços.

Por mais simples que seja, uma folha de pagamento de salários apresenta, pelo menos, os seguintes dados:

a. valor bruto da folha (total dos salários ganhos pelos empregados);

b. contribuição de previdência retida dos empregados;

c. valor líquido que os empregados terão para receber (a − b).

Além da despesa total com os salários brutos dos empregados, a empresa tem ainda os encargos com a contribuição de previdência, referente à parte patronal, e com o fundo de garantia do tempo de serviço – FGTS.

4.1.2 Exemplo de folha de pagamento de salários

Suponhamos que a empresa Comercial Nogueira Ltda., no último dia do mês de setembro, tenha elaborado a seguinte folha de pagamento de salários:

Folha de Pagamento de Salários														
Empresa: Comercial Nogueira Ltda.					Referente ao período de 1º a 30/09/X1					Folha n. 01/01				
Empregado		Descontos e/ou compensações												Líquido a Pagar ($)
N. de ordem	Nome	Rendimentos		Contribuição previdenciária			Imposto de Renda		Contribuição Sindical ($)	Adiantamento quinzenal ($)	Vale transporte ($)	Salário-família		
		Unidades	Valor ($)	Base de cálculo ($)	%	Valor ($)	Dependentes	Valor ($)				Quotas	Valor ($)	
01	Aristides Nogueira	1 mês	500,00	500,00	9,00*	45,00								455,00
02	Wilson Donizeti	1 mês	300,00	300,00	9,00*	27,00								273,00
03	José dos Santos	1 mês	200,00	200,00	9,00*	18,00								182,00
	Totais		1.000,00			90,00								910,00

*Não foram observados os limites para cálculo da Contribuição. Serão explicados no Seção 4.2.2.1.

4.1.3 Contabilização da folha de pagamento

Para entender o mecanismo que envolve a contabilização de uma folha de pagamento de salários, relembre que os empregados recebem seus salários sempre no mês seguinte ao mês trabalhado. Isto equivale a dizer que as empresas efetuarão o pagamento das despesas com salários relativos à folha de pagamento, sempre no mês seguinte ao da ocorrência de seus fatos geradores. Ressalte-se que o fato gerador da despesa de salários e demais encargos ocorre no momento em que o trabalhador presta serviços para a empresa.

Você precisa saber também que, em relação às despesas e às receitas, as empresas devem contabilizá-las no momento da ocorrência de seus fatos geradores, em atendimento ao regime de competência. Esse regime contábil, determina que os efeitos das transações e outros eventos sejam reconhecidos nos períodos a que se referem, independentemente do recebimento ou pagamento.

Dessa forma, a contabilização da folha de pagamento é feita em duas etapas:

1. no último dia do mês após efetuar os cálculos e elaborar a folha de pagamento de salários, a empresa efetuará a contabilização, apropriando as despesas incorridas naquele mês e consequentemente registrando as obrigações respectivas;
2. no mês seguinte, são efetuados os lançamentos da liquidação da folha, correspondentes ao pagamento do líquido aos empregados, bem como ao recolhimento da contribuição de previdência, FGTS, IR ou outros, mediante o preenchimento dos formulários necessários.

Após estes esclarecimentos, acompanhe a contabilização da folha de pagamento de salários da empresa Comercial Nogueira Ltda.:

1ª etapa: no último dia do mês de setembro

Apropriação das despesas com salários

1) *Salários*

a Salários a Pagar

Pela elaboração da folha de pagamento
referente ao mês de setembro.. 1.000

Observações

- A conta debitada, Salários, conta de Despesa Operacional, poderá integrar o grupo das Despesas com as Vendas ou Administrativas, conforme seja a área de atuação dos referidos trabalhadores. Com esse débito, ficaram apropriadas no mês de setembro as despesas de salários (valor bruto da folha).
- A conta creditada, Salários a Pagar, do Passivo Circulante, representa a obrigação que a empresa terá para pagar no mês seguinte aos seus empregados.

Registro dos descontos:

2) *Salários a Pagar*

a Contribuições de Previdência a Recolher

9% retido dos empregados conforme folha 90

Observações

- A conta debitada, Salários a Pagar, do Passivo Circulante, é a mesma que foi creditada no lançamento anterior. Com esse débito, seu saldo ficou reduzido de $ 90, passando a representar o valor líquido que os empregados terão para receber.
- A conta creditada, Contribuições de Previdência a Recolher, do Passivo Circulante, representa a obrigação que a empresa terá para recolher a referida importância que foi retida dos salários dos empregados, para a Previdência Social.

Apropriação dos encargos sociais

Na própria folha de pagamento de salários, poderão constar os encargos patronais relativos à Previdência Social e ao FGTS. Como no exemplo de folha de pagamento não inserimos esses dados, vamos calculá-los:

Contribuição de previdência (parte da empresa)

26,8% de $ 1.000 = $ 268

Veja esclarecimentos acerca da composição desse percentual de 26,8%, na Seção 4.2.6.1.

FGTS

8% de $ 1.000 = $ 80

Veja esclarecimento acerca da alíquota do FGTS na Seção 4.2.6.2.

Apropriação dos encargos com a Previdência – parte da empresa

3) *Contribuições de Previdência*

a Contribuições de Previdência a Recolher

26,8% sobre folha do mês, referente à parte patronal *268*

Observações

- A conta debitada, Contribuições de Previdência, conta de Despesa Operacional, poderá figurar entre as Despesas com as Vendas ou Administrativas, conforme seja a área de atuação dos trabalhadores. Com esse débito, apropriamos o encargo da empresa sobre a folha, referente à parte patronal devida à Previdência Social, dentro do mês de sua competência.
- A conta creditada, Contribuições de Previdência a Recolher, do Passivo Circulante, é a mesma conta já creditada no lançamento (2) utilizada para registrar o valor da contribuição retida dos empregados.

Apropriação do FGTS

3.1) *Contribuições para o FGTS*

a FGTS a Recolher

8% sobre a folha do mês *80*

Observações

- A conta debitada, Contribuições para o FGTS, conta de Despesa Operacional, também poderá figurar entre as Despesas com as Vendas ou Administrativas conforme já comentado. Com esse débito, apropriamos dentro do mês de sua competência o valor do encargo da empresa referente ao FGTS.
- A conta creditada, FGTS a Recolher, do Passivo Circulante, representa a obrigação que a empresa terá para depositar o referido valor, no mês seguinte, em conta corrente bancária vinculada em nome de cada trabalhador.

Nota

- Em substituição às contas de despesas Contribuições de Previdência e Contribuições para o FGTS poder-se-ia utilizar uma só conta, com o título Encargos Sociais.

Com o lançamento 3.1, encerramos os procedimentos necessários à apropriação da folha de pagamento, dentro do mês de sua competência. Veja a posição dos razonetes envolvidos após esses lançamentos:

SALÁRIOS	
(1) 1.000	

SALÁRIOS A PAGAR	
(2) 90	(1) 1.000
	(5) 910

CONTR. PREV. A RECOLHER	
	(2) 90
	(3) 268
	(5) 358

CONTRIBUIÇÕES DE PREVIDÊNCIA	
(3) 268	

CONTRIBUIÇÕES PARA O FGTS	
(3.1) 80	

FGTS A RECOLHER	
	(3.1) 80

2ª etapa: no mês seguinte ao da apropriação

No mês seguinte, a empresa efetuará a liquidação da folha de pagamento, procedendo ao pagamento do líquido aos empregados e o recolhimento das demais obrigações.

Pagamento aos empregados, em dinheiro

4) *Salários a Pagar*

a Caixa

Pagamento do líquido aos empregados

conforme folha *910*

Recolhimento das demais obrigações conforme folha

5) *Diversos*
a Caixa
Pagamentos como segue:
Contribuições de Previdência a Recolher
Recolhidos conforme guia *358*
FGTS a Recolher
Recolhido conforme guia *80* *438*

Veja como ficaram as contas envolvidas em seus respectivos razonetes, após esses procedimentos:

SALÁRIOS	
(1) 1.000	

SALÁRIOS A PAGAR	
(2) 90	(1) 1.000
(4) 90	(5) 910

CONTR. PREV. A RECOLHER	
	(2) 90
	(3) 268
(5) 358	(5) 358

CONTRIBUIÇÕES DE PREVIDÊNCIA	
(3) 268	

CONTRIBUIÇÕES PARA O FGTS	
(3.1) 80	

FGTS A RECOLHER	
(5) 80	(3.1) 80

CAIXA	
	(4) 910
	(5) 438

Note que permaneceram abertas, com saldos, as contas que registraram as despesas da empresa: Salários, Contribuições de Previdência e Contribuições para o FGTS. Estas contas serão encerradas no final do exercício, quando seus saldos serão transferidos para a conta Resultado do Exercício.

A conta Caixa foi apresentada somente para completar o raciocínio dos registros em questão.

ATIVIDADES PRÁTICAS

Nas duas práticas a seguir, contabilizar os fatos no último dia do mês (apropriação das despesas) e efetuar a contabilização da liquidação da folha no mês seguinte, em dinheiro.

Prática 1

Dados extraídos de uma folha de pagamento, referente ao mês de outubro:

Valor bruto da folha *30.000*
Contribuição de previdência retida dos empregados *2.000*
Contribuição de previdência parte patronal *8.040*
FGTS *2.400*

Prática 2

Valor bruto da folha *50.000*
Contribuição de previdência retida dos empregados *3.500*
Contribuição de previdência parte patronal *13.430*
FGTS *4.000*

4.2 Principais ocorrências da Folha de Pagamento

Na seção anterior, estudamos um exemplo bem simples de folha de pagamento, no qual apresentamos o rendimento bruto, a retenção para a Previdência Social e os encargos sociais mais comuns. Nesta seção, estudaremos os principais eventos que ocorrem na folha de pagamento, envolvendo os rendimentos, os descontos (retenções e compensações), o salário-família, o adiantamento de salários, bem como os encargos com férias e 13º salário.

4.2.1 Rendimentos

Os rendimentos mensais de um trabalhador podem ser compostos de salário fixo, mais comissões, mais horas extras. Os empregados têm direito, ainda, a receber férias e 13º salário.

4.2.2 Descontos

Existem descontos que são procedidos antes de se determinar o valor bruto dos salários dos empregados (faltas e atrasos) e há os que são efetuados em decorrência de dispositivos legais ou de autorizações concedidas pelos próprios empregados.

Os valores descontados dos salários dos empregados, os quais a empresa deverá repassar para outras entidades, são tecnicamente denominados de retenções. Neste tópico, veremos os aspectos contábeis relacionados aos descontos que ocorrem com maior frequência.

4.2.2.1 Contribuições de previdência

Segundo a Legislação Trabalhista e Previdenciária atual, todo trabalhador assalariado, regido pela Consolidação das Leis do Trabalho (CLT), está obrigado a contribuir com a Previdência Social, na qualidade de segurado empregado. Essa contribuição varia de acordo com a faixa salarial de cada empregado e é calculada mediante a aplicação de uma alíquota (porcentagem) sobre o salário de contribuição. Essa alíquota varia entre 8% a 11%.

Tanto o salário de contribuição, que é a base para o cálculo da contribuição previdenciária do trabalhador quanto as alíquotas, estão sujeitos a alterações em decorrência das mudanças que frequentemente ocorrem na legislação previdenciária.

Notas

- Quando o salário do trabalhador for superior a 10 salários de contribuição, ele contribuirá para a Previdência Social somente com base no teto máximo que é exatamente esses 10 salários de contribuição.
- Salário de contribuição é um valor fixado periodicamente pela Previdência Social que serve de base para o cálculo das contribuições e prestações previdenciárias.
- Com finalidade didática, utilizaremos nos exemplos deste capítulo, valores hipotéticos.

Contabilização:

Salários a Pagar
a Contribuições de previdência a Recolher
Pela retenção da Contribuição de Previdência
parte dos Empregados, conforme folha do mês .... $

4.2.2.2 Imposto de renda

O imposto de renda, a ser descontado na fonte sobre os rendimentos do trabalho assalariado, é calculado, também, com base em uma tabela fixada pela legislação tributária.

A alíquota (porcentagem) varia de acordo com a faixa salarial, sendo ambas modificadas frequentemente pelo governo federal.

Nota

- Na determinação da base de cálculo sujeita à incidência do imposto de renda na Fonte, a legislação tributária pode permitir a dedução de vários valores como por exemplo, uma quota (fixada periodicamente pelo governo) por dependente; a parcela relativa à contribuição previdenciária devida pelo trabalhador etc.

Exemplo:

Suponhamos que o salário bruto de um trabalhador tenha sido de $ 3.000 e que o valor da Contribuição de Previdência retido tenha sido igual a $ 264. Sabendo que esse trabalhador possui um dependente e que a quota permitida seja de $ 106, veja como será calculado o IRRFonte:

Apuração da base de cálculo do imposto:

Rendimento bruto	*3.000,00*
(–) Contribuição de previdência	*(264)*
(–) Quota por dependente	*(106)*
Base de cálculo	*2.630,00*

Suponhamos que a alíquota para a referida faixa salarial seja de 27,5% com uma parcela a deduzir de $ 423,08, faremos:

Cálculo do valor do imposto:

27,50% de 2.630,00 = ...	*723,25*
(–) Parcela a deduzir....................	*(423,08)*
(=) Imposto devido....................	*300,17*

CONTABILIZAÇÃO:

Salários a Pagar

a IRRFonte a Recolher

IR retido conforme folha	*300,17*

4.2.2.3 Contribuição sindical

As contribuições devidas pelos empregados às entidades sindicais são:

a. contribuição sindical (antigo imposto sindical) – compulsória e corresponde a um dia de trabalho que é descontado do salário do trabalhador no mês de março de cada ano e recolhido ao sindicato de classe, quer o trabalhador seja associado ou não (arts. 578º a 610º da CLT);

b. contribuição assistencial ou taxa assistencial – normalmente prevista em documento coletivo de trabalho e acordada ou convencionada nas datas-base entre sindicatos da categoria profissional (empregados) e econômica (patronais/empregadores) (art. 513º, alínea e, da CLT);

c. contribuição associativa – de caráter meramente associativo daqueles que tenham optado pela filiação e devida às associações sindicais, na forma estabelecida nos estatutos ou nas assembleias gerais (art. 548º da CLT);

d. contribuição confederativa – tem por finalidade o custeio do sistema confederativo da respectiva representação sindical (inciso IV do artigo 8º da Constituição Federal de 1988).

CONTABILIZAÇÃO:

Seja a contribuição obrigatória ou facultativa, a sistemática de contabilização será a mesma: débito na conta Salários a Pagar e crédito na conta Contribuição Sindical a Recolher.

Caberá à empresa manter controles extracontábeis, relacionando as retenções conforme a modalidade de cada uma, bem como a entidade sindical para a qual deverá ser destinada.

4.2.2.4 Outras retenções

Além das retenções obrigatórias por lei, o trabalhador pode ainda autorizar a empresa a descontar do seu salário importâncias a serem repassadas a outras entidades, como clube social (esporte e recreação); corretora de seguro (seguro de vida ou complementação da aposentadoria); cooperativas de alimentos e outros.

Contabilização:

Para exemplificar, veja a contabilização de retenção referente à mensalidade a ser repassada para o clube social dos trabalhadores da própria empresa.

Salários a Pagar
a Contas a Pagar
Valor retido dos salários dos empregados
referente à mensalidade do clube social............................. $

4.2.3 Adiantamentos de salários

É comum as empresas concederem, uma vez por mês, aos seus empregados, um adiantamento de salário.

Normalmente, os empregados recebem seus salários no quinto dia útil do mês seguinte ao mês trabalhado e o adiantamento por volta do dia 20 do mês que ainda está trabalhando.

Sobre o adiantamento incide apenas o Imposto de Renda, sendo que os demais descontos serão retidos no momento da elaboração da folha de pagamento, no final do mês.

Na própria folha de pagamento constará o valor do adiantamento como dedução dos salários dos empregados.

Contabilização do adiantamento:

Suponhamos que no dia 20 de novembro a empresa Comercial Ferreira S/A tenha concedido adiantamento de salários aos seus empregados, no valor de $ 15.000 com Imposto de Renda retido no valor de $ 1.200.

A contabilização em partida de Diário ficará como segue:

Adiantamentos de Salários
a Diversos
Adiantamentos de salários concedidos
nesta data, como segue:
a Caixa
Líquido pago.. *13.800*
a IRRFonte a Recolher
IR retido sobre os adiantamentos supra *1.200* *15.000*

Observações

- A conta debitada, Adiantamentos de Salários, do Ativo Circulante, subgrupo outros créditos, representa direito da empresa. No final do mês, por ocasião da elaboração da folha de pagamento, a empresa descontará esse valor dos salários dos empregados.
- A conta creditada, IRRFonte a Recolher, do Passivo Circulante, representa obrigação da empresa que terá de repassar a referida importância ao Governo Federal, nos próximos dias.

Nota

- Para obter o valor do imposto de renda a ser retido dos empregados sobre o adiantamento de salários, segundo dispõem o § 2º do art. 620º e ***caput*** do art. 621º do RIR/99, deve-se proceder da seguinte maneira: soma-se a base utilizada para o cálculo do IR retido no dia do pagamento do salário normal do trabalhador, ocorrido no início do mês, com a base de cálculo do IR referente ao adiantamento; aplica-se a alíquota respectiva; diminui-se a parcela a deduzir. Do valor do imposto devido, subtrai-se o valor do IR já retido e pago no início do mês, data do pagamento. Este procedimento decorre do fato de que o IR em cada mês tem, como base de cálculo, os rendimentos recebidos no respectivo mês. Independe, no entanto, se o valor recebido pelo trabalhador refere-se a serviço prestado no mês ou no mês anterior.

4.2.4 Vale-transporte

De acordo com a Lei n. 7.418, de 16/12/1985, o empregador é obrigado a fornecer o **vale-transporte**, que será utilizado pelo empregado efetivamente em despesas de deslocamento de sua residência até o local de trabalho e vice-versa.

Uma parte do vale-transporte (equivalente a 6% do salário) fica por conta do trabalhador e o restante, por conta da empresa. Como o vale-transporte é fornecido antecipadamente, a empresa tem o direito de descontar, no fim do mês (data da elaboração da folha de pagamento), o correspondente a 6% do salário do empregado. É necessário manter controle individualizado do valor do vale-transporte concedido a cada trabalhador para facilitar a compensação no fim do mês.

A empresa que proporcionar aos empregados, por meio próprio ou contratado, veículos adequados ao transporte coletivo estará desobrigada de fornecer o vale-transporte.

Contabilização:

No dia do fornecimento do vale-transporte (normalmente nos primeiros dias do mês):

Vale-Transporte
a Caixa
Pela aquisição e entrega de vale-transporte
aos empregados.. $

______________ ______________

Na data da elaboração da folha de pagamento (final do mês):

Salários a Pagar
a Vale-Transporte
Compensação equivalente a 6% dos salários
dos empregados conforme folha.. $

______________ ______________

Observações

- Como no momento da aquisição dos vales-transporte, o valor do gasto é debitado em conta de Despesa Operacional, por ocasião da apropriação das despesas e encargos com a folha de pagamento, a parte suportada pelos empregados (até 6% dos rendimentos de cada um) é recuperada pela empresa, mediante débito na conta

Observações

Salários a Pagar e crédito na própria conta de Despesa, na qual foi registrado o total do gasto.

- A conta Vale-Transporte, debitada no lançamento (1) e creditada no lançamento (2) é conta de Despesa Operacional-Pessoal, que poderá figurar tanto no grupo das Despesas com as Vendas quanto no grupo das Despesas Administrativas dependendo da área onde os empregados estejam prestando os serviços.

4.2.5 Salário-família

O **salário-família** é um benefício que a Previdência Social paga aos trabalhadores de baixa renda que possuem filhos com até 14 anos de idade, ou inválidos. Trata-se de mais um dos direitos do trabalhador e está previsto no inciso XII do artigo 7º da Constituição Federal de 1988.

O valor da quota do salário-família pago por dependente é fixado periodicamente pela Previdência Social.

Quem paga esse salário aos empregados é a própria empresa, a qual poderá compensar esse valor das obrigações devidas para a Previdência Social.

Sobre o salário-família não incide nenhum desconto ou encargo. Contabilmente, o valor do salário-família é incluído na conta Salários a Pagar e deduzido da conta Contribuições de Previdência a Recolher.

Contabilização:

Suponhamos que em uma folha de pagamento de salários conste a importância de $ 150 referente a salário-família a ser pago para alguns empregados.

A contabilização será como segue:

Contribuições de Previdência a Recolher
a Salários a Pagar
Pelo registro do salário-família conforme
folha de pagamento deste mês.. 150

Observações

- A conta debitada, Contribuições de Previdência a Recolher, do Passivo Circulante, é a mesma conta que foi creditada no momento da escrituração do lançamento que registrou a retenção da contribuição de previdência, parte dos empregados, bem como, no lançamento que registrou a contribuição de previdência parte patronal. Tratando-se de conta de obrigação, sendo debitada neste lançamento, tem seu saldo reduzido do valor das quotas do salário-família. Assim, quando a empresa recolhe suas obrigações para a Previdência Social, faz $ 150 a menor, compensando, desta forma, as quotas do salário-família que pagou aos seus empregados.
- A conta creditada, Salários a Pagar, do Passivo Circulante, ficará com seu saldo aumentado relativo às quotas do salário-família. Assim, quando a empresa for pagar o líquido aos empregados, pagará, junto com os salários, as quotas do salário-família.

4.2.6 Encargos sociais

Conforme já dissemos, além das despesas de salários sobre a folha de pagamento, a empresa tem ainda outros encargos como contribuição de previdência (parte patronal); FGTS; férias e 13º salário.

4.2.6.1 Contribuição de previdência – parte patronal

A contribuição de previdência parte patronal é devida pelas empresas com base no valor bruto da folha de pagamento. Essa contribuição é composta de duas partes: uma destinada à própria Previdência Social e outra para outras entidades (terceiros).

1. Contribuições para a própria Previdência Social:
   - 20% sobre o total das remunerações pagas, devidas ou creditadas, a qualquer título, no decorrer do mês, aos segurados empregados e trabalhadores avulsos que lhes prestem serviços, bem como sobre o total das remunerações ou retribuições pagas ou creditadas no decorrer do mês aos segurados contribuintes individuais que lhes prestem serviços;
   - 15% sobre o valor bruto da nota fiscal ou fatura de prestação de serviços, relativamente a serviços que lhes são prestados por cooperados por intermédio de cooperativas de trabalho;
   - 2,5% sobre o total da receita bruta proveniente da comercialização da produção rural, quando se tratar de pessoa jurídica que tenha como fim apenas a atividade de produção rural;
   - 1%, 2% ou 3% do total das remunerações pagas, devidas ou creditadas no decorrer do mês aos segurados empregados e trabalhadores avulsos, para o financiamento da aposentadoria especial e dos benefícios concedidos em razão do grau de incidência de incapacidade laborativa decorrente de riscos ambientais do trabalho. Portanto, essa contribuição ao seguro de acidentes do trabalho (SAT) será de 1%, 2% ou 3%, conforme o risco de acidente do trabalho da atividade preponderante da empresa seja considerado leve, médio ou grave.
2. Contribuições para terceiros: as entidades para as quais devem ser destinadas essas contribuições constam do campo 9 da guia da Previdência Social (GPS): FNDE, Incra, Senai, Sesi, Senac, Sesc, Sebrae, DPC, Faer, Senar, Sest, Senat, Sescop etc.

   Apenas para ilustrar, veja como é composto o percentual para recolhimento por uma empresa do ramo comercial:

Para a própria Previdência Social	*20,00%*
Para o seguro acidente do trabalho (SAT)	*1,00%*
Subtotal	*21,00%*
Para terceiros	
Salário-educação	*2,50%*
Incra	*0,20%*
Senai/Senac/Senat	*1,00%*
Sesi/Sesc/Sest	*1,50%*
Sebrae	*0,60%*
Subtotal	*5,80%*
Total	*26,80%*

Notas

- Na Seção 4.2.2.1, você viu que existe um teto para cálculo da contribuição para a previdência, por parte dos empregados, igual a dez salários de contribuição. Isto equivale a dizer que o valor do salário de cada empregado que exceder a esse teto não entrará na base para o cálculo dessa contribuição. Entretanto, em relação à contribuição patronal não existe limite, ela é devida com base no valor bruto da folha de pagamento, ou seja, na totalidade dos salários pagos aos empregados em cada mês.
- Os percentuais apresentados neste capítulo, relativos às retenções sobre a folha de pagamento e à parte patronal, podem ser frequentemente alterados pela Previdência Social. Portanto, na vida prática, o contabilista deve ficar atento a possíveis mudanças na legislação federal para efetuar os cálculos corretamente.

CONTABILIZAÇÃO:

Contribuições de Previdência
a Contribuições de Previdência a Recolher
26,8% referente a parte patronal, conforme
folha de pagamento deste mês .... *$*

4.2.6.2 Fundo de Garantia do Tempo de Serviço

O Fundo de Garantia do Tempo de Serviço é mais um encargo que a empresa tem com base no valor bruto da folha de pagamento. Esse direito do trabalhador está previsto no inciso III do artigo 7º da Constituição Federal de 1988.

Mensalmente e sempre nos primeiros dias do mês seguinte ao mês trabalhado pelos empregados, a empresa deposita em conta bancária vinculada importância correspondente a 8% da remuneração paga ou devida, no mês anterior, em nome de cada trabalhador. Esse depósito é feito por meio da Guia de Recolhimento do FGTS (GRF), gerada pelo aplicativo Sistema Empresa de Recolhimento do FGTS e Informações à Previdência Social (Sefip) da Caixa Econômica Federal.

CONTABILIZAÇÃO:

Contribuição para o FGTS

a FGTS a Recolher

8% conforme folha deste mês.................... .... $

4.2.6.3 Décimo Terceiro Salário

4.2.6.3.1 Introdução

Segundo o inciso VIII do art. 7º da Constituição Federal de 1988, é assegurado a todo trabalhador que esteve à disposição do empregador durante o ano o direito de receber o décimo terceiro salário, também conhecido por gratificação de natal.

Caso o trabalhador seja demitido ou desligado durante o ano, fará jus ao décimo terceiro salário proporcional ao número de meses que esteve à disposição do empregador naquele ano.

O décimo terceiro salário deve ser pago em duas parcelas: a primeira poderá ser paga junto com as férias do empregado, nos meses de fevereiro a novembro ou no máximo até o dia 30 de novembro e a segunda, no mês de dezembro, até o dia 20, no máximo.

A contabilização do décimo terceiro salário e encargos, pode ser feita por ocasião dos pagamentos. Entretanto, tendo em vista que a cada mês trabalhado o trabalhador faz jus a 1/12 do seu salário a título de Décimo Terceiro salário, em decorrência do regime de competência, tecnicamente, o mais correto será proceder mensalmente a apropriação dessa despesa e demais encargos dela decorrentes.

A legislação tributária brasileira reconhece como dedutível os gastos com o décimo terceiro salário e encargos apropriados mensalmente.

Veja a disciplina contida no Regulamento do Imposto de Renda (RIR/1999):

> "Art. 338º. O contribuinte poderá deduzir, como custo ou despesa operacional, em cada período de apuração, importância destinada a constituir provisão para pagamento de remuneração correspondente ao 13º salário de seus empregados (Lei n. 9.249, de 1995, art. 13º, inciso I).
>
> Parágrafo único. O valor a ser provisionado corresponderá ao valor resultante da multiplicação de um doze avos da remuneração, acrescido dos encargos sociais, cujo ônus cabe à empresa, pelo número de meses relativos ao período de apuração."

4.2.6.3.2 Cálculos

Para fins de cálculo do valor do décimo terceiro salário devido a cada trabalhador, considera-se mês integral a fração igual ou superior a 15 dias trabalhados.

Sobre o décimo terceiro salário, o empregado contribui normalmente para a Previdência Social, aplicando-se sobre o salário de contribuição os percentuais já estudados e contribui, também com o imposto de renda que é retido na fonte; a empresa recolhe a contribuição de previdência – parte patronal – e o FGTS.

Assim, junto com a apropriação mensal do décimo terceiro salário, deve-se, também, apropriar mais esses dois encargos da empresa.

Como vimos, o valor do décimo terceiro salário a ser contabilizado mensalmente corresponde a 1/12 da remuneração dos empregados.

Para fins didáticos, é comum solicitarmos o cálculo do valor mensal do décimo terceiro salário com base no valor bruto da folha de pagamento. Na vida prática, para se obter o montante mais exato possível, será preciso efetuar os cálculos conforme os direitos adquiridos de cada trabalhador (para exemplificar, o trabalhador que faltar por mais de 15 dias em um mês, não fará jus a esse benefício no respectivo mês).

Suponhamos que o total bruto da folha de pagamento do pessoal do departamento comercial da Comercial Navarenho Ltda. em janeiro tenha sido de $ 120.000. Neste caso, para apropriação em 31 de janeiro da parcela do décimo terceiro referente ao próprio mês de janeiro, teremos:

a. Cálculo da parcela devida aos empregados:
    1/12 de $ 120.000 = $ 10.000

b. Cálculo da contribuição previdenciária devida pela empresa:
    26,8% de $10.000 = $ 2.680

c. Cálculo do FGTS devido pela empresa:
    8% de $10.000 = $ 800

4.2.6.3.3 Contabilização

No último dia de janeiro, faremos:

a. Apropriação (provisionamento) da parcela devida aos empregados

1) *Décimo Terceiro Salário*
a Décimo Terceiro Salário a Pagar
Pela apropriação Conforme folha
do departamento comercial. 10.000

---

b. Apropriação (provisionamento) dos encargos com a previdência:

2) *Contribuição de Previdência*
a Contribuição de Previdência sobre Décimo Terceiro Salário a Recolher
26,8% sobre valor apropriado
Conforme folha do departamento comercial. 2.680

---

c. Apropriação (provisionamento) dos encargos com o FGTS:

3) *FGTS*
a FGTS sobre Décimo Terceiro Salário a Recolher
8% sobre apropriação do Décimo Terceiro Salário
conf. folha do departamento comercial. 800

Observações

- As contas debitadas nos três lançamentos correspondem a despesas operacionais e integrarão o resultado do mês de janeiro.
- As contas creditadas nos três lançamentos são contas patrimoniais, do Passivo Circulante, representando os encargos devidos pela empresa sobre a folha de janeiro.

Notas

- Julgamos necessário esclarecer que, com a adoção das normas internacionais de contabilidade IFRS, que entraram em vigor no Brasil a partir de 01 de janeiro de 2008, o termo "Provisão" passou a ser utilizado na terminologia contábil de maneira restrita.
- Conforme a NBC TG 25, o termo "Provisão", somente deve ser utilizado na intitulação de contas representativas de passivos com prazo e valor incertos.
- Desta forma, para ajustar a terminologia contábil Brasileira aos padrões internacionais de contabilidade, as contas do Passivo utilizadas para o provisionamento do décimo terceiro salário e encargos e das férias e encargos não conterão em suas intitulações o termo "Provisão".
- Contudo, é importante evidenciar que esse termo, continua sendo empregado com as mesmas finalidades de antes, nos textos das legislações comercial, societária, trabalhista, previdenciária e tributária brasileiras.

Com a apropriação mensal do décimo terceiro salário, mês a mês a empresa considerará despesa a parcela devida aos empregados adicionada dos encargos e acumulará (provisionamento) esses valores no Passivo Circulante, nas contas que registram as respectivas obrigações.

Quando a empresa efetuar o pagamento aos empregados e recolher os encargos, deverá dar baixa nas contas que registram as respectivas obrigações. Quando os saldos dessas contas forem insuficientes, as diferenças serão contabilizadas normalmente em contas de despesas operacionais; caso contrário, os excessos serão revertidos como receitas.

Considerando que o Décimo Terceiro salário é pago ao trabalhador com base no salário vigente no mês do respectivo pagamento, se houver aumento de salário será preciso corrigir os saldos das contas representativas das obrigações.

É sempre importante que a empresa elabore demonstrativos nos quais constem os cálculos efetuados, bem como os montantes acumulados até o respectivo mês. (Esses demonstrativos normalmente são elaborados pelo setor de RH.)

Neste caso, os cálculos levarão sempre em conta o número de empregados e o valor real que cada um tem direito, caso tivesse de receber o décimo terceiro salário no final do respectivo mês.

Nos demonstrativos deverão constar, então, os saldos remanescentes do mês anterior, possíveis baixas por pagamentos efetuados, bem como os acréscimos que deverão ser contabilizados.

Para ilustrar, vamos considerar que a empresa Comercial Navarenho Ltda., no mês de maio, mantendo o mesmo quadro de empregados, tenha corrigido os salários de seus empregados em 20%, cujo aumento vigorará a partir de 01 de maio.

Consideremos, então, as seguintes informações:

a. Valor bruto da folha de pagamento de maio = $ 144.000;

b. Saldos em 31 de abril:

- Décimo Terceiro Salário a Pagar $ 40.000
- Contribuição de Previdência sobre Décimo Terceiro Salário a Recolher.. $ 10.720
- FGTS sobre Décimo Terceiro Salário a Recolher.. $ 3.200

Tendo em vista que houve um reajuste de salário em maio, as apropriações do Décimo Terceiro Salário e encargos de maio serão efetuadas pelos valores devidamente atualizados. Contudo, será preciso corrigir os saldos remanescentes existentes em 31 de abril.

Como o aumento de salário foi igual a 20%, para conhecer o valor a corrigir de cada conta, basta calcular 20% dos saldos existentes em 31 de abril, veja:

- Décimo Terceiro Salário a Pagar (20% de $ 40.000) $ 8.000
- Contribuição de Previdência sobre Décimo Terceiro Salário a Recolher (20% de 10.720) = $ 2.144
- FGTS sobre Décimo Terceiro Salário a Recolher (20% de 3.200) = $ 640

CONTABILIZAÇÃO:

1) *Décimo Terceiro Salário*
a Décimo Terceiro Salário a Pagar
Pela atualização de 20% sobre o Saldo existente em 31.04, tendo em vista reajuste de salário. *8.000*

6) *Contribuição de Previdência*
a Contribuição de Previdência sobre Décimo Terceiro Salário a Recolher
Pela atualização de 20% etc. *2.144*

3) *FGTS*
a FGTS sobre Décimo Terceiro Salário a Recolher
Pela atualização de 20% etc. *640*

Observações

- Com os três lançamentos supra, os encargos com o reajuste de salário foram contabilizados no mês de sua ocorrência e as contas que registram as obrigações respectivas ficaram devidamente atualizadas.
- A contabilização das parcelas do décimo terceiro salário e encargos relativas ao mês de maio, serão contabilizadas conforme os lançamentos de janeiro, porém com os valores devidamente atualizados.

4.2.6.3.4 Adiantamento por conta do Décimo Terceiro Salário

A primeira parcela do décimo terceiro salário, que, conforme já dissemos, pode ser paga ao trabalhador por ocasião de suas férias ou até o dia 30 de novembro, deve ser contabilizada como segue:

Adiantamento de Décimo Terceiro salário
a Caixa ou Bancos conta Movimento
Valor do adiantamento de 50% do Décimo Terceiro salário concedido a Fulano, nesta data. .... *$*

Observações

- A conta debitada, "Adiantamento de Décimo Terceiro Salário", do Ativo Circulante, representa o direito que a empresa terá para compensar do valor do Décimo Terceiro salário a ser pago aos seus empregados no mês de dezembro.

É importante esclarecer que a contribuição previdenciária parte dos empregados e a da empresa incidente sobre o décimo terceiro salário são devidas somente por ocasião do pagamento da segunda parcela, data em que serão contabilizadas.

Contudo, a parcela referente ao FGTS incidente sobre a primeira parcela do décimo terceiro salário deverá ser depositada normalmente pela empresa, na época desse pagamento.

Como o valor foi devidamente provisionado, a contabilização na data do pagamento poderá ficar assim:

FGTS sobre Décimo Terceiro salário a Recolher
a Caixa ou Bancos conta Movimento
Recolhimento efetuado ref. etc. .... $

______________ ______________

4.2.6.3.5 Pagamento da segunda parcela do Décimo Terceiro Salário

Por ocasião do pagamento da segunda parcela do décimo terceiro salário, a empresa deve elaborar uma folha especial ou um mapa demonstrativo no qual conste a relação dos empregados, os valores da gratificação de Natal, os adiantamentos concedidos, as retenções para a Previdência Social e IRRFontes, se for o caso, bem como o valor líquido a ser pago.

A contabilização será feita como segue:

1) *Décimo Terceiro salário a Pagar*
a Diversos
Pagamento da segunda parcela do Décimo Terceiro salário, como segue:
a Caixa ou Bancos
Valor líquido pago .... $
a Adiantamento de Décimo Terceiro Salário
Compensação do adiantamento concedido em etc. .... $
a Contribuição de Previdência a Recolher
Valor retido dos empregados. .... $
a IRRFonte a Recolher
Valor retido dos empregados. .... $ $$$$

______________ ______________

2) *Contribuição de Previdência sobre Décimo Terceiro Salário a Recolher*
a Caixa ou Bancos conta Movimento
26,8% parte patronal etc. .... $

______________ ______________

3) *FGTS sobre Décimo Terceiro salário a Recolher*
a Caixa ou Bancos
8% sobre etc. .... *$*

4.2.6.4 Férias

4.2.6.4.1 Introdução

Segundo o inciso XVII do art. 7º da Constituição Federal de 1988, é assegurado a todo trabalhador o direito ao gozo de férias anuais remuneradas com, pelo menos, um terço a mais do que o salário normal.

A legislação trabalhista brasileira, por sua vez, estabelece que todo empregado, após cada período de 12 meses de trabalho, terá direito a um mês de férias regulamentares, observando-se o limite de faltas estabelecido na Consolidação das Leis do Trabalho (CLT).

No mês em que estiver em férias, o empregado receberá o salário como se estivesse trabalhando.

Sendo assim, a cada mês trabalhado, ou fração superior a 14 dias, o empregado tem direito a 1/12 de 30 dias de férias.

Em cumprimento ao regime de competência, no dia 31 de dezembro de cada ano, as férias transcorridas e ainda não gozadas devem ser apropriadas (provisionadas), de modo a se incluir o referido valor como custo ou despesa do exercício e a evidenciação no Balanço da respectiva obrigação.

O limite do saldo dessa apropriação deve ser determinado com base na remuneração mensal dos empregados e no número de dias de férias a que já tiverem direito.

As empresas que adotam o procedimento de apropriar os gastos com as folhas de pagamento de salários dentro do mês de sua competência devem também provisionar mensalmente a parcela referente às férias ganhas pelos empregados em cada mês e aos respectivos encargos.

Desta forma, a apropriação das férias pode ser feita tanto no final do ano, por ocasião do levantamento do balanço anual, quanto mensalmente, por ocasião da apropriação dos demais encargos com a folha de pagamento.

A legislação tributária brasileira, a exemplo do que ocorre com os gastos com o décimo terceiro salário e encargos, também reconhece como dedutível os gastos com o pagamento de férias e respectivos encargos.

Veja a disciplina contida no artigo 337º e seus parágrafos do RIR/1999:

> "Art. 337º. O contribuinte poderá deduzir, como custo ou despesa operacional, em cada período de apuração, importância destinada a constituir provisão para pagamento de remuneração correspondente a férias de seus empregados (Decreto-lei n. 1.730, de 1979, art. 4º, e Lei n. 9.249, de 1995, art. 13º, inciso I).
> § 1º O limite do saldo da provisão será determinado com base na remuneração mensal do empregado e no número de dias de férias a que já tiver direito na época do encerramento do período de apuração (Decreto-lei n. 1.730, de 1979, art. 4º, § 1º).
> § 2º As importâncias pagas serão debitadas à provisão, até o limite do valor provisionado (Decreto-lei n. 1.730, de 1979, art. 4º, § 2º).
> § 3º A provisão a que se refere este artigo contempla a inclusão dos gastos incorridos com a remuneração de férias proporcionais e dos encargos sociais, cujo ônus cabe à empresa."

4.2.6.4.2 Apropriação Anual

4.2.6.4.2.1 Cálculos

Em primeiro lugar você precisa saber que o empregado faz jus a 2,5 dias de férias para cada mês ou fração superior a 14 dias trabalhados.

É importante saber, também que, como para cada mês trabalhado o empregado faz jus a 2,5 dias de férias, o valor diário será obtido dividindo-se o salário do mês em que ele for entrar em férias por 30 dias, ou seja, receberá por dia de férias o equivalente a 1/30 do salário mensal acrescido ainda de 1/3 desse valor.

Veja o seguinte exemplo:

Vamos supor que uma empresa comercial tenha apenas um empregado, o qual foi admitido no dia 3 de maio. Seu salário mensal é de $ 9.000. Em 31 de dezembro, vamos efetuar o cálculo e a apropriação do montante das férias a que esse empregado tem direito. Acompanhe:

a. Cálculo do número de dias:

de maio a dezembro são 8 meses, logo:

8 meses × 2,5 dias por mês = 20 dias de férias.

b. Cálculo do valor das férias a ser apropriado:

b.1 Cálculo da remuneração diária:

$ 9.000/30dias = $ 300 por dia.

b.2 Cálculo do valor das férias:

20 dias x $ 300 = $ 6.000

1/3 de $ 6.000 = $ 2.000

Logo, esse empregado terá direito de receber $ 8.000 ($ 6.000 + $ 2.000).

c. Encargos do empregado

Sobre o valor das férias, o empregado está sujeito à contribuição previdenciária e ao imposto de renda que será retido na fonte.

d. Encargos da empresa:

Sobre o valor das férias a empresa recolhe a contribuição de previdência parte patronal e o FGTS.

Veja os cálculos:

Contribuição de Previdência:

26,8% de $ 8.000 = $ 2.144

FGTS:

8% de $ 8.000 = $ 640

Nota

- Na prática, a exemplo do que ocorre com os cálculos do décimo terceiro salário, o setor de contabilidade recebe do setor de RH os mapas com os cálculos efetuados, constando os totais para apropriação do valor das férias e respectivos encargos.

4.2.6.4.2.2 Contabilização

O registro contábil no livro Diário, em 31 de dezembro será como segue:

1) *Férias*

a Férias a Pagar

Pela apropriação do valor das férias e adicional constitucional de 1/3, conforme demonstração etc.. .... 8.000

2) *Contribuição de Previdência*

a Contribuição de Previdência sobre Férias a Recolher

Valor que se apropria referente à contribuição previdenciária sobre férias etc.. 2.144

3) *FGTS*

a FGTS sobre Férias a Recolher

Pela apropriação à razão de 8% etc.. 640

No exercício seguinte, quando a empresa efetuar o pagamento das férias aos seus empregados e recolher os respectivos encargos, deverá dar baixa nas contas de obrigações (Férias a Pagar, Contribuição de Previdência sobre Férias a Recolher e FGTS sobre Férias a Recolher), até o limite dos saldos dessas contas.

Se os saldos dessas contas de obrigações, forem insuficientes, as diferenças serão contabilizadas a débitos de contas representativas de despesas operacionais; caso contrário, havendo saldos remanescentes nas contas representativas das obrigações, esses saldos serão revertidos como receitas.

4.2.6.4.2.2.1 Cálculos

Considerando que o valor bruto da folha de pagamento da Comercial Mariotto Ltda, referente ao mês de janeiro, tenha sido igual a $ 180.000, veja os cálculos para a apropriação das férias e encargos no próprio mês de janeiro:

a. Cálculo das férias a serem apropriadas:

- 1/12 de $ 180.000 = $ 15.000
- 1/3 de $ 15.000 = $ 5.000

Logo, o valor das férias a ser apropriado no mês de janeiro é igual a $ 20.000 ($ 15.000 + $ 5.000).

b. Cálculo da contribuição de previdência a ser apropriada

- 26,8% de $ 20.000 = $ 5.360

c. Cálculo do FGTS sobre Férias:

- 8% sobre $ 20.000 = $ 1.600.

4.2.6.4.2.2.2 Contabilização

Em 31 de janeiro serão efetuados no livro Diário os seguintes lançamentos, semelhantes aos já apresentados para registro das férias e encargos em 31 de dezembro:

1) *Férias*
a Férias a Pagar
Apropriação que se processa das férias e adicional constitucional de 1/3 devidos conforme folha etc.. .... *20.000*

2) *Contribuição de Previdência*
a Contribuição de Previdência sobre Férias a Recolher
Apropriação que se processa etc.............. .... *5.360*

3) *FGTS*
a FGTS sobre Férias a Recolher
Apropriação que se processa etc.................................... *1.600*

Tendo em vista que o valor das férias a ser pago aos empregados no momento em que eles entrarem em gozo do período a que tiverem direito é pago com base no salário do referido mês, havendo reajuste de salários ou outros motivos que impliquem alterações no valor dos salários dos empregados, será preciso atualizar os montantes acumulados nas contas Férias a Pagar, Contribuição de Previdência sobre Férias a Recolher e FGTS sobre Férias a Recolher.

Os procedimentos são semelhantes aos já estudados para atualização das obrigações com o décimo terceiro salário e encargos.

4.2.6.4.3 Apropriação Mensal

A exemplo do que ocorre com o décimo terceiro salário, as empresas poderão apropriar mensalmente o valor das férias e respectivos encargos.

Nesse caso, para fins didáticos, o valor das férias a ser apropriado como despesa de cada mês poderá corresponder a 1/12 do valor bruto da folha de pagamento, acrescido de 1/3 desse mesmo valor.

Na vida prática, para que a apropriação seja efetuada por valores mais exatos possíveis, o setor de RH deverá elaborar mapas com os cálculos das férias a que cada empregado teve direito no respectivo mês.

4.2.6.4.4 Pagamento de férias aos empregados

Por ocasião do pagamento das férias aos empregados, cujo pagamento deve ser efetuado até dois dias antes de o empregado iniciar o gozo de suas férias, o procedimento contábil é como segue:

1) *Férias a Pagar*
a Diversos
Pagamento de férias ao empregado Fulano, como segue:
a Caixa
Valor líquido pago. .... *$*

a Contribuição de Previdência sobre Férias a Recolher

Contribuição de previdência retida.............................. $

a IRRFonte a recolher

IR retido na fonte.. $ $$$

---

2) *Contribuição de Previdência sobre Férias a Recolher*

a Caixa ou Bancos conta Movimento

Ref. 26,8% sobre férias etc.. $

Ref. partes retidas dos empregados etc. .... $$$

---

3) *FGTS sobre Férias a Recolher*

a Caixa ou Bancos conta Movimento

8% sobre férias etc.. .... $

Nota

- As apropriações anual das férias e encargos são obrigatórias, contudo, as mensais não são, embora tecnicamente necessárias.

4.3 Exemplo prático completo

Acompanhe, agora, os procedimentos contábeis relativos a uma folha de pagamento de salários, envolvendo os detalhes estudados neste capítulo.

Eventos ocorridos em uma empresa comercial:

Em 01 de março

Aquisição de vales-transporte, no valor de $ 1.000,
os quais foram entregues aos empregados, nesta data.
O pagamento foi efetuado por meio do cheque n. 851.

Em 20 de março

Adiantamentos de salários concedidos aos empregados............. 8.000

IRRFonte retido dos adiantamentos... 600

Em 22 de março

Recolhimento do IR retido dos empregados,
por meio do cheque n. 333, no valor de... 600

Em 31 de março

Dados extraídos da folha de pagamento de salários referente ao mês de março:

1. Rendimentos brutos

   Valor bruto da folha 20.000

2. Descontos (retenções e compensações)

   Contribuição de previdência retida dos empregados.................. 1.400

   Imposto de renda retido dos empregados..................................... 1.200

   Contribuição sindical retida dos empregados.............................. 300

   Adiantamento de salários 8.000

Parcela do vale-transporte suportada pelos empregados (até o limite de 6% do salário de cada trabalhador beneficiado) 200
Total dos descontos 11.100
3. Salário-família 180
4. Líquido a pagar 9.080
5. Encargos sociais
Contribuição de previdência (parte patronal) 5.160
FGTS 1.600
Décimo terceiro salário 1.666
Contribuição de Previdência sobre Décimo terceiro salário 446
FGTS sobre o Décimo Terceiro Salário 133
Férias 2.221
Contribuição de Previdência sobre Férias 595
FGTS sobre férias 177

Solução: somente contas e valores

Contabilização em 01 de março

1) *Vale-Transporte (despesa)*
a Caixa 1.000

Contabilização em 20 de março

2) *Adiantamento de Salários*
a Diversos
a IRRFonte a Recolher 600
a Bancos conta Movimento 7.400 8.000

Contabilização em 22 de março

3) *IRRFonte a Recolher*
a Bancos conta Movimento 600

Contabilização em 31 de março

4) *Salários*
a Salários a Pagar 20.000

---

5) *Salários a Pagar*
a Diversos
a Contribuição de Previdência a Recolher 1.400
a IRRFonte a Recolher 1.200
a Contribuição Sindical a Recolher 300
a Adiantamento de Salários 8.000
a Vale-Transporte (despesa) 200 11.100

---

6) *Contribuição de Previdência a Recolher*
a Salários a Pagar 180

---

7) *Contribuição de Previdência*
a Contribuição de Previdência a Recolher *5.360*

8) *Contribuição para o FGTS*
a FGTS a Recolher *1.600*

9) *Décimo Terceiro Salário*
a Décimo Terceiro Salário a Pagar *1.666*

10) *Contribuição de Previdência*
a Contribuição de Previdência sobre Décimo Terceiro Salário a Recolher *446*

11) *FGTS*
a FGTS sobre Décimo Terceiro Salário a Recolher *133*

12) *Férias*
a Férias a Pagar *2.221*

13) *Contribuições de Previdência*
a Contribuições de Previdência sobre Férias a Recolher *595*

14) *FGTS*
a FGTS sobre Férias a Recolher *177*

ATIVIDADES PRÁTICAS

Prática 1: eventos ocorridos em uma empresa comercial:

Em 30 de junho:

Dados extraídos da folha de pagamento de salários:

1. Rendimentos brutos
   Valor bruto da folha *10.000*
2. Descontos (retenções)
   Contribuição de previdência retida dos empregados 750
   Imposto de renda retido dos empregados 1.200
   Total dos descontos 1.950
3. Salário-família 40
4. Líquido a Pagar 8.090

5. Encargos sociais

Contribuição de previdência (parte patronal) 2.680

FGTS 800

Décimo Terceiro Salário 833

Contribuição de Previdência sobre Décimo Terceiro Salário 223

FGTS sobre Décimo Terceiro Salário 67

Férias 1.110

Contribuição de Previdência sobre Férias 297

FGTS sobre Férias 88

Pede-se:

a. apropriar as despesas e encargos com a folha em 30 de junho;

b. contabilizar a liquidação da folha, em 05 de julho, data em que todos os compromissos foram pagos, exceto relativos a décimo terceiro salário e férias.

Prática 2: eventos ocorridos em uma empresa comercial:

Em 01 de outubro

Aquisição de vales-transporte, no valor de $ 1.500, os quais foram entregues aos empregados, nesta data. O pagamento foi efetuado por meio do cheque de nossa emissão n. 559.

Em 20 de outubro

Adiantamentos de salários concedidos aos empregados 12.000

IRRFonte retido dos adiantamentos 1.600

Em 23 de outubro

Recolhimento do IR retido dos empregados, por meio do cheque n. 487.

Em 31 de outubro

Dados extraídos da folha de pagamento de salários referente ao mês de outubro:

1. Rendimentos brutos

Valor bruto da folha 30.000

2. Descontos (retenções e compensações)

Contribuição de previdência retida dos empregados 2.000

Imposto de renda retido dos empregados 800

Contribuição sindical retida dos empregados 150

Adiantamento de salários 12.000

Parcela do vale-transporte suportada pelos empregados (até o limite de 6% do salário de cada trabalhador beneficiado) 250

Total dos descontos 15.200

3. Salário-família 350

4. Líquido a pagar 15.150

5. Encargos sociais

Contribuição de previdência (parte patronal) 2.680

FGTS 800

Décimo Terceiro Salário	833
Contribuição de Previdência sobre Décimo Terceiro Salário	223
FGTS sobre Décimo Terceiro Salário	67
Férias	1.110
Contribuição de Previdência sobre Férias	297
FGTS sobre Férias	88

Pede-se:

a) apropriar as despesas e encargos com a folha em 30 de junho;

b) contabilizar a liquidação da folha, em 05 de julho, data em que todos os compromissos foram pagos, exceto relativos a décimo terceiro salário e férias.

4.4 Pró-labore

4.4.1 Introdução

Pró-labore é a remuneração paga aos titulares (empresas individuais) ou aos sócios (empresas societárias), pelos serviços por eles prestados para a empresa.

Normalmente, os titulares das empresas em geral, costumam ocupar cargos de direção, seja na presidência ou em outros setores administrativos de importância, recebendo remuneração (pró-labore) em decorrência dos serviços prestados na investidura desses cargos.

O mecanismo de contabilização do pró-labore é semelhante ao dos salários. As empresas devem, inclusive, elaborar mensalmente a folha de pagamento de pró-labore, a qual guarda as mesmas características da folha de pagamento de salários, observando-se:

a. contribuição de previdência retida pela empresa: os empresários que receberem importâncias da empresa a título de pró-labore devem recolher à Previdência Social o equivalente a 11% dessa remuneração, observado o limite máximo do salário-de--contribuição. Essa retenção é feita da mesma forma em que é retida a contribuição de previdência dos empregados e recolhida no mês seguinte à Previdência Social através da GPS. É importante salientar que o empresário, por não ser empregado da empresa, deve segurar-se com a Previdência Social enquadrando-se como contribuinte individual, sujeitando-se, portanto, às regras estabelecidas pela Previdência Social para essa categoria de segurados;

b. encargos da empresa sobre o pró-labore: os encargos sociais obrigatórios da empresa referem-se somente à contribuição de previdência, que neste caso corresponde a 20% sobre o valor bruto do pró-labore. Quanto ao FGTS, o recolhimento é facultativo.

4.4.2 Exemplo prático

Suponhamos que a retirada do pró-labore do sócio José Teófilo de Oliveira, pelos serviços prestados na administração de Artecimento Ltda., durante o mês de novembro, tenha sido de $ 8.000.

Considerando para fins de cálculo da contribuição previdenciária que o limite máximo do salário-de-contribuição vigente no respectivo mês seja de $ 2.400 e que o referido sócio tem 4 dependentes para fins de cálculo do imposto de renda a ser retido na fonte, veja os cálculos e a contabilização:

Cálculo da contribuição de previdência a ser retida do empresário:

11% de 2.400 = 264

Cálculo do imposto de renda a ser retido do empresário:

Apuração da base de cálculo

Valor do pró-labore	*8.000*
(–) Contribuição de previdência	*(264,00)*
(–) Quotas ref. 4 dependentes (4 × 106,00)	*(424,00)*
Base de cálculo do imposto de renda	*7.312,00*

Cálculo do imposto de renda:

27,5% de 7.312,00 = 2.010,80

(–) parcela a deduzir	*(423,08)*
Imposto devido	*1.587,72*

CONTABILIZAÇÃO:

1. Apropriação do pró-labore no último dia de novembro

1) *Pró-labore*
a Pró-Labore a Pagar
Valor referente ao pró-labore do mês de novembro, a ser pago ao sócio José Teófilo de Oliveira, conforme folha. *8.000*

2. Retenções sobre a folha de pró-labore

2) *Pró-Labore a Pagar*
a Diversos
Pelas retenções conforme folha de pró-labore deste mês, a saber:
a Contribuição de Previdência a Recolher
11% conforme folha. *264,00*
a IRRFonte a Recolher
Pelo IR retido conforme folha. *1.587,72* *1.851,72*

3. Apropriação da contribuição previdenciária – encargo da empresa

3) *Contribuição de Previdência*
a Contribuição de Previdência a Recolher
20% sobre o pró-labore do mês de novembro conforme folha. *1.600,00*

4.5 FGTS

O recolhimento do FGTS sobre o pró-labore é facultativo. Entretanto, as empresas podem equiparar seus diretores não empregados (assim considerados aqueles que exerçam cargo de administração prevista em lei, estatuto ou contrato social, independentemente da denominação do cargo) aos demais trabalhadores sujeitos ao regime do FGTS. Neste caso, a empresa depositará mensalmente o FGTS dos diretores, apropriando a despesa junto com as apropriações supra, por meio do seguinte lançamento:

4) *FGTS*
a FGTS a Recolher
8% sobre o pró-labore do mês de novembro............. 640

---

5. Pagamento do pró-labore no mês seguinte

5) *Pró-labore a Pagar*
a Caixa (ou Bancos)
Pagamento do pró-labore ao sócio José Teófilo de Oliveira, referente ao mês de novembro do corrente.. 6.148,28

Quanto aos recolhimentos das parcelas correspondentes às contribuições de previdência, ao imposto de renda e ao FGTS, serão contabilizadas debitando-se as contas representativas dessas obrigações e creditando-se a conta Caixa ou Bancos, conforme o caso.

Nota

- As remunerações pagas aos empresários podem ser contabilizadas com o título Pró-labore ou Honorários. Há quem prefira, no entanto, contabilizar as retiradas dos titulares na conta Pró-labore e as remunerações pagas a terceiros que prestam serviços sem vínculo empregatício para a empresa, como advogados, contadores etc., na conta Honorários. Desta forma, é comum encontrarmos no elenco de contas, tanto no grupo das Despesas com Vendas quanto no grupo das Despesas Administrativas e, tratando-se de empresa industrial, no grupo do Custo com Mão de Obra Indireta, contas como Honorários da Diretoria; Honorários do Conselho Fiscal; Honorários a Contadores; Honorários a Advogados etc. Da mesma forma, no Passivo Circulante serão encontradas contas que representam as respectivas obrigações como Honorários da Diretoria a Pagar, Honorários do Conselho Fiscal a Pagar e assim por diante.

ATIVIDADE PRÁTICA

Dados extraídos da folha de pagamento de pró-labore da recauchutadora de pneus Cobra Ltda., referente ao mês de maio:

(Valores hipotéticos)

Valor bruto das retiradas pró-labore.. 40.000
Imposto de renda retido.. 9.000
Contribuição de previdência retida.. 1.000
Contribuição de previdência a cargo da empresa.. 8.000
FGTS a cargo da empresa.. 3.400

Pede-se:

a) contabilizar os fatos em 31 de maio;

b) contabilizar a liquidação da folha de pagamento de pró-labore, no dia 05 de junho, por meio de cheque de emissão da empresa.

ATIVIDADES TEÓRICAS

1. Responda:

1.1 Que conta será debitada e que conta será creditada para contabilização do Salário--Família?

1.2 Por que é preciso apropriar o décimo terceiro salário no final de cada mês?

1.3 Por que se deve apropriar as férias no final de cada mês?

1.4 Qual o destino a ser dado ao saldo remanescente nas contas "Férias a Pagar" e "Décimo Terceiro Salário a Pagar" após a quitação das férias e do décimo terceiro dos empregados?

1.5 O que significa pró-labore?

1.6 Qual é o percentual da contribuição previdenciária a que estão sujeitos os empresários com base nas suas retiradas pró-labore?

2. Classifique em falsa ou verdadeira:

2.1 ( ) Embora, oficialmente, não exista modelo padronizado, mesmo assim a elaboração da folha de pagamento é facultativa para efeito de fiscalização trabalhista e previdenciária.

2.2 ( ) A folha de pagamento é o documento que dá suporte aos registros contábeis das despesas com salários e encargos, mensalmente.

2.3 ( ) Com base na folha de pagamento, a empresa tem as seguintes despesas: Salários; Contribuição de Previdência (parte patronal); FGTS; férias e décimo terceiro salário.

2.4 ( ) A apropriação da despesa com salários, bem como dos encargos correspondentes, é feita no último dia de cada mês, em decorrência do regime de competência.

2.5 ( ) Além das despesas com salários, a empresa tem, ainda, com base na folha de pagamento, despesas com encargos sociais, com FGTS e com a contribuição previdenciária, parte patronal.

2.6 ( ) Sobre as faltas e os atrasos também incidirão as contribuições para a Previdência e para o FGTS brutos dos empregados.

2.7 ( ) A contribuição de previdência descontada dos empregados é calculada com base no salário de contribuição, fixado pela Previdência Social.

2.8 ( ) A contribuição de previdência parte patronal também é calculada com base no salário de contribuição.

2.9 ( ) As alíquotas de contribuição dos empregados para a Previdência Social juntamente com a base de cálculo, pode ser frequentemente alterada pela Previdência Social.

2.10 ( ) As empresas são obrigadas, por lei, a reterem, do salário dos empregados, o imposto de renda na fonte, o qual é retido dos salários e posteriormente recolhido pela empresa, ao Governo Federal.

2.11 ( ) O Salário-Família é despesa da empresa.

2.12 ( ) A empresa tem a incumbência de pagar aos empregados o Salário-Família que lhes é devido pelo governo e, por este motivo, compensa o referido valor dos demais recolhimentos que efetuar à Previdência.

2.13 ( ) São três as modalidades de contribuições que os empregados poderão estar sujeitos aos sindicatos: contribuição sindical, contribuição assistencial e contribuição associativa.

2.14 ( ) Todas as empresas estão obrigadas a fornecer aos empregados um adiantamento de salários correspondente a 40% do salário bruto de cada um.

2.15 ( ) Os adiantamentos de salários porventura concedidos aos empregados durante o mês representam direitos da empresa com seus empregados.

2.16 ( ) Ao apropriar as férias bem como o décimo terceiro salário, deve-se, também, incluir nas referidas apropriações, os valores dos encargos com a Previdência (parte patronal) e com o FGTS. Entretanto, esses dois encargos poderão ser contabilizados em contas segregadas.

2.17 ( ) O provisionamento das férias e encargos não é obrigatório, embora tecnicamente necessário.

2.18 ( ) Sobre as retiradas pró-labore, as empresas devem recolher o equivalente a 20% para a Previdência Social, referente à parte patronal.

3. Escolha a alternativa correta:

3.1 Por mais simples que seja, a folha de pagamento conterá os seguintes dados:

a) salário bruto, contribuição de previdência parte patronal e salário líquido;

b) salário bruto, contribuição de previdência retida dos empregados e salário-família;

c) valor líquido, horas extras e comissões de previdência;

d) valor bruto, horas extras comissionadas, férias, retenções e descontos;

e) valor bruto ou salário bruto, contribuição de previdência retida dos empregados e valor líquido.

3.2 A contabilização da folha de pagamento se dá:

a) em uma só etapa, por ocasião do pagamento das despesas;

b) em duas etapas: no final do mês pela apropriação das despesas e no mês seguinte pela liquidação;

c) em duas etapas: por ocasião do fornecimento dos adiantamentos e por ocasião da liquidação;

d) em três etapas;

e) n.d.a.

3.3 As contribuições de Previdência incidente sobre a folha de pagamento são:

a) duas, sendo ambas devidas pela empresa;

b) duas, sendo que uma é devida pelo empregado e outra, pelo sindicato;

c) três, sendo uma devida pelos empregados, uma pelo patrão, e outra, pelo FGTS;

d) duas, porém nenhuma deverá ser recolhida após o término do mês de competência;

e) duas, sendo que uma, devida pelos empregados, é retida dos respectivos salários e outra, devida pela empresa, é calculada sobre o valor bruto da folha.

3.4 O trabalhador cujo salário for superior a dez salários de contribuição contribuirá para com a Previdência Social, com base:

a) no teto máximo, que é de 10 salários de contribuição;

b) no teto máximo, que é de 20 salários de contribuição;

c) no teto mínimo, que é de 10 salários de contribuição;

d) no piso máximo, que é de 10 salários de contribuição;

e) no piso mínimo, que é de 10 salários de contribuição.

TESTES DE EXAME DE SUFICIÊNCIA

Contador – ano 2001, prova 1 – Área de Conhecimentos Contábeis

1. A empresa Pagante S/A efetuou no dia 31/03/2001 o pagamento do pró-labore do sócio gerente, no valor líquido de $ 1.665, retendo na fonte o imposto de renda no valor de $ 135. Indique o lançamento correto, correspondente a esta operação:

a) *Despesas de Pró-labore .... $ 1.665,00*
Despesas c/ Imposto de Renda na Fonte .... $ 135,00
a Caixa .... $ 1.800,00

b) *Despesa de Pró-labore .... $ 1.800,00*
a Pró-labore a Pagar .... $ 1.665,00
a IRRF a Recolher .... $ 135,00

c) *Despesa de Pró-labore .... $ 1.665,00*
Imposto de Renda na Fonte a Recuperar .... $ 135,00
a Caixa .... $ 1.800,00

d) *Despesas de Pró-labore .... $ 1.800,00*
a Caixa .... $ 1.665,00
a IRRF a Recolher .... $ 135,00

Contador, ano 2002, prova 2 – Área de Conhecimentos Contábeis

2. A empresa elaborou a folha de pagamento de pessoal da área administrativa com salários no montante de $ 30.000,00. É de 34% a alíquota total da Previdência, sendo 11% da parte dos empregados e 23% da parte patronal. A contabilização dos encargos da empresa com a Previdência é:

a) Despesas com Salários a Contribuições a Recolher $ 3.300,00.

b) Despesas com Previdência a Contribuições a Recolher $ 6.900,00.

c) Despesas com Previdência a Contribuições a Recolher $ 10.200,00.

d) Despesas com Salários a Contribuições a Recolher $ 30.000,00.

TESTES DE CONCURSO

Agente Tributário Estadual – MS – Contabilidade Geral

1. Em novembro passado, a folha de pagamento da empresa Rubi Vermelho Ltda. discriminava:

Salários e Ordenados .... *$ 120.000,00*
Horas extras trabalhadas .... *$ 8.000,00*
INSS patronal a *22%*
INSS do segurado a *11%*
FGTS do segurado a *8%*

No mês de dezembro não foi computado nenhum reajuste salarial e a jornada de trabalho foi absolutamente igual ao mês anterior. Esta folha está dividida de tal modo que não há imposto de renda recolhido na fonte.

Exclusivamente a partir desses dados, considerando que a empresa acima encerra o exercício em 31 de dezembro, podemos afirmar que esta folha de pagamento ocasionou para a empresa em questão uma despesa total de:

a) $ 180.480,00.

b) $ 166.400,00.

c) $ 156.160,00.

d) $ 152.320,00.

e) $ 149.920,00.

5 Operações com instrumentos financeiros

5.1 Introdução

As operações envolvendo instrumentos financeiros são realizadas pelas empresas com o objetivo de gerar recursos financeiros (dinheiro).

Grande parte dessas operações é realizada entre as empresas e os estabelecimentos bancários.

Segundo o item 11 da NBC TG 39, instrumento financeiro é qualquer contrato que dê origem a um ativo financeiro para a entidade e a um passivo financeiro ou instrumento patrimonial para outra entidade.

5.2 Ativos financeiros

5.2.1 Conceito

Segundo o item 11 da NBC TG 39, Ativo financeiro é qualquer ativo que seja:

a. caixa;

b. instrumento patrimonial de outra entidade;

c. direito contratual:

- **i.** de receber caixa ou outro ativo financeiro de outra entidade; ou
- **ii.** de troca de ativos financeiros ou passivos financeiros com outra entidade sob condições potencialmente favoráveis para a entidade;

d. um contrato que seja ou possa vir a ser liquidado por instrumentos patrimoniais da própria entidade, e que:

i. não é um derivativo no qual a entidade é ou pode ser obrigada a receber um número variável de instrumentos patrimoniais da própria entidade; ou
ii. um derivativo que será ou poderá ser liquidado de outra forma que não pela troca de um montante fixo de caixa ou outro ativo financeiro, por número fixo de instrumentos patrimoniais da própria entidade.

Derivativo é um contrato realizado com a finalidade de gerenciar incertezas existentes em outro contrato. Suponhamos, para exemplificar, que um produtor de café, tenha firmado contrato (*commodity*) para venda de toda sua produção para um industrial que lhe pagará por saca, o valor que estiver sendo praticado no mercado, na data da colheita.

Essa *commodity*, garante ao plantador de café que na data da colheita terá para quem vender toda sua produção e garante, por outro lado, ao industrial que na data da colheita, terá de quem comprar matéria-prima para sua fabrica; contudo não garante a parte alguma o preço, uma vez que este flutuará conforme o mercado.

Vamos assumir hipoteticamente que o preço da saca de café possa flutuar na data da colheita, entre $ 20 e $ 30, sendo que o preço médio de $ 25 seja bom para ambas as partes.

Assim, surge um contrato derivativo que garante às partes o preço de compra e venda fixado em $ 25 a saca, seja qual for o preço de mercado na data da entrega.

Os contratos derivativos podem envolver tanto os mesmos contratantes da *commodity* como também surgir terceiros que estejam dispostos a assumir os riscos.

No mercado de derivativos, quatro modalidades de contratos são negociadas: termo, futuro, opções e *swaps*.

Veja outras informações fundamentadas em textos das NBCS TG 38 e TG 39:

- Moeda (caixa): é um ativo financeiro porque representa um meio de troca e, portanto, constitui a base sobre a qual todas as transações são mensuradas e reconhecidas nas demonstrações contábeis.
- Depósito de caixa em banco ou instituição financeira similar: é um ativo financeiro porque representa o direito contratual do depositante de obter caixa da instituição ou de descontar cheque, ou instrumento similar, reduzindo o saldo em favor de credor, em pagamento de passivo financeiro.
- Derivativo: é um instrumento financeiro ou outro contrato dentro do alcance da NBC TG38, com todas as três características seguintes:

a. o seu valor altera-se em resposta à alteração na taxa de juros especificada, preço de instrumento financeiro, preço de mercadoria, taxa de câmbio, índice de preços ou de taxas, avaliação ou índice de crédito, ou outra variável, desde que, no caso de variável não financeira, a variável não seja específica de uma parte do contrato (às vezes denominada "subjacente");
b. não é necessário qualquer investimento líquido inicial ou investimento líquido inicial que seja inferior ao que seria exigido para outros tipos de contratos que se esperaria que tivessem resposta semelhante às alterações nos fatores de mercado; e
c. é liquidado em data futura.

Veja, agora, exemplos comuns de ativos financeiros que representam direito de receber caixa no futuro e os correspondentes passivos financeiros que representam obrigação contratual de entregar caixa no futuro, extraídos do item AG4 da NBC TG 39:

a. contas a receber e a pagar;
b. notas a receber e a pagar;
c. empréstimos a receber e a pagar; e
d. títulos de dívida a receber e a pagar.

Em cada caso, o direito contratual de uma parte de receber (ou obrigação de pagar) é compensada pela correspondente obrigação de pagar da outra parte (ou direito de receber).

5.2.2 Investimentos

Os excessos de recursos financeiros que temporariamente permanecem compondo o saldo da conta Caixa ou Bancos conta Movimento, enquanto não forem utilizados para atender a compromissos já assumidos ou para adquirir outros Ativos, conforme o interesse da empresa, podem ser investidos (aplicados) em outros instrumentos financeiros, visando a obtenção de rendimentos, independentemente daqueles auferidos no desenvolvimento das suas atividades operacionais normais.

Dependendo do tempo e do volume de recursos que a empresa tiver a disposição, ela poderá aplicá-los na compra de títulos de crédito ou de valores mobiliários no mercado financeiro ou no mercado de capitais.

Esses investimentos podem variar quanto ao prazo de vencimento desde curtíssimo até longo, podendo, inclusive assumir caráter permanente.

Há uma diversidade de aplicações de recursos financeiros que podem ser efetuadas tanto no mercado financeiro quanto no mercado de capitais, na compra de Títulos de Crédito e Valores Mobiliários públicos ou particulares.

Os investimentos no mercado financeiro podem ser realizados em títulos de renda fixa (rendimentos prefixados) ou de renda variável (rendimentos pós-fixados) como: Fundos de Liquidez Imediata; Certificados de Depósitos Bancários (CDBs); Depósitos a Prazo Fixo; Títulos e Letras do Tesouro Nacional ou dos Estados; Letras de Câmbio; aplicações em Ouro; Depósitos em Cadernetas de Poupança etc.

No mercado de capitais, os principais títulos são aqueles representativos do capital de outras sociedades como ações e quotas.

Há investimentos cuja rentabilidade é garantida pela mesma instituição financeira onde são efetuados e em alguns casos, pelo governo, como as Cadernetas de Poupança, as aplicações com rendimentos prefixados etc. Por outro lado, há investimentos com rentabilidade não garantida, que oferecem riscos ao investidor, isto é, na data do resgate ou alienação, o investidor poderá alcançar pelo investimento valor menor do que aquele que investiu, como ocorre por exemplo nos investimentos em ações, em ouro etc.

A classificação dos investimentos no Balanço, depende do prazo fixado para vencimento ou da intensão da empresa, conforme veremos mais adiante.

Os investimentos em títulos não representativos de capital de outras sociedades poderão figurar tanto no Ativo Circulante como no Ativo Não Circulante. Essa classificação, conforme dissemos, depende do prazo fixado para vencimento. Quando o prazo é curtissimo, ou seja, o investimento tiver liquidez imediata, deve ser classificado no Ativo Circulante, subgrupo Disponibilidades; quando o prazo fixado para vencimento ocorrer no curso do exercício social seguinte, deve ser classificado no Ativo Circulante, subgrupo Investimentos Temporários a Curto Prazo; e, quando o vencimento ocorrer após o término do exercício social subsequente ao do Balanço, será classificado no Ativo Não Circulante, subgrupo Ativo Realizável a Longo Prazo.

O que conta, também para fins de classificação desses investimentos no Ativo Circulante ou no Ativo Não Circulante, é a intenção da empresa em mantê-los a curto, ou a longo prazo , principalmente aqueles que não contiverem prazos definidos para resgate.

Os investimentos em títulos representativos de capital de outras sociedades, normalmente representados por ações ou quotas, tambem dependendo da intenção da empresa em mantê-los com fins especulativos, procurando melhor momento para revertê-los em dinheiro ou pretendendo fazer deles um complemento de sua atividade econômica, para obter rendimentos ou outras vantagens, poderão figurar no Ativo Circulante, subgrupo Investimentos Temporários a Curto Prazo ou no Ativo Não Circulante, subgrupos Ativo Realizável a Longo Prazo ou Investimentos.

Neste capítulo, não abordaremos os investimentos de carater permanente, ou seja, aqueles que devem ser classificados no subgrupo Investimentos do Ativo Não Circulante, porque serão tratados no Capítulo 6.

5.2.2.1 Investimentos com rendimentos pós-fixados (Renda Variável)

Neste tipo de operação financeira, a empresa investidora somente fica sabendo quanto ganhou com a aplicação no dia do resgate.

5.2.2.1.1 Aplicações de liquidez imediata

Para evitar que os excessos de caixa permaneçam parados em suas contas bancárias sem a obtenção de rendimentos, as empresas podem efetuar aplicações a curtíssimo prazo nos próprios bancos onde mantém suas contas-correntes, comprando títulos de liquídez imediata.

As Aplicações de Liquidez Imediata, compreendem as aplicações de recursos financeiros feitas por poucos dias as quais, devido a possibilidade de serem transformadas em dinheiro a qualquer momento, figuram no Balanço Patrimonial, no Ativo Circulante, subgrupo das Disponibilidades.

Portanto, a principal característica desse tipo de investimento, é a liquides imediata, ou seja, a possibilidade de serem resgatados a qualquer momento, dependendo da vontade da empresa investidora, que resgatará juntamente com o montante investido, os rendimentos correspondentes ao número de dias em que o recurso permaneceu aplicado.

São aplicações normalmente feitas em títulos públicos, garantidos pelo governo e seus rendimentos geram encargos financeiros para a empresa. Os encargos podem variar conforme a legislação tributária, sendo mais comuns, o Imposto sobre a Renda, o Imposto sobre Operações Financeiras (IOF), taxas e outros.

Exemplo prático

Em 2 de setembro, a empresa VLPR & Cia. Ltda. aplicou a importância de $ 10.000, a curto prazo, no Banco Urupês S/A, onde mantém sua conta corrente. No dia seguinte, resgatou a importância de $ 10.200, sendo $10.000 correspondente ao capital investido e $ 200 aos rendimentos. O banco reteve a importância de $ 30 referente a Imposto de Renda.

CONTABILIZAÇÃO:

Dia da aplicação

1) *Aplicações Financeiras de Liquidez Imediata*
a Bancos conta Movimento
a Banco Urupês S/A
Pela aplicação a curto prazo, conf. extrato *10.000*

Dia do resgate

2) *Bancos conta Movimento*
Banco Urupês S/A
a Diversos
Pelo resgate de aplicação efetuada a curto prazo, como segue:
a Aplicações Financeiras de Liquidez Imediata
Resgate do capital aplicado..................................... *10.000*
a Rendimentos sobre Aplicações Financeiras
Rendimentos creditados, conf. extrato. *200* *10.200*

3) *IRR Fonte a Recuperar*
a Bancos conta Movimento
Banco Urupês S/A
Valor do imposto de renda retido na fonte sobre a aplicação a curto prazo, conf. extrato *40*

Observações

- A conta Bancos Conta Movimento (Ativo Circulante-Disponibilidades), foi creditada no lançamento 1, por $ 10.000, pela aplicação; No lançamento (2) a conta foi debitada por $ 10.200, correspondendo ao valor resgatado (valor aplicado, mais rendimentos). No lançamento (3) foi creditada por $ 30, referente ao Imposto de Renda retido pelo banco.
- A conta Aplicações de Liquidez Imediata, (Ativo Circulante-Disponibilidades), foi debitada por $ 10.000 no lançamento (1), tendo em vista a aplicação efetuada. Foi creditada no lançamento (2) por $ 10.000 pelo resgate efetuado. Ficando com saldo igual a zero.
- A conta Rendimentos sobre Aplicações Financeiras, foi creditada no lançamento (2) por $ 200, pelo valor bruto da receita auferida.

Observações

- A conta IRRF a Recuperar (Ativo Circulante), representa Direito da empresa para com o Governo Federal, cujo direito a empresa poderá compensar quando for efetuar o pagamento do Imposto de Renda calculado sobre o lucro líquido no final do período, ou em outra ocasião conforme determinar a legislação. (Art. 55º, inciso I da Instrução Normativa RFB n. 1.022/2010).

5.2.2.1.2 Aplicações em Fundos de Investimento

A empresa comercial Marcelo Coelho S/A, em 10 de janeiro de X1, aplicou no Banco Urupês S/A, em um Fundo de Investimento em ações, com renda variável, a importância de $ 100.000, tencionando resgatá-lo dentro do próprio ano.

CONTABILIZAÇÃO:

1) *Aplicações Financeiras em Fundos de Investimento de Renda Variável*
a Bancos conta Movimento
a Banco Urupês S/A
Investimento realizado etc. *100.000*

______ ______

Vamos supor que em 20 de setembro do mesmo ano, a empresa tenha resgatado a aplicação, obtendo uma receita de $ 6.000 com Imposto de Renda retido no valor de $ 900.

CONTABILIZAÇÃO:

2) *Bancos conta Movimento*
Banco Urupês S/A
a Diversos
Resgate de investimento etc., como segue:
a Aplicações Financeiras em Fundos de Investimento de Renda Variável
Pelo valor investido, etc. *100.000*
a Rendimentos sobre Aplicações Financeiras
Rendimento bruto etc. *6.000* *106.000*

______ ______

3) *IRRF a Recuperar*
a Bancos conta Movimento
a Banco Urupês S/A
IR retido sobre rendimentos de aplicações financeiras, pela alíquota de 15% etc. *900*

______ ______

Observações

- A conta Aplicações Financeiras em Fundos de Investimento de Renda Variável, foi debitada no lançamento 1 e creditada no lançamento 2 pelo valor original do investimento. Nessa operação, essa conta é do Ativo Circulante, subgrupo Investimentos Temporários a Curto Prazo. Caso a empresa tencionasse mantê-lo a longo prazo, na data do levantamento do Balanço, seria classificada no Ativo Não Circulante,

Observações

subgrupo Ativo Realizável a Longo Prazo. Nesse caso, no final de cada exercício social a empresa deverá apropriar os rendimentos debitando a conta do investimento e creditando uma conta de receita antecipada.

- A conta Bancos conta Movimento, foi creditada no lançamento 1 pelo valor do investimento; debitada no lançamento 2 pelo valor do investimento acrescido dos rendimentos e creditada no lançamento 3 pelo valor do Imposto de Renda retido.
- A conta Rendimentos sobre Aplicações Financeiras, creditada no lançamento 2, é conta de receita operacional, subgrupo Receitas Financeiras.
- A conta IRRF a Recuperar, debitada no lançamento 3, representa o valor retido que o banco repassará ao governo federal. Essa conta é do Ativo Circulante, subgrupo Impostos a Recuperar e representa direito que a empresa poderá compensar do Imposto de Renda devido sobre o lucro líquido apurado no final de cada período de apuração no caso de pessoa jurídica tributada com base no lucro real, presumido ou arbitrado (Art. 55º, inciso I da Instrução Normativa RFB n. 1.022/2010).

Vamos assumir, agora que o resgate em 20 de setembro tenha ocorrido com perda de $ 5.000.

O registro contábil ficaria assim:

Diversos
a Aplicações Financeiras em Fundos de Investimento de Renda Variável
Pelo resgate etc. como segue:
Bancos conta Movimento
Banco Urupês S/A
Valor do resgate *95.000*
Perda em Aplicações Financeiras
Perda tendo em vista etc. *5.000* *100.000*

Finalmente, é importante destacar que a empresa investidora, poderá estar sujeita ao pagamento de despesas ou taxas aos estabelecimentos onde efetuar o investimento e até mesmo a outros tributos como o Imposto sobre Operações Financeiras. Esses encargos, quando houver, serão contabilizados debitando-se a conta representativa do encargo (despesa) e creditando-se a conta Bancos conta Movimento.

5.2.2.1.3 Aplicações em ouro

A empresa Comercial Verusca S/A, aplicou junto ao Banco Urupês, a importância de $ 10.000, na compra de ouro, conforme certificado n. 888.

Contabilização na data da aplicação:

Aplicações Temporárias em Ouro
a Bancos conta Movimento
Pela aplicação n/data conforme
certificado n. 888 etc. *10.000*

Notas

- Os rendimentos decorrentes desse tipo de investimento, somente serão realizados no momento em que a empresa decidir vender o metal no mercado. Na época do levantamento do Balanço, os investimentos em ouro poderão ser classificados tanto no Ativo Circulante, subgrupo Investimentos Temporários a Curto Prazo, como no Ativo Não Circulante, subgrupos Ativo Realizável a Longo Prazo ou Investimentos.
- Devem ser avaliados conforme disciplinas contidas nos incisos I e IV do artigo 183º da Lei n. 6.404/1976.

Suponhamos, agora que, três meses após a data da realização do investimento, a empresa tenha vendido o ouro, alcançando a importância de $ 12.000. Houve incidência de Imposto de renda a ser recuperado pela empresa, no valor de $ 200.

Contabilização:

Bancos conta Movimento
Banco Urupês S/A
a Diversos
Pela negociação do metal, como segue:
a Investimentos Temporários em Ouro
Baixa do valor original, pela venda efetuada nesta data .. 10.000
a Rendimentos sobre Aplicações Financeiras
Receita auferida na transação etc. 2.000 12.000

IRR Fonte a Recuperar
a Bancos conta Movimento
a Banco Urupês S/A
IR retido sobre transação supra.................................... 200

Nesse tipo de transação, também é comum ocorrerem outros encargos com comissões, corretagens, inclusive poderá haver a incidência de outros tributos como por exemplo o Imposto sobre Operações Financeiras (IOF). Nesse caso, esses encargos serão contabilizados a débito de contas representativas das despesas respectivas e a crédito da conta Bancos conta Movimento.

5.2.2.1.4 Aplicações em ações

As aplicações em títulos representativos do capital de outras sociedades (ações ou quotas), também poderão figurar no Ativo Circulante, subgrupo Investimentos Temporários a Curto Prazo ou no Ativo Não Circulante, subgrupos Ativo Realizável a Longo Prazo ou Investimentos, conforme seja a intenção da empresa.

Quando a empresa adquire esses títulos com intenção expeculativa, ou seja, aguardando o melhor momento para renegociá-los, a classificação será feita no subgrupo dos

Investimentos Temporários a Curto Prazo ou no Ativo Realizável a Longo Prazo; quando a empresa adquire esses títulos com intenção de obter rendimentos ou outras vantagens, isto é, pretendendo fazer da aplicação uma extensão da sua atividade econômica, quer no mesmo ramo em que atua, quer com o objetivo de diversificar suas atividades, tais aplicações devem ser classificadas no Ativo Não Circulante, subgrupo Investimentos.

Vamos tratar aqui, das aplicações de caráter especulativo, que deverão figurar no Ativo Circulante ou no Ativo Realizável a Longo Prazo.

Quando a empresa aplica o excedente de caixa em ações, o comum é que essas aplicações sejam efetuadas no mercado de capitais (negociação por meio das Bolsas de Valores) ou no mercado de balcão (negociação na própria empresa emissora dos títulos), entretanto, com ações que sejam cotadas no mercado.

Ações não cotadas no mercado são adquiridas normalmente quando a empresa tem intenção de manter o investimento em caráter permanente, caso em que, normalmente a compra ocorre no mercado de balcão, ou quando a investidora participa da constituição do capital de outra empresa, subscrevendo ações diretamente na própria empresa investida.

Exemplo prático – Ações cotadas na Bolsa

Suponhamos que a Companhia A tenha adquirido no mercado de capitais, ações da companhia X, tendo pago a importância de $ 5.100, incluso despesas de corretagem.

Contabilização:

Ações de Outras Empresas
a Bancos conta Movimento
a Banco Urupês S/A
Pela aplicação efetuada etc. *5.100*

Os rendimentos decorrentes desse tipo de investimento, também serão realizados somente por ocasião de alienação dos referidos títulos, os quais poderão ser negociados com lucro ou com prejuízo.

Na época do levantamento do Balanço, para fins de avaliação, deve-se aplicar as disciplinas contidas no inciso I do artigo 183º da Lei n. 6.404/1976.

Suponhamos, agora, que dois meses após a compra, a empresa decida por vender os referidos títulos, alcançando a importância de $ 6.000, obtendo, assim, na transação, um lucro bruto igual a $ 900.

Considerando que a empresa pagou a importância de $ 30 a título de corretagem e que não ocorreram outros encargos, veja como o fato será contabilizado:

Bancos conta Movimento
Banco Urupês S/A
a Diversos
Pela alienação de X ações, etc, como segue:
a Ações de Outras Empresas
Valor contábil de X ações etc. *5.100*
a Receitas Financeiras

a Rendimentos de Investimentos Temporários
Lucro auferido na transação supra *900* *6.000*

Despesas Financeiras
Comissões Passivas
a Bancos conta Movimento
a Banco Urupês S/A
Despesas com corretagem etc *30*

Pode ocorrer de a empresa investidora, enquanto mantiver o investimento em ações, receber dividendos por conta das respectivas ações. Neste caso, os dividendos seriam contabilizados debitando-se a conta Caixa ou Bancos conta Movimento e creditando-se a conta que represente a receita que poderá ser "Dividendos Recebidos", classificada no grupo das Outras Receitas Operacionais. Poderão ocorrer, ainda, outros encargos como taxas, e Imposto de Renda, cujas contabilizações já foram comentadas.

5.2.2.2 Investimentos com rendimentos prefixados (Renda Fixa)

Neste tipo de operação financeira, a empresa fica sabendo, antecipadamente, no dia da aplicação, quanto vai ganhar. Os rendimentos correspondem, normalmente, à correção monetária prefixada mais juros. São exemplo de investimentos com rendimentos prefixados, os Fundos de Investimentos de Renda Fixa, os Certificados de Depósito Bancário (CDB) etc.

5.2.2.2.1 Investimento em CDBs com rendimentos prefixados

A Livraria Cosmos aplicou, junto ao Banco Urupês S/A, a importância de $ 4.000 em Certificado de Depósito Bancário (CDB), com rendimentos prefixados, no valor de $ 1.800, sendo $ 1.710 de correção monetária e $ 90 de juros.

Data da aplicação: 01/11/X1.
Data do resgate: 30/01/X2.

CONTABILIZAÇÃO:

Data da aplicação

1) *Aplicações Financeiras de Renda Fixa*
a Diversos
Pela aplicação nesta data, em CDB, com rendimentos prefixados, pelo prazo de 90 dias:
a Bancos conta Movimento
a Banco Urupês S/A
Valor aplicado n/data conf. aviso bancário *4.000*
a Variações Monetárias Ativas a Vencer
Correção monetária prefixada sobre aplicação supra *1.710*

a Juros Ativos a Vencer

Juros sobre aplicação supra *90* *5.800*

Observações

- A conta Aplicações Financeiras de Renda Fixa (Ativo Circulante, subgrupo Investimentos Temporários a Curto Prazo), foi debitada por que representa o Direito da empresa referente ao valor aplicado, acrescido dos rendimentos prefixados.
- A conta Bancos Conta Movimento, (Ativo Circulante, subgrupo Disponibilidades), foi creditada pela importância de $ 4.000 referente ao valor aplicado.
- A conta Variações Monetárias Ativas a Vencer, (Passivo Não Circulante, subgrupo Receitas Diferidas), representa os rendimentos com a correção monetária prefixada. Esta conta, embora represente receita antecipada, deverá figurar no Balanço, como conta redutora da conta que registra o respectivo investimento no Ativo Circulante, para que a conta reprsentativa do investimento figure no Balanço pelo seu valor presente.
- A conta Juros Ativos a Vencer (Passivo Não Circulante, subgrupo Receitas Diferidas), representa os rendimentos com juros prefixados. Também deverá figurar no Ativo Circulante como conta redutora da conta que representa o respectivo investimento, permitindo que esta conta figure no Balanço pelo seu valor presente.

Em decorrência da aplicação do regime contábil de competência, devemos, mensalmente ou no último dia do ano, apropriar o valor da receita ganha no mês ou no período, debitando as contas que registraram as receitas antecipadas e creditando as contas de receitas respectivas.

Apropriação das receitas em 31 de dezembro:

Para conhecermos os valores das receitas ganhas no período, será preciso, inicialmente, conhecer os valores das receitas ganhas diariamente.

Se a aplicação foi feita por 90 dias e a Variação Monetária foi prefixada em $ 1.710, basta efetuar o seguinte cálculo: $ 1.710 dividido por 90 = $ 19 por dia. Neste caso, a receita prefixada corresponde a $ 19 por dia.

Como a aplicação foi feita em 1º de novembro, desta data até 31 de dezembro temos 60 dias (a contagem começa a partir do dia seguinte da aplicação).

Sendo assim, temos: 60 dias × $ 19 = $ 1.140. Para calcularmos o valor dos juros diários, agiremos da mesma forma.

Veja:

$ 90 dividido por 90 dias = $ 1 por dia

Logo:

60 dias × $ 1 = $ 60

CONTABILIZAÇÃO:

Variações Monetárias Ativas a Vencer

a Variações Monetárias Ativas

Pela apropriação da receita ganha no

período, ref. a aplicação em CDB
por 60 dias.. 1.140

Juros Ativos a Vencer
a Juros Ativos
Pela apropriação dos juros ganhos
no período, ref.a aplicação em
CDB por 60 dias 60

Observações

- Debitando a conta Variações Monetárias Ativas a Vencer, esta ficou com saldo de $ 570, que corresponde à receita do exercício seguinte (01 a 30 de janeiro).
- Creditando a conta Variações Monetárias Ativas, que é Conta de Receita Operacional deste exercício, estamos apropriando a referida receita para fazer parte dos resultados deste ano. Havendo obrigatoriedade legal ou interesse da empresa em apurar resultados mensais, este procedimento deverá ser efetuado no final de cada mês.
- As mesmas observações supra valem para as contas Juros Ativos a Vencer e Juros Ativos, respectivamente.

Na data do resgate da aplicação, em 30 de janeiro do exercício seguinte, faremos:

Bancos conta Movimento
Banco Urupês S/A
a Aplicações Financeiras
Resgate da aplicação efetuada em CDB
com receita prefixada 5.800

Variações Monetárias Ativas a Vencer
a Variações Monetárias Ativas
Apropriação da receita ganha no período
de 01 a 30 de janeiro. 570

Juros Ativos a Vencer
a Juros Ativos
Apropriação da receita ganha no período
de 01 a 30 de janeiro 30

Sobre as aplicações financeiras poderão incidir Imposto de Renda, Imposto sobre Operações Financeiras (IOF) etc.

O Imposto de Renda, conforme a legislação em vigor da data da ocorrência do fato, poderá incidir na data da aplicação ou somente no vencimento. Se for devido antecipadamente, no dia da aplicação sua contabilização será:

IRRF a Recuperar
a Bancos conta Movimento
a Banco Urupês S/A
Pela retenção do IRRF calculado sobre operação etc. .... *$*

Observações

- A conta debitada (IRRF a Recuperar ou a Compensar), é Conta do Ativo Circulante, que representa Direito que a empresa poderá compensar do Imposto de Renda, devido sobre o lucro líquido apurado no final de cada período de apuração, conforme já comentamos.
- Se, porventura, o Imposto de Renda for devido somente no vencimento da aplicação, o registro contábil será feito nessa data, debitando-se a conta IRRF a Recuperar e creditando-se a conta Bancos Conta Movimento.
- Nesse caso, também, a empresa poderá compensar o valor do IR retido conforme já explicamos.

ATIVIDADES PRÁTICAS 1

1. A empresa Gilberto Decorações, em 8 de março, aplicou junto ao Banco Urupês S/A a importância de $ 20.000, a curto prazo. Cinco dias depois, resgatou $ 25.000, sendo que o banco descontou $ 500 a título de Imposto de Renda. Pede-se: contabilizar os fatos no dia da aplicação e no dia do resgate.
2. A empresa de ônibus Meteorito Ltda. aplicou junto ao Banco Urupês S/A, em 10 de junho, a importância de $ 100.000, em CDB com rendimentos pós-fixados, pelo prazo de 8 meses. Efetue os cálculos necessários e as devidas apropriações em 31 de dezembro e no dia do vencimento, sabendo que os juros (SIMPLES) são de 12% a.a. A correção monetária até 31 de dezembro foi de 60%, e de 31 de dezembro até o vencimento foi de 40%.
3. A empresa Comercial Mil Coisas Ltda. aplicou junto ao Banco Urupês S/A a importância de $ 60.000, em CDB, com rendimentos prefixados no valor de $ 5.500, sendo $ 5.000 correspondentes à correção monetária e $ 500 correspondentes a juros.

   Data da aplicação: 01 de maio de X1.

   Data do resgate: 30 de junho de X1.

   Imposto de Renda Retido no vencimento: $ 200.

   Efetue os registros contábeis na data da aplicação e na data do resgate, considerando que não houve alteração na correção monetária prefixada.

4. A empresa Industrial Maranhão S/A, aplicou junto ao Banco Urupês, a importância de $ 200.000 em ouro, conf. certificado n. 8854., tendo pago a importância de $ 50 de taxa sobre a transação. Cinco meses após, negociou o metal, alcançando o valor de $230.000, tendo pago $ 3.000 de imposto de renda compensável e $ 200 de comissões.

   Contabilizar os fatos nas datas da aplicação e venda.

5. JR Ltda, adquiriu no mercado de capitais, ações da Companhia W, tendo pago a importância de $ 15.000, incluso despesas de corretagens no valor de $ 500. Suponhamos que seis meses após, tenha vendido as referidas ações por $ 20.000, tendo pago $ 300 de corretagem. Contabilizar os fatos nas datas da aquisição e alienação.

5.3 Passivos financeiros

5.3.1 Conceito

Segundo o item 11 da NBC TG 39, Passivo financeiro é qualquer passivo que seja:

a. uma obrigação contratual de:
   i. entregar caixa ou outro ativo financeiro a outra entidade; ou
   ii. trocar ativos financeiros ou passivos financeiros com outra entidade sob condições que são potencialmente desfavoráveis para a entidade; ou
b. contrato que será ou poderá ser liquidado por instrumentos patrimoniais da própria entidade, e seja:
   i. um não derivativo no qual a entidade é ou pode ser obrigada a entregar um número variável de instrumentos patrimoniais da entidade; ou
   ii. um derivativo que será ou poderá ser liquidado de outra forma que não pela troca de um montante fixo em caixa, ou outro ativo financeiro, por um número fixo de instrumentos patrimoniais da própria entidade.

5.3.2 Empréstimo

Empréstimo é o ato de confiar a alguém, durante um tempo determinado, certa quantia em dinheiro, que será restituída posteriormente ao dono, com ou sem acréscimo de juros e correção monetária.

Quando necessitamos de um empréstimo, procuramos os bancos ou particulares que possam nos atender. Isto também ocorre com as empresas.

Existem vários tipos de empréstimos, diferindo uns dos outros quanto à forma e ao prazo de pagamento, quanto aos cálculos dos acréscimos como juros, correção monetária etc., que podem ser fixos (prefixados) ou variáveis (pós-fixados).

Normalmente, os empréstimos são efetuados mediante a emissão de uma Nota Promissória. O devedor, emitente da Nota Promissória, cria para si uma Obrigação de pagamento, comprometendo-se a devolver o capital emprestado acrescido de juros, correção monetária e de outros acréscimos acordados na data da transação, de uma só vez, na data estipulada, ou em parcelas mensais, as quais poderão conter somente o valor dos juros e da correção monetária, sendo que ao final dos pagamentos o valor do capital emprestado deverá ser liquidado, ou, ainda, nos casos de empréstimos com correção prefixada, as parcelas poderão, conter juros, correção, taxas e parte do capital.

O pagamento gradativo de um empréstimo é conhecido como amortização da dívida.

5.3.2.1 Empréstimos com correção monetária prefixada

A empresa Comercial J.T. Ltda. efetuou empréstimo no valor de $6.000 junto ao Banco Urupês S/A em 25 de maio, para vencimento dia 23 de junho. O banco cobrou $ 940 de correção monetária e $ 60 de juros, liberando para a empresa a importância de $ 5000. A empresa emitiu uma Nota Promissória no valor total da dívida.

1. Contabilização no dia do empréstimo:

1) *Diversos*
a Bancos conta Empréstimo (ou Promissórias a Pagar)
a Banco Urupês S/A
Empréstimo efetuado com emissão de NP, com vencimento para 23/06, a saber:

Bancos Conta Movimento		
Banco urupês S/A		
Líquido creditado...	*5.000*	
Variações Monetárias Passivas a Vencer		
Correção cobrada antecipadamente.........................	*940*	
Juros Passivos a Vencer		
Juros referente ao empréstimo supra.	*<u>60</u>*	*6.000*

---

2. Contabilização no dia do pagamento:

2) *Bancos conta Empréstimos*
Banco urupês S/A
a Bancos conta Movimento
a Banco urupês S/A
Pela liquidação do empréstimo efetuado através de NP, conf. aviso bancário.. *6.000*

---

3) *Variações Monetárias Passivas*
a Variações Monetárias Passivas a Vencer
Pela apropriação da correção monetária prefixada............. *940*

---

4) *Juros Passivos*
a Juros Passivos a Vencer
Pela apropriação dos juros... *60*

Observações

- A conta Bancos Conta Movimento foi debitada no lançamento (1) por $ 5.000, correspondentes ao líquido do empréstimo; foi creditada no lançamento (2) pelo pagamento do título no valor de $ 6.000.
- A conta Bancos Conta Empréstimos (Passivo Circulante) foi creditada no lançamento (1) por $ 6.000, correspondendo ao valor da Nota Promissória, ou seja, pelo valor bruto do empréstimo; foi debitada no lançamento (2) por $ 6.000, pela liquidação da Obrigação, ficando com saldo igual a zero. Em substituição a essa conta, pode ser usada a conta Promissórias a Pagar ou outra semelhante.
- A conta Variações Monetárias Passivas a Vencer, (Ativo Circulante-Despesas do Exercício Seguinte), foi debitada no lançamento (1) por $ 940, correspondendo à correção monetária prefixada sobre o empréstimo efetuado; foi creditada no lançamento (3) pela apropriação da referida despesa, na data de seu vencimento, ficando com saldo igual a zero.
- A conta Variações Monetárias Passivas (Despesa), foi debitada no lançamento (3) pela apropriação da despesa incorrida com o empréstimo efetuado.
- A conta Juros Passivos a Vencer, do Ativo Circulante – Despesas do Exercício Seguinte, foi debitada no lançamento (1) por $ 60, correspondendo aos juros prefixados sobre o empréstimo efetuado; foi creditada no lançamento (3) pela apropriação da referida despesa, na data do seu vencimento, ficando com saldo igual a zero.
- A conta Juros Passivos (Despesa) foi debitada no lançamento (4) pela apropriação da despesa incorrida com o empréstimo efetuado.
- Se, porventura, o empréstimo com correção prefixada tivesse vencimento previsto no exercício (ano) seguinte, em 31 de dezembro, na data do Balanço, seria preciso fazer as apropriações das despesas proporcionais ao prazo decorrido da data do empréstimo até o último dia do ano debitando-se as contas Variações Monetárias Passivas e Juros Passivos e creditando-se as contas Variações Monetárias Passivas a Vencer e Juros Passivos a Vencer (regime contábil da competência).
- Se o empréstimo fosse feito com vencimento para 90 dias, sendo pago em três parcelas mensais, faríamos em cada mês:
  a. a baixa da obrigação referente ao mês (débito na conta Bancos Conta Empréstimos e crédito na conta Bancos Conta Movimento);
  b. apropriação das despesas referentes ao mês (débitos nas contas Variações Monetárias Passivas e Juros Passivos, créditos nas contas Variações Monetárias Passivas a Vencer e Juros Passivos a Vencer).

Notas

- Toda vez que a despesa é proporcional ao prazo, ela tem de ser rateada, pelo menos no último dia do ano, pelo prazo proporcional decorrido no referido ano, ou seja, da data do empréstimo até o último dia do ano. O mesmo procedimento deve ser observado para com as contas de Receitas, no caso de investimentos.
- As contas Variações Monetárias Passivas a Vencer e Juros Passivos a Vencer (ou a Apropriar), embora sejam do Ativo Circulante, deverão ser classificadas no Balanço como redutoras da conta principal Bancos Conta Empréstimos (ou Promissórias a Pagar) do Passivo Circulante, permitindo que essa conta figure no Balanço pelo seu

Notas

valor presente. O mesmo procedimento deve ser adotado para as contas Variações Monetárias Ativas a Vencer e Juros Ativos a Vencer (ou a Apropriar), que são contas do subgrupo Receitas Diferidas do Passivo Não Circulante, as quais deverão ser classificadas, no Balanço, como redutoras da conta principal, Aplicações Financeiras, do Ativo Circulante, para que esta figure no Balanço pelo seu valor presente.

5.3.2.2 Empréstimo com reforma de título

A empresa Comercial Paineiras S/A efetuou no banco Urupês S/A uma operação de empréstimo mediante nota promissória, para pagamento em 90 dias, com correção monetária prefixada, como segue:

Valor solicitado pela empresa	50.000
Correção monetária prefixada	20.000
Juros	3.500
Taxa	1.500
Valor do contrato	75.000

Suponhamos que na época do vencimento do título a empresa Comercial Paineiras S/A tenha apenas $ 45.000, não dispondo de recursos financeiros suficientes para liquidá-lo.

Assim, cinco dias antes do vencimento do título (NP n. 1), a empresa propõe ao banco o refinanciamento (reforma) da dívida, com pagamento de $ 45.000 em dinheiro e uma Nota Promissória (NP n. 2) no valor de $ 40.000, incluindo $ 8.500 de correção monetária, $ 500 de juros e $ 1.000 de taxa, para liberação da importância líquida de $ 30.000 no dia do vencimento da nota promissória n. 1. Desta forma, no dia do vencimento da nota promissória n. 1, a empresa entrega ao banco $ 45.000 em dinheiro, junto com os $ 30.000 liberados, referentes à nota promissória n. 2, quitando a nota promissória n. 1. O novo título (NP n. 2) será para 60 dias.

Nota

- Uma das peculiaridades desse tipo de empréstimo é a possibilidade de reformar o título na data do seu vencimento. A reforma consiste na substituição do título inicial por outro título de valor inferior. É como se o banco emprestasse novo dinheiro para a empresa quitar o empréstimo inicial.

CONTABILIZAÇÃO:

1. **Data do empréstimo:**

1) *Diversos*

a Promissórias a Pagar (ou Bancos conta Empréstimos)

a Banco Urupês S/A

Nosso empréstimo efetuado nesta data, com correção prefixada, conforme NP n. 1.

como segue:
Bancos conta Movimento
Banco Urupês S/A
Valor líquido creditado
em nossa conta-corrente. 50.000
Variações Monetárias Passivas a Vencer
Valor da correção prefixada. 20.000
Juros Passivos a Vencer
Valor dos juros prefixados 3.500
Despesas Bancárias
Taxa cobrada 1.500 75.000

---

2. **Dia do vencimento da NP n. 1: Pela quitação da dívida**

2) *Promissórias a Pagar*
Banco Urupês S/A
a Diversos
Pela liquidação da NP n. 1 como segue:
a Caixa
Valor pago em dinheiro 45.000
a Promissórias a Pagar
a Banco Urupês S/A
Pela emissão da NP n. 2 para 60 dias. 30.000 75.000

Pelo registro da despesa prefixada:

3) *Diversos*
a Promissórias a Pagar
a Banco Urupês S/A
Pelos juros, correção prefixada e taxa
sobre NP n. 2, a saber:
Variações Monetárias Passivas a Vencer
Valor da correção prefixada. 8.500
Juros Passivos a Vencer
Valor dos juros prefixados. 500
Despesas Bancárias
Taxas cobradas. 1.000 10.000

Pela apropriação das despesas prefixadas referentes à NP n. 1, vencida nesta data:

4) *Variações Monetárias Passivas*
a Variações Monetárias Passivas a Vencer
Pela apropriação da correção prefixada referente
à NP n. 1, liquidada n/data 20.000

---

5) *Juros Passivos*

a *Juros Passivos a Vencer*

Pela apropriação dos juros prefixados referente à NP n. 1, liquidada n/data.......................... 3.500

Observações

- No lançamento (1), a conta Promissórias a Pagar, que representa obrigação, foi creditada pelo valor bruto do empréstimo; a conta Bancos conta Movimento, que representa direito, foi debitada pelo valor líquido do empréstimo; a conta Variações Monetárias Passivas a Vencer, que representa a despesa paga antecipadamente, foi debitada pelo valor da correção prefixada; a conta Juros Passivos a Vencer, que também representa despesa paga antecipadamente, foi debitada pelo valor dos juros prefixados; a conta Despesas Bancarias, que representa despesa paga na data de sua ocorrência foi debitada pelo valor das taxas cobradas.
- No lançamento (2), a conta Promissórias a Pagar, que representa obrigação, foi debitada por $ 75.000 pela liquidação do referido título. Já que a liquidação da nota promissória n. 1 foi feita parte em dinheiro e parte pela reforma do título, isso significa que não pagamos totalmente o título, apenas substituímos parte da dívida criando nova obrigação para pagar em 60 dias, por meio da nota promissória n. 2. Assim, a conta Caixa foi creditada por $ 45.000 e a conta Promissórias a Pagar, referente à nota promissória n. 2, foi creditada por $ 30.000.
- No lançamento (3), as despesas referentes à NP n. 2 foram registradas a débito das contas: Variações Monetárias Passivas a Vencer, Juros Passivos a Vencer (referentes às despesas prefixadas) e Despesas Bancárias (referentes à despesa normal). Creditamos a conta Promissórias a Pagar, correspondente à NP n. 2, apenas pelo valor líquido de $ 30.000. Nos lançamentos (4) e (5) apropriamos as despesas com juros, correção e taxa referentes à nota promissória n. 1, vencida nesta data.

5.3.2.3 Empréstimo com correção monetária pós-fixada

A empresa Miranda & Cia. Ltda. efetuou empréstimo junto ao Banco Urupês S/A no valor de $ 50.000 em 01 de setembro, para pagamento no dia 30 de novembro, com correção monetária pós-fixada mais juros de 12% a.a., também calculados no vencimento sobre o valor do empréstimo, atualizado pela taxa do dia.

Contabilização na data do empréstimo:

1) *Bancos Conta Movimento*

Banco Urupês S/A

a *Bancos Conta Empréstimos (ou Promissórias a Pagar)*

a *Banco Urupês S/A*

Empréstimo efetuado com correção monetária e juros pós-fixados, conf. contrato e aviso desta data. 50.000

Contabilização na data do vencimento:

Em 30 de novembro, data do vencimento do empréstimo, o banco cobrou $ 10.000 referentes à correção monetária do período mais $ 1.800 de juros. Assim, a empresa liquida a dívida no valor de $ 61.800.

2) *Diversos*

a Bancos conta Empréstimo

a Banco Urupês S/A

Pela atualização do valor do empréstimo como segue:

Variações Monetárias Passivas

Correção monetária do período 10.000

Juros Passivos

Juros cobrados à taxa de 12% a.a. sobre

o valor atualizado. 1.800 11.800

3) *Bancos conta Empréstimo*

Banco urupês S/A

a Bancos conta Movimento

a Banco Urupês S/A

Pela liquidação da dívida, conf. aviso...................... 61.800

Observações

- A conta Bancos Conta Movimento, (Ativo Circulante-Disponibilidades), foi debitada no lançamento (1) por $ 50.000, tendo em vista o valor do empréstimo liberado; foi creditada no lançamento (3) por $ 61.800, tendo em vista a liquidação da Obrigação.
- A conta Bancos Conta Empréstimos (Passivo Circulante) foi creditada no lançamento (1) por $ 50.000 (valor tomado emprestado); no lançamento (2) foi creditada por $ 11.800 pela correção monetária mais juros e foi debitada no lançamento (3) por $ 61.800, pela liquidação da Obrigação, ficando com saldo igual a zero.
- A conta Variações Monetárias Passivas, utilizada para registrar o valor da correção monetária pós-fixada, foi debitada no lançamento (2) pelo valor de $ 10.000.
- A conta Juros Passivos (Despesa Financeira) foi utilizada para registrar o valor dos juros cobrados pelo banco, sendo debitada por $ 1.800 no lançamento (2).
- Quando o empréstimo for efetuado com correção monetária prefixada, os valores dos juros e da correção cobrados antecipadamente devem ser registrados em Contas do Ativo Circulante – Despesas do Exercício Seguinte, para serem devidamente apropriados na data do vencimento.
- Além dos juros e da correção monetária, conforme o tipo de empréstimo, a empresa poderá ter outras despesas, como taxas, comissões, Imposto sobre Operações Financeiras (IOF) etc. Para contabilizá-las, basta debitar a conta que registre a respectiva despesa e creditar a conta Bancos conta Movimento ou Bancos conta Empréstimos, conforme o caso.

ATIVIDADES PRÁTICAS 2

1. A empresa comercial Irmãos Mariotto Ltda., em 10 de setembro, efetuou um empréstimo no valor de $ 30.000, junto ao Banco Urupês S/A, para pagamento em 30 dias com correção monetária prefixada. O Banco cobrou $ 40 de juros e $ 3.960 de correção monetária prefixada.

   Pede-se:

   Contabilizar os fatos na data do empréstimo e na data do vencimento, considerando que a empresa quitou sua dívida por meio de débito em sua conta-corrente.

2. Roberto Hidalgo & Cia. Ltda., em 05 de julho, efetuou junto ao Banco Urupês S/A empréstimo no valor de $ 40.000 para pagamento em 30 dias com correção monetária pós-fixada e juros de 12% a.a. No vencimento, a empresa liquidou o título tendo pago $ 8.000 de correção mais $ 480 de juros. Contabilizar os fatos nas datas do empréstimo e da liquidação.

3. Uma empresa Comercial efetuou no banco Urupês S/A, uma operação de empréstimo, mediante emissão de nota promissória, para pagamento em 90 dias, do capital mais juros e correção prefixada.

Valor solicitado	100.000
Valor da correção monetária prefixada	30.000
Valor dos juros prefixados	6.000
Valor das taxas cobradas	4.000
Valor líquido recebido	60.000

   Efetue os registros contábeis, sabendo que no vencimento a empresa reformou 20% da dívida, pagando o restante em dinheiro. O novo título, no valor de $ 25.000, incluiu:

Correção monetária prefixada	3.000
Juros prefixados	1.500
Taxas cobradas	500
Valor líquido recebido	20.000

5.4 Instrumentos patrimoniais

Instrumento patrimonial é qualquer contrato que evidencie uma participação nos ativos de uma entidade após a dedução de todos os seus passivos. (Item 11 da NBC TG39)

A NBC TG 39, em seu item AG13, apresenta como exemplos de instrumentos patrimoniais: ações ordinárias não resgatáveis, alguns instrumentos resgatáveis, alguns instrumentos que impõem à entidade obrigação de entregar, para outra contraparte, parte de seus ativos (pro-rata) líquidos de uma entidade somente na liquidação, alguns tipos de ações preferenciais, warrants e opções de compra lançadas (bônus de subscrição) que permitem ao detentor subscrever ou adquirir um número fixo de ações ordinárias não resgatáveis da entidade emissora em troca de um montante fixo de caixa ou outro ativo financeiro.

5.5 Operações com duplicatas

5.5.1 Introdução

As empresas comerciais, industriais e prestadoras de serviços, ao venderem mercadorias, produtos ou prestarem serviços a prazo, para comprovar essas operações, além da Fatura, emitem, também a Duplicata. A Duplicata, cópia da Fatura, é um título de crédito que após receber a assinatura (aceite) do cliente, garante ao vendedor (fornecedor), o direito de receber do cliente o valor das respectivas vendas realizadas a prazo. Com esses títulos, e, antes das datas dos seus vencimentos, as empresas efetuam transações com os estabelecimentos bancários, sendo as mais comuns: cobrança simples de Duplicatas, descontos de Duplicatas e empréstimos mediante caução de Duplicatas.

5.5.2 Cobrança simples de duplicatas

A cobrança simples consiste na remessa de títulos aos estabelecimentos bancários, os quais prestam serviços à empresa, cobrando-os dos respectivos devedores.

Para efetuarem as cobranças de suas Duplicatas, as empresas poderão utilizar não só os serviços oferecidos pelos bancos, como também, os serviços oferecidos por outras empresas especializadas em cobrança ou até mesmo de cobradores particulares (pessoas físicas).

Nesse tipo de operação, a empresa transfere a posse dos títulos ao banco, porém a propriedade continua sendo da empresa.

Para remeter os títulos ao banco, as empresas relacionam-os em um documento conhecido por "borderô", ao qual anexa os respectivos títulos.

A operação de cobrança se resume nas seguintes fases:

1. Pela remessa dos títulos ao Banco:
   a. Registro da operação, através das Contas de Compensação;
   b. Registro das despesas (comissões) cobradas pelo banco para a cobrança dos títulos.
2. Pelo recebimento das importâncias referentes aos títulos.

   O banco comunica que os títulos foram quitados.
3. Baixa da responsabilidade.

   O registro da baixa da responsabilidade é feita por meio das Contas de Compensação.
4. Baixa dos Direitos.

   A baixa dos direitos é feita por meio de débito na conta Bancos Conta Movimento e crédito na conta Duplicatas a Receber.

Exemplo prático 1 – Com quitação normal

Nossa remessa de Duplicatas ao Banco Urupês S/A para cobrança simples, conforme borderô, no valor total de $1.000. O banco cobrou $ 50 de comissões e taxas.

CONTABILIZAÇÃO:
Pela remessa dos títulos ao banco

1. Lançamento de compensação

1) *Títulos em cobrança*
a Endossos para cobrança
Nossa remessa de Duplicatas ao Banco Urupês S/A para cobrança simples, conforme borderô......... *1.000*

2. Registro da despesa

2) *Despesas Bancárias*
a Bancos conta Movimento
a Banco Urupês S/A
Conforme aviso, sobre cobrança de títulos.. *50*

Após os vencimentos dos títulos, quando o banco comunicar que eles foram quitados, faremos:

3. Baixa nas Contas de Compensação:

3) *Endossos para cobrança*
a Títulos em Cobrança
Baixa pela liquidação dos títulos, conforme aviso desta data... *1.000*

4. Pelo recebimento das Duplicatas

4) *Bancos conta Movimento*
Banco Urupês S/A
a Duplicatas a Receber
Pelo recebimento das Duplicatas nº...., conforme aviso bancário desta data *1.000*

Nesse exemplo tudo ocorreu normalmente, isto é, todas as Duplicatas foram quitadas nas datas dos vencimentos e no banco. Entretanto, poderão ocorrer outras situações. Veja os exemplos práticos seguintes.

Exemplo prático 2 – Com quitação na empresa

Vamos admitir que no dia 02 de fevereiro, o cliente José da Costa, tenha efetuado o pagamento da duplicata de seu aceite, n. 721, no valor de $ 100, a qual se encontrava em cobrança no banco Urupês S/A, cuja Duplicata tinha sido encaminhada ao banco pelo borderô n. 50 de 20 de janeiro do corrente.

CONTABILIZAÇÃO:

1. **Pelo recebimento da importância referente ao título:**

1) *Caixa*
a Duplicatas a Receber
Recebida duplicata n. 721 do Sr. José da Costa, mediante recibo desta data, a qual se encontra em cobrança no banco Urupês S/A conf. borderô *50* *100*

2. **A empresa comunica ao banco e solicita a devolução do respectivo título, efetuando a baixa correspondente no sistema de compensação:**

2) *Endossos para Cobrança*
a Títulos em Cobrança
Baixa pelo recebimento da duplicata n. 721 de aceite do cliente José da Costa, recebida na empresa conforme recibo d/data, a qual integrava o borderô n. 50 de 20 de janeiro do corrente, conforme comunicação feita ao banco, por carta desta data.......... *100*

Exemplo prático 3 – Sem quitação na data do vencimento

Após o vencimento das duplicatas que se encontravam no estabelecimento bancário para cobrança, o banco devolve cinco delas, no valor total de $ 400, que não foram quitadas no vencimento. Neste caso, o único procedimento contábil será dar baixa nas contas de compensação por meio do seguinte lançamento:

1) *Endossos para Cobrança*
a Títulos em Cobrança
Baixa das duplicatas n.ˢ ..., por não terem sido quitadas, conforme aviso bancário d/ data.......... *400*

Após receber as duplicatas que estavam em cobrança no banco e não foram quitadas pelos clientes, a empresa deverá proceder a cobrança adotando todos os meios disponíveis como telefonemas, e-mails, cartas etc., culminando com o protesto do título em Cartório.

5.5.3 Desconto de duplicatas

Existem duas modalidades de descontos de duplicatas diferindo em relação a transferência substancial ou não para o banco dos riscos e benefícios da propriedade das duplicatas.

5.5.3.1 Desconto sem transferência substancial dos riscos e benefícios

Esse assunto está disciplinado na letra "b" do item 20 da NBC TG38. Essa modalidade de desconto de Duplicatas consiste na transferência dos instrumentos financeiros (duplicatas) ao banco, mediante endosso ao portador.

A empresa endossante fica responsável, coobrigada pela liquidação dos títulos descontados. Essa responsabilidade só desaparece após o pagamento efetuado pelo devedor do título (cliente da empresa).

A operação é semelhante à cobrança simples, no que diz respeito à remessa dos títulos ao banco.

A empresa endossante desconta títulos e recebe do banco o valor nominal (constante dos títulos) diminuído dos juros, comissões, taxas etc., cobradas em função do prazo que falta decorrer para o vencimento dos títulos negociados.

Nesta operação, conforme dissemos, a empresa transfere a posse (encaminhando os títulos ao banco) e a propriedade (através de endosso) dos títulos ao banco, contudo, permanece suportando os riscos, caso os devedores deixem de quitar seus compromissos.

Exemplo prático 1 – Com quitação normal

Suponhamos que uma determinada empresa desconte, no Banco Urupês S/A, dez Duplicatas de sua emissão, conforme relação (borderô), no valor nominal total de $ 1.000. O banco cobra juros no valor de $ 150, comissões e taxas no valor de $ 30.

Neste caso, teremos:

- *Valor nominal dos títulos* *1.000*
- *(–) juros* .... *(150)*
- *(–) Comissões e taxas* .... *30)*
- *Valor atual dos títulos (líquido a receber)* *820*

CONTABILIZAÇÃO:

1. Pela remessa dos títulos e respectiva operação de desconto:

1) *Diversos*
a Duplicatas Descontadas
a Banco Urupês S/A
Nosso desconto de Duplicatas conf. borderô

desta data, como segue:

Bancos conta Movimento

Banco Urupês S/A

Líquido creditado.. 820

Juros Passivos a Vencer

Juros cobrados, proprocionais ao prazo de vencimento dos títulos 150

Despesas Bancárias

Comissões e taxas 30 1.000

Observações

- Debitamos a conta Bancos Conta Movimento (Ativo Circulante) por $ 820 para registrar o valor líquido que a empresa recebeu na operação.
- Debitamos a conta Juros Passivos a Vencer (Ativo Circulante Despesas do Exercício Seguinte) por $ 150 referentes ao valor dos juros cobrados antecipadamente.
- Debitamos a conta Despesas Bancárias (Despesas Financeiras) por $ 30 referentes ao valor das comissões e taxas cobradas sobre as Duplicatas Descontadas.
- Caso houvessem outros encargos como impostos, por exemplo, se fossem cobrados proprocionalmente ao prazo do vencimento dos títulos, seriam contabilizados em contas que registrem as despesas antecipadas, caso contrário, em contas de despesas operacionais normais.
- Creditamos a conta Duplicatas Descontadas (Conta de Obrigação que figurará no Balanço Patrimonial, no Passivo Circulante. Essa conta representa a obrigação que a empresa assume, em pagar ao estabelecimento bancários os valores dos títulos, caso os devedores não o façam.

2. Pela quitação das Duplicatas:

Suponhamos, agora, que, na data do vencimento, o banco receba as importâncias correspondentes a todas as Duplicatas e comunique este fato à empresa através de aviso bancário.

Neste caso, faremos os seguintes registros contábeis:

2) *Duplicatas Descontadas*

Banco Urupês S/A

a Duplicatas a Receber

Baixa pela liquidação dos títulos, conf. aviso bancário, desta data. 1.000

3) *Juros Passivos*

a Juros Passivos a Vencer

Pela apropriação dos juros correspondentes às duplicatas supra.. 150

Observações

- No lançamento (2), baixamos a Obrigação, que estava registrada na conta Duplicatas Descontadas, contra a baixa dos Direitos que estavam registrados na conta Duplicatas a Receber.
- No lançamento (3) apropriamos a Despesa com os juros que, cobrados antecipadamente, tinham sido contabilizados no lançamento (1), na conta Juros Passivos a Vencer.

Exemplo prático 2 – Não quitadas na data do vencimento

Após o vencimento de uma duplicata no valor de $ 100, o banco a devolve, sendo reembolsado mediante débito na conta bancária da empresa e comunicando o fato a ela.

Para a regularização, faremos o seguinte registro:

1) *Duplicatas Descontadas*
a Bancos conta Movimento
a Banco Urupês S/A
Nosso pagamento ao banco,
referente à duplicata de nossa emissão n. X,
por não ter sido quitada no vencimento 100

Nota

- Quando algum cliente deixa de quitar o título na data do vencimento, o banco devolve o título para a empresa e retira o respectivo valor da conta movimento da empresa. Esse procedimento ocorre porque nesse tipo de operação, a empresa não transfere ao banco todos os riscos e benefício da propriedade do instrumento financeiro.

Exemplo prático 3 – Com transferência para cobrança simples

Quando no contrato entre empresa e banco houver cláusula autorizando o banco a transferir para cobrança simples títulos anteriormente descontados e não quitados pelos devedores, o banco comunicará à empresa o débito na conta corrente e a transferência do respectivo título para cobrança simples.

O banco poderá cobrar comissões em função da operação de cobrança.

Veja o registro contábil de fato dessa natureza, na empresa, considerando um título no valor de $ 100 sendo que o banco cobrou $ 5 de comissão pela cobrança.

1. Baixa da obrigação e respectivo pagamento ao banco mediante débito em conta:

1) *Duplicatas Descontadas*
a Bancos conta Movimento
a Banco Urupês S/A
Nosso pagamento ao banco, referente
à duplicata n. X, de nosso
endosso, pela não quitação...................... 100

2. **Registro no sistema de compensação, tendo em vista que a duplicata foi transferida para cobrança simples:**

2) *Duplicatas em Cobrança*	
a Endossos para Cobrança	
Título em cobrança simples transferido de operação de desconto, conforme aviso d/data.........	*100*

3. **Registro da despesa bancária com a cobrança simples:**

3) *Despesas Bancárias*	
a Bancos conta Movimento	
a Banco Urupês S/A	
Conforme aviso.........	*5*

Exemplo prático 4 – Com quitação na empresa

Poderá ocorrer, ainda, que o cliente efetue, na empresa, mediante recibo, o pagamento de uma duplicata que esteja descontada no banco.

Contabilização:

1. **Registro do recebimento:**

1) *Caixa*	
a Duplicatas a Receber	
a "Fulano"	
Recebimento da duplicata mediante recibo n. X, a qual se encontra descontada no banco Urupês S/A.........	*100*

2. **A empresa comunica e autoriza o banco a debitar em sua conta corrente, o valor da duplicata e solicita sua devolução:**

2) *Duplicatas Descontadas*	
a Bancos conta Movimento	
a Banco Urupês S/A	
Pagamento pela duplicata n. X, tendo em vista que o cliente quitou na empresa mediante recibo.	*100*

Exemplo prático 5 – Com quitação após a data do vencimento

Suponhamos, agora, que, após o vencimento, o banco debite em nossa conta bancária o valor do título. Depois desse procedimento, o cliente vai até o banco e paga o título com 10% de juros. Valor do título: $ 100.

1. **Baixa da obrigação pelo pagamento efetuado pela empresa ao banco, tendo em vista o não recebimento no vencimento:**

1) *Duplicatas Descontadas*
a Bancos conta Movimento
a Banco Urupês S/A
Nosso pagamento ao banco Urupês S/A
da duplicata n. X não quitada pelo cliente.. .... *100*

2. **Registro do recebimento da duplicata após a operação anterior com 10% de juros:**

2) *Bancos conta Movimento*
Banco Urupês S/A
a Diversos
Pelo recebimento da duplicata n X,
como segue:
a Duplicatas a Receber
a "Fulano"
Valor da duplicata *100*
a Juros Ativos
10% sobre duplicata supra..................................... *10* *110*

Exemplo prático 6 – Com quitação após a transferência para cobrança simples

Suponhamos que a duplicata já tenha sido transferida pelo banco em cobrança simples e o cliente pague com 10% de juros. Faremos:

1. **Baixa no sistema de compensação:**

1) *Endossos para Cobrança*
a Títulos em Cobrança
Baixa pelo recebimento etc..................................... *100*

2. **Registro do recebimento com juros:**

2) *Bancos conta Movimento*
Banco Urupês S/A
a Diversos

Pelo recebimento da duplicata n. X como segue:

a Duplicatas a Receber

a "Fulano"

Valor da duplicata etc.	*100*	
a Juros Ativos		
10% sobre duplicata supra.	*10*	*110*

5.5.3.2 Desconto com transferência substancial dos riscos e benefícios

Esse assunto está disciplinado na letra "a" do item 20 da NBC TG38.

Neste caso, a empresa "vende" as duplicatas ao estabelecimento bancário, transferindo a ele, substancialmente todos os riscos e benefícios da propriedade do ativo financeiro.

Não sendo mais os títulos de propriedade da empresa, uma vez que ela já recebeu adiantadamente o valor nominal diminuido dos juros e outras despesas estipuladas pelo banco em comum acordo com ela, no momento da transação a empresa deverá dar baixa no valor nominal das duplicatas, creditando a conta Duplicatas a Receber e, em contrapartida debitando as contas Bancos conta Movimento pelo valor recebido bem como as contas representativas das despesas incorridas.

Suponhamos que uma determinada empresa tenha negociado com o banco Urupês S/A, mediante contrato, duplicatas de sua emissão, no valor nominal total de $ 30.000. Suponhamos, também que, nessa transação onde houve a transferência substancial de todos os riscos e benefícios da propriedade do ativo financeiro ao banco, ele tenha cobrado $ 8.000 de juros e $ 2.000 de comissões e taxas.

Contabilização

1) *Diversos*

a Duplicatas a Receber

Pelo desconto de duplicatas, com transferência total dos riscos etc., como segue:

Bancos conta Movimento		
Banco Urupês S/A		
Líquido creditado..	*20.000*	
Juros Passivos		
Juros cobrados etc.	*8.000*	
Comissões e Taxas		
Comissões e taxas cobradas etc.	*2.000*	*30.000*

Observações

- Observe que nesse tipo de transação, como a empresa "vende" ao banco os instrumentos financeiros de sua emissão, o valor desses instrumentos, diminuído dos encargos com juros, comissões e taxas é transferido para a conta Bancos conta Movimento.
- Observe, também que, sendo a operação realizada sem que a empresa fique obrigada de quitar os títulos caso os devedores não o façam, as despesas com juros, embora cobradas em função do tempo, são lançadas diretamente em conta de despesa e não em conta de despesa antecipada.

Nota

- Nesse tipo de transação, conforme contrato assinado entre a empresa e o estabelecimento bancário, o risco da inadimplência do devedor fica a cargo do banco.

5.5.4 Empréstimo mediante caução de Duplicatas

Neste tipo de operação financeira, a empresa empresta dinheiro do estabelecimento bancário e entrega em garantia do pagamento da dívida, Duplicatas de sua emissão.

Existem várias modalidades de empréstimos com caução de Duplicatas, podendo variar quanto ao critério de liberação do montante desejado pela empresa (de uma só vez ou por etapas, conforme o recebimento dos títulos caucionados); quanto a forma de pagamento (a medida que as duplicatas forem sendo quitadas, o empréstimo será liquidado, ou com pagamento total somente no vencimento); quanto a cobrança de juros e encargos (prefixados ou pós-fixados) etc.

O banco poderá exigir, além dos títulos caucionados, a emissão de uma Nota Promissória no valor total do empréstimo.

Assim, a forma de liberação do empréstimo, os critérios para pagamento bem como a cobrança dos encargos, constarão do contrato lavrado entre banco e empresa interessada.

Exemplo prático

Vejamos um caso em que o banco libera uma importância para a empresa, cobrando os encargos previamente, em decorrência das datas dos vencimentos das Duplicatas caucionadas, exigindo que a medida em que as duplicatas sejam quitadas, a empresa recomponha o montante devido com outras duplicatas, sempre de sua emissão.

Convém salientar que dificilmente o montante das duplicatas corresponderá exatamente ao valor contratado. Assim, o excedente entre o valor liberado e o montante das Duplicatas caucionadas será sempre superior ao percentual acordado.

A empresa comercial J.M.R. S/A contrata, junto ao Banco Urupês S/A, a abertura de um crédito por contrato de caução de Duplicatas, pelo prazo de seis meses, no valor de $ 5.000. A empresa compromete-se a manter em cobrança caucionada o valor de $ 6.000 de Duplicatas de sua emissão. O banco cobrou juros antecipadamente, no valor de $ 400, cobrados em decorrência da data de vencimento de cada título caucionado; $ 20 de taxa pela abertura do contrato e $ 200 de comissão para cobrança dos títulos.

Registros contábeis:

1. **Pela remessa de Duplicatas para caução:**

1) *Duplicatas em Caução Bancária*
a Endossos para Caução de Duplicatas
Pela remessa de Duplicatas para caução com títulos de nossa emissão, conf. contrato firmado com Vencimento em 6 meses com liberação de crédito de $ 5.000. .... *6.000*

2. **Pela liberação do crédito em consequência da remessa do borderô de Duplicatas:**

2) *Bancos conta Movimento*
Banco Urupês S/A
a Bancos conta Caução (ou Bancos conta Empréstimos)
a Banco urupês S/A
Liberação do crédito pelo contrato de caução de Duplicatas conf. aviso desta data. *5.000*

3. **Pelos encargos sobre a operação financeira:**

3) *Diversos*
a Bancos conta Movimento
a Banco Urupês S/A
Pelos encargos sobre a operação de caução como segue:
Juros Passivos a Vencer
Juros cobrados "pro rata tempore" 400
Despesas Bancárias
Comissões e taxas *100* *500*

Suponhamos que 20 dias após, o banco tenha recebido dos clientes, em quitação de Duplicatas, a importância de $ 2.000. Considerando que o valor dos juros cobrados antecipadamente sobre tais dupliccatas tenham sido de $ 50, faremos:

4. **Baixa pelo recebimento de Duplicatas:**

4) *Bancos conta Caução*
Banco Urupês S/A
a Duplicatas a Receber
Baixa pelo recebimento das Duplicatas nºs ..... constantes do borderô de __/__/__, conf. aviso bancário desta data. *2.000*

5. **Baixa no Sistema de Compensação pelo recebimento das Duplicatas:**

5) *Endossos para Caução de Duplicatas*

a Duplicatas em Caução Bancária

Baixa pelo recebimento... 2.000

6. **Apropriação dos juros cobrados antecipadamente:**

6) *Juros Passivos*

a Juros Passivos a Vencer

Apropriação que se processa, em decorrência do recebimento das dupls. etc. 50

Conforme cláusulas contratuais, a empresa se obriga a manter caucionados no mínimo $ 6.000 em títulos; como ocorreu baixa, a empresa deve imediatamente remeter novas Duplicatas para cobrir o valor referido.

7. **Pela remessa do novo borderô complementar para refazer o saldo:**

7) *Duplicatas em Caução Bancária*

a Endossos para Caução de Duplicatas

Nossa remessa de novo borderô de Duplicatas em complementação, conf. cláusula contratual... 2.000

8. **Pela liberação de crédito pelo recebimento das Duplicatas:**

8) *Bancos conta Movimento*

Banco urupês S/A

a Bancos conta Caução

a Banco Urupês S/A

Liberação de crédito pelo contrato de caução de Duplicatas, conf. aviso de __/__/__ 2.000

9. **O banco cobra nova comissão sobre as novas Duplicatas caucionadas, no valor de $ 50. Não houve cobrança de juros:**

9) *Despesas Bancárias*

a Bancos conta Movimento

a banco urupês S/A

Comissão cobrada s/borderô desta data, conf. aviso................................. 50

Suponhamos, agora, que na data do vencimento (seis meses após) tenha ocorrido a liquidação do contrato.

10. Baixa pelo recebimento das Duplicatas mediante aviso bancário:

10) *Bancos conta Caução (ou Bancos conta Empréstimo)*
Banco urupês S/A
a Duplicatas a Receber
Baixa das Duplicatas constantes dos borderôs de __/__/__ e __/__/__, pelo recebimento conf. aviso bancário 6.000

11. Consequente baixa nas Contas de Compensação:

11) *Endossos para Caução de Duplicatas*
a Duplicatas em Caução Bancária
Baixa das Duplicatas constantes dos borderôs de __/__/__ e __/__/__, pela liquidação, conf. aviso bancário 6.000

Note que a conta Bancos Conta Caução possui saldo devedor de $ 1.000, referente aos valores dos títulos que excederam o empréstimo efetuado.

Vejamos:

- *Títulos Caucionados 6.000 + 2.000 = ... 8.000*
- *Empréstimo liberado 5.000 + 2.000 = ... 7.000*
- *Saldo a favor da empresa 1.000*

12. Resta transferir este saldo para a Conta Movimento:

12) *Bancos conta Movimento*
Banco Urupês S/A
a Bancos conta Caução
Nosso crédito ref. a 20% dos títulos caucionados, conf. nossos borderôs de __/__/__ e __/__/__ 1.000

13. Apropriação do saldo dos juros cobrados na abertura do crédito:

13) *Juros Passivos*
a Juros Passivos a Vencer
Apropriação dos juros, tendo em vista o recebimento das dupls. etc. 350

Nota

- Ocorrendo vencimento do contrato, as Duplicatas que estiverem em caução deverão ser baixadas na compensação e transferidas para cobrança simples.

- Se houver saldo credor na conta Bancos Conta Caução (ou Bancos conta Empréstimo), a empresa o cobrirá.

ATIVIDADES PRÁTICAS 3

Contabilize os eventos constantes das Práticas a seguir:

1. A empresa Comércio de Bolas de Couro Ltda. efetuou remessa de Duplicatas ao Banco Urupês S/A para cobrança símples, conforme borderô, no valor total de $ 30.000. O banco cobrou $ 100 a título de comissão e taxa. Após 40 dias, o banco comunicou o recebimento de todos os títulos.

2. Tobias Comércio de Peças de Motocicletas S/A descontou, no Banco Urupês S/A, 20 duplicatas de sua emissão, conforme relação, no valor nominal de $ 10.000. O banco cobrou juros, no valor de $ 7.600, comissões e taxas no valor de $ 200. Considerar que a operação de desconto foi realizada sem transferência substancial dos riscos e benefícios e que, após 30 dias do evento, o banco comunicou que todas as Duplicatas foram liquidadas pelos respectivos devedores.

3. Em 20 de fevereiro, a Comercial Batista S/A, emprestou do banco Urupês S/A, a importância de $ 20.000, tendo encaminhado borderô com duplicatas de sua emissão, em garantia, no valor de $ 30.000. O banco cobrou $ 200 de comissões e $ 30 de taxa sobre o contrato. O vencimento será no dia 10 de junho, data em que o banco cobrou $ 2.000 de correção monetária e $ 500 de juros. Considerar que os clientes quitaram todas as duplicatas na data do vencimento, contabilizar os fatos nas datas respectivas.

ATIVIDADES TEÓRICAS

1. Responda:

   1.1 O que é instrumento financeiro?

   1.2 Cite dois exemplos de ativo financeiro.

   1.3 Cite três exemplos de passivos financeiros que representam obrigação contratual de entregar caixa no futuro.

   1.4 O Contador da empresa de ônibus Passaro Marrom S/A, recusou receber da Industrial Itaipú S/A, dividendos no valor de $ 12.000, alegando que a receita decorre de investimento efetuado apenas em carater especulativo, pretendendo renegociá-los em breve. A atitude do Contador está correta? Caso contrário, como você contabilizaria os dividendos?

   1.5 Quais são as operações mais comuns que as empresas realizam com os bancos, envolvendo Duplicatas?

2. Classifique as afirmativas em falsas (F) ou verdadeiras (V):

   2.1 ( ) O direito contratual de receber caixa ou outro ativo financeiro de outra entidade classifica-se como ativo financeiro.

2.2 ( ) Um depósito de caixa em banco ou instituição financeira similar é um ativo financeiro porque representa o direito contratual do depositante de obter caixa da instituição ou de descontar cheque.

2.3 ( ) Investimentos são operações financeiras passivas.

2.4 ( ) Empréstimos são operações financeiras passivas.

2.5 ( ) Os investimentos de caráter permanente ocorrem somente em títulos representativos do capital de outras sociedades.

2.6 ( ) A classificação dos investimentos no Balanço, depende do prazo fixado para vencimento ou da intensão da empresa em fazer deles uma extensão do seu negócio.

2.7 ( ) Os investimentos em ouro, poderão figurar no Ativo Circulante, subgrupo Investimentos Temporários a Curto Prazo ou no Ativo Não Circulante subgrupos: Ativo Realizável a Longo Prazo ou Investimentos.

2.8 ( ) São considerados prefixados, os investimentos, quando o investidor fica conhecendo os rendimentos somente na data do resgate.

2.9 ( ) São prefixados os investimentos quando o investidor fica conhecendo os rendimentos somente na data do resgate.

2.10 ( ) Nas aplicações com rendimentos pós-fixados, aparece na Contabilidade a figura da receita antecipada.

2.11 ( ) Nas aplicações com rendimentos prefixados, aparece na Contabilidade a figura da receita antecipada.

2.12 ( ) Quando ocorrer investimentos em ações, com caráter especulativo, a conta a ser debitada poderá ser: "Ações de Outras Empresas", a ser classificada no Ativo Circulante.

2.13 ( ) A Cobrança Simples é uma operação, na qual a empresa transfere a posse das Duplicatas ao banco, porém continua sendo proprietária delas.

2.14 ( ) O Desconto de Duplicatas é uma operação financeira através da qual a empresa transfere ao banco a propriedade das Duplicatas, porém continua com a posse delas.

3. Escolha a alternativa correta:

3.1 Qualquer contrato que evidencie uma participação nos ativos de uma entidade após a dedução de todos os seus passivos, é:

a) Ativo financeiro
b) Passivo Financeiro
c) Instrumento Patrimonial
d) N.D.A.

3.2 Classificam-se no grupo das Disponibilidades:

a) Aplicações em Ouro, Cadernetas de Poupança e CDBS 120 dias.
b) Aplicações de Liquidez Imediata.
c) Aplicações em Ações de empresas de médio porte.
d) Aplicações em Ouro e em Ações.

3.3 A empresa de Prestação de Serviços Embaré Ltda, fez duas aplicações financeiras no banco Urupês S/A, ambas no dia 04 de outubro de X1, com vencimento para 31 de março de X2, sendo o investimento A, com rendimentos prefixados e o investimento B, com rendimentos pós-fixados. Em atendimento ao regime de competência, em 31 de dezembro, data em que apurará seus resultado e levantará o Balanço, a empresa deverá:

a) Apropriar os rendimentos somente do investimento A.

b) Apropriar os rendimentos somente do investimento B.

c) Deixar de apropriar os rendimentos, pois ainda não resgatou-os.

d) Apropriar os rendimentos de ambas as aplicações.

3.4 Quando o empréstimo é garantido por uma Nota Promissória, esse título será emitido:

a) Pelo devedor, que toma o dinheiro emprestado.

b) Pelo credor, que empresta o dinheiro.

c) Pelo Banco onde estiver depositado o dinheiro.

d) Pelo avalista.

3.5 As Duplicatas:

a) São emitidas pelo credor com aceite também do credor.

b) São emitidas pelo devedor com aceite do credor.

c) São emitidas pelo credor (vendedor) com aceite do devedor (comprador).

d) São emitidas pelo empregado do setor de vendas com aceite do credor.

TESTES DE EXAME DE SUFICIÊNCIA

Contador – ano 2002, prova 1 – Área de Conhecimentos Contábeis

1. Uma empresa obteve um empréstimo no valor de $ 25.000,00, para capital de giro, com vencimento dentro do próprio mês. Pagou no ato $ 1.500,00 a título de encargos financeiros. Este fato implica:

a) Aumento do Ativo e Patrimônio Líquido no valor de $ 25.000,00 e diminuição do Passivo no valor de $ 1.500,00.

b) Aumento do Ativo no valor de $ 25.000,00 e redução do Passivo em $ 1.500,00 e aumento do Patrimônio Líquido em $ 23.500,00.

c) Aumento do Patrimônio Líquido e Ativo em $ 23.500,00 e aumento do Passivo em $ 25.000,00.

d) Aumento de Passivo em $ 25.000,00, aumento do Ativo em $ 23.500,00.

e) Redução do Patrimônio Líquido em $ 1.500,00.

Contador – ano 2002, prova 2 – Área de Conhecimentos Contábeis

2. A empresa recebeu a importância líquida de $ 20.000,00 referente a quitação de um título, tendo concedido um desconto de 20% ao cliente, gerando o seguinte lançamento:

a) Caixa
a Descontos Concedidos .... *$ 20.000,00*

b) Caixa
a Títulos a Receber .... *$ 20.000,00*

c) Caixa .... $ 25.000,00
a Descontos Concedidos .... *$ 5.000,00*
a Títulos a Receber .... *$ 20.000,00*

d) Caixa 20.000,00
Descontos Concedidos .... *$ 5.000,00*
a Títulos a Receber .... *$ 25.000,00*

TESTES DE CONCURSOS

Técnico da Receita Federal – TRF-nov/2000 – Contabilidade Geral

1. Se uma empresa mantém todas as duplicatas de sua emissão em determinado banco, em operação de desconto, os seus clientes serão debitados quando a(o):

a) banco acusar o recebimento da duplicata;
b) duplicata for enviada ao banco para desconto;
c) banco emitir o aviso de crédito;
d) duplicata for descontada no banco;
e) cliente pagar a duplicata no banco.

Auditor-Fiscal da Receita Federal – AFRF-ano 2000 – Contabilidade Geral

2. A firma Duplititus opera com vendas a prazo alternando a cobrança em carteira e em bancos, mediante desconto de duplicatas. Em primeiro de abril mantinha as duplicatas de sua emissão n.ºˢ 03, 05 e 08 em carteira de cobrança e as de n.ºˢ 04, 06 e 07, descontadas no banco. Cada uma dessas letras tinha valor de face $ 60,00, exceto a n.07, cujo valor era de $ 70,00. Durante o mês de abril ocorreram os seguintes fatos:

- Vendas a prazo com emissão das duplicatas n.ºˢ 09, 10 e 11 (3 × 50,00): $ 1.150,00
- Vendas à vista mediante Notas Fiscais: $ 200,00
- Desconto bancário das duplicatas n.ºˢ 09 e 10, $ 100,00
- Recebimento em carteira das duplicatas n.ºˢ 03 e 05, $ 120,00
- Devolução pelo banco da duplicata n. 04, sem cobrar, $ 60,00
- Recebimento pelo banco da duplicata n. 07, $ 70,00 contas: Duplicatas a Receber e Duplicatas Descontadas será, respectivamente, de:

  a) $ 160,00 e $ 330,00.
  b) $ 330,00 e $ 160,00.
  c) $ 140,00 e $ 160,00.
  d) $ 200,00 e $ 220,00.
  e) $ 330,00 e $ 2220,00.

6 Operações com Ativo Não Circulante

6.1 Introdução

Você já sabe que o Balanço Patrimonial (demonstração contábil utilizada para evidenciar a situação patrimonial e financeira da empresa), é composto por duas partes: Ativo e Passivo. No Passivo, são classificadas as contas representativas das origens dos recursos que estão à disposição da empresa: capitais de terceiros (obrigações) e capitais próprios (Patrimônio Líquido). No Ativo, são classificadas as contas que representam as aplicações dos recursos que estão à disposição da empresa: bens e direitos. Assim, os recursos originados conforme mostra o Passivo estão aplicados na empresa conforme mostra o Ativo. No Ativo, portanto, há recursos aplicados no Ativo Circulante e no Ativo Não Circulante. Conforme estabelece o § 1º do artigo 178º da Lei n. 6.404/1976, o Ativo Não Circulante é composto pelos seguintes grupos: Ativo Realizável a Longo Prazo, Investimentos, Imobilizado e Intangível. Neste capítulo, daremos ênfase aos Investimentos, ao Imobilizado e ao Intangível, onde são classificadas as contas representativas das aplicações de recursos feitas pela empresa em caráter permanente.

6.2 Investimentos

6.2.1 Conceito

De acordo com o estabelecido no inciso III do artigo 179º da Lei n. 6.404/1976, classificam-se como investimentos as contas representativas das participações permanentes em outras sociedades e dos direitos de qualquer natureza, não classificáveis no Ativo Circulante, e que não se destinem à manutenção da atividade da companhia ou da empresa. Nesse dispositivo legal, quando a Lei se refere a direitos de qualquer natureza, não classificáveis no Ativo Circulante, devemos entender, também, não classificáveis no Ativo Realizável a Longo Prazo, embora tenha havido esse lapso no texto legal.

Assim, segundo o dispositivo legal supracitado, existem duas modalidades de investimentos que devem figurar neste grupo do Ativo Não Circulante:

a. Participações permanentes em outras sociedades; e

b. Direitos de qualquer natureza, não classificáveis no Ativo Circulante ou no Ativo Realizável a Longo Prazo.

6.2.2 Participações permanentes em outras sociedades

6.2.2.1 Introdução

As participações em outras sociedades são efetuadas mediante a compra de títulos representativos do capital dessas sociedades. Esses títulos, normalmente são ações ou quotas. Quando uma empresa (investidora) adquire títulos representativos do capital de outra sociedade (investida), esses títulos poderão ser classificados no Ativo Circulante ou no Ativo Não Circulante, subgrupos Realizável a Longo Prazo ou Investimentos. Essa segregação dependerá do destino a ser dado a esses títulos. Quando a aquisição tem caráter meramente especulativo, isto é, a empresa adquire esses títulos para mantê-los no seu patrimônio por pouco tempo, aguardando o melhor momento para renegociá-los, eles deverão ser contabilizados em contas do Ativo Circulante ou do Ativo Realizável a Longo Prazo. Por outro lado, quando a empresa adquire esses títulos desejando fazer deles um complemento de suas atividades econômicas (visando a receber dividendos, bonificações ou por outros motivos de seu interesse), deverá contabilizá-los em contas do grupo Investimentos. As participações permanentes em outras sociedades poderão ocorrer em sociedades coligadas, em sociedades controladas, em sociedades que façam parte de um mesmo grupo ou que estejam sob controle comum, ou ainda, em outras sociedades que não se enquadram entre essas que acabamos de mencionar. O controle comum pode ser exercido por uma mesma pessoa jurídica, por uma mesma pessoa física ou por um conjunto de pessoas físicas, independentemente do percentual de participação no capital. O título da conta utilizada para o registro contábil do investimento, deverá exprimir com clareza o tipo do investimento a que se refere.

Nota

- Leitura obrigatória: veja a composição dos Investimentos na Seção 1.5 do Capítulo 1.

6.2.2.2 Coligadas

São coligadas as sociedades nas quais a investidora tenha influência significativa. (§1º do artigo 248º da Lei n. 6.404/1976). Veja, também os §§ 4º e 5º do mesmo artigo citado: "§ 4º Considera-se que há influência significativa quando a investidora detém ou exerce o poder de participar nas decisões das políticas financeira ou operacional da investida, sem controlá-la. § 5º É presumida influência significativa quando a investidora for titular de vinte por cento ou mais do capital votante da investida, sem controlá-la."

Veja, agora, definições extraídas do item 3 da NBC TG 18:

- Coligada é uma entidade, incluindo aquela não constituída sob a forma de sociedade tal como uma parceria, sobre a qual o investidor tem influência significativa e que não se configura como controlada ou participação em empreendimento sob controle conjunto (*joint venture*).
- Controle é o poder de governar as políticas financeiras e operacionais da entidade de forma a obter benefícios de suas atividades.
- Influência significativa é o poder de participar nas decisões financeiras e operacionais da investida, sem controlar de forma individual ou conjunta essas políticas.

6.2.2.3 Controladas

Considera-se controlada a sociedade na qual a controladora, diretamente ou através de outras controladas, é titular de direitos de sócio que lhe assegurem, de modo permanente, preponderância nas deliberações sociais e o poder de eleger a maioria dos administradores. (§ 2º do artigo 243º da Lei n. 6.404/1976.

Veja, agora, a definição extraída do item 2 da NBC TG 18:

"Controlada é a entidade, incluindo aquela não constituída sob a forma de sociedade tal como uma parceria, na qual a controladora, diretamente ou por meio de outras controladas, é titular de direitos de sócio que lhe assegurem, de modo permanente, preponderância nas deliberações sociais e o poder de eleger a maioria dos administradores." A participação é direta quando a investidora é proprietária do total ou da maior parte do capital votante da sua investida. Exemplo: a investidora A constituiu uma empresa B, sua controlada, sendo a única proprietária das 50.000 ações representativas do seu capital.

Neste caso, além de participar diretamente do capital da investida, a empresa A mantém o controle acionário direto da empresa B. A participação é indireta quando a investidora (controladora) e uma ou mais de uma das suas controladas são proprietárias no conjunto da maioria do capital votante de uma terceira sociedade. Exemplo: suponhamos que a Investidora A seja proprietária de 80% do capital votante da sua controlada B. Suponhamos, ainda, que a investidora A seja proprietária de 30% do capital votante da sociedade C, da qual a controlada B seja também proprietária de 35% do capital votante. Nesse caso, como a investidora A com sua controlada B, juntas, são proprietárias de mais de 50% do capital votante de C, dizemos que a investidora A é controladora indireta de C.

Nota

- A Lei n. 6.404/1976, veda a participação recíproca entre a companhia e suas coligadas ou controladas, contudo apresenta excessões a essa regra.

6.2.2.4 Controladas em conjunto (*joint venture*)

Veja as definições fundamentadas na NBC TG 19:

- "Empreendimento controlado em conjunto (*joint venture*) é o acordo contratual em que duas ou mais partes se comprometem à realização de atividade econômica que está sujeita ao controle conjunto.
- Controle conjunto é o compartilhamento do controle, contratualmente estabelecido, sobre uma atividade econômica e que existe somente quando as decisões estratégicas, financeiras e operacionais relativas à atividade exigirem o consentimento unânime das partes que compartilham o controle (os empreendedores).
- Empreendedor é um dos participantes em determinado empreendimento controlado em conjunto que detém o controle compartilhado sobre esse empreendimento."

6.2.2.5 Investimentos em outras sociedades

Veja, agora, um exemplo de investimento em sociedade que não seja considerada coligada, controlada nem controlada em conjunto.

Vamos assumir que a empresa industrial Ferreira S/A tenha participado do aumento de capital promovido na Companhia São Luiz S/A, subscrevendo 10.000 ações, no valor nominal de $ 1,00 cada uma.

Considerando que o investimento corresponde a 2% do capital da investida e que a investidora, embora tenha dado ao investimento caráter permanente, não deseja controlá-lo nem mesmo exercer qualquer influência em suas atividades, veja os procedimentos contábeis:

1. Pela subscrição das ações:

1) *Participações em Outras Empresas*
a Subscrição de Ações
Nossa subscrição de 10.000 ações ordinárias nominativas,
no valor de $ 1 cada,
correspondente ao aumento do capital
da Companhia São Luiz 10.000

2. Pela integralização:

2) *Subscrição de Ações*
a Bancos conta Movimento
a Banco Urupês S/A
Nosso pagamento à Companhia São Luiz,
referente à integralização de 10.000
ações, por meio do n/cheque n. 815.333 .... 10.000

Notas

- No exemplo que acabamos de apresentar, a empresa investidora adquiriu ações participando do processo de aumento de capital por subscrição efetuada na própria empresa investida. Entretanto, a empresa investidora poderá, também, adquirir ações de outras empresas mediante negociação por meio das bolsas de valores ou ainda no mercado de balcão.

Notas

- O exemplo apresentado, guardadas as devidas proporções em relação ao percentual do investimento no capital da investida e interesse de controle ou influência significativa, aplica-se aos casos de outros investimentos como em coligadas e controladas.

6.2.2.6 Fundos de investimentos com incentivos fiscais

Representam parte do Imposto de Renda devido pelas empresas com base no Lucro Real apurado trimestral ou anualmente, ou ainda com base nas parcelas recolhidas mensalmente, pelo regime de estimativa. A pessoa jurídica (empresa investidora), escolhe dentre os fundos disponibilizados pelo Governo aquele no qual pretende fazer a aplicação, como: Fundo de Investimentos do Nordeste (Finor); Fundo de Investimentos da Amazônia (Finam) e Fundo de Recuperação Econômica do Espírito Santo (Funres).

A opção pelo investimento pode ser formalizada na Declaração de Informações Econômico-Fiscais da empresa (DIPJ) ou no curso do ano, mensal ou trimestralmente.

Essas participações podem ser classificadas tanto no Realizável a Longo Prazo como no grupo de Investimentos, ambos do Ativo Não Circulante. Contudo, é importante salientar que há uma exigência da legislação tributária para que as contas representativas desses fundos incentivados sejam classificadas no grupo Investimentos (Instrução Normativa SRF n. 11/1996).

A contabilização dos investimentos incentivados pelo Governo, deve ser efetuada em duas etapas:

a. No momento em que ocorrer o depósito, mediante débito em uma conta representativa do investimento, que poderá ser "Depósitos para Investimentos com Incentivos Fiscais – nome do fundo escolhido" e crédito em conta representativa de reserva, que poderá ser a conta "Reserva de Incentivos Fiscais – nome do fundo escolhido".

Esse procedimento deriva do fato de que, uma vez que integrando o IR recolhido, o incentivo representa uma devolução para a empresa, de parte do valor que recolheu ao governo.

b. No momento em que a empresa recebe do governo o Certificado de Investimento. Nesse momento (que pode ocorrer até dois anos da data do depósito), deve-se transferir o saldo da conta que registrou o referido depósito para a conta apropriada que reflita o respectivo investimento. Pode ser a conta "Participações em Fundos de Investimentos com Incentivos Fiscais – nome do fundo escolhido".

Maiores detalhes sobre a contabilização desse tipo de investimento você encontra no livro Contabilidade Avançada de nossa autoria.

6.2.3 Outros investimentos

Classificam-se como outros investimentos os direitos de qualquer natureza, não classificáveis no Ativo Circulante ou no Ativo Realizável a Longo Prazo, desde que não se destinem à manutenção da atividade da empresa e não sejam efetuados em títulos representativos do capital de outras sociedades. São investimentos dessa natureza aqueles efetuados em obras de arte, antiguidades, propriedades para investimentoss (imóveis de renda) etc.

6.2.4 Avaliação (mensuração) dos investimentos

6.2.4.1 Introdução

Os bens e direitos classificados no grupo de Investimentos do Ativo Não Circulante, para fins de apuração dos resultados e apresentação nas demonstrações contábeis, no final de cada exercício social, podem ser avaliados pelo Método do Custo (MC), pelo método do valor justo (MVJ) ou pelo Método da Equivalência Patrimonial (MEP).

Esse assunto é tratado pela Lei n. 6.404/1976 em seus artigos 183º e 248º a 250º e também por várias Normas Brasileiras de Contabilidade do tipo NBC TG, como, por exemplo, as NBCS TGS 01, 15, 18, 19, 38, 39 e 46.

Os investimentos efetuados em títulos representativos do capital de sociedades coligadas, controladas, controladas em conjunto e em outras sociedades que façam parte de um mesmo grupo serão avaliados pelo Método da Equivalência Patrimonial, enquanto que aqueles representativos do capital de outras sociedades não enquadradas nos casos que acabamos de citar serão avaliados pelo Método do Custo ou pelo Método do Valor Justo.

Nota

- Leituras obrigatórias: artigos 183º e 248º a 250º da Lei n. 6.404/1976 e itens 43 a 70 da NBC TG 38.

6.2.4.2 Método do Custo

O Método do Custo de Aquisição ou do custo histórico ou simplesmente Método do Custo (MC) consiste em avaliar os investimentos tendo como base os valores das transações que lhes deram origem.

Quando um investimento ingressa no patrimônio, ele deve ser contabilizado pelo respectivo valor de entrada, isto é, pelo custo de aquisição constante do documento que comprova o ingresso do respectivo investimento, acrescido dos demais encargos com a transação (custos de transação), como corretagens, emolumentos, tributos etc.

No final de cada exercício social ou de cada semestre, conforme a empresa esteja obrigada a apurar resultados semestrais ou anuais, os investimentos classificados no grupo de Investimentos do Ativo Não Circulante serão avaliados nos termos dos incisos III e IV do artigo 183º da Lei n. 6.404/76, veja:

> Art. 183º. No balanço, os elementos do ativo serão avaliados segundo os seguintes critérios:
>
> [...]
>
> III – os investimentos em participação no capital social de outras sociedades, ressalvado o disposto nos artigos 248º a 250º, pelo custo de aquisição, deduzido de provisão para perdas prováveis na realização do seu valor, quando essa perda estiver comprovada como permanente, e que não será modificado em razão do recebimento, sem custo para a companhia, de ações ou quotas bonificadas;
>
> IV – os demais investimentos, pelo custo de aquisição, deduzido de provisão para atender às perdas prováveis na realização do seu valor, ou para redução do custo de aquisição ao valor de mercado, quando este for inferior;

É importante observar que o inciso III, acima transcrito, refere-se a investimentos em títulos representativos do capital de outras sociedades, enquanto o inciso IV refere-se a outros investimentos como obras de arte, propriedades para investimento etc.

Observe, ainda, que nos dois incisos consta a exigência do reconhecimento de perdas. Contudo, para os investimentos em títulos representativos do capital de outras sociedades (desde que não sejam em coligadas, controladas ou em outras sociedades que façam parte de um mesmo grupo ou estejam sob controle comum) somente será permitido o reconhecimento de perda quando for possível provar que a perda é permanente e que o valor do investimento não será modificado em razão do recebimento, sem custo para a companhia, de ações ou quotas bonificadas; já, para os demais investimentos (que não correspondam a títulos representativos do capital de outras sociedades), poderão ser reconhecidas perdas prováveis na realização do seu valor, ou para redução do custo de aquisição ao valor de mercado, quando este for inferior.

Lembramos, ainda, que nos incisos I e II do mesmo artigo 183º da Lei n. 6.404/1976 há outras previsões para avaliação de elementos classificados no Ativo Circulante e no Realizável a Longo Prazo.

Exemplo prático

Suponhamos que a empresa A participe do capital da empresa B com investimento de $ 50.000. Esse investimento corresponde a 5% do capital de B. Suponhamos, também, que a empresa B, tendo em vista a perda de mercado pelo lançamento de novos produtos por concorrentes, tem apresentado prejuízo nos últimos Balanços, não havendo perspectivas de recuperação, pelo menos no próximo exercício. Neste caso, a empresa A deverá reconhecer uma perda contabilizando-a a débito de conta de despesa e a crédito de conta redutora do investimento. O montante da perda deverá ser proporcional à redução do Patrimônio Líquido de B no último exercício.

Supondo ser essa redução de 20%, o valor da perda será: 20% de 50.000 = 10.000.

Lançamento no livro Diário:

1) *Despesas com Perdas Prováveis na Realização de Investimentos*
a Perdas Prováveis na Realização de Investimentos
Pelo reconhecimento de perdas prováveis, a razão de 20% sobre o investimento, tendo em vista situação permanente de redução do Patrimônio Líquido da investida. *10.000*

Observações

- A conta "Despesas com Perdas Prováveis na Realização de Investimentos", sendo debitada, possibilita o reconhecimento da perda no resultado do exercício atual.
- A conta creditada, "Perdas Prováveis na Realização de Investimentos", é conta patrimonial e aparecerá no Balanço Patrimonial como redutora da conta que registra o respectivo investimento, possibilitando que este figure no Balanço pelo seu valor de realização.

6.2.4.3 Método do Valor Justo

O Método do Valor Justo (MVJ) consiste em avaliar o investimento atribuindo-lhe o respectivo valor de mercado. Valor justo é o preço que seria recebido pela venda de um ativo ou que seria pago pela transferência de um passivo em uma transação não forçada entre participantes do mercado na data de mensuração ((ver NBC TG 46). (Alterada pela NBC TG 38 (R1)).

Você já sabe que para avaliar um investimento pelo Método do Custo deve-se comparar o valor contábil do investimento[1] com o seu valor provável de realização.

Quando o valor provável de realização for superior ao valor contábil, nenhuma providência será tomada; contudo, sendo o valor provável de realização inferior ao valor contábil, deve-se reconhecer a perda, porém, o valor da conta representativa do investimento não sofrerá alteração alguma. É criada uma conta redutora que figurará no Balanço para que o valor do investimento reflita o valor de realização.

No Método do Valor Justo, o procedimento é diferente. Deve-se comparar o valor contábil do investimento com seu valor justo, ou seja, com seu valor de mercado. Neste caso, qualquer que seja o valor justo, ele influirá no saldo da conta representativa do investimento.

Quando o valor justo for superior ao valor contábil do investimento, haverá um ganho para a empresa investidora. Esse ganho será reconhecido mediante débito na conta representativa do investimento e crédito na conta Ajustes de Avaliação Patrimonial que é do Patrimônio Líquido.

Quando o valor justo for inferior ao valor contábil do investimento, haverá perda, a qual será reconhecida mediante débito na conta Ajustes de Avaliação Patrimonial do Patrimônio Líquido e crédito na própria conta representativa do investimento.

O ganho ou a perda devidamente contabilizados a crédito ou a débito da conta Ajustes de Avaliação Patrimonial somente serão transferidos para o resultado no exercício em que o respectivo investimento for alienado.

Nota

Leitura obrigatória: NBC TG 46, aprovada pela Resolução CFC n. 1.428, de 25 de janeiro de 2013, que trata da mensuração do valor justo.

Exemplo prático

Após definir o valor justo de um elemento ativo, o procedimento será comparar esse valor com o seu valor contábil. Quando o valor contábil do elemento ativo for inferior ao seu valor justo, nenhum procedimento será necessário e o respectivo bem será apresentado no Balanço pelo seu valor contábil. Por outro lado, quando o valor justo for inferior ao valor contábil, será preciso reconhecer no resultado essa perda. Os procedimentos contábeis para os investimentos sujeitos ao Método do Valor Justo são os mesmos aplicados a outros elementos patrimoniais. Veja detalhes na Seção 6.8.

[1] Valor contábil é o saldo da conta representativa do investimento constante do livro Razão. Compreende o custo de aquisição com possíveis revisões efetuadas ao longo do tempo.

6.2.4.4 Método da Equivalência Patrimonial

O Método da Equivalência Patrimonial (MEP) consiste na atualização do valor dos investimentos feitos em sociedades coligadas ou em controladas e em outras sociedades que façam parte de um mesmo grupo ou estejam sob controle comum, situadas no Brasil ou no exterior, com base na variação ocorrida no Patrimônio Líquido das citadas sociedades investidas. A Lei n. 6.404/1976 disciplina esse assunto em seu artigo 248º, com o intuito de fazer com que o valor do investimento se mantenha equivalente ao percentual de participação da investidora no valor do Patrimônio Líquido de sua investida, no final de cada exercício social.

Veja, então, o que dispõe esse citado dispositivo legal: "Artigo 248º. No balanço patrimonial da companhia, os investimentos em coligadas ou em controladas e em outras sociedades que façam parte de um mesmo grupo ou estejam sob controle comum serão avaliados pelo Método da Equivalência Patrimonial, de acordo com as seguintes normas:

> I – o valor do Patrimônio Líquido da coligada ou da controlada será determinado com base em Balanço Patrimonial ou Balancete de verificação levantado, com observância das normas desta Lei, na mesma data, ou até 60 (sessenta) dias, no máximo, antes da data do Balanço da companhia; no valor de Patrimônio Líquido não serão computados os resultados não realizados decorrentes de negócios com a companhia, ou com outras sociedades coligadas à companhia, ou por ela controladas;
>
> II – o valor do investimento será determinado mediante a aplicação, sobre o valor de Patrimônio Líquido referido no número anterior, da porcentagem de participação no capital da coligada ou controlada;
>
> III – a diferença entre o valor do investimento, de acordo com o número II, e o custo de aquisição corrigido monetariamente; somente será registrada como resultado do exercício:
>
> **a.** se decorrer de lucro ou prejuízo apurado na coligada ou controlada;
>
> **b.** se corresponder, comprovadamente, a ganhos ou perdas efetivos;
>
> **c.** no caso de companhia aberta, com observância das normas expedidas pela Comissão de Valores Mobiliários. § 1º Para efeito de determinar a relevância do investimento, nos casos deste artigo, serão computados como parte do custo de aquisição os saldos de créditos da companhia contra as coligadas e controladas. § 2º A sociedade coligada, sempre que solicitada pela companhia, deverá elaborar e fornecer o Balanço ou Balancete de Verificação previsto no número I."

A princípio, a aplicação do MEP consiste em uma tarefa relativamente simples. Acompanhe:

Exemplo prático

Suponhamos que no Balanço Patrimonial da empresa A, levantado em 31/12/X1, conste no Ativo Não Circulante um investimento no valor de $ 240.000, no capital da companhia B.

Vamos assumir que a participação de A corresponda a 40% do capital de B, sua coligada. Suponhamos, agora, que em 31/12/X2 a coligada B tenha apurado um lucro líquido de $ 300.000, que teve a seguinte destinação: $ 100.000 na constituição de reservas de lucros e $ 200.000 na distribuição aos acionistas em forma de dividendos. O Patrimônio Líquido de B, em 31/12/X2, ficou como segue:

Capital *600.000*
Reservas de Lucros *100.000*
Total *700.000*

Portanto, ao apurar os seus resultados em 31/12/X2, a investidora deverá atualizar o valor do seu investimento, em decorrência da variação ocorrida no Patrimônio Líquido de B, para que o valor do investimento constante do Ativo Não Circulante de A continue equivalendo a 40% do Patrimônio Líquido de B. O cálculo para fins de atualização do investimento é simples: como a participação de A em B corresponde a 40% do capital de B, bastará então aplicar 40% sobre o Patrimônio Líquido de B existente em 31/12/X2.

Entretanto, ao efetuar esse cálculo, é preciso considerar que, no final de cada exercício social, as empresas em geral apuram seus resultados e procedem a sua destinação na constituição de reservas, na distribuição de dividendos, na compensação de prejuízos acumulados apurados em exercícios anteriores ou no aumento do capital social. No nosso exemplo, observe que o lucro apurado pela coligada B foi igual a $ 300.000, porém figura no Patrimônio Líquido somente $ 100.000 (Reservas de Lucros), uma vez que $ 200.000 foram distribuídos aos acionistas e figuram no Passivo Circulante na conta Dividendos a Pagar.

Nesse caso, para fins de cálculo da equivalência patrimonial, o valor distribuído aos acionistas deve ser adicionado ao valor do Patrimônio Líquido.Veja os cálculos:

Patrimônio Líquido de B em 31/12/X2: *600.000*
Reservas de Lucros *100.000*
Dividendos distribuídos *200.000*
Patrimônio Líquido ajustado *900.000*

Cálculo da equivalência patrimonial: 40% de 900.000 = 360.000

O valor encontrado ($ 360.000) corresponde ao valor atualizado do investimento de A em B, que deverá figurar no Balanço Patrimonial de A.

Para apurar o valor da variação, faremos:

Valor do investimento atualizado
(40% do Patrimônio Líquido atual de B: *360.000*
(–) Valor original do investimento .... *(240.000)*
(=) Valor da variação *120.000*

Tendo em vista que, desse valor encontrado ($ 120.000), $ 80.000 já foram distribuídos pela coligada B em forma de dividendos (40% de $ 200.000), a parcela correspondente aos dividendos será contabilizada em conta representativa de direito da investidora com a coligada, e a parcela referente ao aumento do PL da coligada será contabilizada a débito da conta que registra o respectivo investimento. Veja:

1) *Diversos*

a *Receitas de Participações Societárias*

Atualização que se processa no valor do investimento, conforme variação apurada pelo MEP, como segue:

Dividendos a Receber

Ref. a parcela distribuída etc. *80.000*

Participação na Coligada B

Conf. aplicação do MEP etc. *40.000* *120.000*

Observações

- Observe que a conta Participação na Coligada B, sendo debitada por $ 40.000, fica com seu saldo devidamente atualizado e figurará no Balanço da investidora em 31/12/X2 pelo valor de $ 280.000, que equivale a 40% do Patrimônio Líquido de B, nessa data.
- Observe, também, que a parcela do lucro líquido pertencente à investidora (40% de $ 200.000) ficou devidamente registrada a débito da conta Dividendos a Receber, do Ativo Circulante, representando direito da investidora para com a investida.
- Observe, finalmente, que o valor da variação, $ 120.000, representa receita para a investidora. Essa receita – classificada no grupo de Outras Receitas Operacionais – provocará aumento no resultado do exercício da investidora; entretanto, não integrará a base para o cálculo dos tributos incidentes sobre o lucro líquido (Contribuição Social e Imposto de Renda), uma vez que representa parte do lucro apurado por B, onde já sofreu essas tributações.

Caso a coligada não tivesse distribuído $ 200.000 de dividendos, o registro contábil seria como segue:

2) *Participação na Coligada B*

a *Receitas de Participações Societárias*

Atualização que se processa no valor do investimento, conforme variação apurada pelo MEP, conf. cálculos. *120.000*

Suponhamos agora que, no exercício de X3, a coligada B tenha efetuado o pagamento dos dividendos aos seus acionistas. Nesse momento, a investidora efetuará o seguinte registro contábil, referente à parcela que recebeu em dinheiro:

3) *Bancos conta Movimento*

a *Dividendos a Receber*

Valor correspondente aos dividendos etc. *80.000*

Quando ocorrer redução no valor do Patrimônio Líquido da investida, em decorrência de prejuízos por ela apurado, o registro contábil da atualização do investimento será:

4) *Despesas de Participações Societárias*
a Participação na Coligada B
Redução do valor do investimento que se processa, pela aplicação do MEP etc. .... *$*

> **Nota** ■ Com o intuito de permitir a você o conhecimento do mecanismo da aplicação do MEP, apresentamos um exemplo bem simples. Alertamos, no entanto, que antes de se calcular o valor da atualização do investimento, alguns ajustes extracontábeis serão necessários, principalmente no valor do Patrimônio Líquido das investidas, em decorrência das regras para aplicação do MEP, contidas na Lei n. 6.404/1976, nas normas internacionais de contabilidade (IFRS) consubstanciadas nas normas brasileiras de contabilidade (NBC TG) e também em disciplinas derivadas da CVM. Maiores detalhes sobre o assunto você encotnra no livro Contabilidade Avançada de nossa autoria.

ATIVIDADES TEÓRICAS

1. Escolha a alternativa correta

1.1 O Ativo Não Circulante, é composto pelos seguintes grupos:
a) Investimentos, Imobilizado e Intangível.
b) Realizável a Longo Prazo, Investimentos, Imobilizado e Intangível.
c) Realizável a Longo Prazo, Investimentos e Intangível.
d) Ativo Imobilizado e Investimentos.

1.2 O MEP aplica-se aos investimentos em:
a) coligadas;
b) controladas;
c) *joint venture*;
d) Todas estão corretas.

1.3 A atualização do investimento em coligada pelo MEP, quando corresponder a aumento do PL da investida é feita nos livros contábeis da investida, mediante:
a) Débito na conta que registra o respectivo investimento.
b) Crédito na conta que registra o respectivo investimento.
c) Crédito em conta de receita operacional.
d) N.D.A.

2. Responda:

2.1 De acordo com o estabelecido no inciso III do artigo 179º da Lei n. 6.404/1976, quais contas classificam-se como Investimentos?

2.2 O que são coligadas?

2.3 O que significa influência significativa?

2.4 O que são controladas?

2.5 O que é *joint venture*?

2.6 O que são Fundos de Investimentos com Incentivos Fiscais?

2.7 Cite três exemplos de outros investimentos classificáveis no grupo de Investimentos do Ativo Não Circulante.

2.8 Em que consiste o Método do Custo?

2.9 Em que consiste o Método do Valor Justo, e o que é valor justo?

2.10 Em que consiste o Método da Equivalência Patrimonial?

3. Classifique as afirmativas em falsas (F) ou verdadeiras (V):

3.1 ( ) Títulos representativos do capital de outras sociedades são ações ou quotas.

3.2 ( ) Classificam-se como outros investimentos os direitos de qualquer natureza, não classificáveis no Ativo Circulante ou no Ativo Realizável a Longo Prazo, desde que não se destinem à manutenção da atividade da empresa e não sejam efetuados em títulos representativos do capital de outras sociedades.

3.3 ( ) Existem apenas dois métodos para mensuração dos investimentos: MC e MEP.

3.4 ( ) Para fins de aplicação do MEC, o valor do Patrimônio Líquido da coligada ou da controlada será determinado com base em Balanço levantado na mesma data do Balanço da controladora.

ATIVIDADES PRÁTICAS

Prática 1

Contabilize os seguintes fatos:

1. Em 01/02/X1, a empresa Rio das Flores S/A, subscreveu 5% do capital da Companhia Campinas S/A, no valor de $ 20.000.
2. Em 01/03/X1, ocorreu a integralização por meio do cheque n. 001.777 contra o banco Urupês S/A.

Prática 2

Contabilize o seguinte fato:

Em 10/04/X2, a Comercial Mendes Ltda, comprou 15.000 ações correspondendo a 30% do capital votante de Matarazo S/A, pelo valor patrimonial de $ 15.000.

Prática 3

Reconhecer, contabilmente, perda no montante equivalente a 25% do valor da participação na Comercial Felipe Gaspar S/A, tendo em vista previsão de redução do patrimônio líquido com base nas perdas regulares nos últimos 5 exercícios. O valor do investimento é de $ 500.000.

Prática 4

Efetue os cálculos e a contabilização para atualização de um investimento, com base no MEP, observando:

- Valor do investimento na controlada A em 31/12/X5: $ 210.000.
- Percentual de participação na controlada A: 70%.
- PL da controlada em 31/12/X6: $ 500.000.
- Considerar que em fevereiro de X6, a controlada A pagou em dinheiro, para a investidora, dividendos no valor de $ 140.000.

6.3 Ativo Imobilizado

6.3.1 Conceito

O Ativo Imobilizado é um grupo do Ativo Não Circulante, onde devem ser classificadas as contas representativas dos bens de uso da empresa. Bens de uso são aqueles por meio dos quais a empresa desenvolve as suas atividades para atingir os seus objetivos. A quantidade e espécie de bens de uso variam conforme seja o porte e o ramo das atividades desenvolvidos pela empresa. As empresas comerciais utilizam bens tanto na área administrativa quanto na comercial. Esses bens podem ser: o prédio onde estão instaladas, mesas, cadeiras, escrivaninhas, armários, computadores, balcões, vitrinas, prateleiras, automóveis e muitos outros. As empresas industriais, além dos bens que podem ser os mesmos utilizados nas áreas administrativa e comercial das empresas comerciais, utilizam, também bens na área de produção como máquinas, equipamentos, ferramentas, computadores etc. As empresas prestadoras de serviços, dependendo do tipo de serviço que prestam, poderão também manter em seu Ativo Imobilizado, os mesmos bens utilizados por uma empresa do ramo industrial. Portanto, a parcela do capital total que as entidades investem no Ativo Imobilizado, depende das suas necessidades em decorrência das atividades que realizam. Os bens do Imobilizado, são tangíveis (corpóreos, materiais) e podem ser móveis (mesas, armários, veículos etc.) ou imóveis (casas, prédios, terrenos etc..). Segundo o item 6 da NBC TG 27, Ativo Imobilizado é o item tangível mantido pela entidade por mais de um exercício social, seja para uso na produção, no fornecimento de mercadorias, na prestação de serviços, seja para aluguel a outros, ou, ainda, para fins administrativos. A Lei n. 6.404/1976, estabelece no inciso IV do artigo 179º que considera-se Ativo Imobilizado os direitos que tenham por objeto bens corpóreos destinados à manutenção das atividades da companhia ou da empresa ou exercidos com essa finalidade, inclusive os decorrentes de operações que transfiram à companhia os benefícios, riscos e controle desses bens. Para atender o contido nesse dispositivo legal, devem ser classificados também no Imobilizado, os bens de propriedade de terceiros, arrendados para uso da empresa por meio de contrato de arrendamento mercantil.

Nota

- Leitura obrigatória: veja a composição do Imobilizado no Elenco de contas apresentado na Seção 1.5 do Capítulo 1.

6.3.2 Aspectos contábeis

Segundo a NBC TG 27, os principais pontos a serem considerados na contabilização do Ativo Imobilizado são: o reconhecimento dos ativos, a determinação dos seus valores contábeis e os valores de depreciação e perdas por desvalorização a serem reconhecidas em relação aos mesmos. As contas representativas dos bens de uso poderão englobar elementos conforme a natureza e uso semelhantes nas operações da entidade, como: Terrenos; Terrenos e Edifícios; Máquinas, Navios; Aviões; Veículos a motor; Móveis e Utensílios; e Equipamentos de Escritório. (Item 37 da NBC TG 27).

Essas contas, por sua vez, no Plano de Contas poderão ser agrupadas como segue:

a. **Operacional Corpóreo (Tangível)**: composto por contas representativas de aplicações de recursos em bens materiais que estão em uso na empresa. Esses bens são necessários para que a empresa atinja os seus objetivos (comercialização, produção ou prestação de serviços). Os mais comuns são os móveis e utensílios, computadores, veículos etc.
b. **Operacional Recursos Naturais**: composto por contas representativas de aplicações de recursos em bens materiais objetos de exploração por parte da empresa. Esses recursos podem ser minerais (jazidas de carvão, argila, ferro etc.) ou naturais (florestas).
c. **Imobilizado Objeto de Arrendamento Mercantil**: composto por contas representativas de bens corpóreos arrendados de terceiros.
d. **Imobilizado em Andamento**: composto por contas representativas de investimentos de recursos em bens que, por estarem incompletos e sem operar, ainda não geram riquezas para a empresa. A partir do momento em que esses bens estiverem completos ou concluídos, prontos para operar, deverão ser dadas baixas nas respectivas contas que registravam os bens em andamento, transferindo seus valores para contas apropriadas, do Imobilizado Operacional.

É importante salientar que os bens corpóreos classificados no Ativo Imobilizado estão sujeitos à depreciação ou à exaustão. Dessa forma, logo em seguida a cada uma das contas classificadas no Imobilizado, poderá figurar uma conta redutora, representativa de depreciação ou de exaustão acumulada.

6.3.3 Incorporações de bens no Ativo Imobilizado

A contabilização das incorporações de bens tangíveis integrantes do Ativo Imobilizado, decorrentes de aquisições, é relativamente simples. Na maior parte dos casos, debita-se a conta que representa o bem que está sendo adquirido e credita-se a conta Caixa ou Bancos – quando se tratar de compras à vista – e Fornecedores ou Duplicatas a Pagar – quando se tratar de compras a prazo. Segundo o item 16 da NBC TG 27, o custo de um item do ativo imobilizado compreende:

a. seu preço de aquisição, acrescido de impostos de importação e impostos não recuperáveis sobre a compra, depois de deduzidos os descontos comerciais e abatimentos;

b. quaisquer custos, diretamente atribuíveis, para colocar o ativo no local e condição necessárias, para o mesmo ser capaz de funcionar da forma pretendida pela administração;

c. a estimativa inicial dos custos, de desmontagem e remoção do item e de restauração do local (sítio), no qual este está localizado. Tais custos, representam a obrigação em que a entidade incorre, quando o item é adquirido, ou como consequência de usá-lo durante determinado período, para finalidades diferentes da produção de estoque, durante esse período.

O item 23 da NBC TG 27, estabelece que o custo de um item de ativo imobilizado, é equivalente ao preço à vista na data do reconhecimento. Se o prazo de pagamento excede os prazos normais de crédito, a diferença entre o preço equivalente à vista e o total dos pagamentos, deve ser reconhecida como despesa com juros durante o período.

Algumas aquisições merecem cuidados especiais, embora também não ofereçam dificuldades para o seu registro, como é o caso da aquisição de imóveis, quando há pagamento de sinal e posterior concretização da compra; compra de equipamentos de processamento eletrônico de dados, para segregar a parte que deve ser contabilizada como bem material (tangível), daquela que deve ser contabilizada como bem imaterial (intangível); aquisição com entrega parcelada, como as de bens importados etc.

Veja alguns exemplos:

6.3.3.1 Compra de imóveis

Compra de um terreno para uso da empresa, do Sr. Luiz Gonzaga, medindo 700 m², sem benfeitorias, situado à rua Conselheiro Moreira, no valor de $ 200.000, nas seguintes condições:

- Foi paga (em 01/02) a importância de $ 20.000 como sinal, por meio do cheque n. 701 contra o Banco Urupês S/A;
- Em 05/02 foi lavrada escritura no Cartório do 2º Ofício, no qual ocorreu o pagamento, por meio do cheque n. 893, do saldo do preço do terreno, bem como o pagamento por meio do cheque n. 894, das seguintes despesas:

Imposto de transmissão, ... *$ 5.000*
Despesas com tabelião, ... *$ 600*
Despesas com registro, ... *$ 300*

Contabilização:

Em 1º de fevereiro

1) *Aquisições de Imóveis em Andamento*
a Bancos conta Movimento
a Banco Urupês S/A
Valor do sinal pago a Luiz Gonzaga,
referente à compra de um terreno,
medindo 700 m², localizado nesta cidade,
à rua Conselheiro Moreira, conforme
recibo de sinal desta data, pago com
ch. n. 701 de nossa emissão.. *20.000*

Em 5 de fevereiro:

2) *Aquisições de Imóveis em Andamento*
a Bancos conta Movimento
a Banco Urupês S/A
Nosso ch. n. 893 emitido em favor de Luiz Gonzaga, referente à liquidação do saldo do imóvel, conforme escritura lavrada no Cartório do 2º Ofício. *120.000*

---

3) *Aquisições de Imóveis em Andamento*
a Bancos conta Movimento
a Banco Urupês S/A
Encargos com a aquisição conforme lançamento anterior, pagos com nosso ch. n. 894, a saber:

Imposto de Transmissão, conforme guia	*5.000*	
Despesas com tabelião, conforme recibo.....	*600*	
Despesas com registro, conforme recibo......	*300*	*5.900*

Após efetuados os pagamentos e lavrada a escritura, fica definitivamente comprovada a aquisição. Faremos, agora, a transferência da conta Aquisições de Imóveis em Andamento para a conta própria, denominada Imóveis.

4) *Imóveis*
a Aquisições de Imóveis em Andamento
Pelo custo total de um terreno etc..................................... *205.900*

6.3.3.2 Aquisição de equipamentos e programas de informatização

Com o computador, a empresa adquire um conjunto de equipamentos necessários à sua operacionalização. Em linguagem de processamento de dados, esses instrumentos são classificados em dois grupos:

a. ***Hardware***: compreendendo todo o equipamento, composto de computador, winchester, teclado, monitor de vídeo, impressora e outros, inclusive os programas que o acompanham, denominados programas de base. Esses equipamentos devem ser contabilizados na conta Computadores e Periféricos ou Equipamentos de Processamento de Dados, pertencente ao Imobilizado;

b. ***Software* de aplicação**: corresponde aos programas adquiridos separadamente ou desenvolvidos pela própria empresa. A conta mais adequada para se registrar esses programas é Sistemas Aplicativos – Software, representativa de bem intangível.

Exemplo:

Suponhamos que a empresa X Ltda., tenha adquirido, da Importadora Nova Era S/A, conforme NF n. 1951, um microcomputador desktop (de mesa), marca Itautec, no valor de $ 2.500, com a seguinte composição devidamente constante da referida Nota Fiscal: gabinete modelo minitorre, HD, monitor, impressora, teclado, mouse e *software* operacional Windows.

Contabilização:

1) *Computadores e Periféricos*
a Caixa
Nossa aquisição de micro desktop e softwares básicos,
conforme configuração descrita à NF n. 1.951
da Importadora Nova Era S/A *2.500*

6.3.4 Avaliação (mensuração) dos bens do Imobilizado

Para fins de apuração dos resultados e elaboração das Demonstrações Contábeis, os bens do Imobilizado podem ser avaliados no final de cada exercício social, pelo Método do Custo ou, quando permitido por Lei, pelo Método da Reavaliação.

Veja, inicialmente, a disciplina contida na Lei n. 6.404/1976:

> Art. 183º. No balanço, os elementos do ativo serão avaliados segundo os seguintes critérios:
> V – os direitos classificados no imobilizado, pelo custo de aquisição, deduzido do saldo da respectiva conta de depreciação, amortização ou exaustão;

Veja, agora, as disciplinas contidas na NBC TG 27:

> 29. Quando a opção pelo método de reavaliação for permitida por lei, a entidade deve optar pelo método de custo do item 30 ou pelo método de reavaliação do item 31 como sua política contábil e deve aplicar essa política a uma classe inteira de ativos imobilizados.
> **Método do Custo**
> 30. Após o reconhecimento como ativo, um item do ativo imobilizado deve ser apresentado ao custo menos qualquer depreciação e perda por redução ao valor recuperável acumuladas (NBC TG 01 – Redução ao Valor Recuperável de Ativos).
> **Método da Reavaliação**
> 31. Após o reconhecimento como um ativo, o item do ativo imobilizado cujo valor justo possa ser mensurado confiavelmente pode ser apresentado, se permitido por lei, pelo seu valor reavaliado, correspondente ao seu valor justo à data da reavaliação menos qualquer depreciação e perda por redução ao valor recuperável acumuladas subsequentes. A reavaliação deve ser realizada com suficiente regularidade para assegurar que o valor contábil do ativo não apresente divergência relevante em relação ao seu valor justo na data do balanço.

A reavaliação de bens de uso, quando permitida por Lei, é efetuada para atualizar o valor contábil do bem ao valor justo, ou seja, ao valor pelo qual o bem pode ser negociado no mercado. Contabilmente, basta debitar a conta representativa do bem a ser reavaliado e creditar uma conta do Patrimônio Líquido. Poderá ser a conta Ajustes de Avaliação Patrimonial ou Reserva de Reavaliação. Contudo, enquanto não houver permissão legal e regulamentação derivada do CFC, a reavaliação de bens do Imobilizado não pode ser efetuada.

6.3.5 Baixa de bens do Ativo Imobilizado

Os bens do Ativo Imobilizado podem ser baixados em decorrência de alienação (venda), desapropriação, perecimento, extinção, desgaste, obsolescência, exaustão, liquidação, ou ainda quando não houver mais expectativa de benefícios econômicos futuros com a sua utilização ou alienação.

Na baixa de bens do Ativo Imobilizado, que são tangíveis, certamente o referido bem tenha sofrido depreciação ou exaustão, caso em que se deverá apurar o ganho ou a perda de capital. O resultado positivo (lucro) ou negativo (prejuízo) obtido na baixa de bens de uso, deve ser registrado em conta classificada no grupo das Outras Receitas ou das Outras Despesas, conforme veremos na Seção 6.9.

Notas

- As benfeitorias realizadas em propriedades de terceiros devem ser classificadas no Imobilizado.
- Leitura obrigatória: NBC TG 27 – Ativo Imobilizado, aprovada pela Resolução CFC n. 1177/2009.

ATIVIDADES TEÓRICAS

1. Escolha a alternativa correta

1.1 "Considera-se Ativo Imobilizado os direitos que tenham por objeto bens corpóreos destinados à manutenção das atividades da companhia ou da empresa ou exercidos com essa finalidade."

O conceito acima está:

a) Na NBC TG 27.
b) Na NBC TG 04.
c) Na Lei n. 6.404/1976.
d) N.D.A.

1.2 Para incorporar um bem no Imobilizado, contabilmente basta:

a) Creditar a conta representativa do bem.
b) Debitar a conta Caixa ou Bancos, conforme o caso.
c) Debitar a conta representativa do bem intangível.
d) Debitar a conta representativa do bem tangível.

1.3 Os bens do Imobilizado, serão apresentados no Balanço:

a) Pelo custo de aquisição, deduzido da depreciação acumulada.
b) Pelo valor reavaliado.
c) Pelo valor reavaliado, quando permitido por Lei.
d) As alternativas "a" e "c" estão corretas.

2. Responda:

2.1 Que tipo de contas devem ser classificadas no Imobilizado?

2.2 Cite cinco bens de uso comuns em empresas comerciais.

2.3 Que tipo de contas devem ser classificadas no subgrupo "Imobilizado em Andamento"?

2.4 Contabilmente como é feita a reavaliação de um bem tangível?

2.5 Cite três das circunstâncias que justificam a baixa de bens do Imobilizado.

3. Classifique as afirmativas em falsas (F) ou verdadeira (V):

3.1 ( ) O montante dos bens de uso não pode ultrapassar a 50% do valor do Patrimônio Líquido da empresa.

3.2 ( ) Classificam-se, também no Imobilizado, os bens de propriedade de terceiros, arrendados para uso da empresa.

3.3 ( ) Os bens de uso adquiridos a prazo, serão incorporados no Imobilizado pelo valor da compra deduzido dos juros embutidos na operação.

3.4 ( ) Independentemente do método de mensuração adotado pela empresa, todo bem do Imobilizado inicialmente será registrado pelo custo.

ATIVIDADES PRÁTICAS

Prática 1

Em 15 de janeiro de X1, uma determinada empresa industrial, adquiriu uma máquina de produção conforme Nota Fiscal n. 300 da Comercial Paulinas S/A, no valor de $ 60.000, com ICMS embutido no preço, no valor de $ 10.800. A empresa, incorreu, ainda em gastos com a instalação da máquina, tendo pago a empresa especializada, Serviçal LTDA, a importância de $ 2.000, conforme NF n. 231. Os pagamentos foram efetuados por meio dos cheques n.s 01 e 02, respectivamente, contra o Banco Urupês S/A.

Prática 2

Compra de um apartamento por $ 50.000, sendo pago no dia 07/03/X3, como sinal, a importância de $ 10.000 em dinheiro; e, no dia 25/03/X3, o restante acrescido de despesas com a transmissão, incluindo impostos, taxas e despesas com corretagens, no valor de $ 4.000. O pagamento foi efetuado em dinheiro. Efetuar os registros necessários.

6.4 Intangível

6.4.1 Conceito

Considera-se Intangível os direitos que tenham por objeto bens incorpóreos destinados à manutenção da companhia ou exercidos com essa finalidade, inclusive o fundo de comércio adquirido. (Inciso VI do artigo 179º da Lei n. 6.404/1976)

A NBC TG 04, em seu item 8 define Ativo Intangível como sendo um ativo não monetário identificável sem substância física. Para essa norma, Ativo Monetário é aquele representado por dinheiro ou por direitos a serem recebidos em uma quantia fixa ou determinável de dinheiro.

No item 9 da NBC TG 04, consta que as entidades frequentemente despendem recursos ou contraem obrigações com a aquisição, o desenvolvimento, a manutenção ou o aprimoramento de recursos intangíveis como conhecimento científico ou técnico, projeto e implantação de novos processos ou sistemas, licenças, propriedade intelectual, conhecimento mercadológico, nome, reputação, imagem e marcas registradas (incluindo nomes comerciais e títulos de publicações).

Nota

- Leitura obrigatória: veja a composição do Intangível no Elenco de Contas apresentado na Seção 1.5 do Capítulo 1.

É importante destacar que, conforme exigência contida na NBC TG 04, um ativo somente poderá ser enquadrado na definição de intangível quando:

a. for separável, ou seja, puder ser separado da entidade e vendido, transferido, licenciado, alugado ou trocado, individualmente ou junto com um contrato, ativo ou passivo relacionado, independente da intenção de uso pela entidade; ou

b. resultar de direitos contratuais ou outros direitos legais, independentemente de tais direitos serem transferíveis ou separáveis da entidade ou de outros direitos e obrigações.

Estabelece, ainda a NBC TG 04 que, quando um ativo não atende a definição necessária para que possa ser caracterizado como ativo intangível, o gasto incorrido na sua aquisição ou geração interna deve ser reconhecido como despesa no momento em que incorrer. O Intangível, portanto, é composto exclusivamente por contas representativas de bens incorpóreos (imateriais), os quais, embora não possuindo existência corpórea, representam direitos de propriedade industrial ou comercial, legalmente conferidos a seus possuidores. É importante destacar, também, o contido no item 4 da já mencionada NBC TG 04, onde consta que alguns ativos intangíveis podem estar contidos em elementos que possuem substância física, como um disco (no caso de *software*), documentação jurídica (no caso de licença ou patente) ou em um filme.

Para saber se um ativo que contém elementos intangíveis e tangíveis deve ser tratado como ativo imobilizado ou como ativo intangível, nos termos da NBC TG 04, a entidade deve avaliar qual elemento é mais significativo. Por exemplo, um *software* de uma máquina-ferramenta controlada por computador que não funciona sem esse *software* específico, é parte integrante do referido equipamento, devendo ser tratado como ativo imobilizado. O mesmo se aplica ao sistema operacional de um computador. Quando o *software* não é parte integrante do respectivo *hardware*, ele deve ser tratado como ativo intangível.

Nota

- Leituras obrigatórias: NBCS TG 04, 15 e 1.000.

6.4.2 Incorporação de bens no Intangível

6.4.2.1 O que incorporar

Segundo o item 21 da NBC TG 04, um ativo intangível deve ser reconhecido apenas se:

a. for provável que os benefícios econômicos futuros esperados atribuíveis ao ativo serão gerados em favor da entidade; e

b. o custo do ativo possa ser mensurado com confiabilidade.

6.4.2.2 Fundo de comércio (*Goodwill*)

Fundo de comércio é o valor que se paga a maior, isto é, além do valor justo dos ativos líquidos por ocasião da compra do total ou de parte de uma empresa. Esse sobrepreço é pago pelo reconhecimento de vários fatores intangíveis que agregam valor à empresa, e que estão gerando ou são capazes de gerar fluxos de caixa, como nome, clientela, reputação, capital intelectual etc.

Vamos assumir que a empresa A tenha adquirido a empresa B por $ 500.

Considerando que o patrimônio da empresa B na data da transação apresentava um Ativo total de $ 400, um Passivo total de $ 100 e um Ativo Líquido ou Patrimônio Líquido de $ 300, concluímos que a empresa A pagou pela empresa B, $ 200 a mais do valor patrimonial da referida empresa. Nesse caso, essa diferença de $ 200, será contabilizada na empresa A como sendo um bem imaterial.

A contabilização dessa transação poderá ser como segue:

Diversos		
a Bancos conta Movimento		
Participação na Controlada B	*300*	
Fundo de Comércio (Goodwill)	*200*	*500*

A conta Fundo de Comércio, que poderia também receber a denominação de Ágio por Expectativa de Rentabilidade Futura, representa um bem imaterial, a qual, no Balanço individual deve figurar no grupo Investimentos e no balanço consolidado no grupo do Intangível. Essa conta, somente poderá ser amortizada após aplicação do teste de recuperabilidade no final de cada período. Esse teste, conforme veremos na Seção 6.8, consiste na análise efetuada nos termos do § 36º do artigo 183º da Lei n. 6.404/1976, sobre recuperação dos valores registrados no Intangível.

Se essa análise revelar que o valor de mercado do ágio (fundo de comércio) é superior ao contabilizado, não haverá amortização; se, por outro lado, ficar constatado que o valor de mercado for inferior ao valor contabilizado, a diferença corresponderá ao valor da quota de amortização do período.

É importante destacar que, de acordo com as disciplinas contidas na NBC TG 1.000, as pequenas e médias empresas poderão proceder a amortização sistemática da conta Fundo de Comércio, durante 10 anos, salvo se outro critério mais seguro indicar amortização por período e montantes diferentes.

Quando, a aquisição do total ou de parte do patrimônio de outra empresa for efetuada com deságio, isto é, por valor abaixo do valor justo dos ativos líquidos (compra vantajosa), embora esse fato seja raro, e a operação tenha ocorrido em uma combinação de negócios, a diferença a menor entre o valor pago e o valor justo que representa um ganho, deve ser reconhecida no resultado do período, na data da aquisição. (Item 32 da NBC TG 15)

Combinação de negócios é a união de entidades ou negócios separados em uma única entidade, onde a adquirente obtém o controle de uma ou mais entidades ou negócios. (item 19.3 da NBC TG 1.000)

> **Nota**
> - Leituras obrigatórias: NBCS TG 04, 15 e 1.000.

6.4.2.3 Marcas e patentes

Esse título engloba dois bens imateriais da mesma espécie: as marcas e as patentes.

Normalmente representam pequenos gastos com o registro de marcas ou patentes de invenções próprias , ou ainda com a aquisição de direitos para o uso de marcas, patentes, processos de fabricação etc, mediante contratos firmados com terceiros. A conta utilizada para o registro de gastos dessa natureza poderá englobar marcas e patentes em conta única ou, quando os gastos forem expressivos, poder-se-á utilizar contas segregadas. Quando se tratar de aquisição de direito de uso, a conta mais indicada será "Direitos de Uso de Marcas (Patentes)". No Brasil, esse assunto está disciplinado pela Lei n. 9.279/1996. É importante destacar que o Regulamento do Imposto de Renda (RIR/99) também apresenta regras relacionadas com a amortização desses bens para fins fiscais.

Para que o proprietário de uma marca ou de uma patente de invenção possa usufruir com exclusividade de todos os direitos estabelecidos na legislação, é necessário que providencie o registro no Instituto Nacional da Propriedade Industrial (INPI).

6.4.2.3.1 Marcas

Esse assunto está disciplinado nos artigos 122º e 123º da Lei n. 9.279/1996.

Exemplo:

Suponhamos que uma determinada empresa de confecções tenha criado a marca Atol para identificar todos os produtos a serem por ela fabricados. Visando a garantir o uso exclusivo dessa marca, contratou os serviços da empresa Bico de Lacre Ltda. para providenciar o registro no Instituto Nacional de Propriedade Industrial (INPI), tendo pago a importância de $ 3.000, conforme Nota Fiscal de serviços n. 333. O pagamento foi efetuado por meio do cheque de sua emissão n. 555.001, contra o Banco Urupês S/A. O total da Nota Fiscal incluiu os serviços no valor de $ 2.000 e taxas de registro no valor de $ 1.000.

Contabilização:

1) *Marcas e Patentes*
a Bancos conta Movimento
a Banco Urupês S/A
Pelos gastos com o registro da marca Atol, conforme NF n. 333 de Bico de Lacre Ltda., pago com nosso cheque n. 555.001 .... 3.000

> **Notas**
> - Para fins fiscais, a conta Marcas e Patentes, na parte relativa às marcas, estará sujeita à amortização somente quando houver prazo limitado para sua utilização. Caso contrário, não poderá ser amortizada (inciso I do artigo 425º do RIR/99).
> - O registro da marca vigorará pelo prazo de dez anos, contados da data da concessão do registro, prorrogável por períodos iguais e sucessivos (artigo 133º da Lei n. 9.279/1996).

6.4.2.3.2 Patentes

Veja o que dispõe o artigo 6º da Lei n. 9.279/1996: "Artigo 6º Ao autor de invenção ou modelo de utilidade será assegurado o direito de obter a patente que lhe garanta a propriedade, nas condições estabelecidas nesta Lei."

A contabilização do custo das patentes é semelhante à contabilização do custo das marcas, já exemplificado na seção anterior.

Nota

- Tendo em vista que a Lei n. 9.279/1996 limita a vigência do direito relativo às patentes a um determinado período de tempo, para fins fiscais, a amortização dos respectivos custos deverá ser efetuada durante esse prazo (inciso I do artigo 325º do RIR/99).

6.4.2.4 Lista de clientes

Vamos supor que uma determinada empresa de marketing, tenha adquirido, uma lista de clientes por $ 5.000, conforme Nota Fiscal n. 391 de Listas virtuais Ltda. O pagamento foi efetuado por meio de cheque e a empresa pretende utilizar a lista por 4 anos.

Contabilização:

Lista de Clientes
a Bancos conta Movimento
Aquisição conforme NF n. 391 etc 5.000

Observações

- A conta debitada "Lista de Clientes", será classificada no Ativo Intangível e estará sujeita a amortização.

6.4.3 Avaliação (mensuração) de bens do Intangível

Os bens do Ativo Intangível, para fins de apuração dos resultados e apresentação nas demonstrações contábeis, no final de cada exercício social podem ser avaliados pelo Método de Custo ou, quando permitido por Lei, pelo Método da Reavaliação.

Veja a disciplina contida na Lei n. 6.404/1976:

> "Art. 183º. No balanço, os elementos do ativo serão avaliados segundo os seguintes critérios:
> VII – os direitos classificados no intangível, pelo custo incorrido na aquisição deduzido do saldo da respectiva conta de amortização;"

- Método de Custo: consiste em atribuir aos bens do Ativo Intangível, o seu valor original, isto é, o custo de aquisição ou o de geração interna, quando permitido. Assim, os bens do Intangível serão apresentados no Balanço pelo seu custo original diminuído da eventual amortização acumulada e qualquer perda acumulada por redução ao valor recuperável.

- Método de Reavaliação: esse método somente deve ser aplicado após o bem ter sido inicialmente contabilizado pelo custo.

Segundo o item 75 da NBC TG 04, alterado pela NBC TG 04 (R1), após o seu reconhecimento inicial, se permitido legalmente, um ativo intangível pode ser apresentado pelo seu valor reavaliado, correspondente ao seu valor justo à data da reavaliação.

Para efeitos de reavaliação nos termos da referida NBC TG 04, o valor justo deve ser mensurado em relação a um mercado ativo.

A reavaliação deve ser realizada regularmente para que, na data do balanço, o valor contábil do ativo não apresente divergências relevantes em relação ao seu valor justo.

Contabilmente, a reavaliação é feita debitando-se a conta representativa do bem a ser reavaliado e creditando-se uma conta do Patrimônio Líquido. Pode ser a conta Ajustes de Avaliação Patrimonial ou Reserva de Reavaliação.

Contudo, a reavaliação de bens do Intangível só poderá ser efetuada após permissão legal e regulamentação do CFC.

6.4.4 Baixa de bens do Intangível

Como regra geral, a baixa dos bens imateriais ocorrerá no momento em que a conta, que registra sua amortização acumulada, atingir 100% de seu valor. A baixa será efetuada contabilmente, debitando-se a conta que registrou a amortização acumulada e creditando-se a conta representativa do bem, objeto da baixa.

É preciso salientar que poderão ocorrer baixas antes mesmo que o bem tenha sido totalmente amortizado ou ainda sem que tenha ocorrido amortização, casos em que o saldo a amortizar ou o valor total do bem não amortizado serão baixados em contrapartida de conta representativa de despesa.

ATIVIDADES TEÓRICAS

1. Escolha a alternativa correta

1.1 Integram o Intangível:
- **a)** Bens materiais.
- **b)** Investimentos.
- **c)** Bens imateriais.
- **d)** Bens incorpóreos e bens corpóreos.

1.2 Segundo o item 21 da NBC TG 04, um ativo intangível deve ser reconhecido apenas se:
- **a)** For provável que os benefícios econômicos futuros esperados atribuíveis ao ativo serão gerados em favor da entidade.
- **b)** O custo do ativo possa ser mensurado com confiabilidade.
- **c)** For gerado internamente e possa integrar o custo de um bem de uso.
- **d)** As alternativas "a" e "b" estão corretas.

1.3 A incorporação de bens no Intangível, contabilmente é feita mediante:
- **a)** Débito em conta representativa do bem imaterial.
- **b)** Débito em conta representativa das disponibilidades.
- **c)** Débito em conta representativa do Imobilizado
- **d)** N.D.A.

2. Responda:

2.1 O que a Lei n. 6.404/1976 considera Intangível?

2.2 Como a NBC TG 04 define Ativo Intangível?

2.3 Em que grupo do Ativo Não Circulante deve ser classificado um *software* adquirido com a finalidade específica de controlar estoques?

2.4 O que é fundo de comércio?

2.5 Para fins de apuração de resultados e elaboração do Balanço Patrimonial, quantos métodos de mensuração podem ser utilizados?

2.6 Contabilmente, como se processa a baixa de um bem do Intangível, após estar totalmente amortizado?

3. Classifique as afirmativas em falsas (F) ou verdadeiras (F)

3.1 ( ) O fundo de comércio gerado internamente, segundo a Lei n. 6.404/1976, deve ser reconhecido no Intangível.

3.2 ( ) O fundo de comércio é um sobrepreço pago no momento da compra de uma empresa, como reconhecimento da marca, clientela etc.

3.3 ( ) A conta Marcas e Patentes engloba dois bens imateriais. Contudo eles podem ser contabilizados segregadamente quando os valores forem expressivos.

3.4 ( ) Segundo a legislação tributária, as patentes devem ser amortizadas durante um determinado tempo conforme disciplina contida na Lei n. 9.279/1996.

3.5 ( ) Os bens do intangível, serão apresentados no Balanço pelo seu custo original diminuído da eventual amortização acumulada e qualquer perda acumulada por redução ao valor recuperável.

ATIVIDADE PRÁTICA

Prática 1

Suponhamos que uma determinada empresa de Cosméticos tenha criado a marca "Estilo" para identificar todos os produtos a serem por ela fabricados. Visando garantir o uso exclusivo dessa marca, contratou os serviços da empresa Segira Ltda, para providenciar o registro no Serviço Nacional de Propriedade Industrial, tendo pago a importância de $ 4.000, conf. Nota Fiscal de Serviços n. 1289. O pagamento foi efetuado em dinheiro. O total da Nota Fiscal incluiu os serviços no valor de $ 3.000 e taxas de registro, no valor de $ 1.000.

6.5 Depreciação

6.5.1 Conceito

Depreciação é a alocação sistemática do valor depreciável de um ativo ao longo da sua vida útil. (Item 6 da NBC TG 27)

Alocar sistematicamente o valor depreciável de um bem consiste em "transferir" periódicamente uma parcela do valor gasto na aquisição, fabricação ou construção do bem de uso para o resultado do período. Essa transferência que é feita apenas contabilmente durante o tempo de vida útil econômica do bem, não implica na redução do valor original do custo do respectivo bem.

Já vimos que os bens materiais, corpóreos ou tangíveis, classificados no Ativo Imobilizado, são necessários para que a empresa possa desenvolver as suas atividades e alcançar os seus objetivos. São considerados bens de consumo durável porque não se desgastam no primeiro uso. Quando a empresa adquire um bem de duração não superior a um ano, o valor gasto na compra desse bem não estará sujeito à depreciação, devendo ser contabilizado diretamente como despesa operacional, na data em que foi adquirido. Entretanto, cada um dos bens de consumo durável que será utilizado pela empresa para desenvolver suas atividades normais por vários anos será depreciado ao longo do tempo de vida útil estimado para esse bem, permitindo que o valor gasto na sua aquisição ou fabricação seja distribuído proporcionalmente, visando a compor o custo ou o valor das despesas dos exercícios durante os quais esse bem foi utilizado na geração de riquezas.

Com o advento da Lei n. 11.638/2007, cujos efeitos entraram em vigor a partir de 01 de janeiro de 2008, as regras para fixação do prazo, bem como da taxa de depreciação, que até então eram as definidas pelo Fisco, mudaram. Agora o que prevalece para determinar as quotas de depreciação é o prazo de vida útil econômica do bem e não a vontade do fisco.

Segundo estabelece o § 3º do artigo 183º da Lei n. 6.404/1976, as empresas deverão efetuar, periodicamente, análise sobre a recuperação dos valores registrados no Imobilizado e no Intangível, a fim de que sejam:

> I – registradas as perdas de valor do capital aplicado quando houver decisão de interromper os empreendimentos ou atividades a que se destinavam ou quando comprovado que não poderão produzir resultados suficientes para recuperação desse valor;
>
> II – revisados e ajustados os critérios utilizados para determinação da vida útil econômica estimada e para cálculo da depreciação, exaustão e amortização.

A depreciação, portanto, tem por objeto os bens materiais (tangíveis), integrantes do Ativo Imobilizado, como Computadores e Periféricos, Instalações, Móveis e Utensílios, Veículos, Edifícios e Construções etc.

Veja, a seguir, algumas informações importantes extraídas do item 6 da NBC TG 27:

- Valor depreciável é o custo de um ativo ou outro valor que substitua o custo, menos o seu valor residual.
- Valor residual de um ativo é o valor estimado que a entidade obteria com a venda do ativo, após deduzir as despesas estimadas de venda, caso o ativo já tivesse a idade e a condição esperadas para o fim de sua vida útil.
- Vida útil é:
    - **a.** o período de tempo durante o qual a entidade espera utilizar o ativo; ou
    - **b.** o número de unidades de produção ou de unidades semelhantes que a entidade espera obter pela utilização do ativo.

6.5.2 Causas que justificam a depreciação

a. Desgaste pelo uso: após entrar em operação, com o decorrer do tempo, os bens adquiridos para uso se desgastam provocando enfraquecimento da capacidade de produção. Por exemplo, um automóvel utilizado diariamente, no final de cinco anos não terá o mesmo rendimento que tinha quando era novo;

b. Ação do tempo: quando expostos aos rigores das variações atmosféricas (frio, calor, ventos, chuvas, sol, umidade, maresias), os bens de uso sofrem desgastes e também têm enfraquecida a capacidade de produção. Um automóvel, por exemplo, quando utilizado em região litorânea, em decorrência da maresia e das irregularidades das estradas, em pouco tempo apresenta ferrugens e desgaste de suas peças;

c. Obsolescência: em decorrência da evolução tecnológica, os bens tornam-se arcaicos, ultrapassados, antiquados e caem em desuso para dar lugar aos novos inventos. As primeiras calculadoras manuais, por exemplo, lançadas no mercado eram grandes, de difícil manejo e transporte, além de apresentarem recursos limitados. Hoje, com os novos inventos, encontramos calculadoras mais eficientes e em tamanhos incomparavelmente menores.

Veja o que estabelece o item 56 da NBC TG 27: "56. Os benefícios econômicos futuros incorporados no ativo são consumidos pela entidade principalmente por meio do seu uso. Porém, outros fatores, tais como obsolescência técnica ou comercial e desgaste normal enquanto o ativo permanece ocioso, muitas vezes dão origem à diminuição dos benefícios econômicos que poderiam ter sido obtidos do ativo. Consequentemente, todos os seguintes fatores são considerados na determinação da vida útil de um ativo:

a. uso esperado do ativo, que é avaliado com base na capacidade ou produção física esperadas do ativo;

b. desgaste físico normal esperado, que depende de fatores operacionais, tais como, o número de turnos durante os quais o ativo será usado, o programa de reparos e manutenção e o cuidado e a manutenção do ativo enquanto estiver ocioso;

c. obsolescência técnica ou comercial proveniente de mudanças ou melhorias na produção, ou de mudança na demanda do mercado para o produto ou serviço derivado do ativo;

d. limites legais ou semelhantes no uso do ativo, tais como as datas de término dos contratos de arrendamento mercantil relativos ao ativo.

6.5.3 Tempo de vida útil e taxa de depreciação

Tempo de vida útil de um bem é o período durante o qual seja possível a sua utilização econômica, na produção de seus rendimentos.

Esse tempo, portanto, é determinado em função do prazo em que o bem apresenta capacidade de gerar riquezas. Taxa de depreciação corresponde a um percentual fixado em função do tempo de vida útil do bem. O valor da depreciação a ser alocado ao resultado que resulta da aplicação da taxa sobre o valor depreciável do bem, denomina-se quota de depreciação. Cada empresa deve computar a quota efetivamente adequada às condições de depreciação de seus bens. O tempo de vida útil econômica dos bens varia tanto em relação ao uso quanto em relação à natureza dos bens. Os prazos usualmente admitidos e as respectivas taxas de depreciação dos bens de uso mais comuns são:

BENS	PRAZO	TAXA
Automóveis de Passageiros	5 anos	20% a.a.
Automóveis para transporte de mercadorias	4 anos	25% a.a.
Computadores e Periféricos	5 anos	20% a.a.
Edifícios e Benfeitorias	25 anos	4% a.a.
Instalações	10 anos	10% a.a.
Motocicletas	4 anos	25% a.a.
Móveis e Utensílios	10 anos	10% a.a.

6.5.4 Métodos de depreciação

O método de depreciação adotado deve refletir o padrão de consumo, pela entidade dos benefícios econômicos futuros. (Item 60 da NBC TG 27)

Existem vários métodos de depreciação, que podem ser aplicados, para apropriar de forma sistemática, o valor depreciável de um ativo ao longo da sua vida útil. Vejamos os mais expressivos.

6.5.4.1 Método linear

Consiste na aplicação de taxas constantes durante o tempo de vida útil estimado para o bem. Pela sua praticidade, esse método é um dos mais utilizados, sendo também conhecido como método das quotas constantes ou em linha reta.

Exemplo:

Suponhamos que o tempo de vida útil de um determinado bem tenha sido estimado em dez anos. Neste caso, a taxa anual de depreciação será de 10%. Veja a fórmula:

$$\frac{100\%}{\text{tempo de vida útil}} = \text{taxa de depreciação}$$

No exemplo apresentado, teremos:

$$\frac{100\%}{10 \text{ anos}} = 10\% \text{ a.a}$$

6.5.4.2 Método da soma dos algarismos dos anos

Consiste em estipular taxas variáveis crescentes ou decrescentes durante o tempo de vida útil do bem, adotando-se o seguinte critério: somam-se os algarismos que formam o tempo de vida útil do bem, obtendo-se, assim, o denominador da fração que determinará a taxa de depreciação de cada ano.

EXEMPLO:

Suponhamos que o tempo de vida útil de um bem tenha sido estimado em quatro anos. Veja como será calculada a taxa de depreciação: $1 + 2 + 3 + 4 = 10$

O número 10, encontrado conforme dissemos, será o denominador da fração que determinará a taxa de depreciação de cada ano.

Neste caso, como dissemos, poder-se-á utilizar taxas crescentes ou taxas decrescentes. Há bens que nos primeiros anos de sua existência apresentam alta produtividade, a qual vai diminuindo com o passar do tempo. Para esses bens justifica-se a aplicação da taxa decrescente.

Taxas crescentes: Considerando o tempo de vida útil igual a 4 anos, teremos:

1º ano = $\frac{1}{10}$

2º ano = $\frac{2}{10}$

3º ano = $\frac{3}{10}$

4º ano = $\frac{4}{10}$

Taxas decrescentes:

1º ano = $\frac{4}{10}$

2º ano = $\frac{3}{10}$

3º ano = $\frac{2}{10}$

4º ano = $\frac{1}{10}$

EXEMPLO:

Suponhamos que um bem tenha sido adquirido por $ 30.000 e instalado para começar a produzir no dia 10 de janeiro de X1.

Pede-se: calcular a taxa de depreciação do segundo ano, considerando o método da soma dos algarismos dos anos pela taxa crescente.

$$\text{R: } \frac{2}{10} \text{ de } 100\% = 20\%$$

Aproveitando o mesmo exemplo supra, calcular a taxa do primeiro ano, considerando o método da soma dos algarismos dos anos pela taxa decrescente:

$$\frac{4}{10} \text{ de } 100\% = 40\%$$

6.5.4.3 Método das horas de trabalho

Consiste em estipular a taxa de depreciação com base no número de horas trabalhadas em cada período. O cálculo é feito da seguinte maneira: inicialmente estima-se em horas o tempo de vida útil do bem; a taxa de depreciação de cada período será calculada proporcionalmente em decorrência do número de horas trabalhadas no respectivo período.

EXEMPLO:

Suponhamos que o tempo de vida útil de uma máquina de produção industrial tenha sido fixado em 1.920 horas. Considerando que no primeiro mês a máquina esteve em uso durante 96 horas, veja como calcularemos a taxa de depreciação do período:

CÁLCULO:

Como a taxa de depreciação será proporcional ao número de horas trabalhadas, podemos efetuar o cálculo por meio de regra de três:

1.920 horas = 100%
96 horas = x

em que

$$\frac{96 \times 100}{1.920} = 5\%$$

6.5.4.4 Método das unidades produzidas

Consiste em estipular a taxa de depreciação com base no número de unidades produzidas pelo bem no período.

O cálculo é feito da seguinte maneira: inicialmente estima-se a quantidade de unidades que o bem produzirá durante o tempo de sua vida útil; em seguida, a taxa de depreciação de cada período é calculada proporcionalmente em função da quantidade de unidades produzidas no respectivo período.

EXEMPLO:

Suponhamos que uma determinada máquina industrial tenha sua capacidade máxima de produção estimada em 50.000 unidades.

Considerando que no primeiro mês de operação produziu 200 unidades, veja como calcularemos a taxa de depreciação do respectivo período:

CÁLCULO:

50.000 unidades = 100%
200 unidades = x

logo:

$$\frac{200 \times 100}{50.000} = 0,4\%$$

Nota

- O método de depreciação aplicado a um ativo deve ser revisado pelo menos ao final de cada exercício e, se houver alteração significativa no padrão de consumo previsto, o método de depreciação deve ser alterado para refletir essa mudança. Tal mudança deve ser registrada como mudança na estimativa contábil, de acordo com a NBC TG 23 (Item 61 da NBC TG 27).

6.5.5 Cálculos da depreciação

A depreciação poderá ser calculada por quotas anuais e quotas mensais.

É anual quando calculada e contabilizada uma única vez ao ano. O valor da quota anual é obtido aplicando-se a taxa normal de depreciação sobre o valor depreciável do bem.

Lembramos que valor depreciável é o custo de um ativo menos o seu valor residual.

É mensal quando calculada e contabilizada mensalmente. O valor da quota mensal é obtido dividindo-se o valor da quota anual por 12. A depreciação pode ser, ainda, normal ou acelerada, diferenciando-se tão somente pela variação na taxa de depreciação aplicável, que poderá variar conforme o número de turnos de utilização do bem a ser depreciado. Cada turno corresponde a um período de oito horas. Assim, para a depreciação acelerada, poderá ser aplicado um dos seguintes coeficientes sobre a taxa normal utilizável:

a. coeficiente 1,0 para um turno de oito horas de operação;
b. coeficiente 1,5 para dois turnos de oito horas de operação;
c. coeficiente 2,0 para três turnos de oito horas de operação.

Exemplo:

Um bem cuja taxa normal de depreciação é de 10% a.a., no ano de x1, operou durante dois turnos de oito horas cada, diariamente. Nesse caso, sua taxa anual de depreciação será acelerada, obtida multiplicando-se a taxa normal pelo coeficiente 1,5. Assim:

$$10\% \text{ a.a.} \times 1{,}5 = 15\% \text{ a.a.}$$

Cálculo do valor da quota de depreciação

O cálculo do valor da quota de depreciação é muito simples. Basta aplicar a taxa sobre o valor do bem, diminuído do seu valor residual, para encontrar a quota de depreciação do período. Assim, um bem adquirido por $ 25.000, com valor residual previsto em $ 5.000 e cujo tempo de vida útil estimado seja de dez anos com taxa anual de depreciação de 10%, terá como quota anual de depreciação: 10% de 20.000, que é igual a 2.000.

6.5.6 Outras informações importantes sobre depreciação

- A depreciação inicia a partir do mês que o bem for instalado, isto é, a partir do mês que começar a operar e gerar benefícios para a empresa. Se um bem adquirido em fevereiro for instalado e começar a operar somente no mês de abril, a depreciação desse bem será iniciada a partir de abril.
- Ainda que o bem comece a operar no último dia do mês, para fins de depreciação considera-se o mês integral.
- Quando a depreciação acumulada atingir 100% do valor depreciável do bem (custo de aquisição diminuído do valor residual) e estando o referido bem ainda em uso na empresa, não haverá mais cálculo nem contabilização de depreciação desse bem, permanecendo na contabilidade o bem pelo valor original e a conta Depreciação Acumulada refletindo o valor depreciável, até que o bem seja baixado.

  Veja os procedimentos contábeis para baixa de um bem do Imobilizado na Seção 6.9.
- Não se depreciam:
  a. Terrenos, salvo em relação aos melhoramentos ou construções;
  b. Prédios ou construções não alugados nem utilizados pelo proprietário na produção dos seus rendimentos ou destinados à revenda;
  c. Bens que normalmente aumentam de valor com o tempo, como obras de arte ou antiguidades;

d. Bens para os quais seja registrada quota de exaustão;

e. Bens de pequeno valor, caso em que devem ser contabilizados diretamente em contas representativas de despesas ou custos.

f. Bens cujo tempo de vida útil econômica seja inferior a um ano. Nesse caso, também, o valor gasto será contabilizado diretamente em conta de despesa operacional.

- Em nenhuma hipótese o valor da conta Depreciação Acumulada poderá ultrapassar o custo de aquisição.
- A Legislação Tributária prevê depreciação incentivada. Os critérios estão previstos no RIR/99.

6.5.7 Exemplos práticos

Exemplo prático 1

Depreciação de bens constantes do Balanço do exercício anterior
Depreciar a conta Veículos em 31/12/X2, considerando:

a. Saldo da conta Veículos em 31/12/X1: $ 60.000

b. Valor residual: $ 10.000

c. Taxa anual de depreciação: 20%

SOLUÇÃO:

a. Apuração do valor depreciável

Saldo da conta Veículos	*60.000*
(–) Valor residual	*(10.000)*
(=) Valor depreciável	*50.000*

b. Aplicação da taxa anual sobre o valor depreciável 20% de $ 50.000 = $ 10.000
O valor encontrado corresponde à Quota Anual de Depreciação em reais.

c. Contabilização

1) *Depreciação*
a Depreciação Acumulada de Veículos
Quota de depreciação de Veículos
ref. a esse exercício, conforme cálculos *10.000*

Observações

- A conta debitada "Depreciação" corresponde à despesa ou custo do período.
- A conta creditada "Depreciação Acumulada de Veículos" é conta patrimonial que figurará no Balanço Patrimonial, como redutora da conta Veículos que serviu de base para o seu cálculo. Essa conta receberá mensal ou anualmente, a crédito, os valores das quotas de depreciações calculadas mensal ou anualmente, até que o bem seja baixado ou que a depreciação atinja 100% do valor depreciável.

Nota

A expressão "despesa ou custo", empregada para indicar o destino das contas Depreciação, Amortização e Exaustão, significa que esses gastos poderão ser classificados como despesas, quando os bens depreciáveis, amortizáveis ou exauríveis estiverem em uso nas áreas administrativa e comercial, ou, poderão ser classificados como custos quando os respectivos bens estiverem sendo utilizados na área de produção de bens ou de prestação de serviços.

Exemplo prático 2

Depreciação de bem adquirido durante o exercício social.

Depreciar a conta Móveis e Utensílios, sabendo-se que:

- a aquisição foi em 05/02 do exercício atual, sendo colocados em operação no dia 25/05;
- valor dos móveis adquiridos = $ 40.000;
- tempo de vida útil estimado em dez anos;
- Valor residual fixado em $ 4.000.

SOLUÇÃO:

a. Apuração do valor depreciável $ 40.000 − $ 4.000 = $ 36.000

b. Cálculo da quota anual 10% de $ 36.000 = $ 3.600

c. Cálculo da quota proporcional

Tendo em vista que o bem entrou em operação no mês 5, a depreciação será correspondente a 8 meses.
Faremos: $ 3.600/12 meses = $ 300 por mês 8 meses × $ 300 = $ 2.400.
Logo, a quota de depreciação proporcional corresponde a $ 2.400.

d. Contabilização:

O Lançamento Contábil é semelhante ao do exemplo prático anterior. Aliás, sempre que procedermos à Depreciação, o lançamento contábil será o mesmo, alterando-se apenas o histórico e o valor.

6.6 Amortização

6.6.1 Conceito

Amortização é a alocação sistemática do valor amortizável de ativo intangível ao longo da sua vida útil. (Item 8 da NBC TG 04)

Nem todos bens do Intangível estão sujeitos à amortização. O fator que determina a aplicação ou não da amortização é a vida útil do bem imaterial. Conforme veremos adiante, um ativo intangível com vida útil definida deve ser amortizado, porém, um ativo intangível com vida útil indefinida não deve ser amortizado. Nesse segundo caso, a entidade deverá no final de cada exercício social, submeter o bem ao teste de recuperabilidade.

Contudo, é importante esclarecer que esse procedimento não se aplica às empresas de pequeno e médio portes. Para essas empresas, conforme disciplina contida na Seção 18.19 da NBC TG 1000 – Contabilidade para Pequenas e Médias Empresas, todos os ativos intangíveis devem ser considerados com tendo vida útil finita e por esse motivo, todos devem ser amortizados.

Pequenas e médias empresas (PMEs), segundo a NBC TG 1000, são empresas que, por não terem seus instrumentos de dívida ou patrimoniais negociados em mercado de ações, não têm obrigação pública de prestação de contas, e elaboram demonstrações contábeis somente para fins gerais para usuários externos. Exemplos de usuários externos, incluem proprietários que não estão envolvidos na administração do negócio, credores existentes e potenciais, e agências de avaliação de crédito.

Contabilmente, a amortização é um processo semelhante à depreciação, porém aplicado aos bens imateriais. Enquanto por meio da depreciação, considera-se como despesa ou custo do período, uma parte do valor gasto na compra dos bens de uso da empresa, por meio da amortização, considera-se como despesa ou custo do período, uma parte do capital aplicado em bens imateriais com vida útil definida, integrantes do Intangível.

Nota

- Leituras obrigatórias: § 3º do artigo 183º da Lei n. 6.404/1976 e Itens 88 a 117 da NBC TG 04.

6.6.2 Vida útil

Segundo o item 88 da NBC TG 04, a entidade deve avaliar se a vida útil de ativo intangível é definida ou indefinida e, no primeiro caso, a duração ou o volume de produção ou unidades semelhantes que formam essa vida útil.

A entidade deve atribuir vida útil indefinida a um ativo intangível quando, com base na análise de todos os fatores relevantes, não existe um limite previsível para o período, durante o qual o ativo deverá gerar fluxos de caixa líquidos positivos para a entidade.

Conforme vimos, a contabilização de ativo intangível baseia-se na sua vida útil. Um ativo intangível com vida útil definida, deve ser amortizado (ver itens 97 a 106 da NBC TG 04), enquanto a de um ativo intangível, com vida útil indefinida, não deve ser amortizado (ver itens 107 a 110 da NBC TG 04). É importante destacar, conforme já dissemos, que esse procedimento não se aplica às empresas de pequeno e médio portes. Para essas empresas, todos os ativos intangíveis devem ser considerados com tendo vida útil finita e por esse motivo, todos devem ser amortizados. Caso a vida útil do ativo intangível não puder ser estabelecida de forma confiável, a vida útil deve ser determinada com base na melhor estimativa da administração, mas não deve exceder a dez anos. (Item 18.20 da NBC TG 1.000, alterado pela NBC TG 1.000 (R1))

6.6.3 Métodos de amortização

Vários métodos de amortização podem ser utilizados para apropriar de forma sistemática o valor amortizável de um bem imaterial, com vida útil definida, ao longo da sua vida útil. Os métodos linear, da soma dos algarismos dos anos e das unidades produzidas, estudados na Seção 6.5.4, aplicam-se também aos bens imateriais com vida útil definida. Os bens imateriais com vida útil indefinida, não estão sujeitos à amortização; contudo, a eles deve-se aplicar no final de cada exercício social o teste de recuperabilidade para que o valor contábil seja ou não revisado.

É importante destacar, conforme vimos que, segundo estabelece o § 3º do artigo 183º da Lei n. 6.404/1976, as empresas deverão efetuar, periodicamente, análise sobre a recuperação, também dos bens intangíveis com vida útil definida, para que sejam revisados e ajustados, os critérios utilizados para determinação da vida útil econômica estimada e, para cálculo da respectiva amortização. O valor amortizável de ativo intangível com vida útil definida, deve ser apropriado de forma sistemática ao longo da sua vida útil estimada. A amortização deve ser iniciada a partir do momento em que o ativo estiver disponível para uso e, deve cessar na data em que o ativo é classificado como mantido para venda, ou incluído em um grupo de ativos, classificado como mantido para venda, de acordo com a NBC TG 31, ou, ainda, na data em que ele é baixado, o que ocorrer primeiro. O método de amortização utilizado, deve refletir o padrão de consumo pela entidade dos benefícios econômicos futuros. Se não for possível determinar esse padrão com confiabilidade, deve ser utilizado o método linear.

Os bens imateriais com vida útil definida devem ser totalmente amortizados. Contudo, a NBC TG 04 prevê casos excepcionais em que se deve considerar um valor residual para esses bens.

6.6.4 Taxa anual de amortização

A taxa anual de amortização, dependerá do método de amortização aplicado ao bem imaterial com vida útil definida. Quando o método for o de linha reta, a taxa será proporcional ao número de anos de amortização.

6.6.5 Quota de amortização

A quota de amortização será determinada pela aplicação da taxa anual de amortização, sobre o valor amortizável do bem. Valor amortizável é o custo de um ativo ou outro valor que substitua o custo, menos o seu valor residual, quando houver.

A amortização, a exemplo do que ocorre com a depreciação, também poderá ser apropriada em quotas mensais, considerando-se sempre o mês integral, quando se tratar de início ou término do período de amortização.

6.6.6 Exemplo prático

Calcular e contabilizar a quota de amortização anual da conta Marcas, pelo método linear, em 31/12/X1, considerando que a referida conta tinha um saldo igual a $ 20.00, o mesmo existente em 31/12/X0 e que o tempo de vida útil foi estimado em 10 anos.

PROCEDIMENTOS:

a. Cálculo da quota de amortização:

10% de $ 20.000 = $ 2.000

b. Contabilização:

Amortização
a Amortização Acumulada
Amortização anual sobre Marcas e Patentes etc.............. 2.000

Observações

- A conta debitada (Amortização), corresponde à despesa ou custo do período.
- A conta creditada (Amortização Acumulada) é conta patrimonial, a qual representará sempre, o total acumulado das amortizações no decorrer do tempo de vida útil, estimado para o bem. No Balanço Patrimonial, esta conta figurará no Ativo Não Circulante, subgrupo Intangível, como redutora da conta Marcas e Patentes, que serviu de base para o seu cálculo.
- A baixa de um bem imaterial, totalmente amortizado contabilmente, é efetuada debitando-se a conta Amortização Acumulada e creditando-se a conta representativa do respectivo bem.

6.7 Exaustão

6.7.1 Conceito

Exaustão é a alocação sistemática do valor exaurível de um ativo ao longo da sua vida útil.

A exaustão é um processo semelhante á depreciação e a amortização, contudo, aplicável às contas classificadas no Imobilizado, representativas de direitos cujo objeto sejam recursos minerais ou florestais, ou bens aplicados nessa exploração. Valor exaurível, ou seja, sujeito a exaustão, corresponde ao valor do bem representativo de recurso mineral ou florestal diminuído do valor residual, quando for o caso. Para fins de apuração do lucro tributável, o assunto está disciplinado pela Legislação Tributária, por meio dos artigos 330º a 334º do RIR/99.

6.7.2 Exaustão de recursos minerais

6.7.2.1 Quotas e cálculos

O montante da quota anual de exaustão de recursos minerais, em cada ano, poderá ser determinado de acordo com os princípios de depreciação, com base no custo de aquisição ou prospecção, de duas maneiras:

1. Em função do prazo de concessão:

   A concessão consiste na habilitação obtida pela empresa perante o Governo, a fim de poder explorar o minério desejado. O cálculo da quota de exaustão é feito sobre o valor dos gastos realizados para obter a concessão. Esses gastos vão desde análise do solo, levantamento aerofotogramétrico e medição de jazidas, até o pagamento de taxas e outros encargos. Suponhamos que o prazo de concessão de uma determinada mina de carvão seja de oito anos. Neste caso, a taxa de exaustão a ser calculada sobre os gastos efetuados pela obtenção do direito de exploração será: 100%/8 anos = 12,5% a.a.

2. Na relação entre o volume de produção do período e a possança conhecida da mina:

Neste caso, a taxa anual de exaustão será obtida mediante a relação entre o volume de minério extraído e a reserva potencial da mina (possança).
Reserva é a capacidade estimada da jazida.
Suponhamos que a capacidade estimada de determinada jazida seja de 1.000 toneladas e que no período tenha ocorrido extração correspondente a 70 toneladas. A taxa de exaustão será obtida pelo seguinte cálculo:
Quantidade extraída multiplicada por 100, dividida por possança estimada.
Assim teremos:

$$\frac{70 \times 100}{1.000} = 7\% \text{ a.a.}$$

6.7.2.2 Exemplo prático

Valor contábil de uma jazida de carvão = $ 200.000.
Possança estimada da jazida = 1.000 toneladas.
Foram extraídas, no período, 150 toneladas.
Prazo de concessão = 20 anos.

Vamos calcular e contabilizar a quota de exaustão para o período, pelas duas maneiras apresentadas.

Procedimentos:

a. Cálculo da quota de exaustão com base no prazo de concessão:

Taxa:

$$\frac{100\%}{20} = 5\% \text{ a.a.}$$

Assim, basta aplicar 5% sobre $ 200.000 para obter o valor da quota de exaustão do período.

Contabilização:

1) *Exaustão*
a Exaustão Acumulada
Quota de exaustão calculada com base no prazo de concessão sobre jazida de carvão, referente a este ano 10.000

Observações

- A conta debitada (Exaustão), é conta de despesa ou custo do período.
- A conta creditada (Exaustão Acumulada), é conta Patrimonial e receberá anualmente o valor das quotas de exaustão, até atingir 100% do valor exaurível.

b. Relação volume produzido × possança estimada:

Taxa:

$$\frac{150 \times 100}{1.000} = 15\%$$

Quota de exaustão:

$$\frac{\$\ 200.000 \times 15}{100} = \$\ 30.000$$

CONTABILIZAÇÃO:

1) *Exaustão*

a Exaustão Acumulada

Quota de exaustão calculada pela relação produção x possança sobre jazida de carvão, referente a este ano. *30.000*

Notas

- Não se aplica a exaustão para a exploração de jazidas minerais inesgotáveis ou de exaustão indeterminável, como as de água mineral.
- A Legislação Tributária prevê a aplicação de exaustão mineral incentivada. Para aproveitar esse benefício fiscal é sempre conveniente consultar as disciplinas contidas no Regulamento do Imposto de Renda.

6.7.3 Exaustão de recursos florestais

A quota de exaustão dos recursos florestais destinados a corte pode ter como base de cálculo o valor das florestas.

Para o cálculo do valor da quota de exaustão poderá ser observado o seguinte critério:

a. Será apurado, inicialmente, o percentual que o volume dos recursos florestais utilizados, ou a quantidade de árvores extraídas durante o período de apuração, representa em relação ao volume ou à quantidade de árvores, que no início do período de apuração compunham a floresta (relação: extração/volume total da floresta);

b. O percentual encontrado será aplicado sobre o valor contábil da floresta, registrado no Ativo, e o resultado será considerado como custo dos recursos florestais extraídos.

6.7.4 Outras informações importantes

- Valor contábil de um bem sujeito a depreciação, é o valor pelo qual o bem é reconhecido após a dedução da depreciação e da perda por redução ao valor recuperável acumuladas.
- Valor contábil de um bem sujeito a amortização, é o valor pelo qual o bem é reconhecido no balanço patrimonial, após a dedução da amortização acumulada e da perda por desvalorização.
- Valor residual é a diferença entre o valor original do bem e o valor a ser depreciado, amortizado ou exaurído.
- A segregação de parte do valor do custo de um bem, para não ser depreciada, é comum nos casos em que o tempo de vida útil do bem, seja superior ao prazo em que ele será utilizado em uma determinada atividade, sendo posteriormente reaproveitado em outra atividade.
- Para representar o custo, despesa ou encargo do período referente a utilização econômica dos bens do Imobilizado e do Intangível, os termos corretos são:
    - depreciação: para bens materiais;
    - amortização: para bens imateriais;
    - exaustão: para recursos minerais;
    - depleção: para recursos florestais (nesta obra utilizamos, para os recursos florestais, o termo "exaustão", também usado para os recursos minerais, conforme consta do RIR/99.

Nota

- Quando os critérios de depreciação, amortização ou exaustão adotados pela empresa resultarem em quotas de depreciação, amortização ou exaustão maiores que as permitidas pelo Fisco, a empresa deverá oferecer a diferença para tributação mediante ajustes dos seus resultados no Livro Eletrônico de Escrituração e Apuração do Imposto sobre a Renda e da Contribuição Social sobre o Lucro Líquido da Pessoa Jurídica Tributada pelo Lucro Real (ELALUR).

ATIVIDADES TEÓRICAS

1. Escolha a alternativa correta

1.1 Contabilmente, a depreciação, amortização e exaustão são feitas mediante:

a) débito em uma conta de despesa.
b) débito em uma conta do Imobilizado ou do Intangível.
c) cálculos de quotas e taxas.
d) N.D.A.

1.2 É correto afirmar que:

a) A depreciação abrange os bens de uso tangíveis.
b) a amortização abrange os bens imateriais.
c) a exaustão abrange os recursos naturais.
d) Todas estão corretas.

1.3 Em relação a amortização, é correto afirmar:

a) Nem todos os bens imateriais estão sujeitos à amortização.

b) Estão sujeitos a amortização somente os bens com vida útil definida.

c) Os bens intangíveis com vida útil indefinida precisam ser submetidos ao teste de recuperabilidade, para serem amortizados.

d) Todas estão corretas, considerando que as informações nelas contidas não se aplicam às pequenas e médias empresas.

2. Responda:

2.1 O que é depreciação?

2.2 O que é Amortização?

2.3 O que é Exaustão?

2.4 Um bem com tempo de vida útil econômica inferior a um ano, por não estar sujeito a depreciação, como deve ser contabilizado?

2.5 Por que os processos de depreciação, amortização e exaustão devem ser revisados periodicamente?

2.6 Quais são as causas que justificam a depreciação?

2.7 O que é tempo de vida útil de um bem?

2.8 Em que consiste o método linear de depreciação?

2.9 Em que consiste o método da soma dos algarismos dos anos?

3. Classifique as afirmativas em falsa (F) ou verdadeira (V):

3.1 ( ) Alocar sistematicamente o valor depreciável, amortizável ou exaurível de um bem consiste em "transferir" periódicamente uma parcela do valor gasto na aquisição, fabricação ou construção do bem de uso para o resultado do período.

3.2 ( ) Valor depreciável é o custo de um ativo ou outro valor que substitua o custo, menos o seu valor residual.

3.3 ( ) O valor residual não está sujeito a amortização, depreciação ou exaustão.

3.4 ( ) Taxa de depreciação corresponde a um percentual fixado em função do valor de um bem.

3.5 ( ) As taxas de depreciação, amortização e exaustão, bem como os métodos a serem utilizados são definidos pela legislação tributária.

3.6 ( ) Cada empresa deve computar a quota efetivamente adequada às condições de depreciação de seus bens.

3.7 ( ) As pequenas e médias empresas devem amortizar todos bens do Intangível e, quando não for possível definir o tempo de vida útil, presume-se que seja de 10 anos.

3.8 ( ) O montante da quota anual de exaustão poderá ser determinado com base no custo de aquisição ou prospecção, de duas maneiras: em função do prazo de concessão ou na relação entre o volume de produção do período e a possança conhecida da mina.

ATIVIDADES PRÁTICAS

Prática 1

Calcular e contabilizar em 31 de dezembro de X1, as quotas de depreciação, pelo método linear, para os seguintes Bens:

a. Computadores, cujo saldo em 31/12/X0 era de 40.000;
b. Móveis e Utensílios adquiridos em 20 de maio e colocados em operação no dia 31 de maio de X1, no valor de 12.000;
c. Máquinas, cujo saldo do Balanço do exercício anterior era de 20.000, considerando seu uso em 2 turnos diários.

Prática 2

Calcular e contabilizar a quota de amortização em 31 de dezembro de X3, das seguintes contas, extraídas do registro contábil de uma empresa de pequeno porte:

a) Fundo de Comércio, pela taxa de 10%, sabendo que o saldo em 31/12/X2 era de 15.000.
b) Direitos Autorais, cujo saldo em 31/12/X2 era de 60.000. Considerar que a conta Amortização Acumulada do referido bem tinha saldo de 54.000.

Prática 3

- Valor contábil de uma jazida de pedra: 60.000.
- Possança estimada da jazida = 20.000 toneladas.
- Foram extraídas, no período, 400 toneladas.
- Prazo de concessão : 10 anos.

Pede-se:

a) Calcular e contabilizar a quota de exaustão com base no prazo de concessão;
b) Calcular e contabilizar a quota de exaustão pela Relação volume produzido × possança estimada.

6.8 Teste de Recuperabilidade

6.8.1 Introdução

Segundo a NBC TG 01, a entidade somente deve manter em seu ativo, contas representativas de bens e direitos registradas por valores que não excedam seus valores de recuperação.

Um ativo está registrado contabilmente por valor que excede seu valor de recuperação se, o seu valor contábil, exceder o montante a ser recuperado, pelo uso ou pela venda do ativo.

Se, por ventura, um elemento do ativo estiver registrado por valor superior ao valor recuperável, esse ativo está sujeito ao reconhecimento de perdas. Nesse caso, a entidade deve reconhecer um ajuste para perdas, por desvalorização. Por outro lado, se, por ventura, um elemento do ativo estiver registrado por valor inferior ao valor recuperável, nenhuma providência deverá ser tomada pela entidade.

Contabilmente, o ajuste em decorrência da perda por desvalorização, é feito mediante débito em conta representativa de despesa e crédito em conta redutora do Ativo, que evidencie a respectiva perda.

6.8.2 Conceitos

Teste de recuperabilidade consiste no confronto entre o valor contábil de um ativo com seu valor recuperável.

Valor contábil, é o montante pelo qual o ativo está reconhecido no balanço, depois da dedução de toda respectiva depreciação, amortização ou exaustão acumulada e ajuste para perdas.

Valor recuperável de um ativo, é o maior montante entre o seu valor justo líquido de despesa de venda e o seu valor em uso.

Valor justo líquido de despesa de venda, é o montante a ser obtido pela venda de um ativo, em transações em bases comutativas, entre partes conhecedoras e interessadas, menos as despesas estimadas de venda.

6.8.3 Outras informações importantes

A entidade deve avaliar ao fim de cada período, se há alguma indicação de que um ativo possa ter sofrido desvalorização. Se houver alguma indicação, a entidade deve estimar o valor recuperável do ativo e reconhecer essa desvalorização no respectivo exercício.

Se houver indicação de que um bem do Ativo Imobilizado ou do Ativo Intangível possa ter sofrido desvalorização, será necessário rever e ajustar a vida útil remanescente, o método de depreciação, amortização e exaustão ou o valor residual, se houver.

Nota

- Leitura obrigatória: É importante ler a NBC TG 01 para conhecer toda disciplina acerca da redução ao valor recuperável de ativos.

6.8.4 Exemplo prático

Considere as seguintes informações:

- Saldos em 31/12/X2

  Veículos 80.000
  (−) Depreciação Acumulada .... (32.000)

- A conta Veículos refere-se a um único automóvel de uso.
- A vida útil do veículo foi estimada em 5 anos e a taxa de depreciação em 20% a.a..
- O Veículo já tinha sido depreciado por dois anos de uso, ou seja, 20% em 31/12/X1 e 20% nesta data de 31/12/X2.
- Nesta data, ou seja, em 31/12/X2, a empresa aplicou o teste de recuperabilidade, utilizando as normas contidas na NBC TG 01 e constatou que o valor justo de recuperação do veículo, correspondia a $ 30.000, ou seja, $ 18.000 menos que seu valor contábil que nesta data era $ 48.000 (80.00-32.000).

Diante das informações acima, para atender às disciplinas contidas na NBC TG 01, a empresa deverá reconhecer neste final de exercício de X2, a perda de $ 18.000.

Veja como a perda será reconhecida contabilmente:

Despesas com Perdas Estimadas
a Perdas por Redução ao Valor Recuperável de Veículos
Pelo reconhecimento da perda,
conforme procedimentos exigidos pela
NBC TG 01 etc. 18.000

Observações

- A conta "Despesas com Perdas Estimadas", representa Despesa do período.
- A conta Perdas por Redução ao Valor Recuperável de Veículos, figurará no Balanço como conta redutora da conta Veículos.

Veja como as contas envolvidas figurarão no Balanço de 31/12/X2:

ATIVO IMOBILIZADO	
Veículos 80.000	
(–) Depreciação Acumulada	*(32.000)*
(–) Perdas por Redução ao Val. Recup. de Veículos	*(18.000)*
Saldo	*30.000*

Diante disso, ainda em 31/12/X2, conforme disciplina contida na NBC TG 01, a empresa deverá rever o tempo de vida útil e o método de depreciação.

Considerando que a desvalorização decorreu de perda na capacidade produtiva do bem, o tempo de vida útil remanescente que era de 3 anos, agora foi novamente reestimado em 2 anos.

Assim, a depreciação dos dois próximos exercícios será de 50% a.a., do saldo remanescente de $ 30.000.

Suponhamos, agora que em 31/12/X3, após ter sido computada a depreciação do referido ano no valor de $ 15.000, no Balanço conste:

ATIVO IMOBILIZADO	
Veículos	*80.000*
(Depreciação Acumulada	*(47.000*
(–) Perdas por Redução ao Val. Recup. de Veículos	*(18.000)*
Saldo	*15.000*

Novamente (agora em 31/12/X3), a empresa submete o bem ao teste de recuperabilidade e constata que, em decorrência de uma valorização espetacular ocorrida no mercado, o veículo alcance nesta data um valor justo de recuperação para venda no mercado, igual a $ 60.000 A valorização decorreu da troca gratuita de peças realizada pela indústria montadora do veículo, tendo em vista falhas no processo de fabricação que foram constatadas somente no final de X3.

Veja os procedimentos

Como o valor contábil do bem corresponde a $ 15.000 e o seu valor justo de recuperação é igual a $ 60.000, ele está valorizado em $ 45.000, acima do seu valor contábil.

Nesse caso, o procedimento será fazer a reversão da perda anteriormente estimada, como segue:

Perdas por Redução ao Valor Recuperável de Veículos
A Receita com Perdas Recuperadas
Pela reversão que se processa,
tendo em vista valorização, conf. laudo etc. *18.000*

Observações

- a conta Perdas por Redução ao Valor Recuperável de Veículos, sendo debitada, ficará com saldo igual a zero.
- a conta Receitas com Perdas Recuperadas, integrará as receitas do período e será apresentada na Demonstração do Resultado do Período.

No Balanço de 31/12/X3, portanto, as contas figurarão como segue:

ATIVO IMOBILIZADO

Veículos	*80.000*
(–) Depreciação Acumulada	*(47.000)*
Saldo	*33.000*

Observe que, embora o valor justo de recuperação seja igual a $ 60.000, a empresa reconheceu e reverteu toda a perda anteriormente estimada no valor de $ 18.000, ficando o bem com valor contábil de $ 33.000 e não de $ 60.000, pois em hipótese alguma a reversão de uma perda estimada poderá ultrapassar o valor anteriormente estimado.

Contudo, é importante destacar que, como houve uma valorização do bem, se a legislação permitir, a empresa poderá proceder a reavaliação desse bem, debitando a conta Veículos e creditando a conta Ajustes de Avaliação Patrimonial ou uma conta de Reserva de Reavaliação, conforme seja a orientação do CFC caso a reavaliação de bens seja novamente permitida no Brasil. No exemplo em questão, o valor desse lançamento seria o equivalente a diferença entre 60.000 e 33.000.

Creditando o valor da reavaliação em conta do Patrimônio Líquido, quando essa receita for realizada, por depreciação ou baixa do bem, o seu reconhecimento será demonstrado somente na Demonstração do Resultado Abrangente (débito na conta Ajustes de Avaliação Patrimonial ou de Reserva de Reavaliação e crédito na conta Lucros Acumulados).

Ainda, nesta data (31/12/X3), a empresa deverá novamente rever o tempo de vida útil, bem como, o método de depreciação para os períodos futuros.

Para ilustrar, vamos assumir que em decorrência da valorização, o bem que tinha um tempo de vida útil remanescente, em função da perda em 31/12/X2, de 1 ano, agora tenha condições de gerar fluxos de caixa futuros, por mais 3 anos. Nesse caso, a depreciação do saldo remanescente que agora é de $ 33.000, será feita nos três anos seguintes, a razão de 1/3 por ano.

Para concluir, é importante destacar que, quando a empresa deprecia um bem reavaliado, é preciso segregar parte da depreciação relativa ao custo original, para integrar o Resultado do Período e parte relativa ao valor reavaliado, para integrar o Resultado Abrangente do Período.

Caso tivesse sido atribuído um valor residual inicial, cuja prática é bastante incentivada pelas normas internacionais, esse valor também deveria ser revisto, tanto por ocasião do reconhecimento da perda em 31/12/X2, como por ocasião da reversão da Perda por Desvalorização em 31/12/X3, uma vez que, sendo o bem reavaliado, ainda que não reconhecida a reavaliação, o seu valor residual certamente será também modificado.

Notas

- No exemplo em questão, supomos que a valorização do bem ocorrida em 31/12/X3, superou o valor da perda estimada e devidamente contabilizada na conta redutora do Ativo, por isso ela foi totalmente revertida para receita. Caso a valorização fosse inferior ao valor da perda estimada, a baixa seria parcial e a conta Perdas por Redução ao Valor Recuperável de Veículos permaneceria no Balanço com o saldo remanescente.

6.9 Ganhos ou Perdas de Capital

6.9.1 Conceito

Ganhos ou perdas de capital, são os resultados obtidos em decorrência de baixas de bens ou direitos do Ativo Não Circulante. Para fins fiscais, esse assunto está disciplinado no artigo 418º do RIR/99. Os ganhos ou perdas de capital, portanto, serão determinados no confronto entre o valor contábil do bem e o resultado obtido na alienação, na desapropriação, na baixa por perecimento, extinção, desgaste, obsolescência ou exaustão, ou na liquidação de bens do Ativo Não Circulante.

Valor contábil, para efeito de determinação dos ganhos ou perdas de capital, compreende o saldo pelo qual o bem esteja registrado na escrituração comercial e diminuído, se for o caso, dos encargos de depreciação, amortização ou exaustão acumuladas e de Perdas Estimadas. A Legislação Tributária disciplina esse assunto nos artigos 418º a 433º do RIR/99.

6.9.2 Exemplo prático

Venda, à vista, em janeiro do exercício atual, de um computador (constante do Ativo Imobilizado), por $ 1.750, conforme Nota Fiscal n. 2.831.

Saldos constantes do Balanço anterior:
Conta Computadores: 3.400
Conta Depreciação Acumulada de Computadores: 2.040

Cálculos:

1. Apuração do valor contábil do bem: $ 3.400 – $ 2.040 = $ 1.360
2. Apuração do ganho ou da perda de capital:

Valor da alienação:	*$ 1.750*
(–) Valor contábil	*($ 1.360)*
(=) Ganho	*$ 390*

Ocorreu lucro na alienação, ou seja, ganho de capital, no valor de $ 390.

Notas

- Valor da alienação maior que valor contábil = lucro (ganho de capital).
- Valor contábil maior que valor da alienação = prejuízo (perda de capital).

Contabilização:

Veja duas opções que podem ser utilizadas para contabilização.

Opção 1: com adoção da conta transitória
Lançamentos no livro Diário

1. Registro do valor da venda:

   1) *Caixa*
   a Ganhos ou Perdas de Capital
   Pela venda de um computador marca X etc., conf. nossa NF n. 2.831. .... 1.750

2. Transferência da depreciação acumulada:

   2) *Depreciação Acumulada*
   a Computadores
   Valor que se transfere da 1ª para a 2ª das contas supra, tendo em vista alienação de um computador etc. 2.040

3. Baixa do valor contábil do bem:

   3) *Ganhos ou Perdas de Capital*
   a Computadores
   Baixa que se processa, tendo em vista alienação de um computador etc. 1.360

4. Transferência do ganho de capital para a conta apropriada:

   4) *Ganhos ou Perdas de Capital*
   a Ganhos na Baixa de Bens do Ativo Imobilizado
   Lucro apurado na venda de um computador etc. 390

Conforme você pôde observar, neste caso obtivemos lucro, pois vendemos por \$ 1.750 o bem cujo valor contábil era de \$ 1.360.

Entretanto, se o valor da venda fosse inferior ao valor contábil (por exemplo, \$ 1.200), teríamos prejuízo. Dessa forma, o 4º lançamento seria assim:

5) *Perdas na Baixa de Bens do Ativo Imobilizado*
a Ganhos ou Perdas de Capital
Prejuízo apurado etc. 160

Opção 2: sem adoção da conta transitória

1. Apuração do valor contábil do bem

1) *Depreciação Acumulada*
a Computadores
Valor que se transfere etc.. 2.040

Após este lançamento, a conta Depreciação Acumulada ficou com saldo zerado e a conta Computadores que tinha saldo devedor de $ 3.400, sendo creditada por $ 2.040, ficou com saldo igual a $ 1.360, cujo saldo representa o valor contábil do bem.

2. Registro do valor da venda e consequente lucro

2) *Caixa*
a Diversos
Pela venda de um computador marca X, conforme nossa NF n. 2.831 como segue:
a Computadores
Baixa que se processa pelo valor contábil.................. 1.360
a Ganhos na Baixa de Bens do Ativo Imobilizado
Lucro apurado na venda supra.................................. 390 1.750

ATIVIDADES TEÓRICAS

1. Escolha a alternativa correta

1.1 Os resultados obtidos em decorrência de baixas de bens ou direitos do Ativo Não Circulante, são:

a) Valores recuperávéis..
b) Ganhos ou Perdas de Capital.
c) Valores justos.
d) Valores contábeis.

1.2 É correto afirmar:

a) Quando o valor contábil do bem supera o valor da baixa, ocorre lucro.
b) Valor residual é o mesmo que valor depreciável.
c) Ganhos ou perdas de capital ocorrem somente na baixa de bens de uso.
d) N.D.A.

2. Responda:

2.1 Em que consiste o teste de recuperabilidade?

2.2 Por que as empresas devem submeter seus ativos ao teste de recuperabilidade regularmente?

2.3 O que deverá fazer uma empresa quando um elemento ativo estiver registrado por valor superior ao valor recuperável?

2.4 O que é valor recuperável de um elemento ativo?

2.5 Como se apuram os ganhos ou perdas de capital?

3. Indique se a afirmativa é falsa ou verdadeira:

3.1 ( ) Quando um elemento ativo estiver registrado por valor inferior ao valor recuperável, nenhuma providência deverá ser tomada pela entidade.

3.2 ( ) Valor contábil é o montante pelo qual o ativo está reconhecido no balanço depois da dedução de toda respectiva depreciação, amortização ou exaustão acumulada e ajuste para perdas.

ATIVIDADE PRÁTICA

Venda de um microcomputador, marca Tecnol, a prazo, para a empresa Comercial Ferreira S/A, conforme nossa Nota Fiscal n. 011, por $ 3.000. A conta correspondente apresentava a seguinte posição na Contabilidade:

a. Valor registrado na conta Computadores: $ 5 000.
b. Valor referente a Depreciação Acumulada: $ 1.500.

7 Tópicos especiais

7.1 Conciliação Bancária

7.1.1 Introdução

A **conciliação bancária** representa o confronto entre o movimento contido na ficha razão da conta Bancos conta Movimento e o contido no extrato da conta corrente bancária respectiva. Trata-se de um procedimento obrigatório, que deve ser efetuado por ocasião da apuração dos resultados da empresa, sejam eles mensais, trimestrais, semestrais ou anuais, pois visa levantar possíveis divergências entre o saldo constante da escrita contábil com aquele informado pela instituição financeira.

Quando o movimento bancário da empresa for expressivo, o ideal é que as conciliações sejam feitas diariamente, uma vez que dificilmente o saldo constante da ficha razão da conta Bancos conta Movimento coincidirá com o saldo constante do extrato da conta corrente bancária. Com acompanhamento diário dos registros contábeis e bancários, poder-se-á identificar e monitorar as divergências.

Normalmente, a empresa trabalha com mais de um estabelecimento bancário e, portanto, deve efetuar a conciliação entre a ficha razão de cada banco com os respectivos extratos bancários.

A principal razão das divergências do saldo contábil com o bancário é a defasagem entre as datas de escrituração da empresa e do banco.

Essa defasagem é normal e perfeitamente aceitável porque a empresa poderá efetuar pagamento a fornecedor, por meio de cheque, contabilizando-o, sendo que o fornecedor descontará o referido cheque somente dias depois; porque o banco poderá efetuar lançamentos na conta corrente da empresa, a débito ou a crédito, sem comunicar a empresa, ou, ainda, quando as comunicações sejam feitas com atraso ou se extraviem.

Os débitos ou créditos efetuados pelo banco na conta corrente da empresa podem decorrer de recebimento de duplicatas que estavam em cobrança no banco; de cobrança de juros e taxas por serviços prestados; do fornecimento de talões de cheques etc.

Além disso, poderão ocorrer erros nos registros contábeis da empresa bem como nos registros do estabelecimento bancário. Na empresa, os erros poderão envolver omissões de lançamentos, valores lançados a maior ou a menor; lançamentos em duplicata; lançamentos indevidos, referentes a movimento de um estabelecimento bancário em outro etc. No banco, os erros poderão envolver omissão de lançamentos; valores lançados a maior ou a menor; lançamentos em duplicata; lançamentos indevidos de um correntista na conta corrente de outro etc.

Desta forma, conforme já dissemos, a conciliação bancária é necessária, principalmente por ocasião da apuração do resultado do exercício, seja ele mensal, trimestral, semestral ou anual, para que se possam efetuar os ajustes necessários visando permitir que tanto o saldo da conta corrente bancária quanto o escriturado pela contabilidade reflitam o real movimento do respectivo período.

7.1.2 A técnica da conciliação

A conciliação bancária pode ser efetuada partindo-se do saldo do razão e chegando ao saldo do extrato, ou, do saldo do extrato e chegando ao saldo do razão.

No primeiro caso, a conta é considerada conciliada quando o saldo do Razão é ajustado até coincidir com o saldo do extrato bancário e, no segundo caso, a conta é considerada conciliada, quando o saldo do extrato é ajustado até coincidir com o saldo do Razão.

De posse da ficha razão da conta Bancos conta Movimento e do extrato da conta corrente bancária, você deverá conferir os lançamentos, ticando em ambos os documentos aqueles que coincidirem.

Não se esqueça de que os débitos lançados na ficha de razão correspondem a créditos lançados no extrato, e os créditos lançados na ficha de razão correspondem a débitos lançados no extrato.

Depois de efetuado o cotejo, devem ser relacionadas todas as divergências, as quais corresponderão aos lançamentos que não foram ticados, tanto da ficha razão quanto do extrato bancário.

7.1.3 Exemplo prático

Suponhamos as seguintes ficha razão e extrato de conta corrente bancária, relativos ao movimento do mês de fevereiro de X3:

FICHA RAZÃO

Conta: 1.1.1.02 Bancos conta Movimento
Subconta: 1.1.1.02.001 Banco Urupês S/A

DATA	HISTÓRICO	DÉBITO	CRÉDITO	D/C	SALDO
01/02	Saldo anterior	1.000x		D	1.000x
05/02	Cheque n. 111.330		500x	D	500
10/02	Depósito	8.000x		D	8.500
19/02	Cheque n. 111.331		2.000	D	6.500
20/02	Depósito em dinheiro	1.000		D	7.500
25/02	Cheque n. 111.302		2.500x	D	5.000
26/02	Cheque n. 111.303		525	D	4.475
28/02	Depósito	3.000x		D	7.475

EXTRATO BANCÁRIO

Banco: Urupês S/A
Período: 01 a 28 de fevereiro de X3

DATA	HISTÓRICO	MOVIMENTO	SALDO
01/02	Saldo anterior	–	1.000Cx
02/02	Aviso Débito (talões de cheque)	15D	985C
02/02	Aviso Débito (talões de cheque)	15D	970C
08/02	Cheque compensado n. 111.330	500Dx	470C
10/02	Depósito em dinheiro	8.000Cx	8.470C
20/02	Aviso de crédito 005	1.500C	9.970C
26/02	Cheque n. 111.302	2.500Dx	7.470C
27/02	Aviso de débito	200D	7.270C
27/02	Cheque compensado n. 111.303	552D	6.718C
27/02	Depósito em dinheiro	500C	7.218C
28/02	Depósito em dinheiro	3.000Cx	10.218C

Observe que os valores coincidentes foram marcados com "x"[1] tanto na ficha razão quanto no extrato. Os demais valores não marcados correspondem às pendências que devem ser relacionadas como segue:

[1] Utilizamos a letra "x" para indicar que os valores estão contidos nos dois documentos.

FICHA DE CONCILIAÇÃO BANCÁRIA

Banco: Urupês S/A
Período: 01 a 28 de fevereiro de X3

	HISTÓRICO	VALOR
	1. SALDO DO RAZÃO EM 28/02/X3	
(−)	**2.** DÉBITOS NO RAZÃO, NÃO CONSIDERADOS NO EXTRATO	
	2a. 20/02 Depósito efetuado no Banco Paineiras S/A e lançado indevidamente pela contabilidade	(1.000)
(+)	**3.** CRÉDITOS NO RAZÃO, NÃO CONSIDERADOS NO EXTRATO	
	3a. 19/02 cheque n. 111.331, referente ao pagamento ao fornecedor N. Ltda., ainda não compensado	2.000
(−)	**4.** DÉBITOS NO EXTRATO, NÃO CONSIDERADOS NO RAZÃO	
	4a. 02/02 Aviso de débito referente ao fornecimento de talões de cheque	(15)
	4b. Aviso de débito indevido referente ao fornecimento de talões de cheque	(15)
	4c. 27/02 Aviso de débito referente à duplicata 17 de J. A. e Cia., descontada e não quitada pelo cliente	(200)
	4d. 27/02 cheque n. 111.303 lançado a menor na contabilidade (552 2 525 5 27) referente ao pagamento ao fornecedor Blindex S/A	(27)
(+)	**5.** CRÉDITOS NO EXTRATO, NÃO CONSIDERADOS NO RAZÃO	
	5a. 20/02 Aviso de crédito referente à duplicata n. 32, aceite de Silvano S/A, que estava em cobrança simples no banco	1.500
	5b. 27/02 Depósito em dinheiro lançado indevidamente pelo banco	500
	Saldo conciliado	10.218

Agora, para que a conta Bancos conta Movimento-Banco Urupês S/A fique devidamente ajustada com o saldo constante do extrato bancário, conforme demonstrado na ficha de conciliação bancária (FCB), faremos na contabilidade os seguintes lançamentos:

Contabilização dos ajustes decorrentes da conciliação:

1) *Bancos conta Movimento*
Banco Paineiras S/A
a Bancos conta Movimento
a Banco Urupês S/A
Transferência que se processa da 2ª p/1ª das contas supra, tendo em vista lançamento indevido, efetuado em 20/02 na fl. do Diário n...., apurado pela conciliação, conforme item 2a da FCB *1.000*

2) *Despesas Bancárias*
a Bancos conta Movimento
a Banco Urupês S/A
Ref. aviso de débito de 02/02, conforme item 4a da FCB *15*

---

3) *Contas a Receber*
Banco Urupês S/A
a Bancos conta Movimento
a Banco Urupês S/A
Valor debitado indevidamente em nossa conta corrente em 02/02, conforme item 4b da FCB, aguardando regularização pelo banco *15*

---

4) *Duplicatas Descontadas*
Banco Urupês S/A
a Bancos conta Movimento
a Banco Urupês S/A
Débito efetuado pelo banco, em 27/02, tendo em vista duplicata 17, aceite de J. A. e Cia., não quitada, conforme item 4c da FCB *200*

---

5) *Fornecedores*
Blindex S/A
a Bancos conta Movimento
a Banco Urupês S/A
Complemento do lançamento de 26/02, fls. ... do Diário n. ..., referente ao pagamento por meio cheque n. 111.303 conforme item 4d da FCB *27*

---

6) *Bancos conta Movimento*
Banco Urupês S/A
a Clientes
a Silvano S/A
Referente duplicata 32 de s/aceite, recebida pelo banco em 20/02 conforme item 5a da FCB *1.500*

6a) *Endossos para Cobrança*
a Duplicatas em Cobrança
Baixa que se processa, referente à duplicata n. 32, aceite de Silvano S/A, quitada no banco em 20/02 .... *1.500*

---

7) *Bancos conta Movimento*
Banco Urupês S/A
a Contas a Pagar
a Banco Urupês S/A
Crédito indevido efetuado pelo banco, em 27/02, conforme item 5b da FCB, aguardando regularização pelo banco 500

Após os sete lançamentos de ajuste, o saldo da conta Bancos conta Movimento-Banco Urupês S/A que era devedor de $ 7.475, ficou igual a $ 8.218 devedor. A diferença entre o saldo do extrato corresponde ao cheque n. 111.331, referente ao pagamento ao fornecedor N. Ltda., não descontado até o dia 28/02.

Observe, portanto, que todas as diferenças levantadas e devidamente relacionadas no documento denominado ficha de conciliação bancária, que correspondam a erro ou omissões tanto por parte do banco quanto por parte da empresa, são objetos de ajuste nos registros contábeis.

Entretanto, os cheques emitidos pela empresa para pagamentos e devidamente contabilizados, porém não compensados, não serão ajustados na contabilidade, como ocorreu com o cheque n. 111.331, referente ao pagamento efetuado ao fornecedor N. Ltda., em 19/02, devidamente contabilizado pela empresa e não apresentado ao banco para compensação pelo fornecedor, conforme levantado no item 3a da FCB. Esse fato não será contabilizado exatamente por não corresponder a erro ou omissão. Essa ocorrência fica registrada na FCB, e, no mês seguinte, certamente quando o fornecedor descontar o cheque, ele figurará como débito no extrato e fará parte da FCB de março, porém apenas para que o saldo do razão coincida com o saldo do extrato, não sendo também, em março, necessário nenhum ajuste contábil.

É importante salientar ainda que as divergências contabilizadas por meio dos lançamentos n.[os] (3) e (7) figurarão também na conciliação do mês seguinte ou do mês em que o banco efetuar as regularizações, sendo que os lançamentos de ajuste correspondentes, efetuados no presente mês de fevereiro, serão lançados invertidamente, para dar a baixa respectiva.

ATIVIDADES TEÓRICAS

1. Leia atentamente as seguintes divergências levantadas em uma conciliação bancária:

1.1 Cheque emitido pela empresa para pagamento a fornecedor, lançado pelo banco, porém não contabilizado pela empresa.

1.2 Cheque emitido pela empresa para pagamento a fornecedor, contabilizado pela empresa, porém não lançado pelo banco, tendo em vista o fornecedor ainda não ter apresentado o cheque para desconto.

1.3 Aviso de débito lançado pelo banco e não comunicado à empresa.

1.4 Depósito em dinheiro, contabilizado pela empresa e lançado pelo banco.

Dos eventos apresentados, são passíveis de contabilização para ajuste:

a) todos;
b) três;
c) dois;
d) um;
e) nenhum.

2. A conciliação bancária será feita:
   a) partindo-se da ficha do razão para chegar ao saldo do extrato;
   b) partindo-se do extrato para chegar ao saldo da ficha do razão;
   c) para checar o movimento constante na ficha do razão com o movimento contido no extrato bancário;
   d) somente as letras "a" e "c" estão corretas;
   e) somente a letra "d" está incorreta.

3. A conta é considerada conciliada quando:
   a) partindo-se do saldo do razão, chega-se ao saldo do extrato bancário;
   b) partindo-se do extrato bancário chega-se ao saldo do razão;
   c) o saldo da ficha do razão estiver correto com o saldo contábil;
   d) somente a alternativa "c" está correta;
   e) as alternativas "a", "b" e "c" estão corretas.

ATIVIDADES PRÁTICAS

Com base na ficha razão e no extrato a seguir, efetue a conciliação bancária em 31 de maio, elaborando a ficha de conciliação bancária e os lançamentos de ajuste necessários.

FICHA RAZÃO

Conta: 1.1.1.02 Bancos conta Movimento
Subconta: 1.1.1.02.001 Banco Urupês S/A

DATA	HISTÓRICO	DÉBITO	CRÉDITO	D/C	SALDO
01/05	Saldo do mês anterior			D	5.000
02/05	Aviso de crédito bancário	4.000		D	9.000
05/05	Depósito	6.000		D	15.000
10/05	Aviso de débito		1.000	D	14.000
15/05	Pagamento a fornecedor cheque n. 444.100		3.500	C	10.500
30/05	Pagamento a fornecedor cheque n. 444.101		500	D	10.000

EXTRATO BANCÁRIO

Banco: Urupês S/A
Período: 01 a 31 de maio de X3

DATA	HISTÓRICO	MOVIMENTO	SALDO
01/05	Saldo do mês anterior		5.800C
02/05	Cheque n. 444.099	800D*	5.000C
02/05	Aviso de crédito	4.000C**	9.000C

(continua)

(continuação)

05/05	Aviso de crédito	1.000C	10.000C
05/05	Depósito	4.000C	14.000C
10/05	Aviso de débito	1.000D	13.000C
12/05	Aviso de débito (talões cheque)	20D	12.980C
15/05	Cheque n. 444.101	500D	12.480C
31/05	Aviso de crédito	1.000C	13.480C

* Trata-se de cheque já contabilizado na Ficha Razão do mês anterior e somente agora compensado pelo banco.

** Todos os avisos de créditos do presente extrato referem-se a recebimento de duplicatas que estavam em cobrança no banco.

7.2 Contas de Compensação

7.2.1 Conceito

As **Contas de Compensação**, também denominadas Contas Extrapatrimoniais, compreendem um sistema de contas próprias para o registro de atos administrativos relevantes.

7.2.2 Atos administrativos relevantes

São considerados relevantes os atos administrativos cujos efeitos possam se materializar no futuro, traduzindo em modificações no patrimônio, como:

a. aval de títulos: ato que coloca em risco o patrimônio da empresa, que se compromete em pagar a dívida caso o devedor (avalizado da empresa) não o faça;

b. fianças a favor de terceiros: ato comum nos contratos de locação de imóveis. Esse ato põe em risco o patrimônio da empresa que se obriga a efetuar o pagamento do aluguel caso o devedor (afiançado da empresa) não o faça;

c. contratação de seguros: ocorre quando a empresa contrata com uma companhia seguradora, cobertura de riscos contra incêndio, roubo etc. Trata-se de ato relevante, uma vez que revela a precaução da empresa no ressarcimento de possíveis perdas por sinistro, roubo etc.;

d. remessa de duplicatas para cobrança simples ocorre quando a empresa encaminha para o banco lotes de duplicatas de sua emissão para cobrança. Trata-se de ato relevante que deve ser contabilizado para configurar que os respectivos títulos representativos de direitos não se encontram em poder da empresa porque foram encaminhados ao banco para cobrança;

e. produtos semiacabados encaminhados para industrialização (beneficiamento) em outros estabelecimentos: o registro do acontecimento por meio de contas de compensação permite o controle das remessas bem como dos retornos dos produtos na contabilidade da empresa;

f. mercadorias recebidas em consignação: o registro do ato por meio das contas de compensação possibilita a comprovação nos registros contábeis, de parte dos estoques de posse da empresa, porém de propriedade de terceiros.

Portanto, muitos são os atos administrativos que devem ser registrados por meio das contas de compensação, para que a entidade mantenha controle de riscos que possam afetar o patrimônio; de contratos de compra e venda; de garantias prestadas e recebidas etc.

7.2.3 Obrigatoriedade de contabilização

A Lei n. 6.404/1976 não contempla a contabilização das Contas de Compensação. Contudo, na letra d, do inciso IV do § 5º do artigo 179º, estabelece que os ônus reais constituídos sobre elementos do ativo, as garantias prestadas a terceiros e outras responsabilidades eventuais ou contingentes, devem ser indicadas nas notas explicativas que complementam as demonstrações financeiras. O Conselho Federal de Contabilidade (CFC), trata das Contas de Compensação, nos itens 29 e 30 da Interpretação Técnica ITG 2000 – Escrituração Contábil, aprovada pela Resolução CFC n. 1330/2011. Estabelece a mencionada ITG 2000 que a escrituração das Contas de Compensação somente será obrigatória quando algum órgão regulador,[2] ao qual a empresa estiver subordinada, assim o determinar. Entretanto, nos casos em que as Contas de Compensação não forem utilizadas, a entidade deve manter outros mecanismos que possibilitem controlar os atos administrativos relevantes.

7.2.4 Posicionamento no balanço

Pelo fato de as contas de compensação serem utilizadas para o registro de transações que não provocam mutações nos valores patrimoniais, devem ser posicionadas no Balanço Patrimonial, abaixo dos totais do Ativo e do Passivo, e seus valores não podem ser adicionados aos totais do Ativo e ou do Passivo.

No elenco de contas, parte integrante do plano de contas, as contas de compensação devem ser posicionadas logo em seguida às contas patrimoniais, ou, no final, após as contas de resultado, constituindo agrupamento próprio.

A Lei n. 6.404/1976, portanto, por não disciplinar o uso das contas de compensação, também não obriga seu posicionamento no Balanço logo em seguida às contas patrimoniais, no entanto, exige que os atos administrativos relevantes sejam apresentados em notas explicativas, conforme já mencionamos.

Veja as principais contas de compensação, no elenco de contas apresentado na Seção 1.5 do Capítulo 1.

7.2.5 Exemplos práticos

A contabilização dos eventos por meio das **Contas de Compensação** é feita no momento da ocorrência dos respectivos atos, debitando-se uma conta própria de Compensação

[2] Comissão de Valores Mobiliários (CVM), Banco Central do Brasil (BCB), Superintendência de Seguros Privados (SUSEP) etc.

do Ativo e creditando-se sua contrapartida no grupo de Compensação do Passivo. Por ocasião do vencimento do contrato ou da extinção do compromisso, será dada baixa no sistema de compensação, invertendo-se o lançamento inicial. Veja, a seguir, alguns exemplos de registro e baixa no sistema de compensação:

Exemplo 1: contratos e empenhos

Contratação de Seguros

1) *Seguros Contratados*
a Contratos de Seguros
Pela contratação, com a Cia. Seguradora X, de seguro do ramo incêndio, sobre estoques de mercadorias, conforme apólice n. 444.555, com vigência de 20 de fevereiro de X3 a 19 de fevereiro de X4 .... 200.000

Baixa pelo vencimento do contrato

2) *Contratos de Seguros*
c Seguros Contratados
Pela baixa de contrato de seguro no ramo incêndio, firmado com a Cia. Seguradora X, conforme apólice n. 444.555, tendo em vista seu vencimento nesta data 200.000

Exemplo 2: riscos e ônus patrimoniais

Fianças a favor de terceiros

1) *Fianças a Favor de Terceiros*
a Favores de Terceiros em Fiança
Pela fiança prestada à empresa Comercial H. Ltda., em contrato de locação, pelo período de 10 de abril de X1 a 9 de outubro de X4 .... 30.000

Baixa da responsabilidade

2) *Favores de Terceiros em Fiança*
a Fianças a Favor de Terceiros
Baixa da responsabilidade por fiança concedida à Comercial H. Ltda., tendo em vista vencimento do contrato de locação 30.000

Exemplo 3: valores em poder de terceiros

Remessa de duplicatas para cobrança simples

1) *Duplicatas em Cobrança Bancária*
a Endossos para Cobrança de Duplicatas
Pela remessa do borderô de duplicatas desta data, para cobrança simples, no banco Urupês S/A. 15.000

Baixa pelo recebimento das duplicatas

2) *Endossos para Cobrança de Duplicatas*
a Duplicatas em Cobrança Bancária
Baixa da responsabilidade tendo em vista o recebimento de todas as duplicatas constantes do borderô de 05/05/03, conforme aviso bancário 15.000

Exemplo 4: valores de terceiros

Ações caucionadas

1) *Ações em Caução*
Hugo Bertonazzi
a Caução da Diretoria
a Hugo Bertonazzi
Sua entrega de 1.000 ações ordinárias de sua subscrição, para garantia do exercício no cargo de diretor financeiro, nos termos do art. 148º da Lei n. 6.404/1976 .... 10.000

Baixa pela restituição das ações

2) *Caução da Diretoria*
Hugo Bertonazzi
a Ações Caucionadas
a Hugo Bertonazzi
Baixa que se processa pela devolução de 1.000 ações ordinárias de sua subscrição, tendo em vista o vencimento do seu mandato no cargo de diretor financeiro... 10.000

ATIVIDADES TEÓRICAS

1. Coloque V se a afirmativa for verdadeira ou F se for falsa:

1.1 ( ) As contas de compensação, também denominadas de contas extrapatrimoniais, compreendem um sistema utilizado para o registro dos atos administrativos relevantes.

1.2 ( ) As contas Extrapatrimoniais devem ser utilizadas para o registro de todos os atos administrativos que ocorrem na empresa, conforme determinam as Normas Brasileiras de Contabilidade.

1.3 ( ) A função das contas de Compensação é permitir o controle por meio dos registros contábeis, dos acontecimentos que poderão provocar alterações no patrimônio.

1.4 ( ) É obrigatória a contabilização dos atos administrativos por meio das contas de compensação.

1.5 ( ) A Lei n. 6.404/1976 não disciplinou o uso das contas de Compensação, contudo, O Conselho Federal de Contabilidade, por meio da ITG 2000 tornou obrigatório a sua adoção.

1.6 ( ) As contas de compensação poderão figurar no final do Balanço Patrimonial, porém seus totais não serão somados aos totais do Ativo.

1.7 ( ) As contas de compensação poderão figurar no Balanço Patrimonial, logo em seguida às contas patrimoniais, e seus totais deverão compor o total do Ativo e do Passivo do patrimônio.

2. Responda:

2.1 O que são atos administrativos relevantes?

2.2 Cite três atos administrativos relevantes.

3. A Lei n. 6.404/1976 determina que os ônus reais, as garantias dadas a terceiros etc. devem ser apresentadas em que parte das demonstrações financeiras?

ATIVIDADES PRÁTICAS

Contabilizar os seguintes eventos:

1. Em 01/10/X3, nossa empresa contratou seguro por um ano, na modalidade incêndio, para bens do ativo circulante, com a Companhia Seguradora Belenense S/A, no valor total de $ 500.000. Foi pago, no ato, a importância de $ 3.000, referente ao prêmio.

Contabilizar os eventos ocorridos em 01/10/X3, bem como a baixa pelo encerramento do contrato em 30/09/X4.

2. Em 05/04/X4, nossa empresa encaminhou ao banco Urupês S/A, para cobrança simples, um borderô de duplicatas no valor de $ 100.000. O banco cobrou, nesta mesma data, $ 200 de comissão e taxa para a cobrança.

Contabilizar os eventos na data da remessa do borderô bem como a baixa, tendo em vista o recebimento de todas duplicatas 60 dias após.

7.3 Contas Redutoras do Balanço

7.3.1 Introdução

Você poderá observar no Elenco de Contas apresentado na Seção 1.5 do Capítulo 1 que, tanto no Ativo quanto no Passivo, algumas contas são precedidas de sinal negativo (–). Elas são denominadas contas Redutoras ou Retificadoras do Balanço.

Os valores das contas Redutoras figuram entre parênteses para indicar que esses valores são negativos no respectivo grupo.

O posicionamento no Balanço, de algumas contas como Redutoras de elementos do Ativo e do Passivo, decorre de exigências contidas não só nas normas de contabilidade, como, também na Lei n. 6.404/1976.

Segundo a NBC TG 01, a entidade somente deve manter em seu ativo, contas representativas de bens e direitos registradas por valores que não excedam seus valores de recuperação. Assim, sempre que na data do levantamento do Balanço houver bens ou direitos com valor de mercado (valor de recuperação) inferior ao custo de aquisição, a perda deve ser reconhecida no respectivo exercício tendo como contrapartida uma conta redutora do Ativo, conforme veremos adiante. As NBCS TG 01, 04, 12, 16, 27 além de outras, todas derivadas de CPCS elaborados em consonância com as normas internacionais de contabilidade IFRS, exigem o reconhecimento de perdas quando o custo de aquisição for superior ao valor de mercado (valor de recuperação pela venda ou uso).

A Lei n. 6.404/1976, por sua vez, apresenta disciplinas sobre a inclusão de contas redutoras no Balanço, nos artigos: 182º (Patrimônio Líquido); 183º (Critérios de avaliação do Ativo); e 184º (Critérios de avaliação do Passivo).

Veja, nas seções seguintes, alguns exemplos de contas Redutoras do Balanço.

7.3.2 Contas Redutoras do Ativo

São contas de natureza credora que, conforme comentamos, devem figurar no Balanço Patrimonial, do lado do Ativo, como redutoras das contas com base nas quais elas foram originadas.

Veja alguns exemplos:

a. Perdas Estimadas em Créditos de Liquidação Duvidosa

   Essa é a nova denominação da antiga Provisão para Créditos de Liquidação Duvidosa ou Provisão para Devedores Duvidosos. Figura no Ativo Circulante, subgrupo Clientes como redutora da conta Duplicatas a Receber.

   Representa previsão de perda que provavelmente ocorrerá no exercício seguinte, com base em perdas já ocorridas em exercícios anteriores ou em qualquer evidência objetiva de que um ativo financeiro ou um grupo de ativos financeiros esteja sujeito a perda do respectivo valor.

   Trata-se de perda estimada com fundamento na NBC TG 01 e na Lei n. 6.404/1976 e foi estudada na Seção 3.9 do Capítulo 3.

b. Perdas por Redução ao Valor Realizável Líquido

Conta redutora do grupo de estoques. Representa perdas reconhecidas quando o valor recuperável (valor de mercado, valor justo ou valor realizável líquido) de itens de estoques for inferior ao custo de aquisição ou transformação. (Inciso II do artigo 183º da Lei n. 6.404/1976 e item 9 da NBC TG 16 fundamentada no CPC 16).
Veja mais detalhes na Seção 3.6.6 do Capítulo 3.

c. Ajuste a Valor Presente

Em decorrência de exigência contida no inciso VIII do artigo 183º da Lei n. 6.404/1976, poderão figurar no Ativo, várias contas Redutoras de direitos a receber derivados de vendas de mercadorias a prazo ou de operações financeiras realizadas, como estudamos na Seção 3.4.3.4 do Capítulo 3 e também no Capítulo 5. Essas contas poderão figurar com o título de "Ajustes a Valor Presente", Juros Ativos a Apropriar" etc.

d. Depreciação Acumulada

Figura no Imobilizado, como redutora das contas representativas dos bens de uso. O processo da depreciação foi tratado no Capítulo 6.
Desta forma, os bens de uso são apresentados no Balanço pelos seus valores originais diminuídos das depreciações, permitindo assim que esses bens integrem o montante do patrimônio pelos seus valores reais, isto é, pelos valores que possam gerar fluxos de caixa futuros com a venda ou uso.

e. Amortização e Exaustão Acumuladas

De forma semelhante a Depreciação Acumulada, poderão figurar, ainda no Ativo Não Circulante as contas Amortização Acumulada e Exaustão Acumulada, como redutoras de contas representativas de bens intangíveis e de recursos naturais, classificadas no Ativo Intangível e no Ativo Imobilizado respectivamente, conforme estudamos no Capítulo 6.

7.3.3 Contas Redutoras do Passivo

São contas de natureza devedora que, pelas mesmas razões já explicitadas em relação às redutoras do Ativo, devem figurar do lado do Passivo.
Vejamos alguns exemplos:

a. Ajuste a Valor Presente

Em decorrência de exigência contida no inciso III do artigo 184º da Lei n. 6.404/76, poderão figurar no Passivo, várias contas redutoras de obrigações derivadas de compras de mercadorias a prazo ou de operações financeiras realizadas, como estudamos na Seção 3.3.3.5, do Capítulo 3 e também no Capítulo 5. Essas contas poderão figurar com o título de "Ajustes a Valor Presente", Juros Passivos a Apropriar", Juros Passivos a Transcorrer" etc.

b. Custos/Despesas ou Encargos Vinculados às Receitas

Essa intitulação representa um conjunto de contas retificadoras que poderão figurar no subgrupo Receitas Diferidas do Passivo Não Circulante. São encargos que decorrem das receitas recebidas antecipadamente, podendo ser de natureza tributária ou de outra natureza, e podem representar custos, perdas ou despesas, desde que necessárias para a realização da respectiva receita. O título da conta também poderá ser mais adequado ao tipo da despesa a que corresponda.

Veja o seguinte exemplo: suponhamos que uma empresa comercial que atua no ramo de comércio de veículos usados, visando a aumentar suas receitas, tenha decidido locar parte do imóvel de sua propriedade, onde está instalada, pelo período de um ano, a contar de 01 de janeiro de X2 a 31 de dezembro de X2. Na data de assinatura do contrato de locação (10 de dezembro de X1), exigiu que o locatário pagasse a importância de $ 3.000, correspondente a um mês de aluguel antecipado.

Entretanto, para que a locação se realizasse, foi gasta em dezembro de X1 a importância de $ 1.000 com pequenos reparos na rede elétrica e na rede de água.

Assim, como no mês de dezembro de X1 a empresa recebeu antecipadamente a importância de $ 3.000 e para realizar essa receita, teve gastos de $ 1.000, no Balanço que será levantado em 31 de dezembro de X1, no Passivo Não Circulante, subgrupo Receitas Diferidas, constará:

Aluguéis Ativos a Vencer	*3.000*
(–) Despesas com Reformas	*(1.000)*
Saldo	*2.000*

c. Capital a Realizar

Figura no Patrimônio Líquido como redutora da conta que registra o capital social. Refere-se à parcela do capital ainda não integralizada pelos proprietários, permitindo, no entanto, que o valor do capital, somado ao patrimônio, reflita adequadamente somente o montante que ingressou na empresa.

d. Prejuízos Acumulados

Figura no Patrimônio Líquido, como redutora de todo o grupo do Patrimônio Líquido. Trata-se de prejuízos apurados e ainda não compensados.

e. Ações em Tesouraria

Figura no grupo do Patrimônio Líquido. Corresponde a ações representativas do capital da própria empresa, adquiridas por ela mesma, nas circunstâncias permitidas pela Lei. Segundo estabelece o § 5º do artigo 182º da Lei n. 6.404/76, as ações em tesouraria deverão ser destacadas no Balanço como dedução da conta do Patrimônio Líquido que registrar a origem dos recursos aplicados na sua aquisição. Na vida prática, havendo dificuldade de identificação da origem do recurso, conforme estabelece o preceito legal citado, o contabilista deve escolher o melhor posicionamento conforme cada caso em particular.

ATIVIDADES TEÓRICAS

1. Coloque V se a afirmativa for verdadeira ou F se for falsa:

   1.1 ( ) As contas do Ativo são de natureza devedora, porém as Redutoras do Passivo são de natureza credora.

   1.2 ( ) As contas Redutoras do Ativo são de natureza devedora, e as Redutoras do Passivo, de natureza credora.

   1.3 ( ) As contas do Ativo, bem como as contas Redutoras do Passivo, são de natureza devedora.

   1.4 ( ) As contas do Passivo, bem como as Redutoras do Ativo, são de natureza credora.

   1.5 ( ) As contas Redutoras do Ativo são aquelas que figuram do lado do Ativo com sinal negativo e seus valores entre parênteses.

   1.6 ( ) As contas Redutoras do Passivo são aquelas que figuram no Balanço Patrimonial, do lado do Passivo, com sinal positivo e seus saldos entre parênteses.

2. Assinale a alternativa correta:

   2.1 O posicionamento no Balanço de algumas contas redutoras de elementos do Ativo e do Passivo decorre de exigências contidas:

   a) Na Lei n. 6.404/76.
   b) Nas normas contábeis.
   c) Na Constituição brasileira.
   d) As alternativas "a" e "b" estão corretas

3. Responda:

   3.1 Segundo as normas contábeis, qual a finalidade das contas redutoras do Ativo?

4. Coloque A para as contas Redutoras do Ativo, P para as Redutoras do Passivo e, N para as demais:

   4.1 ( ) Perdas Estimadas em Créditos de Liquidação Duvidosa;

   4.2 ( ) Duplicatas a Receber;

   4.3 ( ) Capital a Realizar;

   4.4 ( ) Depreciação Acumulada;

   4.5 ( ) Perdas por Redução ao Valor Realizável Líquido;

   4.6 ( ) Férias a Pagar;

   4.7 ( ) Prejuízos Acumulados;

   4.8 ( ) Ações em Tesouraria.

7.4 Comodato

7.4.1 Conceito

Comodato é uma operação que consiste no empréstimo gratuito de bens móveis ou imóveis, os quais devem ser restituídos no tempo convencionado.

Esse tipo de operação é comum, por exemplo, entre fabricantes de bebidas e de sorvetes, que cedem a comerciantes que revendem produtos de sua fabricação, *freezers* apropriados para a conservação desses produtos, vasilhames, expositores etc.

Os bens cedidos em comodato continuam integrando o Ativo Imobilizado das empresas cedentes. Além de possibilitarem a conservação adequada dos produtos, servem também para promover a marca do produtor que vem estampada nos respectivos equipamentos.

7.4.2 Partes envolvidas

No comodato, duas pessoas são envolvidas:

a. comodante: aquele que empresta o bem;

b. comodatário: aquele que toma emprestado o bem.

7.4.3 Outros aspectos do comodato

- Para que a operação de empréstimo seja enquadrada na modalidade de comodato, três requisitos são necessários: que seja gratuita; que o bem objeto do empréstimo não seja consumido pela empresa beneficiária; e que haja um prazo predeterminado para a restituição do bem ao cedente.
- Pode ser objeto de comodato tanto um bem móvel como um imóvel, pela sua totalidade ou em parte.
- A pessoa que cede um bem em comodato, não precisa ser a proprietária desse bem, basta ter a posse, salvo se houver impedimento legal ou contratual específico.
- Não há obrigatoriedade legal para que haja um contrato entre as partes, porém recomenda-se sua elaboração que poderá ser por instrumento público ou particular, para evitar desconfortos entre os envolvidos bem como para que a cedente possa incluir no seu resultado os encargos com a depreciação do bem cedido.
- O prazo pelo qual o bem deve permanecer com o beneficiário deve estar estipulado no respectivo contrato.
- As despesas necessárias para possibilitar a entrada em funcionamento do bem são de responsabilidade exclusiva do comodatário e serão pagas por ele, sem que tenha direito a reembolso.
- Conforme estabelece o Parecer Normativo CST n. 19/84, para que a empresa cedente possa considerar como dedutíveis, na determinação do lucro real, as despesas correspondentes aos encargos de depreciação de bens do seu Ativo Imobilizado cedidos em comodato a revendedores de produtos da cedente, é necessário que o empréstimo seja usual e necessário no tipo de operações, transações ou atividades da comodante e que os referidos bens estejam relacionados com a espécie de atividade por ela exercida.
- Caso no contrato de comodato não esteja previsto prazo para restituição do bem, o comodatário restituirá o bem, a qualquer momento caso seja da vontade do comodante.

7.4.4 Exemplo prático

Suponhamos que a Indústria Tropical de Sorvetes Ltda. tenha cedido em comodato um freezer marca Metafix integrante de seu Ativo Imobilizado, registrado sob n. 155, ao Restaurante Guaratinguetá Ltda., conforme contrato de comodato firmado entre as partes e nota fiscal n. 1.980.

O valor do bem foi igual a $ 6.000 e o prazo para restituição do bem foi fixado no contrato em 3 meses.

Data da remessa do bem: 01/12/X3.

Data da restituição: 28/02/X4.

CONTABILIZAÇÃO:

a. Na Comodante Indústria Tropical de Sorvetes Ltda.

1. Em 01/12/X3: pela remessa do *freezer* por empréstimo

1) Bens Cedidos em Comodato
a Remessa de Bens em Comodato
Pela remessa de um freezer marca Metafix, n 155, por empréstimo ao Restaurante Guaratinguetá Ltda., conforme contrato de comodato firmado e NF n. 1980................. 6.000

2. Em 31/12/X3: registro da quota de depreciação

2) Depreciação
a Depreciação Acumulada de Equipamentos
Quota de depreciação correspondente ao freezer n. 155 cedido em comodato ao Restaurante Guaratinguetá etc............ 50

3. Em 28/02/X4: pelo recebimento em devolução do bem cedido em comodato

O Restaurante Guaratinguetá emitiu a NF n. 132 para acompanhar a remessa do bem, sendo que a Indústria Tropical de Sorvetes Ltda emitiu a NFE n. 2.005.

3) Remessa de Bens em Comodato
a Bens Cedidos em Comodato
Pelo recebimento em devolução do freezer Metafix, n. 155, do Restaurante Guaratinguetá Ltda, conforme s/NF n. 152 e NNFE n. 2.005... 6.000

Observação

- Tanto a remessa quanto o recebimento do bem foram contabilizados no sistema de compensação.

No lançamento (2) contabilizamos a quota de depreciação referente ao mês de dezembro. Esse procedimento também deverá ser feito em 31 de janeiro e em 28 de fevereiro.

b. Na Comodatária: Restaurante Guaratinguetá Ltda.

1. Em 01/12/X3: pelo recebimento do bem por empréstimo

1) Bens Recebidos em Comodato
a Recebimento de Bens em Comodato
Pelo recebimento de um freezer marca Metafix, por empréstimo, da Indústria Tropical de Sorvetes Ltda, conforme contrato de comodato e NF n. 1.980 .... 6.000

2. Em 28/02/X4: pela restituição do bem

2) Recebimento de Bens em Comodato
a Bens Recebidos em Comodato
Pela devolução à cedente, de um freezer Metafix, objeto do contrato de comodato firmado conforme NNF n. 152 etc................................. 6.000

Observação

- No exemplo em questão, os únicos registros contábeis a serem efetuados na Comodatária referem-se ao sistema de compensação, para permitir o controle dos dois atos administrativos (recebimento e restituição) nos registros contábeis.

ATIVIDADES TEÓRICAS

1. Responda:

1.1 Em que consiste o comodato?

1.2 No comodato, quantas e quais são as pessoas envolvidas?

1.3 Quais são os requisitos necessários para que a operação seja enquadrada como comodato?

2. Classifique em falsa ou verdadeira.

2.1 ( ) Os bens cedidos em comodato continuam a fazer parte do Ativo Imobilizado da comodante.

2.2 ( ) Os bens cedidos em comodato passam a integrar o Ativo Imobilizado da comodatária.

2.3 ( ) Podem ser objeto de comodato tanto bens móveis quanto bens imóveis.

2.4 ( ) Nas operações de comodato, o contrato entre as partes não é obrigatório, porém é necessário.

2.5 ( ) O prazo pelo qual o bem deve permanecer com o beneficiário, deve estar estipulado no respectivo contrato.

2.6 ( ) Caso no contrato de comodato não esteja previsto prazo para restituição do bem, o comodatário não será obrigado a fazê-lo antes de 12 meses.

Suponhamos que em 01 de outubro de X3, a Companhia Industrial encaminhou para seu cliente, a Companhia Comercial, cinco *freezers* especiais para armazenar sorvetes de sua fabricação, conforme Nota Fiscal n. 844 e contrato de comodato firmado entre as partes, no valor de $ 40.000.

O prazo para restituição concedido e fixado no contrato é de 6 meses.

Considerando que na data do vencimento do contrato, a Companhia Comercial restituiu o bem, pede-se:

a) efetuar os registros contábeis na comodante:

- **a.1** na data da remessa;
- **a.2** em 31/12/X3 e no vencimento para apropriar as quotas de depreciação, pela taxa de 10%. a.a.;
- **a.3** na data do vencimento para dar baixa no sistema de compensação, considerando que a comodatária emitiu a NF n. 444 e a comodante, emitiu a NFE n. 5.468.

b) na Comodatária:

- **b.1** na data do recebimento;
- **b.2** na data da restituição, com emissão da NF n. 444.

7.5 Provisões

7.5.1 Introdução

A NBC TG 25 (Provisões, Passivos Contingentes e Ativos Contingentes), fundamentada no CPC 25 convergente com as normas internacionais de contabilidade IFRS, define o termo "provisão" como passivo de prazo ou valor incertos.

No Brasil, esse termo foi amplamente empregado na intitulação de várias contas redutoras do Ativo (Provisões Ativas) e de contas representativas de algumas obrigações tidas como líquidas e certas e também com valores e prazo incertos (Provisões Passivas).

Essas provisões, tanto ativas quanto passivas, contabilmente eram constituídas mediante débitos em contas representativas de despesas ou custos estimados ou não e créditos em contas que evidenciavam o tipo da provisão que estava sendo constituída (redutora do Ativo ou representativa de obrigação).

Desta forma, as contas de despesas ou custos, influenciavam no resultado do exercício em que as provisões eram constituídas, possibilitando assim o reconhecimento da perda provável ou não e mesmo dos encargos já assumidos pela empresa.

Por outro lado, as contrapartidas, ou seja, as contas representativas das provisões, tinham as seguintes finalidades:

a. Provisões ativas ou redutoras do Ativo: possibilitavam que elementos do Ativo figurassem no Balanço com seus respectivos valores recuperáveis, isto é, com seus valores capazes de gerar fluxos de caixa futuros para a empresa com o recebimento de direitos, venda ou uso de bens. As principais contas Redutoras do Ativo eram assim denominadas:

Provisão para Créditos de Liquidação Duvidosa, Provisão para Redução ao Valor de Mercado, Provisão para Perdas Prováveis na Realização de Investimentos etc.;

b. Provisões passivas ou representativas de obrigações: possibilitavam que no Passivo figurassem obrigações já assumidas pela empresa com valores líquidos e certos ou não. As principais contas representativas de provisões passivas recebiam as seguintes intitulações: Provisão para Férias, Provisão para Décimo Terceiro Salário, Provisão para Gratificações a Empregados, Provisão para Imposto de Renda, Provisão para Contribuição Social sobre o Lucro Líquido etc.

Na verdade, esses procedimentos não mudaram. As empresas continuam reconhecendo perdas e apropriando despesas ou custos tendo como contrapartidas contas Redutoras do Ativo ou representativas de obrigações, conforme as técnicas contábeis recomendam.

Contudo, com a adoção da NBC TG 25, o termo "provisão", na terminologia contábil ficou restrito para intitular somente algumas contas do Passivo derivadas desses ajustes, ou seja, aquelas representativas de passivos com prazo e valor incertos.

O item 14 da NBC TG 25 apresenta três condições que precisam ser satisfeitas para que uma provisão seja reconhecida:

a. que a entidade tenha uma obrigação presente (legal ou não formalizada) como resultado de evento passado;
b. seja provável (mais provável que sim do que não) que será necessária uma saída de recursos que incorporam benefícios econômicos para liquidar a obrigação; e
c. possa ser feita uma estimativa confiável do valor da obrigação.

O item 11 da mencionada NBC, estabelece que as provisões podem ser distintas de outros passivos tais como contas a pagar e passivos derivados de apropriações por competência (accruals) porque há incerteza sobre o prazo ou o valor do desembolso futuro necessário para a sua liquidação.

Estabelece também que as contas a pagar são passivos a pagar por conta de bens ou serviços fornecidos ou recebidos e que tenham sido faturados ou formalmente acordados com o fornecedor e que os passivos derivados de apropriações por competência (accruals) são passivos a pagar por bens ou serviços fornecidos ou recebidos, mas que não tenham sido pagos, faturados ou formalmente acordados com o fornecedor, incluindo valores devidos a empregados (por exemplo, valores relacionados com pagamento de férias). Embora algumas vezes seja necessário estimar o valor ou prazo desses passivos, a incerteza é geralmente muito menor do que nas provisões.

No item 19, a NBC TG em estudo, estabelece que são reconhecidas como provisão apenas as obrigações que surgem de eventos passados que existam independentemente de ações futuras da entidade (isto é, a conduta futura dos seus negócios).

São exemplos de tais obrigações as penalidades ou os custos de limpeza de danos ambientais ilegais, que em ambos os casos dariam origem na liquidação a uma saída de recursos que incorporam benefícios econômicos independentemente das ações futuras da entidade.

De forma similar, a entidade reconhece uma provisão para os custos de descontinuidade de poço de petróleo ou de central elétrica nuclear na medida em que a entidade é obrigada a retificar danos já causados.

Veja, agora, exemplos de contas de provisões que podem figurar no Passivo Circulante ou Não Circulante do Balanço Patrimonial:

- Provisão para Desmontagem de Equipamentos
- Provisão para Garantias de Produtos
- Provisão por Danos Ambientais

É importante destacar que as legislações comercial, societária e tributária brasileiras, consubstanciadas principalmente na Lei n. 6.404/76 e no RIR/99, continuam utilizando normalmente o termo "provisão", com as mesmas finalidades de antes.

É importante destacar, também, que a própria NBC TG 25, em seu item 7, reconhece que em alguns países o termo "provisão" é também usado no contexto de itens tais como depreciação, redução ao valor recuperável de ativos e créditos de liquidação duvidosa, que representam ajustes de valores contábeis ativos.

Finalmente, deve-se considerar, conforme já dissemos, que as contas Redutoras do Ativo bem como as representativas de obrigações que continham em suas intitulações o termo "Provisão", continuam existindo com as mesmas finalidades anteriores. As mudanças ocorreram apenas nas suas intitulações, nas quais não deve figurar mais o termo "provisão", pois ele somente será empregado nos casos previstos na NBC TG 25.

7.5.2 Exemplo prático

Constituição

Vamos assumir que uma indústria montadora de veículos, costumada a fornecer garantias aos seus clientes, no momento das vendas de seus produtos, comprometendo-se a reparar ou a substituir peças em decorrência de defeitos que surgirem dentro de 3 anos a partir da data da venda, em decorrência da experiência passada, conclui que é provável (ou seja, mais provável que sim do que não) que haverá algumas reclamações dentro das garantias.

Assim, para atender a esses prováveis gastos com as garantias, em 31 de dezembro de X1, essa empresa constituirá uma provisão para garantia de produtos, no valor de $ 500.000, como segue:

Contabilização:

1) *Despesas com Provisão para Garantias de Produtos*
a Provisão para Garantias de Produtos
Provisão que se constitui, tendo em vista garantias oferecidas por vendas realizadas durante o exercício etc. *500.000*

Observação

- A conta debitada, representativa de despesa operacional, terá seu saldo transferido para a conta Resultado do Exercício por ocasião da apuração do resultado.
- A conta creditada figurará no Passivo Não Circulante do Balanço, uma vez que representa provisão efetuada pelo período de 3 anos.

Utilização

Vamos assumir que no mês de março de X2, alguns clientes tenham procurado o serviço autorizado de uma das concessionárias da montadora, para troca de peças e realização de reparos devidamente abrangidos pela garantia oferecida. Os serviços e peças repostas importaram em $ 200.000, conforme documentação recebida da concessionária A.

É comum existir créditos da montadora com suas concessionárias e vice-versa. Assim, os gastos realizados pelas concessionárias com garantias dadas pela montadora aos clientes, podem ser contabilmente compensados com créditos da montadora junto às concessionárias. No caso do nosso exemplo, vamos supor que a montadora tenha reembolsado a concessionária A, por meio do cheque n. 10 emitido contra o Banco Urupês S/A.

CONTABILIZAÇÃO:

2) *Provisão para Garantias de Produtos*
a Bancos conta Movimento
a Banco Urupês S/A
N/Cheque n. 10 conf. documentação etc. 200.000

Observação

- Observe que neste momento, os gastos com troca de peças e reparos não representam despesas para a empresa, uma vez que essa despesa já foi reconhecida por ocasião das vendas, onde houve a constituição da Provisão para Garantia de Produtos. Por esse motivo, a conta debitada foi a representativa da respectiva provisão. Com esse débito, estamos dando baixa em parte do montante provisionado e a conta representativa da provisão ficou com seu saldo diminuído do respectivo valor.

Reversão

Vamos assumir agora que em 31 de dezembro de X4, data em que tenha expirado o prazo dado como garantia, a conta Provisão para Garantias de Produtos apresente saldo não utilizado de $ 300.000.

Nesse caso, o montante provisionado e não utilizado deverá ser revertido como receita do exercício de X4.

CONTABILIZAÇÃO:

3) *Provisão para Garantias de Produtos*
a Receitas com Reversão de Provisão para Garantias de Produtos
Reversão que se processa do saldo
não utilizado etc. 300.000

ATIVIDADES TEÓRICAS

1. Responda:

   1.1 Como a NBC TG 25 define o termo provisão?

   1.2 Contabilmente como se procede a constituição de uma provisão?

   1.3 Cite duas contas representativas de provisões.

2. Escolha a alternativa correta:

   2.1 Após a doção da NBC TG 25, uma provisão é constituída mediante:
   a) Crédito em conta de despesa ou custo.
   b) Crédito em conta redutora do Ativo.
   c) Crédito em conta redutora do Passivo.
   d) Crédito em conta representativa de obrigação.

   2.2 Com a constituição de provisão para garantia de produtos:
   a) A despesa com a garantia é reconhecida no exercício em que ocorreu a receita com a venda.
   b) A despesa é reconhecida no ano em que ocorrer a indenização ao cliente.
   c) Não há despesa uma vez que a provisão cobre a indenização.
   d) A despesa é compensada com a provisão.

   2.3 O lançamento de constituição de uma provisão tem como contrapartida no débito:
   a) Uma conta de obrigação.
   b) Uma conta de despesa ou custo.
   c) Uma conta redutora do Passivo.
   d) Uma conta redutora do Ativo.

   2.4 O saldo que remanescer em conta de provisão após expirado o prazo de sua validade deverá:
   a) Permanecer no Passivo.
   b) Ser baixado como despesa.
   c) Ser revertido como receita.
   d) Ser compensado com o saldo de outra provisão.

ATIVIDADE PRÁTICA

Em 31 de dezembro de X5, uma empresa que atua no ramo de petróleo, após estudos realizados concluiu que deverá gastar no exercício seguinte com a limpeza do terreno, cerca de $ 100.000.

Considerando que em agosto do exercício de X6 essa empresa incorreu em gastos no montante de $ 80.000 com a limpeza do terreno, pede-se:

a) Constituir a provisão em 31/12/X5;
b) Contabilizar o pagamento das despesas em 20 de agosto de X6, por meio de cheque; e
c) Em 31/12/X6, reverter o saldo da provisão que não foi utilizado.

TESTES DE CONCURSO

Técnico da Receita Federal – TRF-1997 – Contabilidade Geral

1. Na conferência física do dinheiro depositado em cofre verificou-se que havia ali $ 300,00 enquanto o saldo contábil da conta Caixa era de $ 400,00, justificou-se a divergência com a seguinte constatação:

a) Houve omissão de escrituração de vendas no valor de $ 100,00.
b) Uma nota de compra de $ 50,00 foi escriturada como sendo de venda.
c) Um adiantamento salarial de $ 100 foi escriturado duas vezes.
d) Um cheque emitido para suprimento de caixa no valor de $ 100,00 não foi escriturado.
e) Houve omissão de escrituração de compras no valor de $ 50,00.

Técnico da Receita Federal – TRF-2002 – Contabilidade Geral

2. O Mercado de Artesanato Local mantém conta corrente no Banco da Terra S/A. Em 31 de agosto recebeu o extrato do mês com saldo credor de $ 38.800,00. Como o livro razão apresentava na conta Bancos conta Movimento um saldo devedor de $ 24.000,00, a empresa mandou fazer uma conciliação.

Os dados colhidos para conciliação constaram dos seguintes fatos:

1. um cheque de $ 600,00, recebido de clientes e depositado em 20/08, foi devolvido por insuficiência de fundos;
2. três cheques de $ 1.200,00, 5.500,00 e 2.000,00, emitidos para pagamentos a terceiros, não foram apresentados;
3. um cheque de $ 700,00 foi debitado ao Mercado, por engano do banco;
4. um depósito de $ 200,00 foi erroneamente creditado a outro correntista;
5. uma cobrança de duplicatas, emitidas pelo Mercado, no valor de $ 8.000,00 fora feita pelo banco, mas não houve emissão de aviso a tempo;
6. no extrato aparecem despesas bancárias de $ 400,00, ainda não contabilizadas pelo Mercado.

Após analisar todos esses fatos, o Contador comunicou à administração que a conta Bancos c/ Movimento deverá ir a balanço com o saldo de:

a) $ 16.400,00.
b) $ 23.300,00.
c) $ 31.000,00.
d) $ 38.800,00.
e) $ 46.600,00.

Auditor-Fiscal da Previdência Social – AFPS-2002 – Auditoria – Contabilidade Avançada (adaptado)

3. O reconhecimento de perdas estimadas em elementos do Ativo possui como contrapartida uma conta de:

a) ganho;
b) receita;
c) despesa;
d) reserva;
e) fundo.

8 Operações envolvendo contas de resultado

8.1 Introdução

Segundo a teoria patrimonialista, com base na qual se desenvolve a contabilidade no Brasil, as contas são agrupadas em duas categorias: contas patrimoniais e contas de resultado.

As **contas patrimoniais** dividem-se em ativas e passivas, sendo utilizadas para o registro de transações que envolvem os elementos patrimoniais do Ativo, do Passivo e do Patrimônio Líquido. Por meio delas, pode-se conhecer e representar a situação patrimonial da empresa através do Balanço Patrimonial.

As **contas de resultado** dividem-se em despesas e receitas e são usadas para o registro de transações que provocam variações no Patrimônio Líquido, ora alterando-o para mais (receitas), ora alterando-o para menos (despesas). No presente capítulo, trataremos das contas de resultado.

O resultado do exercício apurado no final de cada exercício social[1], por meio das contas de resultado, pode representar lucro ou prejuízo. Quando o total das receitas superar o total das despesas, o resultado corresponderá ao lucro e provocará aumento no Patrimônio Líquido; quando o total das receitas for inferior ao total das despesas, o resultado será prejuízo e provocará diminuição no Patrimônio Líquido.

[1] As empresas, por conveniência própria ou por exigência legal, poderão apurar resultados mensais, trimestrais, semestrais ou anuais.

8.2 Despesas

8.2.1 Conceito

As **despesas**, em geral, caracterizam-se pelo consumo de bens ou pela utilização de serviços, objetivando a obtenção de receitas. Podem derivar, ainda, de juros, descontos, impostos etc.

As despesas provocam variações negativas na situação líquida do patrimônio, tendo como contrapartida diminuições no Ativo, quando pagas, ou aumentos no Passivo, quando forem assumidos compromissos para futuros pagamentos.

Veja a definição de despesas contida no item 2.23 da NBC TG 1000, aprovada pela Resolução CFC n. 1255/2009: "Despesas são decréscimos nos benefícios econômicos durante o período contábil, sob a forma de saída de recursos ou redução de ativos ou incrementos em passivos, que resultam em decréscimos no patrimônio líquido e que não sejam provenientes de distribuição aos proprietários da entidade."

EXEMPLO:

Pagamento, nesta data, efetuado no banco Urupês S/A, da conta de água e esgoto, no valor de $ 100, em dinheiro.

CONTABILIZAÇÃO:

Água e Esgoto
a Caixa
Pagamento de conta de água e esgoto,
conforme recibo desta data.. *100*

8.2.2 Classificação

As despesas podem ser classificadas em três grupos:

a. despesas pré-operacionais;
b. despesas operacionais;
c. Outras Despesas

8.2.2.1 Despesas pré-operacionais

As **despesas pré-operacionais** são aquelas que ocorrem na fase de constituição das empresas, ou seja, no momento em que elas estão sendo preparadas para começar a operar.

Na Seção 2.4 do Capítulo 2, vimos que essas despesas variam de acordo com o tipo de empresa. Geralmente, refere-se a gastos com registro de documentos, pagamentos de taxas, aquisições de livros, impressos, pinturas e reformas do imóvel, pagamentos a empregados, sócios ou diretores etc., podendo ou não alcançar elevadas importâncias.

Antes do advento da Lei n. 11.941/2009, que promoveu alterações na Lei das Sociedades por Ações, essas despesas eram ativadas no patrimônio, isto é, contabilizadas em contas representativas de bens imateriais classificadas no Ativo Diferido.

Posteriormente, por meio da amortização, o montante dessas despesas era rateado para integrar o resultado de vários exercícios. A partir de 01 de janeiro de 2009, esse procedimento mudou; agora, esses gastos devem ser contabilizados normalmente em contas de despesas operacionais, para compor o resultado do exercício em que foram incorridos, exceto aqueles gastos que possam ser incorporados aos bens de uso, conforme vimos no Capítulo 2.

Notas

- Despesas incorridas são aquelas cujos fatos geradores já ocorreram.
- Fato gerador da despesa é o acontecimento que dá origem às despesas, sendo que a maior parte deles corresponde ao consumo de bens ou à utilização de serviços.
- Despesas antecipadas são aquelas pagas antes da ocorrência dos respectivos fatos geradores. Devem ser contabilizadas por meio de contas patrimoniais, classificadas no Ativo Circulante ou no Ativo Realizável a Longo Prazo para serem posteriormente apropriadas nos exercícios da ocorrência de seus fatos geradores.

8.2.2.2 Despesas operacionais

São consideradas **despesas operacionais** todas as despesas que ocorrem a partir do momento em que a empresa começa a operar e que sejam necessárias ao desenvolvimento normal de suas atividades.

São necessárias as despesas pagas ou incorridas para a realização das transações ou operações exigidas pela atividade da empresa (§ 1º do art. 299º do RIR/99).

Segundo estabelece o inciso III do art. 187º da Lei n. 6.404/1976, as despesas operacionais podem ser agrupadas como segue:

a. **Despesas com as Vendas**: despesas realizadas com o setor comercial e necessárias para que a empresa realize suas vendas de mercadorias, produtos e serviços. Englobam os gastos com pessoal, aluguéis, consumo de bens do Ativo Imobilizado (depreciação), propagandas, transportes, enfim, há uma infinidade delas, conforme você poderá verificar no elenco de contas do Capítulo 1;

b. **Despesas Financeiras**: gastos decorrentes das operações financeiras realizadas pela empresa, como juros, descontos, variações monetárias e cambiais, inclusive as despesas bancárias;

c. **Despesas Gerais e Administrativas:** despesas realizadas com a administração da empresa, necessárias para que proprietários, gerentes e administradores possam gerenciar o negócio.

d. **Outras Despesas Operacionais**: despesas que, pela natureza, não se enquadram nos grupos anteriores. Convencionou-se classificar, neste grupo, as despesas que, embora consideradas operacionais, não são necessárias ao desenvolvimento normal das atividades da empresa, como as multas fiscais, as quais as empresas estão sujeitas, porém decorrem normalmente de desatenções de seus empregados. Outro exemplo é a despesa com a participação societária, que deriva de uma atividade econômica complementar da empresa.

Veja exemplos de contas de despesas operacionais, no Capítulo 1.

8.2.2.3 Outras Despesas

Outras Despesas são perdas decorrentes das baixas por alienação, desapropriação, perecimento, extinção, desgaste, obsolescência ou exaustão de elementos dos subgrupos Investimentos, Imobilizado e Intangível, todos do Ativo Não Circulante. A legislação tributária denomina essas perdas de "perdas de capital" (art. 418º do RIR/99). Veja exemplos de contas do grupo das Outras Despesas no elenco decontas da Seção 1.5 do Capítulo 1.

Nota

- É importante salientar que para adequar os procedimentos contábeis praticados no Brasil aos padrões internacionais de contabilidade, a Lei n. 11.941/2009, alterou a redação do inciso IV do artigo 187º da Lei n. 6.404/1976, substituindo as expressões "receitas e despesas não operacionais" por "outras receitas e outras despesas".

8.3 Receitas

8.3.1 Conceito

As **receitas** caracterizam-se, em geral, pela venda de bens ou pela prestação de serviços. Podem derivar ainda de juros, descontos, aluguéis etc.

As receitas provocam variações positivas na situação líquida do patrimônio, tendo como contrapartida aumentos no Ativo ou reduções no Passivo . Quando forem recebidas à vista, o aumento poderá ocorrer na conta Caixa ou na conta Bancos conta Movimento. E quando o cliente assumir o compromisso de pagar futuramente, o aumento será em uma conta representativa do respectivo direito. Poderá, ainda, ocorrer receitas tendo como contrapartida a exclusão total ou parcial de elementos do Passivo, como por exemplo, o pagamento de duplicatas com desconto. Veja a definição de receitas contida no item 2.23 da NBC TG 1000, aprovada pela Resolução CFC n. 1255/2009: "Receitas são aumentos de benefícios econômicos durante o período contábil, sob a forma de entradas ou aumentos de ativos ou diminuições de passivos, que resultam em aumento do patrimônio líquido e que não sejam provenientes de aportes dos proprietários da entidade." Aportes são as contribuições (normalmente em dinheiro) dos proprietários para constituição ou aumentos do capital da entidade.

O registro das receitas, quando recebidas à vista, isto é, na data de sua realização, é muito simples. Basta debitar a conta Caixa ou Bancos conta Movimento e creditar uma conta de receita que represente adequadamente a receita que estiver sendo recebida.

EXEMPLO:

Vendas de mercadorias à vista, conforme nossa nota fiscal n. 1.777, no valor de $ 5.000.

Contabilização no livro Diário:

Caixa

a Vendas de Mercadorias

Nossa NF n. 1.777 .... 5.000

8.3.2 Classificação

As receitas podem ser classificadas em duas categorias:

a. receitas operacionais, e

b. Outras Receitas.

8.3.2.1 Receitas operacionais

Receitas operacionais compreendem todas as receitas auferidas pela empresa no desenvolvimento de suas atividades operacionais normais.

No elenco de contas apresentado no Capítulo 1, previmos os seguintes grupos de receitas operacionais:

a. **Receita Bruta**: o conjunto das receitas auferidas com a venda de mercadorias e produtos, bem como com a prestação de serviços. No elenco de contas, integram também esse grupo de receitas as contas redutoras da receita bruta, que são Vendas Anuladas, Descontos Incondicionais Concedidos, Abatimentos Concedidos, além dos tributos incidentes sobre as vendas de bens e serviços como o ICMS, o PIS sobre Faturamento, a COFINS, e o Imposto Sobre Serviços de qualquer natureza (ISS). A receita bruta deduzida das contas redutoras será igual à receita líquida;

b. **Receitas Financeiras**: os ganhos auferidos nas operações financeiras, como nos investimentos efetuados a curto ou a longo prazos, na quitação de obrigações antes da data do vencimento etc. São exemplos de Receitas Financeiras: Juros Ativos, Descontos Obtidos, Variações Monetárias Ativas etc.;

c. **Outras Receitas Operacionais:** neste grupo, são classificadas todas as demais receitas auferidas pela empresa, exceto aquelas enquadradas como Receita Bruta, Financeira ou Outras Receitas.

8.3.2.2 Outras Receitas

Outras Receitas são ganhos decorrentes das baixas por alienação, desapropriação, perecimento, extinção, desgaste, obsolescência ou exaustão de elementos dos subgrupos Investimentos, Imobilizado e Intangível, todos do Ativo Não Circulante. A legislação tributária denomina esses ganhos de "ganhos de capital" (art. 418º do RIR/99). Veja exemplos de contas do grupo das Outras Receitas no elenco decontas da Seção 1.5 do Capítulo 1.

ATIVIDADES TEÓRICAS

1. Responda:

   1.1 Quantos e quais são os grupos em que se dividem as contas de despesas operacionais?

   1.2 Quais são os grupos em que se dividem as receitas operacionais?

   1.3 Em qual dos grupos de despesas devem ser classificadas as despesas que ocorrem na fase pré-operacional?

   1.4 O que você entende por despesas antecipadas?

   1.5 O que você entende por despesas pré-operacionais?

2. Classifique em falsa ou verdadeira

   2.1 ( ) As variações positivas no Patrimônio Líquido são decorrentes das receitas.

   2.2 ( ) As variações negativas no Patrimônio Líquido decorrem das receitas.

2.3 ( ) As despesas são responsáveis pelas variações negativas no Patrimônio Líquido.

2.4 ( ) Por exigência da Lei n. 6.404/1976, todas as empresas estão obrigadas a apurar seus resultados em 31 de dezembro de cada ano (fim de cada exercício social), entretanto, por interesse próprio ou por determinação de legislações específicas, elas poderão apurar resultados mensais, trimestrais ou semestrais.

2.5 ( ) As despesas, em geral, dividem-se em pré-operacionais, operacionais e Outras Despesas.

2.6 ( ) Despesas incorridas são aquelas cujos fatos geradores ainda não ocorreram.

2.7 ( ) Fato gerador da despesa é o acontecimento que dá origem à despesa.

2.8 ( ) Existem despesas que podem figurar tanto no grupo das Despesas com as Vendas quanto no grupo das Despesas Administrativas, como a Despesa com Salários.

2.9 ( ) Segundo a legislação tributária, as Outras Despesas correspondem a perdas de capital.

2.10 ( ) Segundo a legislação tributária, Outras Receitas correspondem aos ganhos de capital.

3. Escolha a alternativa correta:

3.1 É correto afirmar:

a) a despesa se caracteriza pelo consumo de bens e pela prestação de serviços;
b) as receitas caracterizam-se pela venda de bens e pela utilização de serviços;
c) as despesas se caracterizam pelo consumo de bens e pela utilização de serviços, objetivando a obtenção de receitas;
d) as receitas caracterizam-se pela venda de bens e pela prestação de serviços;
e) as alternativas “a” e “b” estão incorretas.

3.2 As contrapartidas das despesas são:

a) Caixa ou Bancos, quando pagas, e Contas a Receber, quando forem assumidos compromissos para pagamento futuro;
b) diminuições no Ativo ou aumentos no Passivo;
c) contas de Compensação;
d) sempre a conta Caixa ou Bancos;
e) n.d.a.

3.3 As receitas têm como contrapartida:

a) aumentos no Ativo ou diminuições no Passivo;
b) Caixa ou Bancos quando forem à vista e Contas a Pagar quando forem a prazo;
c) aumentos no Passivo e diminuições no Ativo;
d) aumentos no Capital e diminuição no PL;
e) n.d.a.

3.4 As despesas em geral podem ser divididas em:

a) Pré-Operacionais, Operacionais e Outras Despesas;
b) Despesas Operacionais, Despesas com as Vendas, Despesas Administrativas e Despesas Financeiras;
c) Despesas com Vendas, Despesas Administrativas, Despesas Financeiras e Outras Despesas;
d) Pré-Operacionais, Bruta e Líquida;
e) n.d.a.

3.5 As despesas do exercício seguinte, que forem pagas antecipadamente, serão classificadas:

a) Como Despesas Pré-Operacionais.
b) Como Despesas com Vendas.
c) No Ativo Circulante, subgrupo Despesas do Exercício Seguinte.
d) Somente a alternativa "a" está errada.
e) n.d.a.

3.6 As despesas que ocorrem a partir do momento em que a empresa começa a operar e que sejam necessárias ao desenvolvimento normal de suas atividades denominam-se:

a) despesas pré-operacionais;
b) outras despesas;
c) despesas diferidas;
d) despesas operacionais;
e) despesas financeiras.

8.4 Regime de competência

8.4.1 Introdução

Nesta seção, você estudará os principais ajustes que devem ser feitos nas Contas de Resultado no momento da apuração do Resultado do Exercício, em decorrência da aplicação do Regime de Competência.

O Regime de Competência, também denominado de Regime Contábil de Competência, deve ser adotado por todos os contabilistas não só do Brasil, como do mundo todo, visando à uniformização da apuração do resultado do exercício (período) das empresas privadas.

Esse Regime contábil, estabelece que as Receitas e as Despesas devem ser incluídas na apuração do Resultado do período em que ocorrerem, sempre de forma simultânea quando se correlacionarem, independentemente de seu recebimento ou pagamento.

Assim, as Despesas serão consideradas no Exercício (período) a que pertencerem, tenham ou não sido pagas; e as Receitas serão consideradas no Exercício (período) em que forem realizadas, tenham ou não sido recebidas.

Em outras palavras, para o Regime de Competência, o que determina a inclusão da Despesa e da Receita na apuração do Resultado do Exercício (período) é a ocorrência do respectivo Fato gerador.

O Fato gerador da Despesa é o acontecimento que dá origem à respectiva Despesa. Em geral, o Fato gerador da Despesa é o consumo de bens e a utilização de serviços.

A Despesa cujo Fato gerador já tenha ocorrido, é denominada Despesa incorrida (gerada).

O Fato gerador da Receita, em geral, é a venda de bens ou a prestação de serviços.

A Receita cujo Fato gerador já ocorreu é denominada de Receita realizada (gerada).

Então, conforme dissemos, para que o Resultado do Exercício (período) apurado pela empresa esteja de acordo com o que estabelece esse Regime Contábil, é necessário que sejam consideradas na apuração do Resultado, somente as Despesas e as Receitas que foram geradas no respectivo Exercício (período).

Ocorre, no entanto, que durante o Exercício Social, a empresa poderá ter efetuado pagamentos de Despesas incorridas no Exercício anterior; de Despesas incorridas no próprio Exercício ou ainda, poderão existir Despesas já incorridas e que não foram pagas como é o caso dos aluguéis e dos salários e encargos de dezembro que são pagos normalmente em janeiro do Exercício seguinte.

Da mesma forma, a empresa poderá ter recebido Receitas que foram realizadas no Exercício anterior; Receitas que foram realizadas no presente Exercício ou poderá ainda, haver no final do Exercício, Receitas cujos Fatos geradores já ocorreram, porém ainda não foram recebidas.

Assim, para que na apuração do Resultado constem apenas as Despesas e as Receitas cujos Fatos geradores ocorreram no período, será preciso proceder ajustes e apropriações em algumas Contas de Resultado.

Dependendo do momento que as empresas decidirem apurar os seus Resultados ou estiverem obrigadas a fazê-lo, elas deverão efetuar tais ajustes e apropriações no final de cada mês, de cada trimestre, de cada semestre ou somente no final do ano.

8.4.2 Ajustes em contas de despesas

O que determina a inclusão da despesa no resultado do exercício é a ocorrência do respectivo fato gerador, independentemente de ter ou não sido paga. O *fato gerador da despesa*, conforme vimos, é o acontecimento que dá origem à respectiva despesa.

A despesa cujo fato gerador já tenha ocorrido é denominada de despesa incorrida. Consideram-se incorridas as despesas:

- quando deixar de existir o correspondente valor Ativo, por transferência de sua propriedade para terceiro;
- pela diminuição ou extinção do valor econômico de um Ativo; ou
- pelo surgimento de um Passivo, sem o correspondente Ativo.

8.4.2.1 Despesas incorridas e não pagas

Despesa incorrida, conforme vimos, é aquela cujo fato gerador já ocorreu.

8.4.2.1.1 Despesas com aluguéis

Suponhamos que o aluguel do prédio no qual a empresa está instalada, referente ao mês de maio no valor de $ 5.000, deva ser pago no dia 10 de junho, de acordo com o que estabelece o contrato de locação.

No dia 31 de maio, será feita a apropriação da referida despesa por meio do seguinte lançamento:

Aluguéis Passivos
a Aluguéis a Pagar
Pela apropriação do aluguel deste mês a ser
pago em 10 de junho p.f. 5.000

Por meio desse lançamento, fica apropriada a despesa de aluguel no mês de maio, isto é, dentro do mês de sua competência (ocorrência). Se pretendessemos apurar o resultado do período correspondente ao mês de maio, essa despesa, tendo sido contabilizada, automaticamente estaria incluída, junto com as demais despesas contabilizadas no mês. Como o pagamento somente será efetuado no dia 10 do mês seguinte, foi creditada a conta aluguéis a pagar para registrar a referida obrigação.

Veja, agora, como será contabilizado no dia 10 de junho o pagamento do aluguel referente ao mês de maio:

Aluguéis a Pagar
a Caixa
Pagamento efetuado ao sr. Fulano referente
ao mês de maio 5.000

Observação

■ Nesta data, 10 de junho, por ocasião do pagamento do aluguel referente a maio, não cabe mais débito em conta de despesa, uma vez que a despesa com o aluguel já foi apropriada dentro do mês de sua competência (31 de maio). Neste momento, basta debitar a conta Aluguéis a Pagar, para extinguir a obrigação que foi registrada em 31 de maio.

ATIVIDADES PRÁTICAS

Prática 1

A empresa Comercial Bem-te-vi Ltda., que apura seus resultados somente no final do ano, não tendo por hábito apropriar as despesas com aluguéis mensalmente, efetuou, no dia 10 de abril, o pagamento do aluguel referente ao mês de março, em dinheiro, no valor de $ 2.000. Contabilizar o fato no dia do pagamento.

Prática 2

A empresa Comercial Teixeira Pombo Ltda., que apura seus resultados mensalmente, paga aluguel mensal no valor de $ 3.000 para a Imobiliária Sudeste Ltda., referente ao imóvel onde está instalada. Pede-se:

a) apropriar, no dia 28 de fevereiro, o aluguel que será pago no dia 10 de março;
b) contabilizar, no dia 10 de março, o pagamento do aluguel referente a fevereiro, por meio de cheque de sua emissão, contra o banco Urupês S/A.

Prática 3

Uma determinada empresa prestadora de serviços, que costuma apurar seus resultados somente no final de cada exercício social efetuou, no dia 10 de junho, o pagamento do aluguel do imóvel onde está instalada, referente ao mês de maio, no valor de $ 5.000, em dinheiro.

Pede-se efetuar a contabilização na data do pagamento.

Prática 4

A distribuidora de automóveis Nação S/A, que tem por praxe apurar resultados mensais, efetuou, no dia 5 de setembro, o pagamento do aluguel, referente ao mês de agosto, no valor de $ 10.000. O pagamento foi efetuado por meio do cheque n. 20 de sua emissão, contra o Banco Urupês S/A.

Pede-se apropriar as despesas no dia 31 de agosto e contabilizar o pagamento no dia 5 de setembro.

Prática 5

A Comercial Fauna Brasileira Ltda., que adota o sistema de inventário periódico, não tem por praxe apropriar a despesa de aluguel mensal.

Pede-se:

a) contabilizar, em 31 de dezembro, o aluguel referente ao mês de dezembro, que será pago em 10 de janeiro do exercício seguinte;

b) contabilizar o pagamento em 10 de janeiro, do exercício seguinte, no valor de $ 5.000,00, por meio do cheque n. 500 de sua emissão, contra o Banco Urupês S/A.

8.4.2.1.2 Despesas com salários e encargos

A exemplo do que ocorre com a contabilização dos aluguéis, a empresa pode optar pela apropriação das despesas com salários e encargos, no final do mês, do trimestre, do semestre ou somente no final do exercício, conforme a periodicidade de apuração dos seus resultados, seja mensal, trimestral, semestral ou anual. A contabilização das despesas com salários e encargos, é feita com base na folha de pagamento e já foi estudada no Capítulo 4.

8.4.2.2 Despesas pagas antecipadamente

Despesas pagas antecipadamente são as despesas cujos fatos geradores ainda não ocorreram, porém, já foram pagas. Enquanto os fatos geradores não ocorrerem, esses gastos representam direitos para a empresa, motivo pelo qual, no dia em que forem pagos, o correto é contabilizá-los a débito de contas patrimoniais do Ativo Circulante ou do Ativo Realizável a Longo Prazo, que espelhem adequadamente os respectivos direitos.

Veja as mais comuns:

8.4.2.2.1 Despesas com seguros

As empresas costumam fazer seguro para cobrir eventuais perdas causadas por furtos ou danos em bens, provocados por incêndio, vendaval, colisão etc.

Os bens que estão mais sujeitos a riscos são os veículos e os estoques, embora muitas empresas façam seguro também dos móveis e dos utensílios, dos computadores, dos imóveis etc.

Para segurar bens, solicita-se a presença de um corretor de seguros no estabelecimento, o qual faz a avaliação dos respectivos bens, definindo o valor a ser segurado (a ser coberto contra os riscos). Consultando tabelas pré-elaboradas e em função do valor a ser segurado, o corretor de seguros encontra o valor da despesa que a empresa deve pagar para ter seu Patrimônio coberto contra os riscos.

A companhia seguradora denomina de prêmio de seguro o valor da despesa que a empresa deve pagar.

Os seguros, normalmente, têm validade de um ano, isto é, uma vez assinado o contrato de seguro, o patrimônio segurado fica coberto contra o risco durante 365 dias. Em ano bissexto, em que o mês de fevereiro esteja incluso no período da cobertura, o patrimônio é segurado por 366 dias.

A cobertura passa a vigorar desde a zero hora do dia seguinte ao que o contrato for assinado até às 24h do mesmo dia da assinatura do ano seguinte. Exemplo: contrato assinado no dia 22 de setembro de X2, vigorará a partir de zero hora do dia 23 de setembro de X2 até às 24 horas do dia 22 de setembro de X3.

A despesa com seguro (prêmio de seguro), poderá ser paga à vista ou em parcelas, por meio de cheque entregue contra recibo ao próprio corretor; mediante débito em conta corrente bancária; mediante boleto etc. Posteriormente a companhia seguradora encaminhará à empresa cópia da respectiva apólice.

Suponhamos que no dia 24 de junho de X1, a nossa empresa tenha firmado com a Companhia Seguradora Nacional, contrato de seguro referente a um automóvel, avaliado em $ 21.000, tendo pago, no ato, por meio do cheque n. 730.001 de sua emissão contra o banco Urupês S/A, a importância de $ 1.095 de despesas. O veículo ficará coberto contra o risco, a partir de zero hora do dia 25 de junho de X1, até às 24 horas do dia 24 de junho de X2.

Note que, nesta operação, estão envolvidos dois acontecimentos:

a. Um fato administrativo. O pagamento da despesa antecipada acarretou diminuição do Ativo, pela saída do dinheiro da conta corrente bancária, e acarretou, ao mesmo tempo, aumento no Ativo, uma vez que sendo a despesa paga antecipadamente e enquanto o fato gerador da respectiva despesa do seguro não ocorrer, o valor da despesa paga representará direito da empresa com a companhia seguradora, a qual se compromete a garantir o seguro do respectivo bem;

b. Um ato administrativo. A assinatura do contrato de seguro caracteriza um ato administrativo relevante, o qual deverá ser contabilizado por meio de contas de compensação.

Veja, então, os procedimentos contábeis desse acontecimento:

Prêmios de Seguro a Vencer
a Bancos conta Movimento
a Banco Urupês S/A
Pagamento efetuado à Companhia Seguradora Nacional por meio do cheque n. 730.001, conforme recibo desta data, referente à apólice de seguro de automóvel, a vigorar pelo período de um ano *1.095*

Observações

- Foi debitada a conta Prêmios de Seguro a Vencer, que é patrimonial, do subgrupo Despesas do Exercício Seguinte, do Ativo Circulante, para registrar o valor da despesa paga antecipadamente.
- Enquanto não ocorrer o fato gerador da despesa de seguro o qual se dará com o passar dos dias, o valor da despesa paga antecipadamente representa, para a empresa, um direito com a companhia seguradora, a qual se compromete, no caso de danos, em ressarcir a empresa pelos prejuízos obtidos, até o limite do valor segurado, durante a vigência do referido contrato.
- No fim de cada mês ou no fim do ano, conforme o caso, a empresa deve apropriar o valor da despesa incorrida no respectivo período, debitando uma conta de despesa (Prêmios de Seguro) e creditando a conta que registrou a despesa paga antecipadamente (Prêmios de Seguro a Vencer).

Para conhecer o valor da despesa de seguro incorrida no período, mês ou ano, faz-se o seguinte cálculo: divida o valor da despesa do seguro por 365 dias ou por 366, quando se tratar de ano bissexto em que o mês de fevereiro esteja incluído no período de cobertura, para obter o valor diário da despesa de seguro. Em seguida, multiplicando o valor diário do seguro pelo número de dias do período (mês ou ano), chega-se ao valor da despesa a ser apropriada naquele período.

Conforme já estudamos, as empresas que apuram resultados mensais devem apropriar as despesas com seguros no fim de cada mês, enquanto as empresas que apuram os resultados uma só vez ao ano apropriam as despesas de seguros incorridas no ano somente no último dia do ano. Veja, então, os procedimentos de uma empresa que apura resultados mensais. Utilizaremos o mesmo exemplo anterior:

Cálculo da despesa incorrida em junho de X1:

$$\frac{\$\ 1.095}{365 \text{ dias}} = \$\ 3 \text{ por dia}$$

Como de 25 a 30 de junho são 6 dias (inclui-se o dia 25 na contagem), faremos:

$$6 \times \$\ 3 = \$\ 18$$

Contabilização em 30 de junho:

Prêmios de Seguro
a Prêmios de Seguro a Vencer
Apropriação que se processa da despesa incorrida de 24 a 30 do corrente mês, conforme cálculos 18

Veja, a posição das contas envolvidas, em seus respectivos razonetes:

PRÊMIOS DE SEGURO A VENCER	
1.095	18
(S) 1.077	

PRÊMIO DE SEGURO	
18	

Observações

- A conta Prêmios de Seguro a Vencer, utilizada para registrar o valor da despesa paga antecipadamente, tinha, antes do lançamento da apropriação, um saldo de $ 1.095; depois do lançamento, ficou com saldo de $ 1.077.
- A conta Prêmios de Seguro, que é uma conta de despesa, sendo debitada no lançamento da apropriação, ficou com saldo devedor de $ 18, referente à despesa incorrida no período. O saldo desta conta será transferido para a conta Resultado do Exercício, junto com as demais despesas, por ocasião da apuração do resultado. Esse mesmo procedimento deve ser feito mensalmente, até o dia 24 de junho de X2, data em que toda a despesa de seguro referente ao contrato em questão já terá sido incorrida.

Veja, agora, os procedimentos de uma empresa que apura seus resultados somente no fim do ano.

CÁLCULOS:

$$\frac{\$ \ 1.095}{365 \text{ dias}} = \$ \ 3 \text{ por dia}$$

Cálculo do número de dias, de 25 de junho a 31 de dezembro: (junho, 6; julho, 31; agosto, 31; setembro, 30; outubro, 31; novembro, 30, e dezembro, 31) = 190 dias.

$$190 \text{ dias} \times \$ \ 3 = \$ \ 570$$

Contabilização em 31/12/X1:

Prêmios de Seguro
a Prêmios de Seguro a Vencer
Apropriação que se processa da despesa de seguro incorrida no período de 25 de junho a 31 de dezembro do corrente, conforme cálculos 570

Você já estudou na Seção 7.2 (Capítulo 7) que os atos administrativos relevantes devem ser contabilizados por meio das contas de compensação. Veja, então, como contabilizaremos o ato em questão:

Seguros Contratados
a Contratos de Seguros
Contrato de seguro firmado com a Companhia Seguradora Nacional, pelo período de um ano, conforme apólice n. X 21.000

Observação

- Esse registro não interfere nos valores patrimoniais, mas indica que a empresa tem em seu patrimônio uma cobertura no valor de $ 21.000 contra eventuais perdas, de acordo com o que estabelece o respectivo contrato.

ATIVIDADES PRÁTICAS

Prática 1 – solucionada

No dia 19 de maio, nossa empresa firmou contrato de seguro contra incêndio com a Companhia Sul, tendo pago a importância de $ 1.500 referente ao prêmio, conforme recibo n. 70. O valor segurado foi de $ 150.000, pelo período de um ano.

Pede-se:

a) contabilizar o pagamento da despesa, efetuada em dinheiro;

b) registrar o ato administrativo por meio das contas de compensação.

Solução:

(Para sua conferência, apenas lançamentos de Diário)

a) Contabilização do pagamento da despesa:

Prêmios de Seguro a Vencer

a Caixa

Paga a Companhia Sul conforme recibo n. 70 .... 1.500

b) Contabilização do ato:

Seguros Contratados

a Contratos de Seguros

Contrato de seguro firmado com a Companhia Sul, conforme apólice etc. 150.000

Prática 2

Seguro firmado com a companhia X, em 01/07/X1, contra incêndio, conforme apólice Y. O valor segurado foi de $ 200.000, e a despesa foi paga em dinheiro, no valor de $ 2.000, conforme recibo n. 1.930.

Pede-se:

a) contabilizar o pagamento da despesa;

b) contabilizar o ato administrativo, por meio das contas de compensação.

Prática 3

Em 18 de setembro de X1, nossa empresa firmou contrato de seguro contra incêndio com a companhia Y, pelo período de um ano, conforme apólice n. 801. O valor segurado foi de $ 500.000, e a despesa importou em $ 3.650, paga em dinheiro, no próprio dia 18 de setembro, conforme recibo n. 240.

Pede-se:

Considerando que a empresa apura seus resultados mensalmente:

a) contabilizar o fato e o ato ocorridos em 18 de setembro;

b) apropriar a despesa incorrida até 30 de setembro de X1.

Prática 4

Seguro contra incêndio firmado com a Companhia Seguradora Nacional, pelo período de um ano, conforme apólice n. 701, a saber:

Valor segurado = $ 900.000

Valor do prêmio pago por meio do cheque n. 701 de nossa emissão, contra o banco Urupês S/A = $ 10.950, conforme recibo n. 333.

A empresa apura seus resultados somente no final do ano.

Pede-se:

a) contabilizar o pagamento da despesa em 20 de abril de X2;

b) contabilizar o ato, em 20 de abril de X2;

c) apropriar a despesa incorrida até 31 de dezembro de X2;

d) apropriar a despesa incorrida referente ao período de 01/01/X3 a 20/04/X3;

e) dar a baixa no sistema de compensação, no dia 20/04/X3, data em que o contrato se encerrou.

8.4.2.2.2 Despesas com aluguéis

Outro caso de despesa paga antecipadamente pode ocorrer com os aluguéis.

Suponhamos que no dia 20 de dezembro de X1, nossa empresa tenha decidido pagar ao proprietário do imóvel onde estamos instalados a importância de $ 5.000, correspondente ao aluguel do mês de janeiro de X2, cuja despesa deveria ser paga no dia 10 de fevereiro de X2.

Contabilização em 20 de dezembro de X1:

Aluguéis Passivos a Vencer
a Caixa
Pagamento efetuado ao sr. Fulano,
referente ao aluguel de janeiro de X2 .... *5.000*

Como o fato gerador do aluguel em questão somente ocorrerá no mês de janeiro de X2, e tendo em vista o regime de competência, neste exercício debitamos a conta Aluguéis Passivos a Vencer que é conta Patrimonial do subgrupo Despesas do Exercício Seguinte do Ativo Circulante.

No último dia do mês de janeiro de X2, para apropriar a despesa que foi paga antecipadamente neste exercício, faremos o seguinte lançamento de ajuste:

Aluguéis Passivos
a Aluguéis Passivos a Vencer
Pela apropriação do aluguel deste mês pago
antecipadamente no exercício anterior *5.000*

Uma empresa de prestação de serviços, que apura seus resultados somente no final de cada ano, pagou, no dia 15 de dezembro de X8, em dinheiro, a importância de $ 800 ao sr. Pedro Ribeiro, referente ao aluguel de janeiro de X9.

Pede-se:

a. contabilizar o pagamento no dia 15/12/X8;

b. apropriar a despesa em 31/01/X9.

8.4.2.2.3 Despesas com materiais de consumo

Para contabilizar os materiais que a empresa adquire para consumo próprio, como ocorre com os de expediente e limpeza, há que se considerar duas situações:

1. Quando a empresa compra em pequenas quantidades para consumo imediato. Neste caso, seja qual for o sistema de apuração de resultado adotado pela empresa (mensal ou anual), o valor da compra poderá ser contabilizado a débito de uma conta de despesa.

Exemplo: compra, à vista, de 500 folhas de papel tamanho ofício 2 e 6 canetas esferográficas, conforme NF n. 741 da Papelaria Aliança, no valor de $ 8.

Contabilização:

Material de Expediente
a Caixa
NF n. 741 da Papelaria Aliança.......................................*8*

Observação

■ A conta Material de Expediente, que é de Despesa Operacional, sendo debitada, indica que o referido fato corresponde à despesa do período.

2. Quando a empresa adquire esses materiais em grandes quantidades para consumo futuro. Neste caso, como no momento da compra não é caracterizada a despesa, uma vez que não há consumo, o procedimento mais correto do ponto de vista técnico é contabilizar o valor da compra a débito de uma conta de estoque.

   Se a empresa adotar o sistema de inventário permanente, toda vez que algum setor da empresa precisar retirar do estoque materiais para consumo, a pessoa responsável deverá emitir um documento que poderá ser uma requisição de material mediante a qual o referido fato deverá ser contabilizado, debitando-se uma conta de despesa e creditando-se a conta do estoque para dar a baixa respectiva. Se, por outro lado, a empresa adotar o sistema de inventário periódico, o registro da despesa poderá ser efetuado somente no final do ano, comparando-se o estoque físico com o estoque contábil. Estoque físico é o que realmente existe, apurado mediante contagem dos objetos estocados, e estoque contábil é aquele registrado pela contabilidade, obtido consultando-se o saldo da respectiva conta, no livro Razão.
   Veja melhor:

a. Empresa que adota o sistema de apuração mensal de resultados

   Suponhamos que no dia 01 de julho de X1, a empresa tenha adquirido materiais de expediente no valor de $ 10.000, conforme NF n. 1.005 da Distribuidora Nova Aliança Ltda.

   CONTABILIZAÇÃO:

   Estoque de Material de Expediente
   a Caixa
   NF n. 1.005 da Distribuidora Nova Aliança Ltda............ 10.000

Observação

■ A conta Estoque de Material de Expediente, que é do Ativo Circulante, foi debitada. Isso porque a compra de materiais de consumo em grande quantidade não caracteriza a despesa, uma vez que no ato da compra não houve consumo.

   Suponhamos, agora, que no dia 5 de julho, tenham sido retirados do estoque materiais de expediente no valor de $ 20, conforme requisição n. 1.

   CONTABILIZAÇÃO:

   Material de Expediente
   a Estoque de Material de Expediente
   Requisição n. 1 20

Observações

- A conta Material de Expediente, que é de despesa operacional, foi debitada. Isso porque neste momento a despesa ficou caracterizada, ou seja, os materiais foram requisitados para consumo. O saldo desta conta será transferido para a conta Resultado do Exercício, no momento da apuração do resultado do exercício.
- A conta Estoque de Material de Expediente foi creditada para dar baixa de $ 20 nos estoques referente aos materiais retirados para consumo.

b. Empresa que adota o sistema de apuração anual dos resultados

Suponhamos que no dia 10 de agosto de X1, a empresa adquiriu, à vista, materiais de expediente, no valor de $ 30.000, conforme NF n. 1.001 da Papelaria São Paulo S/A.

CONTABILIZAÇÃO:

Estoque de Material de Expediente
a Caixa
NF n. 1.001 da Papelaria São Paulo S/A 30.000

Observação

- Como ocorreu compra em grande quantidade, os materiais foram contabilizados a débito da conta Estoque de Material de Expediente que é do Ativo Circulante.

A exemplo do que ocorre com a contabilização dos aluguéis, a empresa pode optar pela apropriação das despesas com salários, no final do mês, do trimestre, do semestre ou somente no final do exercício, conforme a periodicidade da apuração dos seus resultados seja mensal, trimestral, semestral ou anual.

Tendo em vista que a empresa apura seus resultados costumeiramente no fim do ano, sempre que existir requisição de material para utilização, não haverá necessidade de contabilizar a despesa e muito menos de efetuar a baixa nos estoques. Neste caso, a contabilização da despesa é feita uma só vez, no fim do ano, por ocasião da apuração do resultado do exercício, comparando-se o estoque físico com o estoque contábil.

Acompanhe:

Vamos assumir que no dia 31 de dezembro de X1 tenha sido feita uma contagem física (inventário) dos materiais de expediente, ficando constatado que havia, em estoque, $ 13.000 de materiais ainda não consumidos.

Como o estoque contábil indicava um saldo de $ 30.000, e o estoque físico mediante contagem realizada indicou a existência de $ 13.000, concluímos que a diferença de $ 17.000 corresponde ao consumo do período. O ajuste será feito pelo seguinte lançamento:

Material de Expediente
a Estoque de Material de Expediente
Ajuste que se processa, referente ao
consumo do período 17.000

Observações

- A conta Material de Expediente, sendo debitada, indica que no período foram consumidos $ 17.000 de material de expediente. O saldo desta conta será transferido para a conta Resultado do Exercício, no momento da apuração do resultado.
- A conta Estoque de Material de Expediente, sendo creditada por $ 17.000, ficará com saldo de $ 13.000, que corresponde ao valor do estoque físico existente em 31 de dezembro. Esta conta figurará no Balanço Patrimonial, classificada no Ativo Circulante.

Veja a posição das contas envolvidas, após o lançamento de ajuste:

ESTOQUE DE MATERIAL EXPEDIENTE	
30.000	17.000
Saldo 13.000	

MATERIAL DE EXPEDIENTE	
17.000	

Observe, finalmente, que a conta Estoque de Material de Expediente, após o ajuste, ficou com saldo devedor de $ 13.000, cujo valor corresponde ao estoque final apurado, enquanto a conta Material de Expediente, debitada por $ 17.000 no lançamento de ajuste, representa o consumo do período.

8.4.2.2.4 Despesas com consumo de bens do Ativo Imobilizado

Para desenvolver as suas atividades, as empresas adquirem bens de uso como móveis e utensílios, veículos, computadores e muitos outros, contabilizando-os em contas patrimoniais classificadas no Ativo Imobilizado.

Esses bens serão utilizados pela empresa durante vários exercícios, produzindo riquezas, até que se desgastem ou se tornem obsoletos.

Os valores gastos na aquisição desses bens, portanto, devem ser rateados como despesas dos vários exercícios, durante o tempo de vida útil dos respectivos bens.

A incorporação de parte do custo dos bens do Ativo Imobilizado para integrar o resultado de cada exercício é feita por meio da depreciação, que você estudou no Capítulo 6.

Em relação aos gastos com bens imateriais, o procedimento é semelhante, sendo as despesas rateadas por meio da amortização

ATIVIDADES PRÁTICAS

Contabilizar, em partidas de Diário, os seguintes eventos:

Prática 1

Compra de materiais de limpeza, para consumo imediato, conforme NF n. 559, do Supermercado Aliança, no valor de $ 50, cujo pagamento foi efetuado em dinheiro.

Prática 2

Fatos ocorridos na Comercial Oliveira S/A, que adota o sistema de apuração mensal dos resultados:

a) em 10 de junho, comprou materiais de expediente, no valor de $ 10.000, conforme NF n. 998 do Atacadão dos Materiais S/A, tendo pago em dinheiro;

b) no dia 20 do mesmo mês, foram requisitados, para consumo, materiais no valor de $ 1.000, conforme requisição n. 40.

Pede-se: contabilizar os fatos nas datas respectivas.

8.4.3 Ajustes em contas de receitas

Os ajustes nas contas de receitas também devem ser feitos para registrar tanto as receitas realizadas (geradas) e não recebidas como as recebidas e ainda não realizadas.

Portanto, o que determina a inclusão da receita no resultado do exercício é a sua *realização*. E o que determina a realização da receita é a ocorrência do respectivo *fato gerador*. As receitas, consideram-se realizadas:

- nas transações com terceiros, quando estes efetuarem o pagamento ou assumirem compromisso firme de efetivá-lo, quer pela investidura na propriedade de bens anteriormente pertencentes à ENTIDADE, quer pela fruição de serviços por esta prestados;
- quando da extinção, parcial ou total, de um Passivo, qualquer que seja o motivo, sem o desaparecimento concomitante de um Ativo de valor igual ou maior;
- pela geração natural de novos Ativos independentemente de intervenção de terceiros; e
- no recebimento efetivo de doações e subvenções.

8.4.3.1 Receitas realizadas (ganhas) e não recebidas

Para apropriação das receitas ganhas e ainda não recebidas, debita-se uma conta do Ativo que represente o referido direito e credita-se uma conta que represente a receita respectiva.

EXEMPLO:

Nossa empresa tem um imóvel alugado para o sr. Rafael, o qual, conforme consta do contrato de locação, paga o aluguel do mês sempre no dia 10 do mês seguinte. Assim, o aluguel do mês de dezembro, que é de $ 8.000 e deve ser recebido no dia 10 de janeiro do ano seguinte, será contabilizado no dia 31 de dezembro, por meio do seguinte lançamento:

Aluguéis a Receber
a Aluguéis Ativos
Pela apropriação do aluguel referente
ao mês de dezembro, a ser recebido em 10
de janeiro p.f. 8.000

Observações

- A conta Aluguéis a Receber, sendo debitada, indica que a empresa tem direito de receber, do seu locatário, a importância correspondente ao aluguel de dezembro.
- A conta Aluguéis Ativos, sendo creditada, indica que no mês de dezembro, a empresa ganhou uma receita com aluguel, embora ainda não a tenha recebido. Portanto, creditando a conta Aluguéis Ativos, estamos incluindo o aluguel realizado, no período de sua competência (dezembro).

Observação

- As empresas que apuram resultados mensais devem fazer essa apropriação mensalmente, enquanto aquelas que apuram os resultados uma vez por ano poderão fazê-la somente no final do ano, referente à receita de dezembro.

8.4.3.2 Receitas recebidas antecipadamente (recebidas e não ganhas)

Conforme já dissemos, o que determina a realização da receita é a ocorrência do respectivo fato gerador. Assim, enquanto não ocorrer o fato gerador da receita, mesmo que a empresa já tenha recebido do cliente o respectivo valor, essa receita não será considerada realizada ou ganha.

Suponhamos que no dia 20 de dezembro de X1, nossa empresa tenha recebido a importância de $ 4.000, referente ao aluguel do mês de janeiro de X2, cujo vencimento ocorrerá em 10 de fevereiro, também de X2.

Neste caso, no dia 20 de dezembro de X1, data do recebimento, efetuaremos, no Diário, o seguinte registro:

Caixa
a Aluguéis Ativos a Vencer
Recebido, nesta data, do Sr. Fulano,
referente ao aluguel de janeiro de X2 .... 4.000

Observações

- Com o débito efetuado na conta Caixa, o valor recebido fica devidamente registrado.
- Tendo em vista que o valor recebido corresponde a uma receita antecipada, foi debitada a conta Aluguéis Ativos a Vencer, conta essa do grupo das Receitas Diferidas, do Passivo Não Circulante. Assim, a receita recebida não fará parte do total das receitas do presente exercício.

No dia 31 de janeiro do ano seguinte, quando a referida receita estiver realizada, para integrá-la no resultado do referido mês, será feita a apropriação pelo seguinte lançamento:

Aluguéis Ativos a Vencer
a Aluguéis Ativos
Pela apropriação da receita d/mês, recebida
antecipadamente no exercício anterior................................ 4.000

Observação

- Com este lançamento, feito no mês da realização da receita, debitando a conta Aluguéis Ativos a Vencer, damos baixa na respectiva conta e creditando a conta Aluguéis Ativos, incluímos a receita no mês da sua competência.

ATIVIDADES PRÁTICAS

Prática 1 – solucionada

Contabilizar, em partidas de Diário, os seguintes eventos:

A empresa comercial Arara, que apura seus resultados mensalmente, aluga parte do seu imóvel onde funciona um escritório de contabilidade. O valor do aluguel mensal é de $ 1.200, sendo que o locatário paga sempre no dia 5 do mês subsequente.

Pede-se:

a) em 30 de novembro, apropriar o aluguel referente ao mês;

b) em 05 de dezembro, contabilizar o recebimento do aluguel referente ao mês de novembro.

Solução:

a) Apropriação em 30 de novembro

Aluguéis a Receber
a Aluguéis Ativos
Apropriação do aluguel referente a este mês 1.200

b) Registro do recebimento em 05/12

Caixa
a Aluguéis a Receber
Recebido conforme recibo 1.200

Prática 2

Em 31 de março, apropriar o aluguel referente ao mês que será recebido no mês seguinte, no valor de $ 400.

Prática 3

Em 5 de abril, contabilizar o recebimento de $ 400 referente ao aluguel de março, devidamente apropriado no respectivo mês.

Prática 4

Em 10 de dezembro de X3, recebemos, do Sr. Joel, a importância de $ 2.000 referente ao aluguel de janeiro de X4.

Pede-se:

a) contabilizar o recebimento em 10/12/X3;

b) apropriar a receita em 31/01/X4.

Prática 5

A Comercial J. T. Ltda. tem um imóvel alugado para a Comercial Medeiros S/A, a qual paga o aluguel mensal no valor de $ 10.000, sempre no dia 10 do mês seguinte ao da ocorrência do respectivo fato gerador.

Pede-se:

a) Contabilizar nos livros da Comercial J. T. Ltda.:

Apropriar, no dia 31 de agosto, o aluguel ganho no referido mês.

Contabilizar, no dia 10 de setembro, o recebimento em dinheiro do valor do respectivo aluguel, apropriado em 31 de agosto, conforme recibo n. 08.

b) Contabilizar nos livros da Comercial Medeiros S/A:

Apropriar a despesa incorrida no dia 31 de agosto.

Contabilizar o pagamento em dinheiro, no dia 10 de setembro do valor do respectivo aluguel.

ATIVIDADES TEÓRICAS

1. Responda:

1.1 Em que consiste o regime de competência?

1.2 No momento da contratação de seguros, são efetuados dois lançamentos contábeis. Qual a finalidade de cada um deles?

1.3 Como se dá a incorporação do custo de aquisição de bens de uso no resultado do exercício?

1.4 O que você entende por receita recebida e não ganha?

1.5 O que você entende por despesa paga e não incorrida?

2. Classifique em falsa ou verdadeira:

2.1 ( ) O que determina a realização da receita é a ocorrência do fato gerador.

2.2 ( ) A despesa é considerada incorrida quando já houve a ocorrência do respectivo fato gerador.

2.3 ( ) Despesa paga e despesa incorrida significam a mesma coisa.

2.4 ( ) Receita paga e despesa realizada querem dizer a mesma coisa.

2.5 ( ) Uma despesa pode ter sido paga sem que tenha incorrido.

2.6 ( ) Uma receita pode ter sido recebida sem que tenha sido realizada.

2.7 ( ) As despesas pagas antecipadamente são contabilizadas em contas do Ativo Circulante, pois representam direito para a empresa.

2.8 ( ) As receitas, quando recebidas antecipadamente, são contabilizadas em contas do Passivo Não Circulante (Receitas Diferidas), pois representam obrigações para a empresa.

2.9 ( ) Para apropriação das receitas ganhas e ainda não recebidas, debita-se uma conta do Ativo que represente disponibilidades e credita-se uma conta que represente a receita respectiva.

3. Escolha a alternativa correta:

3.1 Para apropriar despesas com seguros, pagas antecipadamente:
a) debita-se a conta Prêmios de Seguro e credita-se a conta Caixa;
b) debita-se a conta Prêmios de Seguro a Vencer e credita-se a conta Caixa;
c) debita-se a conta Caixa e credita-se a conta Prêmios de Seguro;
d) debita-se a conta Prêmios de Seguro e credita-se a conta Prêmios de Seguro a Vencer;
e) n.d.a.

3.2 Aluguéis a Receber, Aluguéis a Pagar, Aluguéis Ativos, Aluguéis Passivos, Aluguéis Ativos a Vencer e Aluguéis Passivos a Vencer.
Na relação supra, temos:
a) 2 contas patrimoniais, 2 contas de despesas e 2 contas de receitas;
b) 6 contas de resultado;
c) 3 contas patrimoniais e 3 contas de resultado;

d) 4 contas de resultado e 2 contas patrimoniais;
e) 4 contas patrimoniais e 2 contas de resultado.

3.3 Os materiais de consumo, quando adquiridos, deverão ser contabilizados em contas de:
a) estoques, sempre;
b) despesas, sempre;
c) estoques quando a compra for em grande quantidade;
d) despesa quando a compra for em pequena quantidade;
e) as alternativas "c" e "d" estão corretas.

Notas

- Leitura obrigatória: Itens 74 a 80 e 92 a 98 da NBC TG ESTRUTURA CONCEITUAL para a Elaboração e Apresentação dos Demonstrações Contábeis, aprovada pela Resolução CFC n. 1.121/2008.
- Leitura obrigatória: NBC TG 30 – Receitas, aprovada pela Resolução CFC n. 1.187/2009.

8.5 Regimes Contábeis

8.5.1 Introdução

Vimos que para conhecer o resultado de um exercício é preciso confrontar o total das despesas com o total das receitas correspondentes ao respectivo exercício. Estudamos também que em um exercício podem-se efetuar pagamentos de despesas ocorridas no exercício anterior; ocorridas no próprio exercício; ou que ainda irão ocorrer no exercício seguinte. E que o mesmo pode ocorrer com as receitas: em determinado exercício, pode-se receber dinheiro proveniente de receitas ocorridas no exercício anterior, no próprio exercício, ou ainda provenientes de receitas que ocorrerão no exercício seguinte.

Assim, no fim de um exercício social, no momento da apuração do resultado do exercício, dentre as contas existentes no livro Razão, poderão constar algumas contas de despesas e ou de receitas que não integrarão o respectivo resultado, bem como outras de direitos representativas de despesas pagas antecipadamente ou de obrigações, representativas de receitas recebidas antecipadamente, que deverão integrar o respectivo resultado.

Pois bem, é o regime contábil a ser adotado pela empresa, que determina que despesas e receitas devem ser consideradas na apuração do resultado de cada exercício. São dois os regimes contábeis conhecidos que disciplinam a apuração do resultado do exercício: de caixa e de competência.

8.5.2 Conceitos

- **Regime de caixa**: na apuração do resultado do exercício, devem ser consideradas todas as despesas pagas e todas as receitas recebidas no respectivo exercício, independentemente da data da ocorrência de seus fatos geradores. Em outras palavras, por esse regime, somente entrarão na apuração do resultado as despesas e as receitas que passaram pelo caixa.

- **Regime de competência**: por esse regime contábil, serão consideradas, na apuração do resultado do exercício, as despesas incorridas e as receitas realizadas no respectivo exercício, tenham ou não sido pagas ou recebidas.

  De acordo com esse regime, não importa se as despesas ou receitas passaram pelo caixa (pagas ou recebidas); o que vale é a data da ocorrência dos respectivos fatos geradores.

8.5.3 Comparação entre regime de caixa e regime de competência

Suponhamos que, no exercício de X2, tenham ocorrido os seguintes eventos que provocaram movimentação no patrimônio de uma determinada empresa:

1. pagamentos, em dinheiro, de despesas de salários e encargos, no valor de $ 2.000, referentes ao mês de dezembro de X1;
2. pagamentos efetuados durante o exercício de X2, em cheques, no valor de $ 30.000, referentes a salários e encargos incorridos nos meses de janeiro a novembro de X2;
3. salários e encargos de dezembro de X2 a serem pagos em janeiro de X3, no valor de $ 5.000;
4. recebida em janeiro de X2 a importância de $ 500, referente a aluguéis do mês de dezembro de X1;
5. recebida, em dinheiro, durante o exercício de X2, a importância de $ 5.500, referente a aluguéis correspondentes aos meses de janeiro a novembro de X2;
6. aluguel de dezembro de X2, a ser recebido em janeiro de X3, no valor de $ 500;
7. recebida a importância de $ 250, do cliente João para quitação da duplicata n. 2/3 de seu aceite. OBS: a duplicata decorre da venda a prazo de um automóvel pelo preço de custo, em três parcelas.
8. pagamentos efetuados em dinheiro, durante o exercício de X2, referente a impostos e contribuições, correspondentes aos meses de janeiro a novembro de X2, no valor de $ 12.000;
9. impostos e contribuições referentes a dezembro de X2, a serem recolhidos em janeiro de X3, no valor de $ 1.900;
10. serviços prestados durante o exercício de X2, recebidos à vista, no valor de $ 54.000;
11. serviços prestados em dezembro de X2, a prazo, para recebimento no exercício de X3, no valor de $ 15.000;
12. seguro contra incêndio firmado com a Cia. Seguradora Brasil, em 31 de agosto de X2, pelo período de um ano, a vigorar a partir de 01 de setembro. Valor do prêmio pago em 31 de agosto de X2, por meio do cheque n. 200.001 do banco Urupês, é de $ 3.650;
13. pagamento de $ 800 em dinheiro ao fornecedor J. A. Ltda., referente a compra à vista de um computador para uso da empresa, conforme NF n. 100.

Vamos, agora, apurar o resultado do exercício dessa empresa pelos dois regimes, para que você possa comparar e tirar as suas conclusões.

Nota

- Para fins de apuração do resultado do exercício pelos regimes de caixa ou de competência, as receitas recebidas e as despesas pagas por meio dos estabelecimentos bancários – débitos ou créditos na conta Bancos conta Movimento – por meio de cheques, boletos bancários, duplicatas ou outros, devem ser consideradas entradas ou saídas do caixa.

a. Regime de caixa

RESULTADO DO EXERCÍCIO

	DESPESAS			RECEITAS	
(1)	Salários e Encargos	2.000	(4)	Receitas de Aluguéis	500
(2)	Salários e Encargos	30.000	(5)	Receitas de Aluguéis	5.500
(8)	Impostos e Contribuições	12.000	(10)	Receitas de Serviços	54.000
(12)	Seguros	3.650			
	Soma	47.650		Soma	60.000
				Saldo	12.350

Nota

- O fato n. 7, embora represente entrada de dinheiro no caixa, não foi considerado na apuração do resultado, pois não corresponde à receita. O mesmo ocorreu com o fato n. 13, que, embora indique saída de dinheiro do caixa, não foi considerado na apuração do resultado, por não corresponder à despesa.

b. Regime de competência

RESULTADO DO EXERCÍCIO

	DESPESAS			RECEITAS	
(2)	Salários e Encargos	30.000	(5)	Receitas de Aluguéis	5.500
(3)	Salários e Encargos	5.000	(6)	Receitas de Aluguéis	500
(8)	Impostos e Contribuições	12.000	(10)	Receitas de Serviços	54.000
(9)	Impostos e Contribuições	1.900	(11)	Receitas de Serviços	15.000
(12)	Seguros	1.220			
	Soma	50.120		Soma	75.000
				Saldo	24.880

Analisando os dois valores apurados, você pode notar como o regime contábil influencia no resultado do exercício. No exemplo em foco, o resultado apurado pelo regime de competência apresentou lucro maior que o apurado pelo regime de caixa. É evidente que isso não corresponde à regra geral: dependendo das operações, o resultado poderá ser maior ou menor, independentemente do regime utilizado.

No Brasil, as entidades com fins lucrativos devem apurar seus resultados pelo regime de competência, enquanto a adoção do regime de caixa é mais comum nas entidades sem fins lucrativos.

ATIVIDADES TEÓRICAS

1. Responda:

1.1 O que é regime de caixa?

1.2 O que é regime de competência?

2. Escolha a alternativa correta:

2.1 Adotando o regime de caixa, a empresa deverá considerar, na apuração do resultado do exercício:

a) todas as despesas incorridas e as receitas realizadas no respectivo período;
b) somente as despesas incorridas e as receitas realizadas no respectivo período;
c) somente as despesas pagas e as receitas realizadas no respectivo período;
d) somente as despesas pagas e as receitas recebidas no respectivo período, independentemente das datas de ocorrência dos respectivos fatos geradores;
e) n.d.a.

2.2 Adotando o regime de competência, a empresa deverá considerar, na apuração do resultado do exercício:

a) todas as despesas incorridas e as receitas realizadas (isto é, as que tiveram seus fatos geradores ocorridos no respectivo exercício);
b) somente as despesas pagas e as receitas recebidas no respectivo exercício;
c) todas as despesas pagas e as receitas ainda não realizadas;
d) somente as despesas incorridas e as receitas recebidas;
e) n.d.a.

2.3 As intitulações "despesas diferidas" e "receitas diferidas" representam, respectivamente:

a) despesas e receitas ainda não pagas;
b) receitas e despesas ainda não pagas;
c) despesas pagas antecipadamente e receitas recebidas antecipadamente;
d) contas de receitas e de despesas;
e) n.d.a.

2.4 Receitas realizadas em um período têm o mesmo significado que:

a) receitas ganhas ou geradas no respectivo período;
b) receitas recebidas antecipadamente;
c) receitas pagas antecipadamente;
d) receitas recebidas e ainda não ganhas;
e) somente a alternativa "a" está incorreta.

2.5 Na escrituração contábil de uma empresa, consta a conta Receitas Antecipadas, com saldo de $ 250, correspondente às receitas recebidas antecipadamente no exercício anterior. A regularização dessa receita no presente exercício será feita pelo seguinte lançamento:

a) D Caixa
C Receitas Antecipadas;

b) D Receitas
C Receitas Antecipadas;

c) D Despesas Antecipadas
C Receitas Antecipadas;

d) D Receitas Antecipadas
C Receitas;

e) somente a alternativa "b" está errada.

2.6 Na escrita contábil de uma empresa constava, no final do exercício, a conta Prêmios de Seguro a Vencer, com saldo de $ 30, correspondente à despesa do presente exercício, paga no exercício anterior. A regularização no presente exercício será feita pelo seguinte lançamento:

a) D Despesas de Seguro
C Resultado do Exercício;

b) D Prêmios de Seguro
C Prêmios de Seguro a Vencer;

c) D Resultado do Exercício
C Prêmios de Seguro;

d) D Prêmios de Seguro a Vencer
C Resultado do Exercício;

e) n.d.a.

3. Eventos ocorridos na empresa de prestação de serviços Disque Reparos, durante o mês de dezembro de X1:

1) constituição do capital com realização em dinheiro, no dia 05 de dezembro de X1, no valor de $ 10.000;

2) compra de um terreno para uso da empresa, da Comercial Potenza Ltda, no valor de $ 30.000, nas seguintes condições: 10% foram pagos em dinheiro e o restante será pago em 90 dias;

3) serviços prestados à vista conforme nossas NF n.os 1 a 5, no valor de $ 1.200;

4) prestou serviços ao senhor Frederico Meirelles, conforme NF n. 6, no valor de $ 1.000. Houve emissão de uma duplicata para vencimento em 30 dias;

5) pagou em dinheiro a NF n. 4.231, referente ao consumo de energia elétrica ocorrido no mês, por $ 50;

6) o aluguel do imóvel onde a empresa está instalada, no valor de $ 250, referente ao mês de dezembro de X1, será pago no dia 10 de janeiro de X2;

7) recebeu do Sr. Geraldo Fazanaro a importância de $ 400, referente a receitas de serviços, cujos serviços serão prestados na residência do cliente, no dia 12 de janeiro de X2.

Com base no exemplo de apuração do resultado do exercício apresentado neste item e usando razonete apenas para a conta Resultado do Exercício, apure o resultado do exercício, primeiro adotando o regime de caixa e, em seguida, adotando o regime de competência.

8.6 Encerramento das Contas de Resultado

8.6.1 Encerramento das contas de despesas

As **contas de despesas** são consideradas contas de exercício, pois são abertas e utilizadas durante o exercício e encerradas ao final dele.

Assim, em obediência ao regime de competência, as despesas devem ser reconhecidas no exercício da ocorrência dos fatos geradores, independentemente de seus pagamentos em dinheiro.

Por esse motivo, no final do exercício, em atendimento à lei e ao regime contábil, é necessário proceder a alguns ajustes e apropriações, conforme vimos neste capítulo.

O encerramento das contas de despesas é feito transferindo-se os respectivos saldos para a conta Resultado do Exercício.

EXEMPLO:

Suponhamos que no final do exercício, no livro Razão da empresa Comercial Paineiras S/A constem as seguintes contas de despesas:

ALUGUÉIS PASSIVOS	
• • •	
1.000	

FRETES E CARRETOS	
• • •	
100	

SALÁRIOS	
• • •	
5.000	

ENCARGOS SOCIAIS	
• • •	
2.000	

DESPESAS FINANCEIRAS	
• • •	
200	

O encerramento dessas contas é feito por meio do seguinte lançamento:

Resultado do Exercício

a Diversos

Transferência que se processa dos saldos das seguintes contas para apuração do resultado líquido:

a Aluguéis Passivos

Saldo desta conta.. 1.000

a Fretes e Carretos

Idem 100

a	*Salários*		
	Idem	*5.000*	
a	*Encargos Sociais*		
	Idem	*2.000*	
a	*Despesas Financeiras*		
	Idem	*200*	*8.300*

Observações

- A conta Resultado do Exercício, que serve para apurar o resultado líquido do exercício, recebe a débito, no final do ano, por transferência, os saldos de todas as contas de despesas.
- As contas de despesas, sendo creditadas, ficam com saldos iguais a zero, encerrando-se.

8.6.2 Encerramento das contas de receitas

As contas de receitas, a exemplo das contas de despesas, também são contas de exercício (são abertas e utilizadas durante o exercício e encerradas no final do mesmo).

Conforme vimos, em obediência ao regime de competência, as receitas devem ser reconhecidas na apuração do resultado do exercício a que pertencerem, tenham ou não sido recebidas.

Quando registramos as receitas realizadas durante o exercício, creditamos as respectivas contas. Assim, no final do exercício, no livro Razão da empresa, todas as contas de receitas terão saldos credores e, obrigatoriamente, serão encerradas, tendo seus saldos transferidos para a conta Resultado do Exercício.

Exemplo:

Suponhamos que em 31 de dezembro, no livro Razão da empresa Comercial Paineiras S/A, constem as seguintes contas de receitas:

LUCROS SOBRE VENDAS	
	30.000

ALUGUÉIS ATIVOS	
	• • •
	• • •
	6.000

JUROS ATIVOS	
	• • •
	• • •
	1.000

VARIAÇÕES MONETÁRIAS ATIVAS	
	• • •
	• • •
	500

O encerramento dessas contas é feito por meio do seguinte lançamento:

Diversos
a Resultado do Exercício
Transferência dos saldos das seguintes contas de receitas, para apuração do resultado do exercício:

Lucros sobre Vendas		
Saldo desta conta	*30.000*	
Aluguéis Ativos		
Idem	*6.000*	
Juros Ativos		
Idem	*1.000*	
Variações Monetárias Ativas		
Idem	*500*	*37.500*

Observação

■ Após este lançamento, as contas de receitas, sendo debitadas, ficam com saldos iguais a zero, encerrando-se.

TESTES DE EXAME DE SUFICIÊNCIA

Contador – ano 2000, prova 2 – Área de Conhecimentos Contábeis (adaptado)

1. Considerando os dados a seguir, referentes ao mês de dezembro de 1999, calcule o resultado de acordo com as normas contábeis:

– despesa de dezembro de 1999, paga em janeiro de 2000 $ 36,00

– despesa de janeiro de 2000, paga em dezembro de 1999 $ 54,00

– despesa de dezembro de 1999, paga em dezembro de 1999 $ 45,00

– receita de dezembro de 1999, recebida em janeiro de 2000 $ 27,00

– receita de janeiro de 2000, recebida em dezembro de 1999 $ 63,00

– receita de dezembro de 1999, recebida em dezembro de 1999 $ 51,00

Assinale a alternativa CORRETA:

a) Lucro de $ 15,00.
b) Prejuízo de $ 3,00.
c) Lucro de $ 4,00.
d) Prejuízo de $ 15,00.

Contador, – ano 2000, prova 2 – Área de Conhecimentos Contábeis Avançados (adaptado)

2. Sabendo-se que nos registros contábeis é observado o regime de competência, qual o efeito que representaria uma despesa incorrida, mas não paga no decurso do exercício, se adotado o regime de caixa:

a) Um passivo maior que o real e lucro maior que o real.
b) Um passivo menor que o real e lucro maior que o real.
c) Um ativo maior que o real e um passivo menor que o real.
d) Um ativo maior que o real e lucro menor que o real.

TESTES DE CONCURSO

Agente Tributário Estadual – MS – Contabilidade Geral

1. As contas e os saldos listados a seguir foram extraídos, entre outras contas, do Livro Razão da Cia. Comercindústria, no último dia do exercício social:

Contas (em ordem alfabética)	saldos ($)
Ações de Coligadas	100,00
Aluguéis a Pagar	150,00
Aluguéis a Receber	200,00
Caixa	250,00
Capital a Integralizar	300,00
Capital Social	950,00
Clientes	900,00
Duplicatas Aceitas	850,00
Duplicatas Emitidas	800,00
Fornecedores	750,00
Juros Ativos	700,00
Juros Passivos	650,00
Máquinas e Equipamentos	600,00
Materiais	550,00
Mercadorias	500,00
Notas Promissórias Aceitas	450,00
Notas Promissórias Emitidas	400,00
Receitas a Receber	350,00
Receitas a Vencer	300,00

Considerando, exclusivamente, as contas acima listadas, podemos verificar que os saldos devedores e os Créditos da empresa estão nelas evidenciados, respectivamente, pelos valores de:

a) $ 5.650,00 e $ 4.100,00.
b) $ 2.700,00 e $ 3.800,00.
c) $ 2.900,00 e $ 4.200,00.
d) $ 5.300,00 e $ 4.450,00.
e) $ 5.650,00 e $ 3.000,00.

Técnico da Receita Federal – TRF – nov/2000 – Contabilidade Geral (adapatado)

2. Ao inventariar sua riqueza de acordo com o regime contábil de caixa, os proprietários concluíram que, hoje, sua firma possui Débitos no valor de $ 190.000,00, Créditos no valor de $ 180.000,00, um capital registrado e todo integralizado no valor de $ 80.000,00, além de diversos bens no valor de $ 100.000,00.

Foi também apurada a existência de $ 1.000,00 de receitas já ganhas, mas ainda não quitadas; de $ 1.300,00 de despesas quitadas antecipadamente; de uma conta de energia elétrica no valor de $ 2.000,00 vencida e não paga; além da expectativa de perda da ordem de 1% no recebimento de letras com valor de $ 50.000,00.

Ao demonstrar o patrimônio acima indicado, contabilizando-o segundo o regime de competência de exercícios, essa empresa vai evidenciar no grupo do Patrimônio Líquido um aumento no valor de:

a) $ 7.200,00.
b) $ 27.200,00.
c) $ 10.000,00.
d) $ 9.800,00.
e) $ 30.000,00.

9 Apuração, deduções, participações e destinações do resultado

9.1 Introdução

A movimentação do patrimônio da empresa deve ser avaliada por exercícios sociais, que são períodos de igual duração.

Segundo estabelece o artigo 176º da Lei n. 6.404/1976, o exercício social tem duração de um ano, e a data do término é fixada no estatuto.

Assim, no fim de cada exercício social, as empresas realizam uma série de procedimentos, visando a apuração do resultado do exercício e a elaboração das demonstrações contábeis.

Você já sabe que para apurar o resultado do exercício basta confrontar o total das despesas incorridas com o total das receitas realizadas durante um exercício social.

Para efetuar essa apuração, é necessário realizar, preliminarmente, algumas tarefas, como apuração de saldos de contas; elaboração de inventários de bens, de direitos e de obrigações; conciliações de saldos de contas; ajustes de saldos de contas patrimoniais e de resultado em decorrência do regime de competência; confrontos entre os saldos contábeis com aqueles levantados por meio de inventários físicos para apurar possíveis divergências de estoques etc.

Somente depois de conferidos e devidamente ajustados os saldos de todas as contas é que se deverá dar continuidade aos procedimentos necessários à apuração do resultado do exercício.

Para que o resultado do exercício apurado em cada período (exercício social) reflita adequadamente a real situação econômica da empresa, é necessário que os saldos de todas as contas estejam devidamente conferidos e ajustados.

Após conhecido e contabilizado o resultado do exercício, novos cálculos são efetuados para possibilitar o conhecimento e a contabilização das deduções, participações e destinações desse resultado. Esses procedimentos são concluídos com a elaboração das diversas demonstrações contábeis.

A maior parte desses procedimentos foi estudada nos capítulos anteriores, restando agora o estudo das tarefas específicas de apuração e destinação do resultado do exercício.

9.2 Apuração do Resultado do Exercício

A apuração do resultado do exercício pode ser realizada em quatro etapas:

1. levantamento do Balancete de Verificação do Razão;
2. apuração do resultado operacional bruto;
3. apuração do resultado operacional líquido;
4. apuração do resultado líquido do exercício.

9.2.1 Balancete de verificação

A primeira providência a ser tomada, visando a apuração do resultado do exercício, é a elaboração do **Balancete de Verificação**.

Você já sabe que o balancete de verificação é uma relação de contas extraídas do livro Razão, as quais foram utilizadas pela contabilidade durante o exercício social, com seus respectivos saldos devedores ou credores

9.2.2 Resultado operacional bruto

Resultado operacional bruto é o resultado da atividade principal da empresa.

Nas empresas industriais, o resultado operacional bruto corresponde ao valor da receita bruta auferida na venda de produtos, diminuído dos descontos e abatimentos concedidos, das vendas canceladas, dos tributos incidentes sobre as vendas e do custo dos produtos vendidos; nas empresas comerciais, ao valor da receita bruta auferida na venda de mercadorias diminuído dos descontos e abatimentos concedidos, das vendas canceladas, dos tributos incidentes sobre as vendas e do custo das mercadorias vendidas, e nas empresas prestadoras de serviços, ao valor da receita bruta auferida na prestação de serviços diminuído dos descontos e abatimentos concedidos, dos tributos incidentes sobre a prestação de serviços e do custo dos serviços prestados.

Um dos elementos decisivos na apuração do resultado operacional bruto, é o custo dos produtos, das mercadorias e dos serviços. A apuração desses custos envolvem cuidadosos procedimentos, especialmente para a definição correta do montante dos estoques finais de materiais, de produtos, de mercadorias e de serviços.

9.2.3 Resultado operacional líquido

O **resultado operacional líquido** é igual ao resultado operacional bruto (lucro bruto) mais as receitas operacionais e menos as despesas operacionais.

Para apurar este resultado, é preciso preliminarmente proceder a alguns ajustes, principalmente para atender ao regime contábil de competência. Nesta fase da apuração do resultado do exercício, geralmente o contabilista faz:

a. Cálculos e contabilizações de depreciação, amortização e exaustão;
b. Estimativas (cálculos) e contabilização de perdas com créditos de liquidação duvidosa;
c. Ajustes nos saldos das contas de estoques de materiais de consumo;
d. Apropriações de despesas incorridas e não pagas e de receitas realizadas e não recebidas;
e. Ajustes nos saldos das contas de despesas pagas antecipadamente e de receitas recebidas antecipadamente;
f. Ajustes em saldos de contas pela aplicação do teste de recuperabilidade etc.

Após efetuar as apropriações e ajustes necessários, o resultado operacional líquido é obtido transferindo-se todos os saldos das contas de despesas operacionais a débito da conta Resultado do Exercício e todos os saldos das contas de receitas operacionais, inclusive da conta que registra o lucro bruto, a crédito da conta Resultado do Exercício.

Assim, o saldo da conta Resultado do Exercício, nesse momento, representará o resultado operacional líquido.

9.2.4 Resultado do exercício antes da tributação

Segundo estabelecem os incisos IV e V do artigo 187º da Lei n. 6.404/1976, o resultado do exercício antes do imposto sobre a renda corresponde ao lucro ou prejuízo operacional mais ou menos as outras receitas e as outras despesas.

Assim, nesta fase de apuração do resultado do exercício, transferem-se os saldos das contas representativas das outras despesas a débito da conta Resultado do Exercício, e os saldos das contas representativas das outras receitas a crédito da conta Resultado do Exercício.

Após esses procedimentos, o saldo da conta Resultado do Exercício representará o resultado do exercício antes da tributação da contribuição social e do imposto sobre a renda.

A partir desse resultado, é que serão calculadas as deduções, as participações e as destinações do resultado do exercício.

É importante destacar que a sequência de contabilização e apuração de resultados que apresentamos até aqui, está em consonância com a disciplina contida no artigo 187º da Lei n. 6.404/1976, sequência essa que facilita a elaboração da Demonstração do Resultado do Exercício (DRE).

Contudo, é importante destacar, também que a NBC TG 26, fundamentada no CPC 26, apresenta nova estrutura para a Demonstração do Resultado, denominada Demonstração do Resultado do Período (DRP).

Para fins didáticos, optamos, neste livro, pela contabilização da apuração do resultado do exercício observando a sequência apresentada no artigo 187º da Lei n. 6.404/1976. Contudo, na vida real, o contabilista poderá proceder a essa contabilização observando a sequência apresentada no item 82 da NBC TG 26, para facilitar a elaboração da Demonstração do Resultado do Período exigida pela citada NBC TG.

No Capítulo 10 você aprenderá a elaborar a Demonstração do Resultado do Exercício segundo o artigo 187º da Lei n. 6.404/1976 e a Demonstração do Resultado do Período (DRP) segundo o item 82 da NBC TG 26.

Para que você possa dominar bem o mecanismo da apuração do resultado do exercício, apresentaremos, a seguir, um exemplo prático, não nos preocupando com os cálculos e com a contabilização da Contribuição Social e do Imposto de Renda, procedimentos que serão estudados a partir da Seção 9.3. Assim, no presente estudo, apuraremos o resultado bruto e o resultado antes da tributação e concluiremos levantando o segundo Balancete de Verificação, com as contas que remanescerem com saldos.

9.2.5 Exemplo prático

EMPRESA: COMERCIAL PADOAN RIBEIRO LTDA
BALANCETE DE VERIFICAÇÃO
Exercício findo em: 31 de dezembro de X1

Nº	CONTAS	SALDO	
		DEVEDOR	CREDOR
1	Caixa	1.000	—
2	Estoque de Mercadorias	3.000	—
3	Móveis e Utensílios	2.000	—
4	Fornecedores	—	1.300
5	Capital	—	3.500
6	Aluguéis Passivos	300	—
7	Impostos e Taxas	600	—
8	Juros Ativos	—	100
9	Compras de Mercadorias	4.000	—
10	Vendas de Mercadorias	—	6.000
	Totais	10.900	10.900

Informações adicionais:

a. o estoque final de mercadorias é igual a $ 3.900;

b. a depreciação sobre Móveis e Utensílios será de 10% a.a.

Solução:

1. Resultado operacional bruto

Cálculos extracontábeis

CMV = Estoque Inicial + Compras − Estoque Final

CMV = 3.000 + 4.000 − 3.900

CMV = 3.100

RCM = V − CMV

RCM = 6.000 − 3.100

RCM = 2.900

Contabilização no livro Diário:

1) *CMV*

a Estoque de Mercadorias

Transferência do saldo da segunda para a primeira das contas supra para apuração do CMV *3.000*

2) *CMV*

a Compras de Mercadorias

Transferência do saldo da segunda para a primeira das contas supra para apuração do CMV *4.000*

3) *Estoque de Mercadorias*

a CMV

Pelo registro do estoque final conforme inventário. *3.900*

4) *Vendas de Mercadorias*

a RCM

Transferência do saldo da primeira para a segunda das contas supra, para apuração do RCM *6.000*

5) *RCM*

a CMV

Transferência do saldo da segunda para a primeira das contas supra, para apuração do .... *RCM* *3.100*

Após estes cinco lançamentos, ficou devidamente contabilizado o resultado operacional bruto, que corresponde ao lucro apurado sobre as vendas, no valor de $ 2.900.

2. Resultado operacional líquido

No caso em estudo, consta como ajuste apenas a depreciação da conta Móveis e Utensílios.

Cálculos extracontábeis:
10% de $ 2.000 = $ 200

Contabilização no livro Diário:

6) *Depreciação*
a Depreciação Acumulada de Móveis e Utensílios
10% sobre Móveis e Utensílios. *200*

Depois de efetuados os ajustes e as apropriações necessárias (se existirem), o próximo passo será transferir os saldos das contas de Despesas e de Receitas Operacionais para a conta Resultado do Exercício.

Veja:

7) *Resultado do Exercício*
a Diversos
Transferência dos saldos das seguintes contas para apuração do resultado:
a Aluguéis Passivos
Saldo desta conta *300*
a Impostos e Taxas
Idem *600*
a Depreciação
Idem *200* *1.100*

8) *Diversos*
a Resultado do Exercício
Transferência dos saldos das seguintes contas para apuração do resultado operacional líquido:
RCM
Saldo desta conta *2.900*
Juros Ativos
Idem *100* *3.000*

Veja a posição da conta Resultado do Exercício, após os lançamentos supra, em seu respectivo Razonete:

RESULTADO DO EXERCÍCIO	
(7) 1.100	(8) 3.000
	Saldo 1.900

Como neste exemplo não previmos contas dos grupos das Outras Despesas e das Outras Receitas, e estando as contas de despesas e de receitas operacionais devidamente encerradas, com seus saldos transferidos para a conta Resultado do Exercício, o saldo desta conta representa o Resultado do Exercício antes da tributação.

Veja, agora como ficará o segundo Balancete de Verificação:

EMPRESA: COMERCIAL PADOAN RIBEIRO LTDA
SEGUNDO BALANCETE DE VERIFICAÇÃO
Exercício findo em: 31 de dezembro de X1

Nº	CONTAS	SALDO	
		DEVEDOR	CREDOR
1	Caixa	1.000	—
2	Estoque de Mercadorias	3.900	—
3	Móveis e Utensílios	2.000	—
4	Fornecedores	—	1.300
5	Capital	—	3.500
6	Depreciação Acumulada	—	200
7	Resultado do Exercício	—	1.900
	Totais	6.900	6.900

Notas

- Note que no Balancete, o total do débito tem de ser igual ao total do crédito, para que os procedimentos estejam corretos.
- Na vida prática, este Balancete é desnecessário, uma vez que ainda faltam procedimentos a serem feitos. Entretanto, para efeito didático, é conveniente elaborá-lo para encerrar esta etapa dos estudos.

ATIVIDADES TEÓRICAS 1

1. Responda:

1.1 Cite três providências que devem ser tomadas visando a apuração do resultado do exercício.

1.2 Cite as etapas da apuração do resultado.

2. Classifique as afirmativas em falsas (F) ou verdadeiras (V):

2.1 ( ) Na fase de apuração do resultado operacional bruto, não são consideradas as contas que envolvem compras e vendas de mercadorias.

2.2 ( ) Na fase de apuração do resultado operacional líquido, além do resultado bruto entram nos cálculos todas as despesas, bem como todas as receitas operacionais.

2.3 ( ) Na fase de apuração do resultado antes da tributação devem ser considerados o resultado operacional líquido, bem como as outras despesas e as outras receitas, conforme estabelece o inciso IV do artigo 187º da Lei n. 6.404/1976.

3. Escolha a alternativa correta:

3.1 Segundo estabelece a Lei n. 6.404/1976, no art. 175º, o exercício social terá duração de um ano, e a data do término será fixada no estatuto.

Diante dessa determinação legal, as empresas:

a) somente apurarão seus resultados no dia 31 de dezembro.

b) poderão apurar resultados parciais durante o ano, porém o Balanço será elaborado somente em 31 de dezembro;

c) poderão apurar resultados trimestrais, porém sem incluir as despesas não financeiras como depreciação e amortização;

d) todas estão incorretas.

ATIVIDADES PRÁTICAS 1

Prática 1

Relação das contas extraídas do livro Razão da empresa Comercial Primavera Ltda., em 31 de dezembro de X2:

1.	Caixa	100
2.	Estoque de Mercadorias	250
3.	Compras de Mercadorias	400
4.	Vendas de Mercadorias	500
5.	Capital	260
6.	Despesas Administrativas	10
	Total	1.520

Pede-se:

a) elabore o primeiro Balancete de Verificação;

b) apure o resultado operacional bruto, sabendo que o estoque final foi igual a $ 130;

c) apure o resultado operacional líquido;

d) levante o segundo Balancete de Verificação.

Prática 2

Relação das contas extraídas do livro Razão da Mercearia Verão Ltda., em 31 de dezembro de X1:

1.	Caixa	2.000
2.	Estoque de Mercadorias	20.000
3.	Móveis e Utensílios	6.000
4.	Fornecedores	12.000
5.	Capital	26.000
6.	Compras de Mercadorias	40.000
7.	Vendas de Mercadorias	32.000
8.	Impostos e Taxas	2.000
	Total	140.000

Pede-se:

a) elabore o primeiro Balancete de Verificação;

b) apure o resultado operacional bruto, sabendo-se que o estoque final de mercadorias foi igual a $ 36.000;

c) apure o resultado operacional líquido, depreciando a conta Móveis e Utensílios à taxa de 10% a.a.;

d) levante o segundo Balancete de Verificação.

Prática 3

Relação das contas extraídas do livro Razão da empresa Comercial Vale do Sol S/A, em 31 de dezembro:

1. Bancos conta Movimento 2.000
2. Móveis e Utensílios 4.000
3. Veículos 8.000
4. Duplicatas a Receber 4.000
5. Estoque de Mercadorias 10.000
6. Duplicatas a Pagar 6.000
7. Contribuições de Previdência a Recolher 80
8. Contas a Pagar 1.040
9. Compras de Mercadorias 12.000
10. Vendas de Mercadorias 20.000
11. Combustíveis 1.000
12. Aluguéis Ativos 2.200
13. Imóveis 16.000
14. PIS/PASEP sobre Faturamento 120
15. COFINS 400
16. Contribuições de Previdência 600
17. Ganhos em Transações do Ativo Não Circulante 100
18. Perdas em Transações do Ativo Não Circulante 30
19. Capital 28.730

Total 116.300

Pede-se:

1. elabore o primeiro Balancete de Verificação;
2. apure o resultado operacional bruto sabendo que o estoque final de mercadorias, conforme inventário realizado, foi igual a $ 14.000;
3. apure o resultado operacional líquido:
   a) Deprecie Móveis e Utensílios à taxa de 10% a.a.;
   b) Deprecie Veículos, à taxa de 20% a.a.;
   c) Deprecie Imóveis, à taxa de 4% a.a.;
   OBS: Considerar que os bens sujeitos à depreciação foram adquiridos no exercício anterior e serão depreciados pela primeira vez.
   d) Provisionar perdas estimadas em créditos de liquidação duvidosa à razão de 2% sobre Duplicatas a Receber;
4. apure o resultado do Exercício antes da tributação.
5. levante o segundo Balancete de Verificação.

9.3 Deduções do Resultado do Exercício

9.3.1 Introdução

São três as deduções do Resultado do Exercício:

- Contribuição Social sobre o Lucro – Lei n. 7.689/88;
- Imposto sobre a Renda – Art. 189º da Lei n. 6.404/1976 e art. 339º do RIR/99; e
- Prejuízos Acumulados (Prejuízo Contábil) – Art. 189º da Lei n. 6.404/1976.

Nota

- Julgamos importante esclarecer que no Brasil, o termo "Provisão" sempre foi amplamente empregado tanto pelas legislações comercial, societária, trabalhista, previdenciária e tributária como também pelas Normas Brasileiras de Contabilidade, na intitulação de várias contas redutoras do Ativo (Provisões Ativas) e de contas representativas de algumas obrigações (Provisões Passivas).

Com a adoção das normas internacionais de contabilidade que entraram em vigor no Brasil a partir de 01 de janeiro de 2008, esse termo passou a ser adotado na terminologia contábil de maneira restrita.

A NBC TG 25, fundamentada no CPC 25 convergente com as normas internacionais de contabilidade IFRS, restringiu o uso desse termo, passando a ser utilizado na terminologia contábil somente na intitulação de contas representativas de passivos com prazo e valor incertos.

Contudo, a própria NBC TG 25, em seu item 7, reconhece que em alguns países o termo "provisão" é também usado no contexto de itens tais como depreciação, redução ao valor recuperável de ativos e créditos de liquidação duvidosa, que representam ajustes de valores contábeis ativos.

Diante do exposto, é importante evidenciar que, embora nos Planos de Contas das entidades brasileiras em geral, o termo "Provisão" a partir da adoção das normas internacionais de contabilidade IFRS tenha ficado restrito a um pequeno grupo de contas do Passivo, ele continua sendo empregado com as mesmas funções de antes, nos textos das legislações comercial, societária, trabalhista, previdenciária e tributária brasileiras.

9.3.2 Juros sobre o capital próprio

Nota

- Estudaremos na presente Seção os Juros Remuneratórios do Capital Próprio, uma vez que eles são dedutíveis da base de cálculo da Contribuição Social e do Imposto de Renda sobre o lucro líquido.

9.3.2.1 Conceito

Juros sobre o capital próprio (JCP) correspondem à importância que a empresa paga ao seu titular, sócio ou acionista, como remuneração dos valores por eles investidos na composição do capital da própria empresa.

A Lei n. 9.249, de 26 de dezembro de 1995, que promoveu alterações na legislação tributária, ao mesmo tempo em que revogou o regime de correção monetária das demonstrações financeiras (art. 4º), criou a figura dos juros sobre o capital próprio (art. 9º), como remuneração adicional àquela decorrente da participação nos lucros, pago ao titular (empresa individual), sócios (empresa societária em geral) ou acionistas (sociedades por ações).

Assim, apesar de facultativos, os JCP representam um rendimento extra que os titulares das empresas recebem além da participação nos lucros, embora a legislação tenha previsto também que esses juros, nas sociedades por ações, possam ser imputados aos dividendos obrigatórios, conforme veremos adiante.

Esses juros são pagos com base na taxa de juros de longo prazo (TJLP). Entretanto, conforme estabelece o § 1º do art. 9º da Lei n. 9.249/1995, o efetivo pagamento ou crédito dos juros fica condicionado à existência de lucros, computados antes da dedução dos juros, ou de lucros acumulados e reservas de lucros, em montante igual ou superior ao valor de duas vezes os juros a serem pagos ou creditados.

Notas

- É importante destacar que, com o advento da Lei n. 11.638/2007, ficou vedada às sociedades por ações, a manutenção de saldo credor na conta Lucros Acumulados, nos Balanços de final de exercício social. Contudo, essas entidades continuam mantendo em seus Planos de Contas a conta Lucros Acumulados que é utilizada para receber por transferência o saldo da conta Resultado do Exercício, as reversões de reservas e os ajustes de exercícios anteriores, bem como para dar as destinações adequadas ao lucro líquido do exercício.
- É importante destacar, ainda que, conforme estabelecem os itens 48 a 50 do Comunicado Técnico CTG 2000 aprovado pela Resolução CFC n. 1159/2009, os demais tipos de entidades constituídas sob qualquer forma jurídica, desde que não seja a de sociedade por ações, poderão manter em seus Balanços saldo credor na conta Lucros Acumulados, para futuras destinações.

9.3.2.2 Tratamento legal

Os JCP são disciplinados por vários dispositivos da legislação tributária, entre Leis, Decretos, Instruções Normativas, Atos Declaratórios e outros.

Veja alguns desses dispositivos:

- Lei n. 9.249, de 26/12/95, art. 9º;
- Decreto n. 3.000, de 26/03/99 – Regulamento do Imposto de Renda – art. 347º, 348º, 668º e 685º;
- Instrução Normativa SRF n. 11, de 21/2/96;
- Instrução Normativa SRF n. 41, de 22/04/98, etc.
- Além da legislação tributária, tratam dos JCP, o Comitê de Pronunciamentos Contábeis, por meio da Interpretação Técnica ICPC 08 (R1) e a CVM, por meio da Deliberação CVM n. 683/2012.

Veja, agora, o que dispõe o artigo 9º da Lei n. 9.249/95:

> Art. 9º A pessoa jurídica poderá deduzir, para efeitos da apuração do lucro real, os juros pagos ou creditados individualizadamente a titular, sócios ou acionistas, a título de remuneração do capital próprio, calculados sobre as contas do patrimônio líquido e limitados à variação, pro rata dia, da Taxa de Juros de Longo Prazo – TJLP.
>
> § 1º O efetivo pagamento ou crédito dos juros fica condicionado à existência de lucros, computados antes da dedução dos juros, ou de lucros acumulados e reservas de lucros, em montante igual ou superior ao valor de duas vezes os juros a serem pagos ou creditados. (Redação dada pela Lei n. 9.430, de 1996)
>
> § 2º Os juros ficarão sujeitos à incidência do imposto de renda na fonte à alíquota de quinze por cento, na data do pagamento ou crédito ao beneficiário.
>
> § 3º O imposto retido na fonte será considerado:
>
> I – antecipação do devido na declaração de rendimentos, no caso de beneficiário pessoa jurídica tributada com base no lucro real;

II – tributação definitiva, no caso de beneficiário pessoa física ou pessoa jurídica não tributada com base no lucro real, inclusive isenta, ressalvado o disposto no § 4º;

§ 4º (Revogado pela Lei n. 9.430/1996).

§ 5º No caso de beneficiário sociedade civil de prestação de serviços, submetida ao regime de tributação de que trata o art. 1º do Decreto-lei n. 2.397, de 21 de dezembro de 1987, o imposto poderá ser compensado com o retido por ocasião do pagamento dos rendimentos aos sócios beneficiários.

§ 6º No caso de beneficiário pessoa jurídica tributada com base no lucro real, o imposto de que trata o § 2º poderá ainda ser compensado com o retido por ocasião do pagamento ou crédito de juros, a título de remuneração de capital próprio, a seu titular, sócios ou acionistas.

§ 7º O valor dos juros pagos ou creditados pela pessoa jurídica, a título de remuneração do capital próprio, poderá ser imputado ao valor dos dividendos de que trata o art. 202º da Lei n. 6.404, de 15 de dezembro de 1976, sem prejuízo do disposto no § 2º.

§ 8º Para fins de cálculo da remuneração prevista neste artigo, serão consideradas exclusivamente as seguintes contas do patrimônio líquido: (Redação dada pela Lei n. 12.973/2014)

I – capital social;

II – reservas de capital;

III – reservas de lucros;

IV – ações em tesouraria; e

V – prejuízos acumulados.

§ 9º (Revogado pela Lei n. 9.430/1996).

§ 10º (Revogado pela Lei n. 9.430/1996).

§ 11º O disposto neste artigo aplica-se à Contribuição Social sobre o Lucro Líquido. (Inserido pela Lei n. 12.973/2014)

Conforme já dissemos, a lei não obriga que as empresas remunerem seus titulares, pagando-lhes JCP. Contudo, permite que a soma dos valores pagos a esse título seja deduzida da base de cálculo da Contribuição Social sobre o Lucro Líquido e da base de cálculo do Imposto sobre a Renda, desde que o respectivo valor seja calculado conforme as regras definidas pela legislação tributária.

9.3.2.3 Base de cálculo

A base de cálculo dos JCP é o Patrimônio Líquido existente no encerramento do período imediatamente anterior àquele da remuneração. Assim, se a empresa estiver enquadrada no regime do lucro real anual, deverá considerar o PL existente no último dia do exercício anterior e se estiver enquadrada no regime do lucro real trimestral, o PL será aquele existente no último dia do trimestre anterior.

Portanto, como os JCP são pagos com base no PL existente no último dia do período anterior ao do crédito ou pagamento, o lucro líquido apurado no exercício em que os JCP são calculados, não devem ser incluídos no respectivo PL.

Nota

- Segundo consta do § 8º do art. 9º da Lei n. 9.249/1995, transcrito anteriormente, para fins de cálculo dos juros sobre o capital próprio, serão consideradas exclusivamente as seguintes contas do Patrimônio Líquido: Capital Social; Reservas de Capital; Reservas de Lucros; Ações em Tesouraria; e Prejuízos Acumulados.

9.3.2.4 Taxa

Conforme consta do caput do artigo 9º da Lei n. 9.249/95 e do caput do artigo 347º do RIR/99, para efeito de dedutibilidade da base de cálculo da Contribuição Social sobre o Lucro Líquido e da base de cálculo do Imposto de Renda (lucro real), os JCP estão limitados à variação, *pro rata* dia, da Taxa de Juros de Longo Prazo (TJLP).

A TJLP é calculada pelo Conselho Monetário Nacional (CMN) e a sua divulgação se dá por meio de resoluções do Banco Central do Brasil (BACEN).

Quando o Patrimônio Líquido sofrer alterações, durante o período de incidência dos JCP, deve-se aplicar a TJLP proporcional ao número de dias em que o montante ficou investido na empresa.

9.3.2.5 Limite para dedutibilidade

Nos termos da legislação tributária, para fins de dedutibilidade da base de cálculo da CSLL e do IR, o valor dos JCP a ser pago ou creditado aos titulares de empresas, limita-se ao maior dos seguintes valores:

a. 50% do lucro líquido do período-base, computado antes da dedução dos JCP, ou de

b. 50% do somatório dos lucros acumulados e reserva de lucros.

Segundo entendimento do fisco, o lucro líquido do exercício a que se refere a letra "a" supra, será aquele obtido antes de computados os JCP (que estão sendo calculados); depois de deduzida a parcela da Contribuição Social e antes de deduzida a parcela do Imposto de Renda (§ 1º do art. 9º da Lei n. 9.249/95, com redação dada pelo art. 78º da Lei n. 9.430/96; § 3º do art. 29º da IN SRF n. 11/96; Ato Declaratório Normativo Cosit NP 13/96 etc.).

Note que o valor da Contribuição Social citado é provisório, pois, até este momento, a base de cálculo dessa contribuição ainda não está definida, uma vez que poderá ser afetada pelo valor dos próprios JCP.

Desta forma, o valor provisório da CSLL será calculado mediante a aplicação da alíquota vigente sobre o resultado do exercício que ainda não sofreu a redução dos juros sobre o capital próprio, observando-se, ainda, as adições e exclusões previstas na legislação tributária para cálculo da CSLL.

A obtenção desse lucro líquido, portanto, pode ser feita extra contabilmente por meio de um ensaio para obter o valor do resultado do exercício diminuído da CSLL.

Desta forma, o valor dos juros remuneratórios do capital próprio que exceder ao maior dos limites comentados, deverá integrar a base de cálculo da CSLL e do IR.

9.3.2.6 Exemplo prático

Admitamos que o Patrimônio Líquido da Indústria de Revestimentos de Automóveis Fernando Ltda. , em 31/12/X1, esteja assim constituído:

Patrimônio Líquido

• *Capital Social*	*100.000*
• *Reservas de Capital*	*10.000*
• *Reservas de Lucros*	*70.000*
Total	*180.000*

Outras informações:

- Resultado do exercício antes da CSLL e do IR:24.000
- Taxa para cálculo da CSLL provisória:9%
- Considerar que os saldos das contas do Patrimônio Líquido, referem-se a 31/12/X1 sendo os mesmos que figuraram no Balanço de 31/12/X0. Não ocorreram, portanto alterações nesses saldos durante o exercício de X1.
- Taxa de Juros de Longo Prazo (TJLP) para o exercício de X1:10%.
- Considerar a existência de 2 sócios com participações iguais no Capital.

Solução:

a. Cálculo dos juros sobre o capital próprio

Considerando que no presente exemplo não há ajustes a serem procedidos no PL, faremos:

10% de $ 180.000 = $ 18.000

b. Cálculo dos limites para fins de dedutibilidade

b1. 50% do lucro líquido do período-base antes da dedução desses juros; depois da dedução da CSLL provisória e antes da dedução do IR:

Considerando que não há ajustes para fins de cálculo da CSLL, e que a alíquota é de 9%, teremos o seguinte valor da CSLL:

9% de 24.000 = 2.160

50% de 24.000 – 2.160 = 10.920

b2. 50% do somatório dos lucros acumulados e reserva de lucros

- *Reservas de Lucros 70.000*
- *Lucros Acumulados .... ZERO*

Total 70.000

50% de 70.000 = 35.000

Observe que pelo primeiro limite (b1), se a empresa remunerar os sócios pelo valor calculado de $ 18.000, haveria um excesso sobre o valor dedutível de $ 7.080. Entretanto, considerando o segundo limite (b2) que é de $ 35.000, a empresa poderá remunerar os acionistas pelo valor total calculado e utilizar todo o valor como dedutível das bases de cálculos da CSLL e do IR.

Contabilização:

Registro do crédito dos juros aos titulares e respectivas parcelas do IRFonte.

1) *Juros sobre o Capital Próprio (Despesa Financeira)*
a Diversos
Crédito que se processa aos sócios e respectiva retenção do IRRFonte, referente ao exercício de X1, calculados pela TJLP de 10%, nos termos do art. 9º da Lei n. 9.249/95, como segue:
a Juros sobre o Capital Próprio a Pagar (PC)
Sócio A.. 7.650

Sócio B	*7.650*	*15.300*	
a IRR Fonte a Recolher (PC)			
15% ref. remun. sócio A	*1.350*		
Idem ref. remun. sócio B	*1.350*	*2.700*	*18.000*

Agora, vamos assumir que um dos acionistas supra seja pessoa jurídica e por esse motivo, está obrigado a manter escrituração contábil. Neste caso, veja como o acionista beneficiário efetuará o registro do crédito dos juros, no livro Diário de sua empresa:

2) *Diversos*
a Juros sobre o Capital Próprio (Receita Financeira)
Pelo crédito de Juros remuneratórios sobre o capital próprio, recebidos de Indústria de Revestimentos de Automóveis Fernando Ltda., ref. ao exercício de X1, calculados pela TJLP de 10%, nos termos do art. 9º da Lei n. 9.249/95, como segue:

Juros sobre o Capital Próprio a Receber (AC)		
Valor líquido dos juros	*7.650*	
IRR Fonte a Recuperar (AC)		
15% retido na fonte	*1.350*	*9.000*

9.3.2.7 Imputação dos juros aos dividendos obrigatórios

Segundo o § 7º do art. 9º da Lei n. 9.249/1995, as sociedades por ações podem optar pela imputação dos JCP ao valor dos dividendos obrigatórios de que trata o art. 202º da Lei n. 6.404/1976.

Aproveitando essa faculdade, as sociedades por ações deverão adotar o tratamento contábil disciplinado nos itens 10 e 11 da Interpretação Técnica ICPC 08 (R1) do Comitê de Pronunciamentos Contábeis (CPC), devidamente aprovada pela Comissão de Valores Mobiliários por meio da Deliberação CVM n. 683/2012.

Veja o que estabelecem os itens 10 e 11 da mencionada ICPC 08 (R1):

> "Juros sobre o capital próprio (JCP)
>
> 10. Os juros sobre o capital próprio – JCP são instituto criado pela legislação tributária, incorporado ao ordenamento societário brasileiro por força da Lei n. 9.249/95.
>
> É prática usual das sociedades distribuírem-nos aos seus acionistas e imputarem-nos ao dividendo obrigatório, nos termos da legislação vigente.
>
> 11. Assim, o tratamento contábil dado aos JCP deve, por analogia, seguir o tratamento dado ao dividendo obrigatório. O valor de tributo retido na fonte que a companhia, por obrigação da legislação tributária, deva reter e recolher não pode ser considerado quando se imputam os JCP ao dividendo obrigatório."

Vamos assumir que a Indústria de Revestimentos de Automóveis Fernando, agora seja uma sociedade por ações e esteja sujeita a adotar o tratamento contábil da ICPC 08 do CPC, imputando os JCP aos dividendos obrigatórios.

Considerando os mesmos dados apresentados no exemplo anterior, a contabilização ficaria como segue:

1) *Lucros Acumulados*
a JCP a Pagar (ou Dividendos a Pagar)
Crédito que se processa aos acionistas, ref. ao exercício de X1, calculados pela TJLP de 10%, nos termos do art. 9º da Lei n. 9.249/95 e ICPC 08 (R1), como segue:
a Acionista A
Ref. sua parte conf. cálculos. 7.650
a Acionista B
Idem .... 7.650 — 15.300

---

2) *Juros sobre o Capital Próprio (Despesa Financeira)*
a IR Fonte a Recolher
15% ref. remun. acionista A 1.350
Idem ref. remun. acionista B .... 1.350 — 2.700

Observações

- Observe que no lançamento 1, debitamos a conta Lucros Acumulados, tendo em vista que segundo a ICPC 08(R1), por analogia, deve-se seguir o tratamento dado ao dividendo obrigatório. Veja bem: os JCP, segundo essa interpretação técnica, não representa despesa para a empresa, e sim, distribuição de lucros.
- Observe, também que os JCP foram debitados na conta Lucros Acumulados, pelo valor líquido, isto é, deduzido o IR, uma vez que segundo a mesma interpretação técnica, o IR deve ser contabilizado como Despesa Financeira e não como distribuição de dividendos.

O registro contábil dos JCP também pode ser efetuado através de um lançamento de 4ª fórmula.

Veja como ficará o caso em estudo, apenas com contas e valores:

Diversos:
a Diversos
Lucros Acumulados 15.300
JCP (Despesas Financeiras .... 2.700 — 18.000
a JCP a Pagar (ou Dividendos a Pagar)
a Acionista A 7.650
a Acionista B .... 7.650 — 15.300
a IR Fonte a Recolher
15% ref. remun. acionista A 1.350
Idem ref. remun. acionista B .... 350 — 2.700 — 18.000

ATIVIDADES PRÁTICAS 2

Prática 1 – Solucionada

Calcular e contabilizar os juros sobre o capital próprio, em 31/12/X6, com base nas seguintes informações:

1. Patrimônio Líquido da Companhia Paulista S/A, em 31/12/X6:

   Capital Subscrito 460.000

• *(–) Capital a Realizar*	*(150.000)*
• *(+) Reservas de Capital*	*90.000*
• *(+) Reservas de Lucros*	*100.000*
Total	*500.000*

2. Considerar que os saldos das contas do Patrimônio Líquido em 31/12/X6 são os mesmos que figuraram no Balanço de 31/12/X5. Não ocorreram, portanto alterações durante o exercício de X6.
3. Resultado do exercício apurado em 31/12/X6, antes da CSLL e do IR: $ 80.000.
4. TJLP para o período: 8%.
5. IRRFonte pela alíquota de 15%.
6. Alíquota da CSLL, para fins do cálculo do valor provisório, 9%.
   Considerar que não ocorreram fatos que mereçam ajustes na base de cálculo dessa contribuição.
7. Considerar, ainda, que a companhia tem dois acionistas: Honofre – com 70% do capital – e Gilberto – com 30% do capital.

   Contabilizar segundo as normas contidas na Interpretação Técnica ICPC 08 (R1) do CPC.

Solução:

a. Cálculo dos Juros sobre o Capital Próprio

8% de $500.00 = $ 40.000

b. Cálculo dos limites para fins de dedutibilidade

b1. primeiro limite

Cálculo do valor provisório da CSL:

9% de $ 80.000 = $ 7.200

Cálculo do primeiro limite:

50% de 80.000 – 7.200 = 36.400

b2. Segundo limite

50% de $ 100.000 = $ 50.000

Como o valor dos JCP apurado foi igual a $ 40.000 e o maior dos dois limites corresponde a $ 50.000, a empresa poderá pagar os JCP, no valor total e abater esse valor integralmente da base de cálculo da CSLL e do IR.

Contabilização:

1) *Lucros Acumulados*

a Juros sobre o Capital Próprio a Pagar (ou Dividendos a Pagar)

Pelo crédito dos JCP etc., como segue:

a Acionista Honofre

Ref. sua parte etc. *23.800*

a Acionista Gilberto

Ref. sua parte etc. *10.200* *34.000*

2) *Juros sobre o Capital Próprio (Despesa Financeira)*

a IRR Fonte a Recolher

Retenção etc., como segue:

a Acionista Honofre

Ref. seu crédito etc. *4.200*

a Acionista Gilberto

Ref. seu crédito etc. *1.800* *6.000*

Prática 2

Contabilizar os juros sobre o capital próprio, da Companhia Industrial Rafael, em 31/12/X1, considerando as seguintes informações:

- Valor dos JCP = $ 100.000.
- IR fonte pela alíquota de 15%.
- A companhia tem dois acionistas com participação igual no Capital Social.
- Os JCP foram imputados ao dividendo obrigatório.
- Adotar os procedimentos contábeis conforme a Interpretação Técnica ICPC 08 (R1) do CPC.

9.3.3 Contribuição Social sobre o Lucro Líquido

9.3.3.1 Introdução

A Contribuição Social Sobre o Lucro (CSL), criada pela Lei n. 7.689/1988, é devida ao Governo Federal, pelas pessoas jurídicas que estão sujeitas ao recolhimento do Imposto de Renda com base no lucro real. (Veja na Seção 9.3.4.2, quais são essas pessoas jurídicas).

Essa contribuição, em alguns dispositivos da legislação tributária, recebe também a intitulação de Contribuição Social sobre o Lucro Líquido (CSLL).

O valor da CSLL, é calculado com base no resultado do exercício e destina-se ao financiamento da seguridade social.

A lei que criou a CSLL determinou em seu art. 2º que a base de cálculo da contribuição é o valor do resultado do exercício, antes do Imposto de Renda.

Originalmente, a alínea "a" do § 1º do artigo citado estabeleceu que a contribuição social sobre o lucro seria devida anualmente, com base no resultado do exercício apurado em 31 de dezembro de cada ano.

Posteriormente, em decorrência de alterações na legislação tributária, a CSLL passou a ser devida trimestralmente, com base em resultados apurados pelas empresas no final de cada trimestre.

A própria legislação tributária, no entanto, faculta às empresas a opção pelo recolhimento da CSLL em parcelas mensais, cujo valor deve ser estimado com base no faturamento bruto de cada mês. Entretanto, fazendo essa opção, as empresas ficam obrigadas a apurar seus resultados no fim de cada ano para calcular o valor efetivamente devido da CSLL, podendo, obviamente, compensar, do referido valor, o montante pago por estimativa durante o ano.

A alíquota da CSLL, instituída inicialmente pelo art. 3º da Lei n. 7.689/1988, para as empresas em geral, foi de 8%, passando a 9% após alteração introduzida pela Lei n. 11.727/2008.

Para calcular o valor da CSLL, não basta aplicar a alíquota sobre o resultado do exercício antes do Imposto de Renda. É necessário ajustar esse resultado, nos termos da alínea "c" do § 1º do art. 2º da citada Lei, cujo dispositivo legal assim determina:

> "c) o resultado do período-base, apurado com observância da legislação comercial, será ajustado pela:
>
> 1 – adição do resultado negativo da avaliação de investimentos pelo valor de patrimônio líquido;
>
> 2 – adição do valor de reserva de reavaliação, baixada durante o período-base, cuja contrapartida não tenha sido computada no resultado do período-base;
>
> 3 – adição do valor das provisões não dedutíveis da determinação do lucro real, exceto a provisão para o Imposto de Renda;
>
> 4 – exclusão do resultado positivo da avaliação de investimentos pelo valor de patrimônio líquido;
>
> 5 – exclusão dos lucros e dividendos derivados de investimentos avaliados pelo custo de aquisição, que tenham sido computados como receita;
>
> 6 – exclusão do valor, corrigido monetariamente, das provisões adicionadas na forma do item 3, que tenham sido baixadas no curso de período-base."

É importante lembrar, conforme estudamos na Seção 9.3.2, que, desde 01 de janeiro de 1996, os juros sobre o capital próprio porventura pagos pela empresa a seus titulares também podem ser excluídos da base de cálculo da CSLL.

Finalmente, é importante destacar que a partir do ano-calendário 2011, a escrituração dos ajustes para fins de apuração da base de cálculo da CSLL e do IR passaram a ser efetuadas no Livro Eletrônico de Escrituração e Apuração do Imposto sobre a Renda e da Contribuição Social sobre o Lucro Líquido da Pessoa Jurídica Tributada pelo Lucro Real (e-Lalur) (§ 1º do art. 4º da Instrução Normativa RFB 989/2009).

9.3.3.2 Cálculo e contabilização

Conforme vimos, para encontrar o valor da CSLL no fim do trimestre ou do ano, basta aplicar a alíquota sobre a base de cálculo. O recolhimento aos cofres do governo federal será efetuado sempre no mês seguinte ao de sua apuração.

Portanto, para fazer face a esse compromisso fiscal, no momento da apuração do resultado do exercício, seja ele trimestral ou anual, deve-se contabilizar o montante devido, em uma conta de obrigação classificável no Passivo Circulante. Essa conta poderá denominar-se "Contribuição Social sobre o Lucro Líquido a Recolher".

Tanto a alíquota quanto a base de cálculo da CSLL podem ser alteradas frequentemente, motivo pelo qual, na vida prática, o contabilista deve ficar atento às mudanças que ocorrem na legislação, para aplicar os critérios que estiverem em vigor em cada ano.

Exemplo prático

Suponhamos que o resultado do exercício antes de deduzido o Imposto de Renda, apurado por determinada empresa, em 31/12/X1, tenha sido igual a $ 800.000, e que dentre as receitas do período conste uma receita de participação societária, calculada pela aplicação do Método da Equivalência Patrimonial, no valor de $ 200.000. Considerando a alíquota de 9%, faremos:

Apuração da base de cálculo:

Resultado do exercício antes do IR	*800.000*
(−) Receitas de Participações Societárias..................................	*(200.000)*
(=) Base de cálculo da CSLL	*600.000*
Cálculo do valor da CSLL	
9% de $ 600.000 = ...	*$ 54.000*

Nota

- Veja mais detalhes do cálculo da CSLL na Prática 1 – Solucionada, do Capítulo 10.

CONTABILIZAÇÃO:

Resultado do Exercício
c CSLL a Recolher
Valor da CSLL referente ao período, calculada pela alíquota de 9% etc... *54.000*

Observações

- A conta Resultado do Exercício, sendo debitada, fica com seu saldo diminuído do valor da referida contribuição.
- A conta Contribuição Social sobre o Lucro Líquido a Recolher, figurará no Balanço Patrimonial, no Passivo Circulante, subgrupo das Obrigações Tributárias, representando a obrigação que a empresa terá para recolher ao Governo Federal, no mês seguinte.
- A CSLL, quando calculada sobre lucros diferidos, é contabilizada a crédito da conta CSLL Diferida, classificável no Passivo Circulante ou no Passivo Exigível a Longo Prazo. Veja mais detalhes na Seção 9.3.4.6.

9.3.3.3 Recolhimento da CSLL por estimativa

Neste caso, a empresa recolhe, mensalmente, sempre no mês seguinte ao da competência, um valor estimado com base no faturamento do mês, obedecidos os critérios fixados pela legislação tributária.

A sistemática de contabilização e recolhimento é:

a. no último dia de cada mês, apropria-se o valor estimado da CSLL a ser recolhido no mês seguinte, debitando-se uma conta do Ativo Circulante que represente o valor do tributo a compensar e creditando-se uma conta do Passivo Circulante que represente a obrigação tributária a ser recolhida no mês seguinte;

b. no mês seguinte, o recolhimento será contabilizado, debitando-se a conta do Passivo Circulante que registrou a obrigação e creditando-se a conta Caixa ou Bancos, conforme o caso;

c. no último dia de dezembro, apropria-se normalmente o valor referente a dezembro e contabiliza-se o valor da CSLL calculado com base no resultado anual, a crédito da conta Contribuição Social sobre o Lucro Líquido a Recolher;

d. compensa-se o valor recolhido mensalmente, incluso o de dezembro que ainda será recolhido em janeiro do ano seguinte, com o valor apropriado em 31 de dezembro. Se o valor recolhido durante o exercício for inferior ao valor apropriado em 31 de dezembro, a diferença permanecerá na conta CSLL a Recolher, para ser recolhida no exercício seguinte, normalmente; caso contrário, o saldo remanescente na conta que registrou o tributo a compensar, permanecerá no Ativo Circulante para futura compensação ou restituição.

Exemplo prático

Suponhamos que no exercício de X1, uma determinada empresa, obrigada a recolher o imposto de renda com base no lucro real, tenha optado pelo recolhimento da CSLL, por estimativa.

Convém ressaltar que o valor de cada parcela da CSLL estimada será calculado com base no lucro presumido, em função do faturamento bruto do referido mês, conforme regras fixadas pela legislação tributária.

Consideremos, então, neste exemplo, que o valor estimado para o mês de janeiro tenha sido igual a $ 13.000.

Veja como ficará a contabilização:

Em 31/01/X1

CSLL por Estimativa a Recuperar

a CSLL por Estimativa a Recolher

Apropriação da parcela da CSLL devida
por estimativa, referente a este mês. 13.000

______ ______

Em 28 de fevereiro, data do recolhimento da parcela de janeiro, faremos:

CSLL por Estimativa a Recolher

a Caixa

Pelo recolhimento, conforme guia. 13.000

______ ______

Suponhamos, agora, que em 31 de dezembro, o valor da CSLL calculado com base no resultado anual tenha sido igual a $ 162.000.

Considerando que o valor estimado para o mês de dezembro tenha sido igual a $ 10.000 e que o montante pago por estimativa durante o ano, incluso o valor de dezembro que será pago em janeiro de X2, foi igual a $ 120.000, veja os procedimentos em 31 de dezembro de X1.

a. Registro da contribuição anual

Resultado do Exercício

a CSLL a Recolher

Valor da contribuição social sobre o lucro, referente ao exercício de X1, calculada pela alíquota de 9%.. 162.000

b. Compensação dos valores pagos por estimativa

CSLL a Recolher

a CSLL por Estimativa a Compensar

Pela compensação das parcelas recolhidas neste exercício, inclusa a de dezembro, por estimativa com o valor da contribuição efetivamente devido neste exercício. 120.000

Observações

- A conta CSLL por Estimativa a Recuperar, do Ativo Circulante, sendo creditada, ficou com saldo igual a zero.
- A conta CSLL a Recolher, ficou com saldo igual a $ 42.000, cujo valor deverá ser recolhido aos cofres do Governo Federal, no exercício seguinte. Lembramos que também há uma parcela no valor de $ 10.000 referente ao valor estimado de dezembro, devidamente contabilizado no Passivo Circulante que deverá ser recolhido em janeiro de X2.
- Caso o saldo apropriado na conta CSLL a Recolher fosse inferior ao saldo da conta CSLL por Estimativa a Recuperar, o saldo a favor da empresa, permaneceria na própria conta do Ativo Circulante, para futura compensação ou restituição.

ATIVIDADES PRÁTICAS 3

Prática 1

Calcule e contabilize a CSLL, devida pela empresa Industrial Irmãos Sol S/A, em 31/12/X5, considerando:

a. resultado do exercício antes das deduções: $ 60.000;

b. entre outras receitas operacionais, constam:

b.1 receita de participação societária decorrente da aplicação do MEP, no valor de $ 20.000;

b.2 dividendos creditados decorrentes de investimentos avaliados pelo Método do Custo, no valor de $ 5.000;

c. entre outras despesas operacionais, consta a importância de $ 10.000 referente a prejuízos decorrentes de investimentos avaliados pelo MEP;

d. entre as despesas financeiras, consta a importância de $ 10.000, correspondente aos juros pagos sobre o capital próprio, devidamente contabilizado nos termos da legislação tributária.

Pede-se:

Com base nos dados apresentados, calcular e contabilizar a CSLL, pela alíquota de 9%.

Prática 2

Considere as seguintes informações:

a. resultado do exercício antes das deduções: $ 1.000.000;

b. receitas de participações societárias decorrentes de investimentos avaliados pelo MEP: $ 200.000;

c. juros sobre o capital próprio creditados nesta data para cinco acionistas: $ 150.000;

d. a empresa recolheu até o dia 30 de novembro, a importância de $ 22.000 referente a CSLL por estimativa e apropriou a parcela de dezembro a ser recolhida em janeiro do exercício seguinte, no valor de $ 2.000.

Pede-se:

Calcule o valor da CSLL devida pela alíquota de 9 % em 31 de dezembro e efetue os registros contábeis necessários.

9.3.4 Imposto de Renda

9.3.4.1 Introdução

Com base no resultado do exercício apurado no fim de cada exercício social, as empresas estão obrigadas a pagar ao Governo Federal uma importância a título de Imposto de Renda.

Esse imposto, previsto no inciso II do art. 153º da Constituição Federal de 1988, está disciplinado no Regulamento do Imposto de Renda (RIR/99), aprovado pelo Decreto federal n. 3.000/1999.

Como ocorre com a Contribuição Social sobre o Lucro Líquido, o Imposto de Renda também deve ser pago, trimestralmente, com base no resultado apurado pela empresa, no final de cada trimestre.

A própria legislação tributária, no entanto, faculta, também, às empresas, a opção pelo recolhimento do Imposto de Renda em parcelas mensais, cujo valor deve ser estimado com base no faturamento bruto de cada mês, observados os critérios fixados pela legislação tributária.

Todavia, fazendo essa opção, as empresas estão obrigadas a apurar seus resultados no fim de cada ano para calcular o valor efetivamente devido do Imposto de Renda, podendo, obviamente, compensar do referido valor o montante pago por estimativa, durante o ano.

Para fazer face a esse compromisso fiscal, como ocorre com a Contribuição Social sobre o Lucro Líquido, no momento da apuração do resultado do exercício, seja ele trimestral ou anual, deve-se contabilizar o montante devido, em uma conta de obrigação. Essa conta poderá denominar-se "Imposto de Renda a Recolher", classificável no Passivo Circulante, subgrupo das Obrigações Tributárias.

Esse provisionamento está previsto no art. 189º da Lei n. 6.404/1976 e no art. 339º do RIR/99.

A alíquota bem como a base de cálculo desse tributo, frequentemente são alteradas pela legislação tributária, motivo pelo qual, na vida prática o contabilista deve consultar à referida legislação para adotar os critérios que estiverem em vigor em cada ano.

Para conhecer o valor do Imposto de Renda a ser pago ao governo com base no resultado do exercício antes da tributação, não basta aplicar a alíquota sobre esse resultado.

É preciso ajustá-lo no Livro Eletrônico de Escrituração e Apuração do Imposto sobre a Renda e da Contribuição Social sobre o Lucro Líquido da Pessoa Jurídica Tributada pelo Lucro Real e-Lalur, conforme estabelece a legislação tributária, pois ele tem como base de cálculo, o lucro real.

9.3.4.2 Empresas sujeitas à apuração do lucro real

Conforme estabelece o art. 246º do RIR/99, estão obrigadas à apuração do lucro real as pessoas jurídicas:

a. cuja receita total, no ano-calendário anterior, seja superior ao limite de $ 48 milhões, ou proporcional ao número de meses do período, quando inferior a 12 meses;

b. cujas atividades sejam de bancos comerciais, bancos de investimentos, bancos de desenvolvimento, caixas econômicas, sociedades de crédito, financiamento e investimento, sociedades de crédito imobiliário, sociedades corretoras de títulos, valores mobiliários e câmbio, distribuidoras de títulos e valores mobiliários, empresas de arrendamento mercantil, cooperativas de crédito, empresas de seguros privados e de capitalização e entidades de previdência privada aberta;

c. que tiverem lucros, rendimentos ou ganhos de capital oriundos do exterior;

d. que, autorizadas pela legislação tributária, usufruam de benefícios fiscais relativos à isenção ou redução do imposto;

e. que, no decorrer do ano-calendário, tenham efetuado pagamento mensal pelo regime de estimativa, na forma do art. 222º;

f. que explorem as atividades de prestação cumulativa e contínua de serviços de assessoria creditícia, mercadológica, gestão de crédito, seleção e riscos, administração de contas a pagar e a receber, compras de direitos creditórios resultante de vendas mercantis a prazo ou de prestação de serviços (factoring).

As pessoas jurídicas que não se enquadrarem nas situações citadas, com exceção do pequeno empresário, das microempresas e das empresas de pequeno porte que gozam de regime de tributação diferenciado, poderão optar pela tributação do Imposto de Renda com base no lucro presumido, ficando, portanto, para fins da legislação do imposto de renda, dispensadas da manutenção da escrituração comercial.[1]

Embora mais simples, a tributação com base no lucro presumido pode se tornar mais onerosa para a empresa. Assim, mesmo não estando obrigada, a empresa poderá optar pelo regime de tributação com base no lucro real.

9.3.4.3 Lucro real

9.3.4.3.1 Conceito

Segundo estabelece o art. 247º do RIR/99, lucro real é o lucro líquido do período de apuração ajustado pelas adições, exclusões ou compensações prescritas ou autorizadas pelo Decreto-lei n. 1.598, de 1977.

[1] Essa dispensa da manutenção da escrituração comercial aplica-se exclusivamente para fins do recolhimento do Imposto de Renda.

O lucro real é determinado com base na escrituração que o contribuinte deve manter, observando as leis comerciais e fiscais, sendo demonstrado no e-Lalur.

Nota

- O Governo Federal, por meio da Instrução Normativa RFB n. 989/2009, instituiu o Livro Eletrônico de Escrituração e Apuração do Imposto sobre a Renda e da Contribuição Social sobre o Lucro Líquido da Pessoa Jurídica Tributada pelo Lucro Real (e-Lalur). A escrituração e entrega desse livro eletrônico, tornou-se obrigatória para as pessoas jurídicas sujeitas à apuração do Imposto sobre a Renda pelo Regime do Lucro Real relativo aos fatos ocorridos a partir de 01 de janeiro de 2011.

Segundo a legislação tributária (art. 248º do RIR/99), lucro líquido do exercício é a soma algébrica do lucro operacional, dos resultados não operacionais[2] e das participações, devendo ser determinado com observância dos preceitos da lei comercial.

Assim, para apurar o lucro real, no e-Lalur, o lucro líquido do exercício é ajustado observando-se as adições, exclusões e compensações, previstas nos arts. 249º e 250º do RIR/99.

9.3.4.3.2 Adições

> "Art. 249º. Na determinação do lucro real, serão adicionados ao lucro líquido do período de apuração:
>
> I. os custos, despesas, encargos, perdas, provisões, participações e quaisquer outros valores deduzidos na apuração do lucro líquido que, de acordo com este Decreto, não sejam dedutíveis na determinação do lucro real."

Como se pode notar, esse texto legal, refere-se a valores que foram devidamente contabilizados como despesas ou custos na apuração do resultado, mas que a legislação tributária os considera indedutíveis para o cálculo do Imposto de Renda.

Esses valores, portanto, no e-Lalur, devem ser adicionados ao resultado do exercício (resultado contábil), para que sejam tributados.

Exemplos: multas fiscais, multas de trânsito, despesas estimadas com créditos de liquidação duvidosa etc.

> "II. os resultados, rendimentos, receitas e quaisquer outros valores não incluídos na apuração do lucro líquido que, de acordo com este Decreto, devam ser computados na determinação do lucro real."

Trata-se de valores dotados de natureza exclusivamente fiscal, motivo pelo qual não foram contabilizados pela empresa na apuração do resultado do exercício, como ocorre com os créditos tributáveis efetuados diretamente na conta Lucros Acumulados relativos a ajustes de exercícios anteriores, desde que não tributados anteriormente.

> "Parágrafo único. Incluem-se nas adições de que trata este artigo:
>
> I. ressalvadas as disposições especiais deste Decreto, as quantias tiradas dos lucros ou de quaisquer fundos ainda não tributados para aumento do capital, para distribuição de quaisquer interesses ou destinadas a reservas, quaisquer que sejam as designações que tiverem, inclusive lucros suspensos e lucros acumulados (Decreto- -lei n. 5.844, de 1943, art. 43º, § 1º , alíneas f, g e i);

---

[2] Para a Lei n. 6.404/1976, resultados não operacionais correspondem às outras despesas e às outras receitas (inciso IV do art. 187º).

II. os pagamentos efetuados à sociedade civil de que trata o § 3º do art. 146º quando esta for controlada, direta ou indiretamente, por pessoas físicas que sejam diretores, gerentes, controladores da pessoa jurídica que pagar ou creditar os rendimentos, bem como pelo cônjuge ou parente de primeiro grau das referidas pessoas (Decreto-lei n. 2.397, de 21 de dezembro de 1987, art. 4º);

III. os encargos de depreciação, apropriados contabilmente, correspondentes ao bem já integralmente depreciado em virtude de gozo de incentivos fiscais previstos neste Decreto;

IV. as perdas incorridas em operações iniciadas e encerradas no mesmo dia (*day-trade*), realizadas em mercado de renda fixa ou variável (Lei n. 8.981, de 1995, art. 76º, § 3º);

V. as despesas com alimentação de sócios, acionistas e administradores, ressalvado o disposto na alínea "a" do inciso II do art. 622º (Lei n. 9.249, de 1995, art. 13º inciso IV);

VI. as contribuições não compulsórias, exceto as destinadas a custear seguros e planos de saúde, e benefícios complementares assemelhados aos da previdência social, instituídos em favor dos empregados e dirigentes da pessoa jurídica (Lei n. 9.249, de 1995, art. 13º, inciso V);

VII. as doações, exceto as referidas nos arts. 365 e 371, caput (Lei n. 9.249, de 1995, art. 13º, inciso VI);

VIII. as despesas com brindes (Lei n. 9.249, de 1995, art. 13º, inciso VII);

IX. o valor da Contribuição Social sobre o lucro líquido, registrado como custo ou despesa operacional (Lei n. 9.316, de 22 de novembro de 1996, art. 1º , caput, e parágrafo único);

X. as perdas apuradas nas operações realizadas nos mercados de renda variável e de swap, que excederem os ganhos auferidos nas mesmas operações (Lei n. 8.981, de 1995, art. 76º, § 4º);

XI. o valor da parcela da contribuição para o financiamento da seguridade social – COFINS, compensada com a contribuição social sobre o lucro líquido, de acordo com o art. 8º da Lei n. 9.718, de 1998 (Lei n. 9.718, de 1998, art. 8º , § 4º)."

9.3.4.3.3 Exclusões e compensações

"Art. 250. Na determinação do lucro real, poderão ser excluídos do lucro líquido do período de apuração (Decreto-lei n. 1.598, de 1977, art. 6º , § 3º):

I. os valores cuja dedução seja autorizada por este Decreto e que não tenham sido computados na apuração do lucro líquido do período de apuração;"

Este dispositivo legal refere-se a valores que, em virtude de serem dotados de natureza exclusivamente fiscal, não foram objeto de contabilização pela empresa, como os incentivos às atividades rurais e a depreciação acelerada incentivada. São também abrangidos por este dispositivo os débitos diretos efetuados na conta Lucros ou Prejuízos Acumulados relativos a ajustes de exercícios anteriores, desde que sejam dedutíveis.

"II. os resultados, rendimentos, receitas e quaisquer outros valores incluídos na apuração do lucro líquido que, de acordo com este Decreto, não sejam computados no lucro real;"

Este dispositivo diz respeito a valores correspondentes a receitas devidamente contabilizadas pela empresa, as quais, por força da legislação tributária, devem ser excluídas para apuração do lucro real, como os dividendos recebidos de outras pessoas jurídicas, os resultados de participações societárias avaliados pelo Método da Equivalência Patrimonial, o lucro inflacionário realizado, o lucro nas exportações incentivadas, os lucros na alienação de bens desapropriados etc.

> "III. o prejuízo fiscal apurado em períodos de apuração anteriores, limitada a compensação a trinta por cento do lucro líquido ajustado pelas adições e exclusões previstas neste Decreto, desde que a pessoa jurídica mantenha os livros e documentos exigidos pela legislação fiscal, comprobatórios do prejuízo fiscal utilizado para compensação, observado o disposto nos arts. 509º a 515º (Lei n. 9.065, de 1995, art. 15º e parágrafo único)."

O prejuízo compensável é o apurado na demonstração do lucro real e registrado no e-Lalur.

O e-Lalur, conforme já informamos, Livro Eletrônico de Escrituração e Apuração do Imposto sobre a Renda e da Contribuição Social sobre o Lucro Líquido da Pessoa Jurídica Tributada pelo Lucro Real, instituído pela Instrução Normativa RFB 989/2009, é um livro de escrituração de natureza eminentemente fiscal, no qual são efetuados cálculos extracontábeis, de modo a ajustar o resultado do exercício antes do imposto de renda, para conhecer o lucro real, base de cálculo desse imposto.

Temos, portanto, dois resultados do exercício:

a. o lucro ou prejuízo contábil (apurado nos livros contábeis);

b. o lucro fiscal (real) ou prejuízo fiscal (apurado no e-Lalur).

Se na escrita contábil constarem prejuízos acumulados, estes poderão ser compensados contabilmente, sem nenhum reflexo fiscal, isto é, o prejuízo acumulado contabilmente pode não ser o mesmo que conste no e-Lalur.

Desta forma, o prejuízo compensado no e-Lalur para fins de apuração do lucro real, é o prejuízo fiscal (quando no e-Lalur não ocorrer lucro real ocorrerá prejuízo fiscal).

A empresa poderá ter prejuízo fiscal no e-Lalur e não constarem prejuízos na contabilidade.

A compensação do prejuízo contábil e a compensação do prejuízo fiscal, podem não coincidir. Ocorre que o prejuízo contábil pode ser compensado integralmente, se no exercício seguinte houver lucro suficiente, enquanto que a compensação do prejuízo fiscal é limitada pela legislação do imposto de renda.

Portanto, não se confunde prejuízo fiscal, constante do e-Lalur com prejuízo contábil (apurado nos livros contábeis).

Parágrafo único. Também poderão ser excluídos:

a. os rendimentos e ganhos de capital nas transferências de imóveis desapropriados para fins de reforma agrária, quando auferidos pelo desapropriado;

b. os dividendos anuais mínimos distribuídos pelo Fundo Nacional de Desenvolvimento;

c. os juros produzidos pelos Bônus do Tesouro Nacional (BTN) e pelas Notas do Tesouro Nacional (NTN), emitidos para troca voluntária por Bônus da Dívida Externa Brasileira, objeto de permuta por dívida externa do setor público, registrada no Banco Central do Brasil, bem assim os referentes aos bônus emitidos pelo Banco Central do Brasil, para os fins previstos no art. 8º do Decreto-lei n. 1.312/74;

d. os juros reais produzidos por Notas do Tesouro Nacional (NTN), emitidas para troca compulsória no âmbito do Programa Nacional de Privatização (PNP), controlados na parte "B" do LALUR, os quais deverão ser computados na determinação do lucro real no período do seu recebimento;

e. a parcela das perdas adicionadas conforme o disposto no inciso X do parágrafo único do art. 249º, a qual poderá, nos períodos de apuração subsequentes, ser excluída do lucro real até o limite correspondente à diferença positiva entre os ganhos e perdas decorrentes das operações realizadas nos mercados de renda variável e operações de swap.

Nota

- Conforme estudamos na Seção 9.3.2, desde 01 de janeiro de 1996, os juros sobre o capital próprio, porventura pagos pela empresa a seus titulares, também podem ser excluídos da base de cálculo do Imposto de Renda.

9.3.4.3.4 Legislação Tributária versus Normas Internacionais de Contabilidade

Com o intuito de preservar os interesses do fisco face a adoção das normas internacionais de contabilidade IFRS que entraram em vigor no Brasil a partir de 01 de janeiro de 2008 por meio da Lei n. 11.638/2007, o governo brasileiro criou o Regime Tributário de Transição (RTT).

O RTT, instituído pela Lei n. 11.941/2009, vigorou de 01 de janeiro de 2010 a 31 de dezembro de 2014. Esse regime tributário tratou dos ajustes que deviam ser efetuados no e-Lalur, para fins de apuração das bases de cálculo do Imposto de Renda (lucro real) e da Contribuição Social incidentes sobre o lucro líquido, em decorrência da aplicação dos novos métodos e critérios contábeis introduzidos pela Lei n. 11.638/2007 e pelos arts. 37º e 38º da própria Lei n. 11.941/2009, convergentes com as normas internacionais de contabilidade IFRS.

Conforme previsão contida no §1º do artigo 15 da mencionada Lei n. 11.941/2009, os critérios contidos no RTT prevaleceriam até a entrada em vigor de Lei que disciplinasse os efeitos tributários dos novos métodos e critérios contábeis, buscando a neutralidade tributária.

Assim, na vigência do RTT, todos os lançamentos de despesas, custos e receitas que influenciaram no resultado do exercício, efetuados na escrituração contábil em decorrência da aplicação das normas internacionais de contabilidade IFRS consubstanciadas nas Normas Brasileiras de Contabilidade do tipo NBC TG, e que estavam em desacordo com a legislação tributária brasileira, foram revertidos no e-Lalur, como adições ou exclusões do lucro contábil para fins de apuração do lucro real e da base de cálculo da CSLL.

Para o fisco, prevaleceriam os métodos e critérios contábeis vigentes em 31 de dezembro de 2007, até que a legislação tributária fosse modificada.

Em 13 de maio de 2014, por meio da Lei n. 12.973, o governo revogou o RTT ao mesmo tempo em que disciplinou os procedimentos a serem obrigatoriamente adotados por todas as entidades a partir de 01 de janeiro de 2015 (ou a partir de 01 de janeiro de 2014 para as entidades que fizeram essa opção), visando expurgar do resultado as despesas e as receitas derivadas da aplicação das normas internacionais que estiverem em desacordo com os interesses do fisco.

Pelo RTT, as entidades deviam ajustar os seus resultados no e-Lalur mediante o expurgo de todas as despesas e receitas derivadas da aplicação das normas internacionais de contabilidade IFRS.

Com as novas disciplinas introduzidas pela Lei n. 12.973/2014, os expurgos de receitas e despesas no e-Lalur decorrentes da aplicação das normas internacionais de contabilidade continuam. Contudo, agora as entidades podem expurgar somente as despesas e as receitas devidamente especificadas pelo fisco e que tenham sido contabilizadas na escrituração contábil em subcontas distintas a serem informadas no e-Lalur. Além disso, a partir de 2015, as entidades ficaram obrigadas a escriturar o e-Lalur e entregá-lo, anualmente, em meio digital ao Sistema Público de Escrituração Digital – Sped. Finalmente, é importante destacar que o contabilista deve consultar sempre a legislação tributária para verificar qual o procedimento a ser adotado para fins tributários em relação às despesas, custos e receitas derivadas da aplicação das normas internacionais de contabilidade IFRS que forem lançadas na escrituração contábil. Ocorre que o fisco adotou grande parte dessas despesas, custos e receitas, exigindo que sejam contabilizadas em subcontas distintas na escrituração comercial, porém, parte delas deve ser expurgada para fins de apuração do lucro real e da base de cálculo da CSLL, pois serão acatadas pelo fisco somente no futuro.

Diante do exposto, e considerando que parte das despesas, custos e receitas reconhecidas pela contabilidade em decorrência da aplicação das normas internacionais de contabilidade IFRS serão reconhecidas pelo fisco somente no futuro, e, como essas despesas, custos e receitas já influenciaram o resultado contábil, seus efeitos gerarão direitos ou obrigações futuras para com o fisco. Nesse caso, conforme estabelece a NBC TG 32, os tributos incidentes sobre essas despesas, custos e receitas, gerarão ativos e passivos fiscais diferidos. Veja mais detalhes na Seção 9.3.4.6.

Assim, no e-Lalur também devem ser lançados, além das adições, exclusões e compensações estudadas nas seções anteriores, os ajustes estabelecidos pela Lei n. 12.973/2014.

9.3.4.4 Cálculo e contabilização

Exemplo prático

Suponhamos que o resultado do exercício antes do Imposto de Renda de uma empresa tenha sido, em 31/12/X1, de $ 500.000.

Considerando as informações a seguir, calcule extra contabilmente o lucro real e o valor do Imposto de Renda pela alíquota de 15% e, em seguida, contabilize a respectiva obrigação.

Informações para cálculo do lucro real:

a. Adições:

Perdas Estimadas com Créditos de Liquidação Duvidosa....	*5.000*
Multas Fiscais............	*15.000*

b. Exclusões e compensações

Receitas de Participações Societárias............	*50.000*
Prejuízos Fiscais (totalmente compensáveis)	*30.000*

Solução:

Cálculo do lucro real

Resultado do Exercício *500.000*

a. Adições:

(+) Perdas Estimadas com Créditos de Liquidação Duvidosa *5.000*

(+) Multas Fiscais *15.000*

b. Exclusões e compensações

(−) Receitas de Participações Societárias.......................... *(50.000)*

(−) Prejuízos Fiscais .... *(30.000)*

(=) Lucro real *440.000*

Cálculo do Imposto de Renda devido
15% de $ 440.000 = $ 66.000

Contabilização:

Resultado do Exercício

c Imposto de Renda a Recolher

Apropriação do IR conforme cálculos.......... .... *66.000*

Observações

- A conta Resultado do Exercício, após este lançamento, fica com seu saldo reduzido do respectivo valor.
- A conta Imposto de Renda a Recolher, do Passivo Circulante, subgrupo das Obrigações Tributárias, figurará no Balanço, representando o compromisso que a empresa tem para recolher aos cofres do governo federal, no mês seguinte.

Notas

- Nosso propósito neste momento é apresentar o mecanismo de cálculo e contabilização do Imposto de Renda devido sobre o lucro real, motivo pelo qual abordamos os aspectos fiscais, superficialmente.
- No Capítulo 2 do Volume 4, Contabilidade Avançada, desta coleção, você encontra detalhes acerca da contabilização dos incentivos fiscais decorrentes do Imposto de Renda pago com base no lucro real.

9.3.4.5 Imposto de renda recolhido por estimativa

A exemplo do que ocorre com a CSLL, neste caso, a empresa recolherá mensalmente, sempre no mês seguinte ao da competência, um valor estimado com base no faturamento bruto do mês, obedecidos os critérios fixados pela legislação tributária. Veja como a legislação tributária disciplina o assunto por meio do RIR/99:

> "Art. 222º. A pessoa jurídica sujeita à tributação com base no lucro real poderá optar pelo pagamento do imposto e adicional, em cada mês, determinados sobre base de cálculo estimada (Lei n. 9.430, de 1996, art. 2º).

> Parágrafo único. A opção será manifestada com o pagamento do imposto correspondente ao mês de janeiro ou de início de atividade, observado o disposto no art. 232 (Lei n. 9.430, de 1996, art. 3º, parágrafo único).
>
> Subseção II
>
> *Base de cálculo*
>
> Art. 223º. A base de cálculo do imposto, em cada mês, será determinada mediante a aplicação do percentual de oito por cento sobre a receita bruta auferida mensalmente, observadas as disposições desta Subseção (Lei n. 9.249, de 1995, art. 15º, e Lei n. 9.430, de 1996, art. 2º).

A sistemática de contabilização e recolhimento é semelhante àquela já exemplificada para a CSLL, veja:

a. no último dia de cada mês apropria-se o valor estimado do imposto de renda a ser recolhido no mês seguinte, debitando-se uma conta do Ativo Circulante que represente o valor do tributo a compensar (Imposto de Renda por Estimativa a Recuperar) e creditando-se uma conta do Passivo Circulante que represente a obrigação tributária a ser recolhida no mês seguinte (Imposto de Renda por Estimativa a Recolher);

b. no mês seguinte, o recolhimento será contabilizado debitando-se a conta do Passivo Circulante que registrou a obrigação (Imposto de Renda por Estimativa a Recolher) e creditando-se a conta Caixa ou Bancos, conforme o caso;

c. no último dia de dezembro, apropria-se normalmente o valor referente a dezembro e contabiliza-se o valor do imposto de renda calculado com base no resultado anual, a crédito da conta Imposto de Renda a Recolher;

d compensa-se o valor recolhido mensalmente, incluso o de dezembro que ainda será recolhido em janeiro do ano seguinte, com o valor apropriado em 31 de dezembro. Se o valor recolhido durante o exercício for inferior ao valor apropriado em 31 de dezembro, a diferença permanecerá na conta Imposto de Renda a Recolher para ser recolhida no exercício seguinte, normalmente; caso contrário, o saldo remanescente na conta que registrou o tributo a compensar permanecerá no Ativo Circulante para futura compensação ou restituição.

Deixaremos de apresentar um exemplo prático de contabilização do Imposto de Renda por estimativa, uma vez que o mecanismo de contabilização por essa modalidade é semelhante ao exemplo já apresentado para a contabilização da CSLL por estimativa, na Seção 9.3.3.3.

9.3.4.6 Ativos e Passivos Fiscais diferidos

O reconhecimento de Ativos e Passivos Fiscais diferidos nos Balanços das entidades é exigido pela NBC TG 32, fundamentada no CPC 32, convergente com as normas internacionais de contabilidade IFRS.

Essa norma que estabelece tratamento contábil para os tributos sobre o lucro, exige que a entidade contabilize os efeitos fiscais das transações e de outros eventos da mesma maneira que ela contabiliza as próprias transações e os outros eventos.

9.3.4.6.1 Ativo Fiscal diferido

Conforme consta do item 5 da NBC TG 32, Ativo Fiscal Diferido é o valor do tributo sobre o lucro recuperável em período futuro relacionado a: compensação futura de prejuízos fiscais não utilizados; compensação futura de créditos fiscais não utilizados; e diferenças temporárias dedutíveis.

Diferença temporária é a diferença entre o valor contábil de ativo ou passivo no balanço e sua base fiscal.

Base fiscal de ativo ou passivo é o valor atribuído àquele ativo ou passivo para fins fiscais.

As diferenças temporárias podem ser tributáveis (geram passivos fiscais diferidos) ou dedutíveis (geram Ativos Fiscais Diferidos).

Assim, o Ativo Fiscal Diferido derivado das diferenças temporárias dedutíveis, compreende todo direito que a empresa tem com o governo federal, decorrente da parcela dos tributos (CSLL e IR) devidos sobre despesas incluídas pela empresa na apuração do resultado do período atual, cujas despesas somente serão reconhecidas como dedutíveis pelo fisco em exercícios futuros.

Essas despesas que fizeram parte do resultado do exercício atual, reduzindo o lucro, não geram efeitos fiscais no presente exercício, mas futuramente a empresa será beneficiada. Portanto, no presente exercício, como essas despesas são indedutíveis, serão lançadas como adições no e-Lalur para serem tributadas; porém, no exercício em que o fisco as reconhecer como dedutíveis, serão lançadas no e-Lalur como exclusões.

Em outras palavras, no exercício em que a empresa incluir entre suas despesas algumas que o fisco somente as reconhecerá como dedutíveis no futuro, a parcela dos tributos que recuperará no futuro em decorrência do montante dessas despesas, deverá ser contabilizada a débito de conta própria classificável no Ativo Circulante ou Realizável a Longo Prazo, conforme seja o prazo definido pelo fisco para o reconhecimento dessas despesas.

Exemplo prático

Vamos assumir que uma determinada empresa, tenha apurado no final do exercício de X1, lucro contábil no montante de $ 5.000.

Vamos assumir também que esse lucro seja tributado pela CSLL, a razão de 9% e pelo Imposto de Renda a razão de 15%.

Vamos assumir finalmente que, na apuração do resultado a empresa tenha reconhecido uma despesa de $ 2.000, que será reconhecida como dedutível pelo fisco somente em exercícios futuros.

Veja bem: a empresa apresentou lucro contábil de $ 5.000, quando para o fisco esse lucro seria de $ 7.000.

O fisco exigirá a CSLL e o IR sobre $ 7.000. Por esse motivo, a empresa contabilizará um direito correspondente a tributação dos $ 2.000, para recuperar dos tributos devidos quando o fisco assim o permitir.

Veja como esses fatos serão contabilizados em 31/12/X1:

1) *Diversos*

a CSLL a Recolher

Apropriação que se processa,

como segue:

Resultado do Exercício

9% sobre $ 5.000.. *450*

CSLL Diferida a Recuperar

9% sobre $ 2.000.. *180* *630*

2) *Diversos*

a Imposto de Renda a Recolher

Apropriação que se processa, como segue:

Resultado do Exercício

15% sobre $ 5.000.. *750*

Imposto de Renda Diferido a Recuperar

15% sobre $ 2.000.. *300* *1.050*

9.3.4.6.2 Passivo Fiscal diferido

Segundo o item 5 da NBC TG 32, Passivo fiscal diferido é o valor do tributo sobre o lucro devido em período futuro relacionado às diferenças temporárias tributáveis.

Passivo Fiscal Diferido, portanto, é toda obrigação da empresa para com o governo federal, originada de tributos (CSLL e IR) devidos sobre a parcela do lucro apurado pela inclusão de algumas receitas que integraram o lucro do exercício atual mas que a legislação tributária somente as reconhecerá como tributáveis em exercícios futuros.

Essas receitas que fizeram parte do resultado do exercício atual, aumentando o lucro, não geram efeitos fiscais no presente exercício, mas futuramente a empresa será obrigada a recolher os respectivos tributos sobre tais receitas.

Em outras palavras, no exercício em que a empresa incluir entre suas receitas algumas que somente serão tributadas no futuro, a parcela dos tributos (CSLL e IR) incidentes sobre essas receitas que não será recolhida ao governo no mês seguinte, deverá ser diferida, isto é, contabilizada a crédito de contas de obrigações classificáveis no subgrupo Tributos Diferidos a Recolher do Passivo Circulante ou Não Circulante, conforme seja o prazo que decorrerá para serem reconhecidas pelo fisco.

Exemplo prático

Vamos assumir que uma determinada empresa tenha apurado no final do exercício de X2, lucro contábil no montante de $ 11.000.

Vamos assumir também que esse lucro sofra tributação de CSLL pela alíquota de 9% e do IR pela alíquota de 15%.

Considerando que entre o lucro apurado conste uma receita no valor de $ 1.000, cuja tributação somente será efetuada no futuro, veja como ficará a contabilização em 31/12/X2:

Resultado do Exercício

a Diversos

Apropriação que se processa, como segue:

a CSLL a Recolher

9% sobre $ 10.000.. *900*

a CSLL Diferida a Recolher			
9% sobre $ 1.000	*90*	*990*	
a Imposto de Renda a Recolher			
15% sobre $ 10.000	*1.500*		
a Imposto de Renda Diferido a Recolher			
15% sobre $ 1.000	*150*	*1650*	*2.640*

9.3.5 Prejuízos acumulados

Os prejuízos acumulados correspondem aos prejuízos contábeis apurados em exercícios anteriores, que estejam devidamente registrados na conta Prejuízos Acumulados, integrando o Patrimônio Líquido da empresa.

Veja o que dispõe o art. 189º da Lei n. 6.404/1976:

> "Art. 189º. Do resultado do exercício serão deduzidos, antes de qualquer participação, os prejuízos acumulados e a provisão para o Imposto sobre a Renda. Parágrafo único. o prejuízo do exercício será obrigatoriamente absorvido pelos lucros acumulados, pelas reservas de lucros e pela reserva legal, nessa ordem."

O caput desse artigo trata da base de cálculo das participações.

Determina que, para se chegar à base de cálculo das participações, deve-se, extra contabilmente, subtrair do resultado do exercício antes das deduções o valor da CSLL e do Imposto de Renda, bem como o valor dos prejuízos acumulados apurados em exercícios anteriores e devidamente registrados no Patrimônio Líquido.

Observe também que o parágrafo único deste dispositivo legal, determina que, sendo apurado prejuízo em um determinado exercício, ele deverá ser absorvido pelo saldo de lucros acumulados; sendo este insuficiente, pelos saldos de todas as reservas de lucros (exceto a legal) e, sendo ainda insuficiente, pelo saldo da reserva legal. Nos casos em que os saldos das contas mencionadas forem insuficientes, o prejuízo remanescente será compensado com os saldos das Reservas de Capital. Figurará no Patrimônio Líquido, somente a parcela do prejuízo que não for absorvida pelos saldos das contas citadas.

ATIVIDADES PRÁTICAS 4

Calcular e contabilizar o Imposto de Renda, pela alíquota de 15% sobre o lucro real, considerando as seguintes informações:

a. Resultado do exercício antes das deduções: $ 800.000;
b. Juros sobre o capital próprio creditados nesta data para 10 acionistas, no valor de $ 200.000, contabilizados segundo normas da legislação tributária;
c. CSLL contabilizada nesta data: $ 50.000;
d. No grupo das outras despesas operacionais consta a importância de $ 20.000 referente a multas fiscais;
e. Perdas Estimadas em Créditos de Liquidação Duvidosa contabilizada nesta data: $ 15.000;
f. Perdas por Redução ao Valor Realizável Líquido calculada sobre estoques: $ 10.000;
g. Entre as despesas de depreciação do período, consta a importância de $ 5.000 correspondente à depreciação de bens já depreciados por incentivo fiscal, em exercícios anteriores;

h. Doações no valor de $ 30.000, contabilizadas no grupo de outras despesas operacionais e não abrangidas pelos artigos 265º e 271º do RIR/99 (não dedutíveis);
i. Despesas com brindes, no valor de $ 10.000, integrando as despesas com as vendas;
j. receitas de participações societárias avaliadas pelo MEP: $ 300.000;
k. Lucros decorrentes de desapropriações: $ 15.000;
l. No e-Lalur consta prejuízo fiscal no valor de $ 200.000, podendo ser totalmente compensado.

ATIVIDADES TEÓRICAS 2

1. Responda:

1.1 Quantas e quais são as deduções do resultado do exercício?

1.2 O que você entende por juros sobre o capital próprio?

1.3 Qual a condição para que o valor pago a título de juros remuneratórios sobre o capital próprio seja dedutível da base de cálculo da CSLL e do IR?

1.4 O contador Tadao creditou aos acionistas da companhia para a qual trabalha juros remuneratórios sobre o capital próprio, no valor de $ 20.000, valor apurado pela aplicação da TJLP permitida sobre o valor do Patrimônio Líquido. Sabendo-se que no referido exercício, a empresa apurou prejuízo contábil no montante de $ 15.000 e que no patrimônio líquido constava na conta reservas de lucros, saldo de $ 50.000, o contador agiu corretamente? Justifique.

1.5 O Contador Pedro Marins, creditou aos acionistas da Companhia Fabril Ferrari, em 31 de dezembro de X5, a importância de $ 100.000 referente a Juros sobre o Capital Próprio. Tendo em vista que o Lucro Líquido do Exercício findo naquela data foi igual a $ 180.000 e que não havia no PL Reservas de Lucros, qual a repercussão desse crédito do ponto de vista fiscal, considerando que a CSLL foi constituída pela alíquota de 9%?

1.6 O Patrimônio Líquido da Companhia Prolim, em 31/12/X2, estava constituído pelas seguintes contas: Capital Social, Reserva Legal, Reserva para Investimentos e Ações em Tesouraria.

Das contas supra, qual ou quais não devem compor a base de cálculo dos juros sobre o capital próprio?

1.7 Em geral, quais empresas estão obrigadas a pagar o imposto de renda com base no lucro real?

1.8 O que é lucro real?

1.9 O que é lucro líquido do exercício para a legislação tributária?

1.10 Qual a diferença entre prejuízo contábil e prejuízo fiscal?

1.11 Quando o resultado do exercício for igual a prejuízo, qual será o seu destino?

1.12 O que é Ativo Fiscal Diferido?

1.13 O que é Passivo Fiscal Diferido?

2. Classifique em falsa ou verdadeira:

2.1 ( ) As empresas estão obrigadas por lei a pagar aos seus titulares juros sobre o capital próprio.

2.2 ( ) Segundo a ICPC 08 (R1) do CPC, as sociedades por ações que imputarem os JCP aos dividendos obrigatórios, deverão, por analogia dar a eles o mesmo tratamento contábil dado aos dividendos.

Deliberação CVM n. 683/2012

2.3 ( ) A CVM por meio da Deliberação CVM n. 683/2012, tornou obrigatória a adoção do ICPC 08 (R1) do CPC, para todas as sociedades por ações.

2.4 ( ) Não é facultada às sociedades por ações a opção pela imputação dos juros sobre o capital próprio, ao valor dos dividendos obrigatórios.

2.5 ( ) Os ajustes do resultado do exercício para cálculo da CSLL são efetuados no e-Lalur.

2.6 ( ) A CSLL tem por base de cálculo o resultado do exercício sem nenhum ajuste.

2.7 ( ) A CSLL e o imposto de renda sobre o lucro líquido poderão ser pagos mensalmente por estimativa.

2.8 ( ) Para determinação do valor da base de cálculo da CSLL, deve-se excluir do resultado do exercício as receitas recebidas de participações societárias, porém não se deve adicionar as despesas da mesma natureza.

2.9 ( ) As contas CSLL a Recolher e IR a Recolher são classificadas no Passivo Circulante, enquanto as contas CSLL Diferida a Recolher e IR Diferido a Recolher são classificadas no PC ou no PELP.

2.10 ( ) Quando a empresa opta pelo pagamento por estimativa da CSLL e do IR sobre o lucro líquido, mensalmente são apropriadas as respectivas obrigações para serem pagas no mês seguinte, porém as quotas referentes a dezembro não serão apropriadas.

2.11 ( ) O lucro real é apurado no e-Lalur.

2.12 ( ) Antes de se calcular as participações, havendo prejuízos acumulados, estes serão deduzidos do resultado do exercício, porém, se houver prejuízo fiscal no e-Lalur, esse também deverá ser deduzido.

3. Escolha a alternativa correta:

3.1 A taxa a ser aplicada ao valor do Patrimônio Líquido para cálculo dos juros sobre o capital próprio corresponde a:

a) percentual igual à metade do lucro líquido do exercício;
b) taxa de juros de longo prazo – TJLP;
c) percentual igual à metade da soma dos lucros acumulados e das reservas de lucros;
d) n.d.a.

3.2 O contador Jeferson Moura, em 31/12/X2, creditou aos acionistas da Companhia Fabril de Juta juros sobre o capital próprio no montante de $ 40.000, tendo aplicado a TJLP de 10% sobre o PL de $ 400.000, de 31/12/X2. Considerando que o Patrimônio Líquido da referida Companhia em 31/12/X1 era de $ 100.000:

a) o procedimento do contador está correto;
b) o procedimento do contador está errado, uma vez que o lucro líquido do exercício não foi informado;
c) o procedimento do contador está correto, uma vez que os juros sobre o capital próprio devem incidir sobre o PL do exercício findo;
d) o procedimento do contador está incorreto, uma vez que a base de cálculo dos juros em questão é o PL do exercício anterior ao findo;
e) as alternativas "a" e "c" estão corretas.

3.3

1) Juros sobre o Capital Próprio (Despesa Financeira)
a Diversos
a Juros sobre o Capital Próprio a Pagar (PC)
a IRR Fonte a Recolher (PC)

________________ ________________

2) Diversos
a Juros sobre o Capital Próprio (Receita Financeira)
Juros sobre o Capital Próprio a Receber (AC)
IRR Fonte a Recuperar (AC)

________________ ________________

Os lançamentos supra correspondem à contabilização dos créditos com juros sobre o capital próprio nas empresas:

a) investidas e investidoras, adotando-se os critérios disciplinados pelo CPC;
b) investidas e investidoras, adotando-se os critérios disciplinados pelo Fisco;
c) investidoras e investidas, adotando-se os critérios disciplinados pelo Fisco;
d) investidoras e investidas, adotando-se os critérios disciplinados pelo CPC;
e) n.d.a.

3.4 A CSLL e o IR incidentes sobre o lucro líquido devem ser pagos:

a) com base no resultado apurado no final do ano;
b) com base no resultado apurado no final de cada trimestre;
c) mensalmente por estimativa, quando a empresa assim optar;
d) as alternativas "a", "b" e "c" estão incorretas;
e) as alternativas "a", "b" e "c" estão corretas.

3.5 Quando a empresa optar pelo recolhimento da CSLL e do imposto de renda sobre o lucro, por estimativa mensal, a base de cálculo em cada mês será:

a) o lucro líquido mensal;
b) o lucro líquido trimestral;
c) o faturamento de cada mês;
d) todas estão corretas;
e) todas estão incorretas.

3.6 Quando o valor do imposto de renda e da CSLL calculados com base no resultado anual for inferior aos valores recolhidos por estimativa, incluso a parcela de dezembro, o excesso:

a) será recolhido no mês de janeiro;
b) será restituído pelo governo na declaração de rendas da pessoa jurídica;
c) será desprezado;
d) permanecerá nas contas do ativo circulante para ser compensado no exercício seguinte;
e) n.d.a.

3.7. Quando os valores recolhidos mensalmente por estimativa, inclusa a parcela de dezembro, forem inferiores aos valores devidos a título de IR e CSLL, calculados com base no resultado anual, a diferença:

a) será recolhida no mês de janeiro;
b) será restituída pelo governo na declaração de rendas da pessoa jurídica;
c) será desprezada;
d) permanecerá nas contas do ativo circulante para ser compensada no exercício seguinte;
e) n.d.a.

3.8 O Imposto de Renda devido sobre o lucro líquido, é calculado com base no:

a) lucro líquido sem nenhum ajuste;
b) lucro operacional;
c) resultado do exercício, porém sem a exclusão dos JCP;
d) as alternativas "a" e "c" estão corretas;
e) lucro real.

3.9 Reserva Legal, Participações de Debêntures a Pagar, Juros sobre o Capital Próprio, Dividendos a Pagar, Capital, CSLL a Recolher, Participações de Empregados a Pagar, Imposto de Renda a Recolher, Férias a Pagar, COFINS a Recolher.

A relação supra contém:

a) 3 deduções, 2 participações e 5 destinações;
b) 10 contas derivadas do resultado do exercício;
c) 2 deduções, 2 participações, 2 destinações e 4 que não correspondem a parcelas do resultado do exercício;
d) somente a alternativa "b" está incorreta;
e) n.d.a.

9.4 Participações no Resultado do Exercício

As participações correspondem a parcelas do resultado do exercício destinadas aos proprietários de debêntures, aos empregados, aos administradores, aos proprietários de partes beneficiárias, bem como às instituições ou fundos de assistência ou previdência de empregados.

Notas

- Debêntures são títulos de crédito emitidos por sociedades anônimas, conferindo a seus titulares direitos de crédito nas condições constantes das escrituras de emissão ou dos certificados. Normalmente rendem juros, correção monetária e participação nos lucros. São garantidas pelo Ativo da empresa emissora e asseguram preferência no resgate sobre os demais títulos da empresa. Quando a empresa vende esses títulos, cria para si uma obrigação geralmente a longo prazo, podendo registrar tal obrigação a crédito da conta Debêntures a Pagar, classificável, normalmente no Passivo Exigível a Longo Prazo. (Artigos 52º a 74º da Lei n. 6.404/1976).
- Partes beneficiárias são títulos negociáveis sem valor nominal e estranhos ao capital social que podem ser criados pela sociedade por ações, em qualquer tempo. Esses títulos podem ser negociados pela empresa ou cedidos gratuitamente a empregados, clientes etc., de acordo com a vontade da empresa. O único direito que o detentor desses títulos tem é a participação nos lucros, que não poderá ser superior a um décimo do lucro apurado. (Artigos 46º a 51º da Lei n. 6.404/1976)
- A empresa poderá distribuir parte dos lucros a seus empregados e administradores, como prêmio, podendo destinar, tambem, uma parte para instituições ou fundos de assistência ou previdência de empregados.

A base de cálculo das participações é o resultado do exercício deduzido da CSLL, do Imposto de Renda e dos prejuízos acumulados, conforme já comentamos na Seção anterior.

Veja o que dispõe o art. 190º da Lei n. 6.404/1976:

> "As participações estatutárias de empregados, administradores e partes beneficiárias serão determinadas, sucessivamente e nessa ordem, com base nos lucros que remanescerem depois de deduzida a participação anteriormente calculada".

Exemplo prático

Vamos assumir que o resultado do exercício de uma empresa, no final do exercício de X1, após deduzida a CSLL e o Imposto de Renda, tenha sido de $ 414.205. Com base nesse resultado, calcular e contabilizar as seguintes participações:

a. debêntures:10%;

b. empregados:10%;

c. administradores:10%;

d. partes beneficiárias:10%;

e. contribuições para instituições:10%.

Cálculos extracontábeis:

Resultado do exercício após o IR 414.205

(−) Prejuízos Acumulados (contábil)	Zero
(=) Base de cálculo para participações de debêntures	414.205
(−) Participações de debêntures (10%)	(41.420)
(=) Base de cálculo para participações de empregados	372.785
(−) Participações de empregados (10%)	(37.278)
(=) Base de cálculo para part. de administradores	335.507
(−) Participações de administradores (10%)	(33.550)
(=) Base de cálculo para part. de partes benef.	(301.957)
(−) Participações de partes beneficiárias (10%)	(30.195)
(=) Base de cálculo para participações de contribuições	(271.762)
(−) Participações de contribuições (10%)	(27.176)
(=) Lucro líquido do exercício	244.586

Note que, neste exemplo, embora todas as participações sejam calculadas pela taxa de 10%, o valor de cada uma delas é diferente, pois a base de cálculo é sempre o resultado remanescente após diminuída a participação anteriormente calculada, na ordem em que apresentamos.

CONTABILIZAÇÃO:

Resultado do Exercício
a Diversos
Pelo registro das participações no resultado do exercício como segue:

a Participações de Debêntures a Pagar	
10% conforme cálculos	*41.420*
a Participações de Empregados a Pagar	
10% conforme cálculos	*37.278*
a Participações de Administradores a Pagar	
10% conforme cálculos	*33.550*
a Participações de Partes Beneficiárias a Pagar	
10% conforme cálculos	*30.195*

a Participações de Fundos de assistência e
Previdência de Empregados a Pagar
10% conforme cálculos *27.176* *169.619*

Observações

- A conta Resultado do Exercício, sendo debitada pelos valores das participações, fica reduzida dos respectivos valores.
- As contas referentes às participações são contas do Passivo Circulante e registram as obrigações correspondentes que a empresa deverá pagar para cada beneficiário.

9.5 Lucro Líquido do Exercício

Conforme estabelece o artigo 191º da Lei n. 6.404/1976, o resultado do exercício após as participações, quando positivo, denomina-se lucro líquido do exercício. O lucro líquido do exercício tem várias destinações. Poderá ser utilizado para compensar prejuízos apurados em exercícios anteriores, para a constituição de reservas, para aumentar o capital ou para ser distribuído aos proprietários da empresa (titular, sócios ou acionistas). Contudo, antes de dar ao lucro líquido do exercício as suas destinações, ele deve ser transferido para a conta Lucros ou Prejuízos Acumulados que é do Patrimônio Líquido.

Contabilmente, essa transferência é feita debitando-se a conta Resultado do Exercício, já que tem saldo credor, e creditando-se a conta Lucros ou Prejuízos Acumulados.

Se o resultado do exercício fosse prejuízo, a transferência seria feita debitando-se a conta Lucros ou Prejuízos Acumulados e creditando-se a conta Resultado do Exercício, pois, neste caso, seu saldo é devedor.

A conta Lucros ou Prejuízos Acumulados é considerada conta bilateral porque pode receber por transferência, tanto o lucro como o prejuízo do exercício.

No Elenco de Contas apresentado na Seção 1.5 do Capítulo 1, você poderá perceber que a conta Lucros ou Prejuízos Acumulados, classificada no Patrimônio Líquido, é dividida em duas: "Lucros Acumulados" e "Prejuízos Acumulados". Assim, a empresa poderá optar em transferir o resultado do exercício para a conta sintética bilateral Lucros ou Prejuízos Acumulados ou, quando for lucro para a conta analítica Lucros Acumulados e quando prejuízo, para a conta analítica Prejuízos Acumulados.

Já vimos que a conta Prejuízos Acumulados é redutora do Patrimônio Líquido por seu saldo ser devedor. Quando a empresa apurar prejuízo e decidir transferi-lo para a conta sintética Lucros ou Prejuízos Acumulados, essa conta figurará no patrimônio Líquido com sinal negativo sendo seu saldo apresentado entre parênteses.

É importante destacar que a conta Lucros ou Prejuízos Acumulados, serve também como contrapartida das reversões de reservas de lucros, bem como dos ajustes de exercícios anteriores e nas sociedades por ações, no último dia do exercício, somente figurará no Balanço se o seu saldo for negativo, uma vez que em decorrência das alterações introduzidas na Lei n. 6.404/1976 por meio da Lei n. 11.638/07, as sociedades por ações ficaram obrigadas a dar destinação total ao lucro líquido apurado no final de cada exercício social.

ATIVIDADES TEÓRICAS 3

1. Responda:
   - **1.1** O que são participações?
   - **1.2** O que são debêntures?
   - **1.3** O que são partes beneficiárias?
   - **1.4** Segundo estabelece o art. 191º da Lei n. 6.404/1976, o que é lucro líquido do exercício?
   - **1.5** Ajude o contador Mário Celso a compensar o prejuízo. Ao apurar o resultado do exercício de uma das empresas de sua clientela, o contador Mário Celso percebeu que o mesmo correspondeu a prejuízo de $ 30.000. Considerando que no Patrimônio Líquido constavam as contas Capital, $ 60.000; Reserva Legal, $ 5.000 e Reserva para Investimentos, $ 28.000. Faça o lançamento contábil relativo à compensação.
2. Classifique as afirmativas em falsas (F) ou verdadeiras (V):
   - **2.1** ( ) A base de cálculo das participações é o resultado do exercício, antes das deduções da CSLL e do IR.
   - **2.2** ( ) A base de cálculo das participações é o resultado do exercício após a dedução do IR e dos Prejuízos Acumulados.
   - **2.3** ( ) A contabilização das participações é feita debitando-se a conta Resultado do Exercício e creditando-se as contas representativas das respectivas participações.

9.6 Destinações do Lucro Líquido do Exercício

9.6.1 Reservas

9.6.1.1 Conceito

Reservas são recursos que a empresa separa em seu patrimônio com fins determinados. As contas que as registram são classificadas no grupo do Patrimônio Líquido.

Os recursos destinados à formação das reservas podem se originar de várias fontes: do lucro líquido apurado pela empresa; da contribuição do subscritor de ações que ultrapassar o valor nominal e a parte do preço de emissão das ações sem valor nominal que ultrapassar a importância destinada à formação do capital social, inclusive nos casos de conversão em ações de debêntures ou partes beneficiárias; e do produto da alienação de partes beneficiárias e de bônus de subscrição.

Assim, de acordo com a fonte de onde se originam os recursos para constituição das reservas, elas podem ser classificadas em dois tipos: de lucros e de capital.

9.6.1.2 Tipos de reservas

9.6.1.2.1 Reservas de lucros

Reservas de lucros são aquelas extraídas do lucro líquido do exercício como a reserva legal, as reservas estatutárias e as reservas livres.

9.6.1.2.1.1 Reserva legal

Veja o que dispõem o art. 193º da Lei n. 6.404/1976:

> "Do lucro líquido do exercício, 5% (cinco por cento) serão aplicados, antes de qualquer outra destinação, na constituição da reserva legal, que não excederá de 20% (vinte por cento) do capital social.
>
> § 1º A companhia poderá deixar de constituir a reserva legal no exercício em que o saldo dessa reserva, acrescido do montante das reservas de capital de que trata o § 1º do art. 182º, exceder de 30% (trinta por cento) do capital social.
>
> § 2º A reserva legal tem por fim assegurar a integridade do capital social e somente poderá ser utilizada para compensar prejuízos ou aumentar o capital."

Veja, agora, como aplicar, na prática, esse dispositivo legal. A reserva legal é uma reserva obrigatória para todas as empresas constituídas sob a forma jurídica de sociedade por ações, sendo que as demais empresas, constituídas sob outras formas jurídicas, não precisam constituí-la.

A reserva legal tem por fim manter a integridade do capital social, sendo utilizada somente para compensar prejuízos ou aumentar o capital.

A base para o cálculo dessa reserva é o lucro líquido do exercício.

Conforme estabelece a própria Lei n. 6.404/1976, lucro líquido do exercício é o resultado do exercício diminuído da CSLL, do Imposto de Renda e das Participações.

Quando você estudar a composição da Demonstração do Resultado do Exercício, no Capítulo 10, perceberá que o lucro líquido do exercício é o último valor nela demonstrado, sem considerar, obviamente, o montante do lucro líquido por ação do capital social que figura na última linha da demonstração.

Supondo que o resultado do exercício tenha sido de $ 150.000, o valor da reserva legal será de $ 7.500, ou seja, 5% de $ 150.000.

Veja, agora, como se contabiliza a constituição da reserva legal.

Lucros ou Prejuízos Acumulados
a Reserva Legal
Pela constituição da reserva legal
nos termos do art. 193 da Lei n. 6.404/1976..................... 7.500

Limites:

Observe que o caput do art. 193º estabelece que o montante da reserva legal não poderá ultrapassar 20% do valor do capital social.

Observe, ainda, que o § 1º do mesmo artigo, estabelece que a companhia poderá deixar de constituir a reserva legal no exercício em que o saldo dessa reserva, acrescido do montante das reservas de capital de que trata o § 1º do art.182º, exceder de 30% do capital social.

Portanto, há dois limites que precisam ser observados no momento da constituição da reserva legal: um obrigatório (limite máximo) e um facultativo (limite opcional).

Limite máximo:

A reserva legal não poderá ser constituída quando seu montante atingir 20% do valor do capital social.

Exemplo:

Suponhamos que o Patrimônio Líquido da Companhia Industrial S/A, em 31/12/X1, esteja assim constituído:

Capital Social	*70.000*
Reserva de Ágio na Emissão de Ações	*15.000*
Reserva Legal	*10.000*
Total	*95.000*

Sabendo que o lucro líquido do exercício foi igual a $ 120.000, calcular o valor da parcela da reserva legal que deverá ser constituída neste exercício.

Solução:

1º passo: cálculo da parcela do presente exercício.

5% de $ 120.000 = $ 6.000

2º passo: cálculo do limite máximo.

20% de $ 70.000 = $ 14.000

3º passo: apuração do valor a constituir no presente exercício.

Observe que o montante apurado pela soma do saldo anterior adicionado à parcela a ser constituída no presente exercício, não pode ultrapassar ao limite máximo permitido que é de $ 14.000 Faremos:

• *Limite máximo permitido*	*14.000*
• *Saldo anterior*	*(10.000)*
• *Valor permitido para o presente exercício*	*4.000*

4º passo: cálculo do limite opcional.

Como vimos, o § 1º do art. 193º faculta à empresa deixar de constituir a reserva legal no exercício em que o saldo dessa reserva somado ao montante das reservas de capital exceder a 30% do valor do capital social.

Faremos:

a. limite opcional:

30% do Capital Social que é de $ 70.00, é igual a $ 21.000.

b. apuração do total do saldo da reserva legal adicionado ao montante do saldo das reservas de capital:

• *Reserva de Ágio na Emissão de Ações*	*15.000*
• *Reserva Legal*	*10.000*
• *Total*	*25.000*

Tendo em vista que o saldo existente na conta Reserva Legal adicionado ao montante das Reservas de Capital é superior ao limite opcional, a empresa poderá deixar de constituir a Reserva Legal neste exercício. Contudo, se preferir não usar essa faculdade, ela poderá constituir, no presente exercício, reserva legal no valor de $ 4.000, conforme já demonstramos.

9.6.1.2.1.2 Reservas estatutárias

Reservas estatutárias são aquelas criadas em virtude de disposições contidas nos estatutos das companhias, os quais fixarão seus limites.

Veja o que dispõe o art. 194º da Lei n. 6.404/1976:

> "O estatuto poderá criar reservas desde que, para cada uma:
>
> I. indique, de modo preciso e completo, a sua finalidade;
>
> II. fixe os critérios para determinar a parcela anual dos lucros líquidos que serão destinados (mais ou menos) à sua constituição; e
>
> III. estabeleça o limite máximo da reserva."

9.6.1.2.1.3 Reservas livres

Reservas livres são aquelas criadas livremente pela Assembleia Geral (no caso das sociedades por ações), por proposta dos órgãos da administração, com fins específicos, como a reserva para contingência e a reserva de lucros a realizar.

Reserva para contingência – art. 195º da Lei n. 6.404/1976:

> "A Assembleia Geral poderá por proposta dos órgãos da administração, destinar parte do lucro líquido à formação de reserva com a finalidade de compensar, em exercício futuro, a diminuição do lucro decorrente de perda julgada provável, cujo valor possa ser estimado.
>
> § 1º A proposta dos órgãos da administração deverá indicar a causa da perda prevista e justificar, com as razões de prudência que a recomendem, a constituição da reserva.
>
> § 2º A reserva será revertida no exercício em que deixarem de existir as razões que justificaram a sua constituição ou em que ocorrer a perda."

Reservas de Lucros a Realizar – art. 197º da lei n. 6.404/1976:

> "No exercício em que o montante do dividendo obrigatório, calculado nos termos do estatuto ou do art. 202º, ultrapassar a parcela realizada do lucro líquido do exercício, a Assembleia Geral poderá, por proposta dos órgãos de administração, destinar o excesso à constituição de reserva de lucros a realizar.
>
> § 1º Para os efeitos deste artigo, considera-se realizada a parcela do lucro líquido do exercício que exceder da soma dos seguintes valores:
>
> I – o resultado líquido positivo da equivalência patrimonial (art. 248º); e
>
> II – o lucro, rendimento ou ganho líquidos em operações ou contabilização de ativo e passivo pelo valor de mercado, cujo prazo de realização financeira ocorra após o término do exercício social seguinte.
>
> § 2º A reserva de lucros a realizar somente poderá ser utilizada para pagamento do dividendo obrigatório e, para efeito do inciso III do art. 202º, serão considerados como integrantes da reserva os lucros a realizar de cada exercício que forem os primeiros a serem realizados em dinheiro."

Para complementar, veja o que dispõe o art. 196º, também da Lei n. 6.404/1976:

> "A Assembleia Geral poderá, por proposta dos órgãos da administração, deliberar, reter parcela do Lucro Líquido do Exercício prevista em orçamento de capital por ela previamente aprovado.
>
> § 1º O orçamento, submetido pelos órgãos da administração com a justificação da retenção de lucros propostos, deverá compreender todas as fontes de recursos e aplicações de capital,

fixo ou circulante, e poderá ter a duração de até cinco exercícios, salvo no caso de execução, por prazo maior, de projeto de investimento.

§ 2º O orçamento poderá ser aprovado pela Assembleia Geral ordinária que deliberar sobre o balanço do exercício e revisado anualmente, quando tiver duração superior a um exercício social."

9.6.1.2.1.4 Constituição de reservas de lucros

Sendo as reservas de lucros extraídas do lucro líquido apurado pelas empresas, o qual antes das destinações foi transferido para a conta Lucros Acumulados ou Lucros ou Prejuízos Acumulados, para constituí-las, basta debitar a conta Lucros Acumulados ou Lucros ou Prejuízos Acumulados e creditar uma conta que represente a respectiva reserva como Reserva Legal, Reserva para Investimentos, Reserva para Contingências etc.

Quando uma reserva de lucros é constituída, o valor do lucro utilizado na sua constituição permanece no patrimônio, evitando que seja distribuído aos acionistas em forma de dividendos.

Constituir uma reserva de lucros não significa bloquear o respectivo valor num cofre. Ele continua integrando o capital de giro da empresa, sendo utilizado para compras, aplicações etc.

Exemplo:

Vamos assumir que uma determinada empresa tenha apurado, no final de um exercício social, lucro igual a $ 100.000. Se a assembleia decidir distribuir todo esse lucro entre seus acionistas, o valor de $ 100.000 que está no giro normal da empresa terá de sair em forma de pagamento aos acionistas, diminuindo o saldo da conta Caixa ou Bancos. Assim, podemos facilmente entender que os $ 100.000 de lucro apurado deixaram de fazer parte do Ativo dessa empresa. Entretanto, suponhamos que desses $ 100.000 tenha sido constituída uma reserva para investimentos no valor de $ 30.000. Neste caso, somente $ 70.000 serão distribuídos aos acionistas, e os $ 30.000 da reserva permanecerão no giro normal da empresa.

9.6.1.2.1.5 Reversão de reservas de lucros

No exercício em que deixarem de existir as razões que justificaram a sua constituição, as reservas de lucros deverão ser revertidas para a conta Lucros ou Prejuízos Acumulados, voltando a fazer parte do seu respectivo saldo, para terem novas destinações, como distribuição aos acionistas, compensação de prejuízos, constituição de outras reservas ou aumento de capital.

Aproveitando o exemplo anterior, suponhamos que, no exercício seguinte, a empresa tenha construído uma filial gastando os $ 30.000 devidamente reservados. Neste caso, dizemos que a reserva atingiu o fim para o qual foi proposta, isto é, permitiu que com recursos próprios a empresa investisse na construção da filial. Então, a reserva criada deverá ser revertida para a conta Lucros ou Prejuízos Acumulados.

Para reverter as reservas de lucros, basta debitar a conta que registrou a respectiva reserva e creditar a conta Lucros ou Prejuízos Acumulados.

Convém salientar que a reserva legal, conforme já dissemos, não está sujeita à reversão (§ 2º do art. 193º da Lei n. 6.404/1976).

Notas

- Nos termos do art. 198º da lei n. 6.404/1976, a constituição de reservas de lucros não poderá prejudicar a distribuição do dividendo obrigatório.
- Limite do Saldo das Reservas de Lucros: o saldo das reservas de lucros, exceto as para contingências, de incentivos fiscais e de lucros a realizar, não poderá ultrapassar o capital social. Atingindo esse limite, a assembleia deliberará sobre aplicação do excesso na integralização ou no aumento do capital social ou na distribuição de dividendos (art. 199º da Lei n. 6 404/1976).

9.6.1.2.1.6 Reserva de incentivos fiscais

Essa reserva foi uma das inovações trazidas pela Lei n. 11.638/07 que promoveu alterações na Lei das Sociedades por Ações.

Antes do advento da citada Lei n. 11.638/07, os recursos derivados de doações ou subvenções governamentais para investimentos, geravam reserva de capital e não transitavam por contas de resultado. Agora, com a inclusão do artigo 195º-A na Lei n. 6.404/1976, a companhia poderá optar em constituir a reserva para incentivos fiscais com os ingressos dessa natureza.

Veja o que dispõem o artigo 195º-A da citada Lei:

> "A Assembleia Geral poderá, por proposta dos órgãos de administração, destinar para a reserva de incentivos fiscais a parcela do lucro líquido decorrente de doações ou subvenções governamentais para investimentos, que poderá ser excluída da base de cálculo do dividendo obrigatório (inciso I do caput do art. 202º desta Lei)."

Exemplo prático

Vamos admitir que a companhia X tenha recebido do governo, a importância de $ 500.000 como doação para investimentos na agricultura, uma extensão de suas atividades operacionais.

Por ocasião do recebimento dos recursos financeiros, houve débito em conta representativa de disponibilidades e crédito em conta de receita.

No final do exercício, após apurado o resultado, a reserva será constituída como segue:

Resultado do Exercício

a Reserva para Incentivos Fiscais

Pela constituição etc.. 500.000

9.6.1.2.2 Reservas de capital

Nos termos do § 1º do artigo 182º da Lei n. 6.404/1976, serão classificadas como reservas de capital as contas que registrarem:

a. a contribuição do subscritor de ações que ultrapassar o valor nominal e a parte do preço de emissão das ações sem valor nominal que ultrapassar a importância destinada à formação do capital social, inclusive nos casos de conversão em ações de debêntures ou partes beneficiárias;

b. o produto da alienação de partes beneficiárias e bônus de subscrição."

Conforme você pôde observar, as reservas de capital originam-se de receitas que por força da Lei n. 6.404/1976, não devem transitar entre as contas de resultado.

Assim, para constituir as reservas de capital, basta debitar a conta Caixa, Bancos ou uma conta de direito e creditar uma conta que represente a respectiva reserva, como Reserva de Ágio na Emissão de Ações, Reserva de Alienação de Partes Beneficiárias etc.

Exemplo:

Suponhamos que uma determinada empresa tenha vendido partes beneficiárias (títulos emitidos sem valor nominal), apurando uma receita de $ 50.000. A contabilização desse fato será:

Caixa

a Reserva de Alienação de Partes Beneficiárias

Reserva que se constitui pelo

produto de alienação de partes beneficiárias etc.................. 50.000

Nota

- As reservas de capital não estão sujeitas à reversão, sendo utilizadas para aumento de capital, compensação de prejuízos ou outros fins, conforme dispõe o art. 200º da Lei n. 6.404/1976.

ATIVIDADES TEÓRICAS 4

1. Responda:

1.1 O que são reservas de lucros?

1.2 Sem considerar o montante das reservas de capital, qual é o limite da reserva legal?

1.3 Ajude o contador Plínio a se desembaraçar: no final do exercício social de X0, o contador Plínio apurou prejuízo na Companhia Previato. Como deverá fazer o contador para criar a reserva legal obrigatória?

2. Classifique as afirmativas em falsas (F) ou verdadeiras (V)

2.1 ( ) Reservas são recursos que a empresa separa especificamente com o fim de aumentar o capital social.

2.2 ( ) As contas utilizadas para o registro das reservas são classificadas no Passivo Circulante.

2.3 ( ) As contas utilizadas para o registro das reservas são classificadas no grupo do Patrimônio Líquido.

2.4 ( ) Todas as reservas têm origem nos lucros apurados pelas empresas.

2.5 ( ) As reservas são de dois tipos: legal e de lucros.

2.6 ( ) As reservas são de dois tipos: de lucros e de capital.

2.7 ( ) As reservas de lucros são assim denominadas por serem extraídas do lucro bruto apurado pelas empresas.

2.8 ( ) As reservas de lucros são extraídas do lucro líquido do exercício.

2.9 ( ) A reserva legal só poderá ser utilizada para compensar prejuízos e para aumentar o capital social.

2.10 ( ) A reserva legal poderá ser revertida quando atingir o fim para o qual foi proposta.

2.11 ( ) A reserva legal é constituída mediante crédito na conta Lucros Acumulados.

2.12 ( ) A reserva para contingência deverá ser revertida no exercício em que deixarem de existir as razões que justificaram a sua constituição ou em que ocorrer a perda.

2.13 ( ) As reservas de lucros podem ser utilizadas para aumentar o capital, porém, as reservas de capital não podem.

2.14 ( ) As reservas de lucros podem ser utilizadas para aumentar o capital, porém, as reservas de capital não podem.

3. Escolha a alternativa correta:

3.1 São reservas de lucros:

a) Reserva legal, reservas de capital e reservas para contingências.
b) Reserva legal, reservas estatutárias e reservas livres.
c) Reservas de Ágio, de capital e livres.
d) Reserva legal, reservas para investimentos e reservas de capital.
e) n.d.a.

3.2 A porcentagem do lucro líquido que deve ser destinada para constituição da reserva legal, conforme dispõe a Lei n. 6.404/1976, é:

a) 5%;
b) 4%;
c) 10%;
d) 15%;
e) 50%.

3.3 A base sobre a qual deve ser calculada a parcela da reserva legal a ser constituída em cada exercício é:

a) o lucro líquido depois de deduzidos os dividendos;
b) o lucro líquido do exercício antes de deduzido o valor do imposto de renda.
c) o lucro líquido do exercício, antes de qualquer destinação;
d) o lucro real;
e) o lucro líquido do exercício ajustado nos termos do art. 193º da Lei n. 6.404/1976.

3.4 No momento da constituição da reserva legal, é preciso observar dois limites:

a) limite máximo e limite mínimo;
b) limite máximo e limite opcional;
c) limite máximo de 20% do capital social e limite facultativo de 30% do lucro líquido do exercício;
d) teto de 20% e piso de 30%;
e) máximo de 20% sobre o Patrimônio Líquido e mínimo de 30% também sobre o Patrimônio Líquido.

3.5 A companhia poderá deixar de constituir a reserva legal quando:

a) o montante da reserva legal acrescido do total das reservas de capital atingir a 20% do capital social;
b) o montante da reserva legal adicionado ao montante das reservas de capital atingir 30% do capital social;
c) a Assembleia Geral Ordinária decidir distribuir 20% aos acionistas;

d) não houver recurso financeiro no Caixa;
e) n.d.a.

3.6 A principal finalidade da reserva legal é:
a) assegurar a distribuição do dividendo obrigatório aos acionistas;
b) evitar que a empresa tenha prejuízos com duplicatas a receber;
c) permitir que a empresa invista em filiais;
d) assegurar a integridade do capital social;
e) n.d.a.

3.7 Segundo o que dispõe o art. 199º da Lei n. 6.404/1976, quando o saldo das reservas de lucros, exceto as para contingências e de lucros a realizar, ultrapassar o valor do capital social, a assembleia deliberará sobre a aplicação do excesso:
a) no aumento do capital social, somente;
b) para compensar os prejuízos acumulados;
c) para distribuição de dividendos, somente;
d) para aplicação em bens do Ativo Imobilizado;
e) na integralização e no aumento do capital social ou na distribuição de dividendos.

3.8 Para a constituição das reservas de lucros:
a) debita-se a conta Resultado do Exercício, Lucro Líquido do Exercício ou Lucros Acumulados e credita-se a conta que representa a respectiva reserva;
b) credita-se a conta que representa a respectiva reserva e debita-se a conta Resultado do Exercício, Lucro Líquido do Exercício ou Lucros Acumulados;
c) debita-se a conta que representa a respectiva reserva;
d) debita-se a conta Prejuízos Acumulados;
e) n.d.a.

3.9 Reversão de reserva de lucros consiste em:
a) rever seu valor;
b) transferi-la para a conta Caixa;
c) transferi-la para a conta dos sócios;
d) utilizá-la para pagar débitos a fornecedores;
e) fazer seu saldo retornar para a conta de onde se originou.

3.10 As reservas constituídas em decorrência de dispositivos contidos nos estatutos das companhias denominam-se:
a) Reservas legais.
b) Reservas livres.
c) Reservas para contingências.
d) Reservas estatutárias.
e) Reservas de capital.

3.11 Reservas livres são aquelas criadas:
a) em decorrência de dispositivo legal;
b) em decorrência de dispositivos estatutários;
c) por decisão da diretoria;
d) livremente pela Assembleia Geral, nas sociedades anônimas;
e) para atender a dispositivo da Lei n. 6.404/1976.

3.12 As reservas para contingência, bem como as de lucros a realizar são:
a) Reservas legais.
b) Reservas de capital.
c) Reservas estatutárias.
d) Reservas de Ágio.
e) Reservas livres.

3.13 A reserva constituída com a finalidade de compensar no exercício futuro diminuição do lucro em decorrência de perda julgada provável, cujo valor possa ser estimado, denomina-se:

a) Reserva legal.
b) Reserva estatutária.
c) Reserva para investimento.
d) Reserva para contingência.
e) Reserva de lucros a realizar.

3.14 Quando uma reserva de lucros é constituída, o valor do lucro utilizado na sua constituição:

a) fica congelado em uma conta corrente bancária especial;
b) continua integrando o capital de giro da empresa;
c) fica armazenado no cofre, até que a reserva atinja o fim para o qual foi proposta;
d) deve ser depositado em uma conta corrente bancária em nome dos acionistas;
e) a constituição da reserva não interfere no saldo da conta

Resultado do Exercício (ou Lucro Líquido do Exercício ou Lucros Acumulados).

3.15 A empresa X vendeu um lote de ações de sua emissão por $ 1.100, cujo valor nominal correspondia a $ 1.000. O ágio (lucro) de $ 100 deverá ser contabilizado como:

a) receita operacional;
b) outras receitas
c) reserva de ágio na emissão de ações;
d) lucro bruto;
e) ganhos de capital.

3.16 As reservas de capital:

a) estão sujeitas à reversão;
b) não estão sujeitas à reversão, porém deverão ser utilizadas apenas para aumentar o capital;
c) estão sujeitas à reversão e poderão ser utilizadas para aumentar o capital;
d) por serem reservas de lucros, não podem ser revertidas;
e) não estão sujeitas à reversão, podendo ser utilizadas para aumentar o capital, compensar prejuízos ou para outros fins conforme estabelece o art. 200º da Lei n. 6.404/1976.

9.6.2 Dividendos

Os dividendos correspondem à parte do Lucro Líquido do Exercício que é distribuída aos acionistas. As sociedades por ações são obrigadas a distribuir anualmente dividendos aos seus acionistas, conforme determina o art. 202º da Lei n. 6.404/1976.

Veja o que estabelece o citado artigo:

"Os acionistas têm direito de receber como dividendo obrigatório, em cada exercício, a parcela dos lucros estabelecida no estatuto ou, se este for omisso, a importância determinada de acordo com as seguintes normas:

I. metade do lucro líquido do exercício diminuído ou acrescido dos seguintes valores:

a) importância destinada à constituição da reserva legal (art. 193º); e

b) importância destinada à formação da reserva para contingência (art. 195º) e reversão da mesma reserva formada em exercícios anteriores;

II. o pagamento do dividendo determinado nos termos do inciso I poderá ser limitado ao montante do lucro líquido do exercício que tiver sido realizado, desde que a diferença seja registrada como reserva de lucros a realizar (art. 197º);

III. os lucros registrados na reserva de lucros a realizar, quando realizados e, se não tiverem sido absorvidos por prejuízos em exercícios subsequentes, deverão ser acrescidos ao primeiro dividendo declarado após a realização.

§ 2º Quando o estatuto for omisso e a assembleia geral deliberar alterá-lo para introduzir norma sobre a matéria, o dividendo obrigatório não poderá ser inferior a 25% (vinte e cinco por cento) do lucro líquido ajustado nos termos do inciso I deste artigo.

§ 3º A Assembléia Geral pode, desde que não haja oposição de qualquer acionista presente, deliberar a distribuição de dividendo inferior ao obrigatório, nos termos deste artigo, ou a retenção de todo o lucro líquido, nas seguintes sociedades:

I. companhias abertas exclusivamente para a captação de recursos por debêntures não conversíveis em ações;

II. companhias fechadas, exceto nas controladas por companhias abertas que não se enquadrem na condição prevista no inciso I.

§ 6º Os lucros não destinados nos termos dos arts. 193º a 197º deverão ser distribuídos como dividendos."

Os critérios para distribuição dos dividendos devem constar dos estatutos da companhia, conforme determina a lei. Assim, a porcentagem, bem como a base sobre a qual serão calculados os dividendos podem ser diferentes em cada empresa. Entretanto, quando nos estatutos não constarem critérios para distribuição, os acionistas terão direito, conforme prescreve o inciso I do art. 202º da Lei n. 6.404/1976, de receber metade do lucro líquido do exercício diminuído ou acrescido dos seguintes valores: importância destinada à (a) constituição da reserva legal e (b) à formação da reserva para contingência e reversão da mesma reserva formada em exercícios anteriores.

No caso das demais sociedades, a porcentagem do Lucro Líquido que deverá ser distribuída aos sócios, se não constar do contrato social, será decidida pelos próprios sócios.

Exemplo prático

Suponhamos que nos estatutos de uma companhia, conste que, no final de cada exercício social, os acionistas terão direito de receber importância correspondente a 30% do lucro líquido do exercício.

Considerando a título exemplificativo que no final do exercício de X1, a companhia tenha apurado um lucro líquido igual a $ 300.000, faremos: 30% de $ 300.000 $ 90.000

Contabilização:

Lucros ou Prejuízos Acumulados

a Dividendos a Pagar

30% sobre o lucro líquido apurado nesta data, conforme disposição estatutária................................ 90.000

Após este lançamento da destinação do lucro líquido, encerram-se todos os procedimentos necessários à apuração e destinação do resultado do exercício. No capítulo a seguir, você aprenderá a elaborar as demonstrações contábeis.

É importante salientar, mais uma vez, que o percentual para cálculo da reserva legal é de 5%, e a base de cálculo é o lucro líquido do exercício, antes de qualquer outra destinação, tendo em vista estar assim disciplinado no art. 193º da Lei n. 6.404/1976. Entretanto, os percentuais, bem como as bases para os cálculos das demais reservas de lucros e também dos dividendos podem ser diferentes em cada empresa, uma vez que dependem de disciplina inserida nos estatutos, ficando livre cada entidade para decidir, desde que não contrarie disciplinas legais.

O mais comum é que a base de cálculo dos dividendos, salvo disposição em contrário nos estatutos, corresponda ao lucro líquido do exercício diminuído da parcela relativa à reserva legal.

Por fim, é importante lembrar que com o advento da Lei n. 11.638/2007, como no final do exercício social a conta Lucros Acumulados nas sociedades por ações terá seu saldo zerado, a parcela do lucro líquido destinada aos acionistas poderá ser superior ao percentual fixado nos estatutos.

ATIVIDADES TEÓRICAS 5

1. Responda:

1.1 O que são dividendos?

1.2 O contador Waldomiro Calixto utilizou todo o lucro líquido apurado no exercício para constituição de reservas, alegando aos acionistas que o estatuto é omisso quanto à distribuição de dividendos.

A atitude do contador está correta? Justifique.

1.3 Quais são os últimos lançamentos a figurarem no livro Diário, no final de cada exercício social?

2. Classifique as afirmativas em falsas (F) ou verdadeiras (V):

2.1 ( ) Os dividendos somente poderão ser constituídos com base no lucro líquido do exercício.

2.2 ( ) A base para cálculo dos dividendos poderá ser diferente em cada sociedade.

2.3 ( ) Quando os dividendos forem calculados mediante a aplicação de uma taxa sobre o lucro líquido do exercício, o correto será que a sua base seja o lucro líquido diminuído da parcela relativa à reserva legal calculada no próprio exercício.

2.4 ( ) O cálculo dos dividendos pode ser diferente em cada empresa, entretanto os critérios para distribuição devem constar dos estatutos da companhia.

TESTES DE EXAME DE SUFICIÊNCIA

Contador – ano 2002, prova 2 – Contabilidade Geral Contador 2002

1 De acordo com os dados abaixo e sabendo-se que o Estoque Final totaliza $ 400.000,00 em 31/12/2001, pode-se afirmar que o Resultado Líquido do Exercício é de:

Capital Social $ 25.000,00

Depreciações Acumuladas $ 50.000,00

Juros Ativos $ 60.000,00

Caixa $ 75.000,00

Móveis e Utensílios $ 80.000,00

Juros Passivos $ 105.000,00

Duplicatas a Receber $ 120.000,00

Estoque Inicial $ 220.000,00

Despesas Gerais $ 330.000,00

Fornecedores $ 420.000,00

Compras de Mercadorias $ 750.000,00

Venda de Mercadorias $ 1.125.000,00

a) $ 930.000,00
b) $ 570.000,00
c) $ 555.000,00
d) $ 180.000,00

TESTES DE CONCURSO

AFPS – Auditor-Fiscal da Previdência Social – ano 2002

1. A escrituração contábil da empresa Normas Mornas S/A tornou disponíveis as seguintes informações para permitir o cálculo do imposto de renda e contribuição social sobre o lucro líquido.

Contas Saldos

Reversão de Provisões $ 2.500,00

Reversão de Reservas $ 1.800,00

Reservas de Lucros $ 8.000,00

Reserva Legal $ 5.000,00

Participação de Administradores $ 2.000,00

Participação de Debenturistas $ 2.200,00

Receita Bruta de Vendas $ 80.000,00

Receita Líquida de Vendas $ 70.000,00

Custo das Mercadorias Vendidas $ 30.000,00

Aluguéis Passivos $ 1.200,00

Depreciação Acumulada $ 3.000,00

Comissões Ativas $ 2.100,00

Salários e Ordenados $ 4.800,00

Utilizando as informações acima, naquilo que for pertinente ao assunto, pode-se dizer que o cálculo do Imposto de Renda e da CSLL, feito à alíquota de 35%, vai alcançar o valor de

a) $ 12.040,00.
b) $ 12.740,00.
c) $ 12.810,00.
d) $ 13.510,00.
e) $ 13.685,00.

AFR – Agente Fiscal de Rendas/SP – 1977 – Contabilidade Geral 2

2. Assinale a alternativa mais apropriada para expressar o Resultado Líquido do Período:

a) Vendas menos Custo das Mercadorias Vendidas.
b) Resultado com Mercadorias menos Outras Receitas, mais Outras Despesas.
c) Vendas Brutas menos Devoluções, mais Tributos, menos Resultado Bruto.
d) Resultado com Mercadorias mais Outras Receitas, menos Outras Despesas.

Analista de Finanças e Controle – AFC/CGU – 2003/2004

3. Em 31 de dezembro de 2003, após contabilizar o encerramento das contas de receitas e de despesas, a empresa constatou a existência de $ 150.000,00 de lucro líquido do exercício antes do imposto de renda, da CSLL e das participações.

A distribuição do lucro promovida em seguida contemplou:

a) participação de administradores de 10% do lucro;
b) participação de empregados de $ 10.000,00;
c) imposto de renda e CSLL de $ 40.000,00;
d) constituição de reserva legal de 5% sobre o lucro;
e) constituição de reserva estatutária de 10% sobre o lucro;
f) dividendo mínimo obrigatório de 30% do lucro ajustado para este fim.

Promovendo-se corretamente o cálculo e a contabilização acima indicados, a conta Dividendos a Pagar, cujo saldo era zero, aparecerá no balanço patrimonial com saldo de

a) $ 22.950,00.
b) $ 26.650,00.
c) $ 27.000,00.
d) $ 30.000,00.
e) $ 33.000,00.

AFRF – Auditor-Fiscal da Receita Federal – 2003 – ESAF

4. A firma Rinho Ltda. apresenta as seguintes rubricas vinculadas ao resultado do exercício:

COFINS $ 180,00

Custo da Mercadoria Vendida $ 2.800,00

Despesas Financeiras $ 600,00

ICMS s/Vendas $ 720,00

PIS s/Faturamento $ 60,00

Receita Operacional Bruta $ 6.000,00

Salários e Ordenados $ 1.000,00

Com base nos dados apresentados, pode-se dizer que a empresa apresenta:

a) Receita Líquida de Vendas $ 5.280,00.
b) Receita Líquida de Vendas $ 2.240,00.
c) Lucro Operacional Bruto $ 5.040,00
d) Lucro Operacional Líquido $ 2.240,00.
e) Lucro Operacional Líquido $ 640,00.

10 Demonstrações Contábeis (Financeiras)

10.1 Introdução

Demonstrações contábeis, denominadas pela Lei n. 6.404/76 por demonstrações financeiras, são relatórios elaborados com informações extraídas dos registros contábeis mantidos pela entidade.

Conforme consta do item 9 da NBC TG26, aprovada pela Resolução CFC n. 1.185/2009, as demonstrações contábeis são uma representação estruturada da posição patrimonial e financeira e do desempenho da entidade.

O objetivo das demonstrações contábeis é o de proporcionar informação acerca da posição patrimonial e financeira, do desempenho e dos fluxos de caixa da entidade que seja útil a um grande número de usuários em suas avaliações e tomada de decisões econômicas.

As demonstrações contábeis também objetivam apresentar os resultados da atuação da administração, em face de seus deveres e responsabilidades na gestão diligente dos recursos que lhe foram confiados.

A Lei n. 6.404/76 disciplina esse assunto em seus artigos 176º a 188º.

No artigo 176º, a mencionada Lei determina que ao fim de cada exercício social, a diretoria fará elaborar, com base na escrituração mercantil da companhia,[1] as seguintes demonstrações financeiras, que deverão exprimir com clareza a situação do patrimônio da companhia e as mutações ocorridas no exercício:

a. balanço patrimonial (BP);

b. demonstração dos lucros ou prejuízos acumulados (DLPA);

[1] O mesmo que sociedade anônima.

c. demonstração do resultado do exercício (DRE);
d. demonstração dos fluxos de caixa (DFC); e
e. demonstração do valor adicionado (DVA).

No § 2º do artigo 186, essa mesma Lei, dispensa as companhias da obrigatoriedade de elaborar a demonstração dos lucros ou prejuízos acumulados, desde que elaborem a demonstração das mutações do patrimônio líquido.

É importante salientar que a demonstração do valor adicionado só é obrigatória para as sociedades anônimas de capital aberto e que a companhia fechada[2] com Patrimônio Líquido, na data do balanço, inferior a $ 2.000.000,00 (dois milhões de reais) está dispensada da elaboração da demonstração dos fluxos de caixa.

A Lei n. 6.404/76, nos § 1º a 4º do artigo 176º, estabelece também que:

a. As demonstrações de cada exercício serão publicadas com a indicação dos valores correspondentes das demonstrações do exercício anterior;
b. Nas demonstrações, as contas semelhantes poderão ser agrupadas; os pequenos saldos poderão ser agregados, desde que indicada a sua natureza e não ultrapassem 0,1 (um décimo) do valor do respectivo grupo de contas; mas é vedada a utilização de designações genéricas, como "diversas contas" ou "contas-correntes";
c. As demonstrações financeiras registrarão a destinação dos lucros segundo a proposta dos órgãos da administração, no pressuposto de sua aprovação pela assembléia-geral; e
d. As demonstrações serão complementadas por notas explicativas e outros quadros analíticos ou demonstrações contábeis necessários para esclarecimento da situação patrimonial e dos resultados do exercício.

A Lei n. 6.404/76, exige que as demonstrações financeiras das companhias abertas sejam obrigatoriamente auditadas por auditores independentes registrados na Comissão de Valores Mobiliários (CVM) e que observem, ainda as normas expedidas por essa Comissão, as quais serão elaboradas em consonância com os padrões internacionais de contabilidade adotados nos principais mercados de valores mobiliários.

As demonstrações contábeis, que serão elaboradas com observância das normas de contabilidade aprovados pelo Conselho Federal de Contabilidade, deverão especificar sua natureza, a data e/ou o período e a empresa a que se referem.

As demonstrações financeiras deverão ser transcritas no livro Diário ou em livro próprio reservado para esse fim.

A Lei n. 6.404 em seu artigo 289º, determina, ainda que:

a. As Sociedades Anônimas de Capital Aberto (aquelas que têm autorização para negociar suas ações no mercado de capitais) são obrigadas a publicar as demonstrações financeiras, anualmente, no órgão oficial da União ou do Estado ou do Distrito Federal,

[2] A companhia é aberta ou fechada conforme os valores mobiliários de sua emissão estejam ou não admitidos à negociação no mercado de valores mobiliários. (Art. 4º da Lei n. 6.404/76)

conforme o lugar em que esteja situada a sede da companhia, e em outro jornal de grande circulação editado na mesma localidade.

b. A Comissão de Valores Mobiliários poderá determinar que as publicações ordenadas pela Lei n. 6.404/76, sejam feitas, também, em jornal de grande circulação nas localidades em que os valores mobiliários da companhia sejam negociados em bolsa ou em mercado de balcão, ou disseminadas por algum outro meio que assegure sua ampla divulgação e imediato acesso às informações.

   As publicações das demonstrações financeiras poderão ser feitas adotando-se como expressão monetária o milhar de reais.

c. É permitido às companhias abertas, disponibilizar das suas demonstrações financeiras na rede mundial de computadores.

10.2 Balanço Patrimonial

10.2.1 Conceito

O **Balanço Patrimonial** é a demonstração contábil (financeira) destinada a evidenciar, quantitativa e qualitativamente, numa determinada data, a posição patrimonial e financeira da entidade.

Nele devem ser apresentados os bens e direitos (Ativo), as obrigações (Passivo) e o Patrimônio Líquido da entidade em uma determinada data.

10.2.2 Estrutura do Balanço Patrimonial

O **Balanço Patrimonial** deve ser estruturado observando-se a disciplina contida nos artigos 178º a 184º da Lei n. 6.404/76.

O *caput* do artigo 178º da Lei citada, estabelece que, no Balanço, as contas serão classificadas segundo os elementos do patrimônio que registrem, e agrupadas de modo a facilitar o conhecimento e a análise da situação financeira da companhia.

O Balanço Patrimonial é composto por duas partes: Ativo e Passivo.

Tradicionalmente, o Balanço Patrimonial é apresentado em um gráfico em forma de "T".

Como o "T" tem dois lados, ficou convencionado que o lado esquerdo é o lado do Ativo e que o lado direito é o lado do Passivo.

Portanto, ao olhar para um Balanço Patrimonial representado no gráfico em forma de "T", o lado direito, lado do Passivo, composto por obrigações e Patrimônio Líquido, revela a origem dos recursos (capitais) totais que a empresa tem a sua disposição e que estão aplicados no patrimônio.

As obrigações (Passivo Exigível), representam os recursos derivados de terceiros (capitais de terceiros), enquanto o Patrimônio Líquido (Passivo Não Exigível), mostra a origem dos recursos derivados dos proprietários (capitais próprios). O Ativo revela a aplicação desses recursos (capitais) totais, isto é, mostra em que a empresa investiu todo o capital (próprio e de terceiros) que tem a sua disposição.

Diante do que foi exposto, temos:

BALANÇO PATRIMONIAL

ATIVO	PASSIVO
Bens	Obrigações (Passívo Exigível)
Direitos	Patrimônio Líquido (Passívo não Exigível)

10.2.2.1 Ativo

No **Ativo**, as contas representativas dos bens e dos direitos, serão dispostas em ordem decrescente de grau de liquidez dos elementos nelas registrados, em dois grandes grupos: Ativo Circulante e Ativo Não Circulante.

Grau de liquidez é o maior ou menor prazo no qual Bens e Direitos podem ser transformados em dinheiro.

10.2.2.1.1 Ativo Circulante

O **Ativo Circulante** é composto pelos bens e pelos direitos que estão em frequente circulação no patrimônio. É o capital de giro da empresa.

Basicamente, são valores já realizados (transformados em dinheiro) ou cuja realização em dinheiro deva ocorrer até o término do exercício social seguinte ao do Balanço no qual eles estejam sendo apresentados.

A Lei n. 6.404/76 estabelece que no Ativo circulante devem constar as disponibilidades, os direitos realizáveis no curso do exercício social seguinte e as aplicações de recursos em despesas do exercício seguinte. Na vida prática, o grupo dos direitos realizáveis no curso do exercício social seguinte, normalmente é subdividido em: Clientes, Outros Créditos, Tributos a Recuperar, Investimentos Temporários a Curto Prazo e Estoques.

- **Disponibilidades**: são valores numerários representados pela conta Caixa, pela conta Bancos conta Movimento e pelas contas que representam os equivalentes de caixa. A conta Caixa representa os numerários em espécies que estão em poder da empresa; a conta Bancos conta Movimento representa os numerários da empresa que estão depositados em conta corrente bancária; e. os equivalentes de caixa são aplicações financeiras de curto prazo, de alta liquidez, também conhecidos por aplicações financeiras de liquidez imediata. As contas classificadas neste subgrupo são as que possuem o maior grau de liquidez dentre todas as demais contas do Ativo.
- **Clientes**: compreendem os direitos a receber de terceiros, decorrentes de vendas de mercadorias, de produtos ou de prestação de serviços realizados a prazo. Incluem-se, também neste subgrupo, os direitos a receber das administradoras de cartões de crédito, que correspondem aos valores também decorrentes das vendas de mercadorias, de produtos ou da prestação de serviços efetuados á vista ou a prazo, nos casos em que os clientes pagam suas compras por meio de cartões de crédito.
- **Outros Créditos**: compreendem os demais direitos que a empresa tem para receber de terceiros e que não correspondam a direitos decorrentes de vendas a prazo de mercadorias ou de serviços.
- **Tributos a Recuperar**: compreendem os direitos da empresa junto aos Governos Municipal, Estadual ou Federal. Esses direitos decorrem de impostos, taxas ou contribuições

recolhidos antecipadamente ou indevidamente ou ainda que, por força da Legislação, gerem para a empresa Direitos de compensação em até 12 meses.

- **Investimentos temporários a curto prazo**: compreendem as aplicações de dinheiro em instrumentos financeiros (títulos e valores mobiliários), representativos ou não do capital de outras empresas. Trata-se de investimentos efetuados em caráter especulativo, e que serão convertidos em dinheiro mediante venda ou resgate, em até 12 meses da data do Balanço no qual eles estejam sendo apresentados.
- **Estoques**: compreendem os bens destinados à produção (Matéria-prima; materiais secundários etc), à prestação de serviços (materiais diversos), a venda (mercadorias ou Produtos) ou ao consumo (materiais de limpeza, expediente, embalagem etc). Os estoques de mercadorias e de Produtos Acabados, serão transformados em dinheiro quando vendidos à vista; os estoques de materiais destinados ao processo produtivo, serão transformados em custos quando incorporados aos produtos em fabricação; os estoques de materiais destinados a prestação de serviços, serão convertidos em custos por ocasião de suas aplicações na prestação de serviços; e, os estoques de materiais de consumo, serão transformados em despesas quando consumidos.
- **Despesas do Exercício Seguinte**: compreendem as Despesas do Exercício seguinte, pagas no Exercício atual. Convém ressaltar que dentre os valores realizáveis do Ativo Circulante, alguns não serão convertidos diretamente em dinheiro, como ocorre com os tributos que a empresa recolhe antecipadamente e cuja realização se dá pela compensação com obrigações fiscais que a empresa têm para pagar aos governos municipal, estadual e ou federal; com os materiais destinados ao processo produtivo ou a prestação de serviços cujas realizações se dão com a aplicação no processo produtivo ou na prestação de serviços que caracterizam a ocorrência de custos; com os materiais de consumo cuja realização se dá pelo consumo que caracteriza a ocorrência de despesas bem como com as despesas pagas antecipadamente, cuja realização também se dá pela caracterização das respectivas despesas conforme forem transcorrendo os prazos de competência.

10.2.2.1.2 Ativo Não Circulante

O **Ativo Não Circulante**, segundo estabelece a Lei n. 6.404/76, é dividido em Ativo Realizável a Longo Prazo, Investimentos, Imobilizado e Intangível.

- **Ativo Realizável a Longo Prazo**: este grupo é o oposto do Ativo Circulante. Enquanto no Ativo Circulante são classificadas as contas representativas dos recursos aplicados em bens e direitos que estão em frequente circulação no patrimônio da empresa, isto é, que giram em prazo inferior a 12 meses, no Ativo Realizável a Longo Prazo são classificadas as mesmas contas representativas dos recursos aplicados em bens e direitos, porém, que circularão somente após o término do exercício social seguinte ao do Balanço onde estiverem sendo apresentadas. É importante salientar que neste grupo do Ativo, com exceção das Disponibilidades, poderão figurar todos os demais subgrupos do Ativo Circulante, compostos por contas representativas das aplicações de recursos em bens e direitos, inclusive das despesas pagas antecipadamente, desde que tenham o prazo de realização superior a 12 meses, a contar da data do Balanço no qual esses elementos estejam sendo classificados. É importante salientar também que a Lei n. 6.404/76, por meio do inciso II do artigo 179º, estabelece que no Ativo Realizável a Longo Prazo devem ser classificados também os direitos derivados de vendas, adiantamentos ou empréstimos a sociedades coligadas ou controladas por diretores, acionistas ou participantes no lucro da companhia, independentemente do prazo de vencimento, desde que esses direitos decorram de operações que não constituam negócios usuais na exploração do objeto da companhia.

- **Investimentos**: composto por contas representativas das participações no capital de outras sociedades, participações essas que geram rendimentos para a empresa, normalmente, em forma de dividendos, bem como por aquelas contas representativas dos direitos de qualquer natureza, não classificáveis no Ativo Circulante ou no Realizável a Longo Prazo e que não se destinem à manutenção da atividade principal da empresa, como os investimentos em obras de arte, antiguidades, ouro, ou ainda em propriedades para investimentos , ou seja, em bens que geram receitas para a empresa, independentemente de suas atividades operacionais). Segundo o CPC 28, convertido na Norma Brasileira de Contabilidade NBC TG 28, propriedade para investimento é a propriedade (terreno ou edifício – ou parte de edifício – ou ambos) mantida (pelo proprietário ou pelo arrendatário em arrendamento financeiro) para auferir aluguel ou para valorização do capital ou para ambas.
- **Imobilizado**: neste subgrupo são classificadas as contas representativas dos recursos aplicados em bens corpóreos, destinados à manutenção das atividades da companhia ou da empresa ou exercidos com essa finalidade, inclusive os decorrentes de operações que transfiram à companhia os benefícios, riscos e controle desses bens. Pode ser subdividido como segue:
- **Operacional Corpóreo (Tangível)**: composto pelas contas representativas dos recursos aplicados nos bens de uso da empresa. São bens materiais que a empresa usa no desenvolvimento das suas atividades operacionais normais, como os móveis e utensílios, os computadores, os veículos etc.
- **Operacional Recursos Naturais**: composto por contas representativas dos capitais aplicados em recursos naturais (minerais ou florestais) de exploração da empresa.
- **Objeto de Arrendamento Mercantil**: composto pelas contas representativas dos bens que estão sendo utilizados pela empresa, mas que não são de sua propriedade. São bens arrendados de terceiros, podendo ser adquiridos pela empresa no final do prazo de arrendamento.
- **Imobilizado em Andamento (Bens para Futura Operação)**: composto por contas representativas dos recursos aplicados em construções ou aquisições em andamento. Representam bens que, a partir do momento em que se encontrarem concluídos ou em condições de operar, serão utilizados pela empresa no desenvolvimento de suas atividades operacionais normais.
- **Intangível**: abrange as contas representativas dos recursos aplicados em bens imateriais. São direitos que tenham por objeto bens incorpóreos destinados à manutenção das atividades da empresa ou exercidos com essa finalidade, inclusive aqueles representativos de fundo de comércio adquirido a título oneroso.

10.2.2.2 Passivo

O **Passivo**, conforme já dissemos, é a parte do Balanço Patrimonial que evidencia as obrigações (Passivo Exigível ou capitais de terceiros) e o Patrimônio Líquido (Passivo Não Exigível ou capitais próprios).

10.2.2.2.1 Passivo Exigível

Segundo estabelece o artigo 180º da Lei n. 6.404/76, as obrigações da empresa (Passivo Exigível), devem ser classificadas observando-se a ordem decrescente do grau de exigibilidade dos elementos nelas registrados, em dois grupos principais: Passivo Circulante e Passivo Não Circulante.

Grau de exigibilidade representa o maior ou menor prazo em que a Obrigação deve ser paga.

10.2.2.2.1.1 Passivo Circulante

No **Passivo Circulante** são classificadas as contas representativas das obrigações cujos vencimentos ocorram durante o exercício seguinte ao do Balanço onde estiverem sendo classificadas. Esse grupo poderá conter subdivisões, de acordo com a natureza de cada Obrigação, como, por exemplo:

- **Obrigações a Fornecedores**: compreendem os compromissos decorrentes da compra de mercadorias ou da utilização de serviços a prazo. Esse subgrupo, pode, ainda ser subdividido em Fornecedores Nacionais e Fornecedores Estrangeiros.
- **Empréstimos e Financiamentos**: compreendem os compromissos assumidos pela empresa na captação de recursos financeiros , visando, normalmente, financiar o seu capital de giro.
- **Obrigações Tributárias**: compreendem os compromissos assumidos pela empresa, junto aos Governos Federal, Estadual ou Municipal. São tributos (impostos, taxas, contribuições etc.) que a empresa tem para recolher aos cofres públicos, em decorrência do desenvolvimento das suas atividades normais.
- **Obrigações Trabalhistas e Previdenciárias**: compreendem os encargos que a empresa tem para pagar aos seus empregados ou recolher aos órgãos públicos. Esses compromissos decorrem dos serviços a ela prestados por seus empregados.
- **Participações e Destinações do Lucro Líquido**: compreendem os compromissos da empresa decorrentes da parte do lucro líquido apurado que deve ser paga aos sócios e demais participantes no lucro.
- **Outras Obrigações**: compreendem as demais obrigações de curto prazo assumidas pela empresa e que não se enquadram nos demais subgrupos do Passivo Circulante.

10.2.2.2.1.2 Passivo Não Circulante

Nesse grupo podem figurar as mesmas contas representativas de obrigações classificadas no Passivo Circulante, com seus respectivos subgrupos, porém vencíveis após o término do exercício social seguinte ao do Balanço onde estiverem sendo classificadas. Inclui-se, também no Passivo Não Circulante, um subgrupo próprio para as Receitas Diferidas, onde figurarão também, como redutoras, as contas representativas das despesas ou custos correspondentes às respectivas receitas recebidas antecipadamente.

Nota

- Na companhia em que o ciclo operacional da empresa tiver duração maior que o exercício social, a classificação no Circulante ou Longo Prazo terá por base o prazo desse ciclo. (Parágrafo único do artigo 179o da Lei n. 6.404/76.)

10.2.2.2.2 Patrimônio Líquido

Como vimos, o Patrimônio Líquido é a parte do Balanço Patrimonial que corresponde aos capitais próprios. São recursos derivados dos proprietários (titular, sócios ou acionistas) ou da movimentação normal do patrimônio (lucros apurados). No Patrimônio Líquido, portanto, as contas representativas dos capitais próprios são classificadas da seguinte maneira:

a. **Capital Social**: composto pela conta Capital que representa os valores investidos na empresa pelos titulares e pela conta Capital a Realizar (ou Titular conta Capital a Realizar; Quotistas conta Capital a Realizar; Acionistas conta Capital a Realizar etc.), que representa a parcela do capital já subscrita pelos titulares, porém ainda não realizada. Poderão figurar, ainda, nesse subgrupo, as contas que representam o montante do capital autorizado, bem como da parcela desse capital ainda não subscrita;

b. **Reservas de Capital**: contas representativas de algumas receitas que, por força do § 1º do artigo 182º da Lei n. 6.404/76, não devem transitar pelo resultado do exercício. Esse assunto foi tratado na Seção 9.6.1.2.2 do Capítulo 9.

c. **Ajustes de Avaliação Patrimonial**: serão classificadas como ajustes de avaliação patrimonial, enquanto não computadas no resultado do exercício em obediência ao regime de competência, as contrapartidas de aumentos ou diminuições de valor atribuídas a elementos do Ativo e do Passivo, em decorrência da sua avaliação a valor justo, nos casos previstos nesta Lei ou em normas expedidas pela Comissão de Valores Mobiliários, com base na competência conferida pelo § 3º do art. 177º (§ 3º do art. 182º da Lei n. 6.404/76);

d. **Reservas de Lucros**: contas representativas das Reservas constituídas com parte dos lucros apurados pela empresa em decorrência de lei ou da vontade do proprietário, conforme vimos na Seção 9.6.1.2.1 do Capítulo 9.

e. **Ações em Tesouraria**: ações da própria empresa adquiridas por ela mesma;

f. **Prejuízos Acumulados** – prejuízos apurados pela empresa no exercício atual, ou em exercícios anteriores, até que sejam compensados com lucros, saldos de reservas ou assumidos pelos sócios.

Nota

- É importante salientar que, conforme orientação derivada do Conselho Federal de Contabilidade, as entidades constituídas sob qualquer forma jurídica, desde que não seja a de sociedade por ações, poderão manter no grupo do Patrimônio Líquido, saldo credor na conta Lucros Acumulados (ou Lucros ou Prejuízos Acumulados) para futuras destinações. (Itens 46 a 50 do Comunicado Técnico CTG n. 2000, aprovado pela Resolução CFC n. 1.159/2009)

10.2.3 Contas Redutoras (Retificadoras) do Balanço

Você poderá observar no Modelo de Balanço Patrimonial (Seção 10.2.5) que, tanto no Ativo quanto no Passivo, algumas contas são precedidas de sinal negativo (−). Elas são denominadas contas Redutoras ou Retificadoras do Balanço, e foram estudadas na Seção 7.3 do Capítulo 7.

10.2.4 Elaboração do Balanço Patrimonial

Para elaborar o Balanço Patrimonial é preciso que o resultado do exercício tenha sido apurado e que todos os lançamentos necessários a essa apuração estejam devidamente registrados nos livros Diário e Razão, bem como em outros livros ou documentos, conforme cada caso. Sabemos que, no momento da apuração do resultado do exercício, vários procedimentos precisam ser realizados, principalmente para que os saldos de todas as contas existentes na escrituração mantida pela empresa estejam devidamente ajustados e corretos, refletindo adequadamente a real situação econômica e financeira da empresa. Dentre esses procedimentos está a análise cuidadosa dos saldos de todas as contas patrimoniais que irão compor o Balanço Patrimonial, objetivando a correta avaliação desses saldos conforme disciplina contida nos artigos 183º e 184º da Lei n. 6.404/76. Essa avaliação integra os procedimentos necessários à apuração do resultado do exercício, uma vez que, em decorrência de ajustes a serem efetuados nas contas patrimoniais, o resultado do exercício será afetado.

Os critérios para avaliação das contas do Ativo e do Passivo, conforme já dissemos, são encontrados nos artigos 183º e 184º da Lei n. 6.404/76. Portanto, depois que todos os procedimentos visando ao ajuste dos saldos das contas Patrimoniais e de Resultado estiverem concluídos, o resultado do exercício apurado, as deduções, as participações, bem como as destinações devidamente calculadas e contabilizadas, somente as contas Patrimoniais e Extrapatrimoniais (contas decompensação) permanecerão com saldos no livro Razão. Desse modo, antes de elaborar o Balanço Patrimonial, é conveniente que se faça o segundo Balancete de Verificação do Razão, o qual dará ao contabilista a certeza de que os procedimentos necessários à apuração e destinação do resultado no que tange à movimentação do débito e do crédito das contas foram efetuados corretamente. O segundo Balancete deverá ser elaborado observando-se a ordem em que as contas encontram-se no plano de contas da empresa, para facilitar a elaboração do Balanço Patrimonial.

10.2.5 Modelo de Balanço Patrimonial

O Balanço Patrimonial pode ser apresentado no formato horizontal ou no formato vertical. A forma horizontal de se apresentar o Balanço pelo tradicional gráfico em "T" posiciona o Ativo do lado esquerdo do gráfico e o Passivo do lado direito. Dependendo da quantidade de contas que o compõem, didaticamente torna-se mais prático o formato vertical, sendo o Ativo apresentado em primeiro plano e, logo em seguida, o Passivo.

Veja um modelo de Balanço Patrimonial:

BALANÇO PATRIMONIAL		
Companhia: **Exercício findo em:**		
CONTAS	**EXERCÍCIO atual $**	**EXERCÍCIO anterior $**
ATIVO		
ATIVO CIRCULANTE		
DISPONIBILIDADES		
Caixa		
Bancos conta Movimento		
Aplicações Financeiras de Liquidez Imediata		
CLIENTES		
Duplicatas a Receber		
(−) Perdas Estimadas em Créditos de Liquidação Duvidosa		
OUTROS CRÉDITOS		
Adiantamentos a Empregados		
TRIBUTOS A RECUPERAR		
ICMS a Recuperar		
INVESTIMENTOS TEMPORÁRIOS A CURTO PRAZO		
Ações de Outras Empresas		
(−) Perdas Estimadas		
ESTOQUES		
Estoque de Mercadorias		
(−) Perdas por Redução ao Valor Realizável Líquido		
DESPESAS DO EXERCÍCIO SEGUINTE		
Prêmios de Seguros a Vencer		
TOTAL DO ATIVO CIRCULANTE		
ATIVO NÃO CIRCULANTE		
ATIVO REALIZÁVEL A LONGO PRAZO		
CLIENTES		
Duplicatas a Receber		
(−) Perdas Estimadas em Créditos de Liquidação Duvidosa		
(−) Ajuste a Valor Presente		
OUTROS CRÉDITOS		
Títulos a Receber		
(−) Perdas Estimadas		
(−) Ajuste a Valor Presente		
TRIBUTOS A RECUPERAR (OU A COMPENSAR)		
Impostos a Recuperar		
Investimentos Temporários a Longo Prazo		
Aplicações Financeiras com Rendimentos Pós-fixados		
(−) Perdas Estimadas		
Despesas de Exercícios Futuros		
Despesas Pagas Antecipadamente		
Prêmios de Seguro a Vencer (ou a Apropriar)		

(continua)

(continuação)

BALANÇO PATRIMONIAL		
Companhia: **Exercício findo em:**		
CONTAS	**EXERCÍCIO atual $**	**EXERCÍCIO anterior $**
Créditos com Pessoas Ligadas Transações Não Usuais Empréstimos a Diretores INVESTIMENTOS Avaliados pelo Método da Equivalência Patrimonial Participações em Controladas Avaliados pelo Método do Valor Justo Participações no Capital de Outras Sociedades (−) Perdas Permanentes Estimadas na Realização de Investimentos Avaliados pelo Método do Custo de Aquisição Participações no Capital de Outras Sociedades Outros Investimentos Antiguidades Propriedades para Investimentos (Imóveis de Renda) IMOBILIZADO Móveis e Utensílios (−) Depreciação Acumulada INTANGÍVEL Fundo de Comércio (−) Amortização Acumulada TOTAL DO ATIVO NÃO CIRCULANTE TOTAL DO ATIVO PASSIVO PASSIVO CIRCULANTE PASSIVO PASSIVO CIRCULANTE OBRIGAÇÕES A FORNECEDORES Duplicatas a Pagar EMPRÉSTIMOS E FINANCIAMENTOS Bancos conta Empréstimo OBRIGAÇÕES TRIBUTÁRIAS Impostos e Taxas a Recolher IR sobre o Lucro Líquido a Recolher		
OBRIGAÇÕES TRABALHISTAS E PREVIDENCIÁRIAS Salários a Pagar Contribuições de Previdência a Recolher Férias a pagar OUTRAS OBRIGAÇÕES ADIANTAMENTOS RECEBIDOS DE CLIENTES Contas a Pagar		

(continua)

(continuação)

BALANÇO PATRIMONIAL		
Companhia: **Exercício findo em:**		
CONTAS	**EXERCÍCIO atual $**	**EXERCÍCIO anterior $**
PARTICIPAÇÕES E DESTINAÇÕES DO LUCRO LÍQUIDO		
Participações de Empregados a Pagar		
Dividendos a Pagar		
TOTAL DO PASSIVO CIRCULANTE		
PASSIVO NÃO CIRCULANTE		
PASSIVO EXIGÍVEL A LONGO PRAZO		
OBRIGAÇÕES A FORNECEDORES		
Duplicatas a Pagar		
(−) Ajuste a Valor Presente		
Empréstimos e Financiamentos		
Bancos conta Empréstimos		
(−) Ajuste a Valor Presente		
Obrigações Tributárias		
Impostos a Recolher		
Obrigações a Pessoas Ligadas		
Transações Não Usuais		
Coligada A		
Diretores		
RECEITAS DIFERIDAS		
Receitas Recebidas Antecipadamente		
(−) Custos/Despesas ou Encargos Vinculados às Receitas		
TOTAL DO PASSIVO NÃO CIRCULANTE		
PATRIMÔNIO LÍQUIDO		
CAPITAL SOCIAL		
Capital Subscrito		
(−) Capital a Realizar		
RESERVAS		
RESERVAS DE CAPITAL		
Reserva de Ágio na Emissão de Ações		
(−) Ações em Tesouraria		
RESERVAS DE LUCROS		
Reserva Legal		
Reservas Estatutárias		
(+ ou −) Ajustes de Avaliação Patrimonial		
(−) Prejuízos Acumulados		
TOTAL DO PATRIMÔNIO LÍQUIDO		
TOTAL DO PASSIVO		

ATIVIDADES TEÓRICAS

1. Responda:

1.1 O que são demonstrações contábeis?

1.2 Segundo a NBC TG 26, em que consistem as demonstrações contábeis?

1.3 Qual é o objetivo das demonstrações contábeis?

1.4 Segundo a Lei n. 6.404/76, quais entidades estão obrigadas a elaborar a Demonstração do Valor Adicionado?

1.5 Segundo a Lei n. 6.404/76, que entidades estão dispensadas da elaboração da Demonstração dos Fluxos de Caixa?

1.6 O que é o Balanço Patrimonial?

1.7 O que é grau de liquidez?

1.8 O que é capital de giro?

1.9 Como é composto o grupo dos direitos realizáveis até o término do exercício social seguinte?

1.10 Como é composto o Ativo Não Circulante?

1.11 Que contas representativas de direitos devem ser classificadas no Ativo Realizável a Longo Prazo?

1.12 Uma determinada empresa classificou no Ativo Realizável a Longo Prazo, uma Nota Promissória corrspondente a empréstimo efetuado a um diretor, com vencimento de 180 dias. O procedimento está correto?

Justifique.

1.13 O que é propriedade para investimento?

1.14 Que tipo de contas devem ser classificadas no Imobilizado?

1.15 Que tipo de contas devem figurar no Intangível?

1.16 Que tipo de contas devem ser classificadas no Passivo Circulante?

1.17 O que é Passivo Exigível?

1.18 Como é composto o grupo do Patrimônio Líquido?

1.19 Cite um exemplo de receita que deve ser contabilizada como reserva de capital.

1.20 Que contas devem ser classificadas no subgrupo Ajuste de Avaliação Patrimonial?

2. Classifique as afirmativas em falsas (f) ou verdadeiras (v):

2.1 ( ) Demonstrações contábeis é o mesmo que demonstrações financeiras.

2.2 ( ) Estão dispensadas da elaboração da Demonstração de Lucros ou Prejuízos Acumulados as companhias que elaborarem a Demonstração das Mutações do Patrimônio Líquido.

2.3 ( ) A Lei n. 6.404/76, exige que as demonstrações financeiras de todas as companhias sejam obrigatoriamente auditadas por auditores independentes registrados na CVM.

2.4 ( ) Com a possibilidade de disponibilizar as demonstrações contábeis na internet, as companhias abertas ficaram dispensadas da obrigatoriedade de publicá-las no órgão oficial da União ou do Estado ou do Distrito Federal.

2.5 ( ) No Balanço, as contas são agrupadas de modo a facilitar o conhecimento e a análise da situação econômica da companhia.

2.6 ( ) O Balanço Patrimonial é composto por Ativo, Passivo Exigível (obrigações) e Passivo Não Exigível (Patrimônio Líquido).

2.7 ( ) No Ativo as contas são dispostas por ordem decrescente do grau de liquidez e no Passivo por ordem crescente do grau de exigibilidade.

2.8 ( ) Todos os valores realizáveis do Ativo Circulante serão convertidos em dinheiro.

2.9 ( ) Os investimentos permanentes efetuados em títulos representativos do capital de outras sociedades, devem ser classificados no Ativo Não Circulante.

2.10 ( ) A conta Propriedade para Investimento deve ser classificada no subgrupo Investimentos do Ativo Não Circulante.

2.11 ( ) As contas representativas de obrigações vencíveis após o término do exercício social seguinte ao do Balanço, devem ser classificadas no Passivo Não Circulante.

2.12 ( ) Grau de exigibilidade representa o maior ou menor prazo em que as contas serão convertidas em dinheiro.

2.13 ( ) Ações em tesouraria são ações da empresa adquiridas por ela mesma.

2.14 ( ) As sociedades por ações poderão manter no Patrimônio Líquido a conta Lucros Acumulados com saldo credor no final do exercício social.

10.3 Demonstração do Resultado do Exercício

10.3.1 Conceito

A **Demonstração do Resultado do Exercício (DRE)** é um relatório contábil destinado a evidenciar a composição do resultado formado num determinado período de operações da empresa. Essa demonstração, observado o regime de competência, evidenciará a formação do resultado, mediante confronto entre as receitas e os correspondentes custos e despesas. A DRE, portanto, é uma demonstração contábil que evidencia o resultado econômico, isto é, o lucro ou o prejuízo apurado pela empresa no desenvolvimento das suas atividades durante um determinado período que geralmente é igual a um ano.

10.3.2 Elaboração da DRE

A **DRE** é composta, em sua maior parte, por contas de resultado e também por algumas contas patrimoniais. As contas de resultado que integram a DRE são todas aquelas que representam as despesas e os custos incorridos, bem como as receitas realizadas em um determinado período. As contas patrimoniais que integram a DRE são aquelas representativas das deduções e das participações no resultado. No momento de elaboração da DRE, todas as contas de resultado já estão com seus saldos devidamente zerados (encerrados). Portanto, para elaborar a DRE, o contabilista deve coletar dados diretamente do livro Razão. Caso o livro Razão seja processado manualmente ou por meio do computador e não estejam previstas contas sintéticas para os agrupamentos das contas de resultado, torna-se imprescindível fazer esse agrupamento, para facilitar a elaboração da demonstração em estudo. Esse agrupamento pode ser efetuado com a ajuda do plano de contas que estiver sendo utilizado pela empresa.

Nota

- Uma boa dica para a elaboração da DRE é que as informações nela apresentadas podem ser extraídas dos lançamentos de Diário relativos à contabilização do resultado bruto, do resultado líquido, das deduções e das participações no resultado.

10.3.3 Estrutura da DRE

A DRE deve ser estruturada observando-se as disciplinas contidas no artigo 187º da Lei n. 6.404/76. O citado dispositivo legal não fixa um modelo a ser observado por todas empresas; porém, estabelece as informações mínimas que devem conter na DRE, ficando, portanto, cada empresa livre para elaborar – observando essas informações mínimas – o modelo que melhor espelhe o resultado de suas atividades.

10.3.4 Modelo de DRE

A DRE é apresentada somente na forma vertical, veja:

DEMONSTRAÇÃO DO RESULTADO DO EXERCÍCIO		
Companhia: **Exercício findo em:**		
DESCRIÇÃO	**EXERCÍCIO atual $**	**EXERCÍCIO anterior $**
1. RECEITA OPERACIONAL BRUTA		
Vendas de Mercadorias e/ou Prest. Serviços		
2. DEDUÇÕES E ABATIMENTOS		
Vendas Anuladas		
Descontos Incondicionais Concedidos		
ICMS sobre Vendas		
PIS sobre Faturamento		
COFINS sobre Faturamento		
TOTAL DAS DEDUÇÕES E ABATIMENTOS		
3. RECEITA OPERACIONAL LÍQUIDA (1 – 2)		
4. CUSTOS OPERACIONAIS		
Custo Merc. Vendidas e Serv. Prestados		
5. LUCRO OPERACIONAL BRUTO (3 – 4)		
6. DESPESAS OPERACIONAIS		
Despesas com as Vendas		
Despesas Financeiras		
(–) Receitas Financeiras		
Despesas Gerais e Administrativas		
Outras Despesas Operacionais		
7. OUTRAS RECEITAS OPERACIONAIS		
8. LUCRO (PREJUÍZO) OPERACIONAL (5 – 6+7)		
9. OUTRAS RECEITAS		
10. OUTRAS DESPESAS		

(continua)

(continuação)

DEMONSTRAÇÃO DO RESULTADO DO EXERCÍCIO		
Companhia: **Exercício findo em:**		
DESCRIÇÃO	**EXERCÍCIO atual $**	**EXERCÍCIO anterior $**
11. RESULT. EXERC. ANTES DEDUÇÕES (8+9−10) 12. CONTRIBUIÇÃO SOCIAL SOBRE O LUCRO LÍQUIDO 13. IMPOSTO DE RENDA SOBRE O LUCRO LÍQUIDO 14. RESULT. EXERC. APÓS DEDUÇÕES (11−12−13) 15. PARTICIPAÇõES Debêntures Empregados Administradores Partes Beneficiárias Instituições ou Fundos Assist. Prev. Empreg. 16. LUCRO LÍQUIDO DO EXERCÍCIO (14 – 15) 17. LUCRO LÍQUIDO ou PREJUÍZO POR AÇÃO DO CAPITAL		

10.3.5 Estudo dos componentes da DRE

1. Receita Operacional Bruta

Corresponde ao valor bruto auferido nas vendas de mercadorias, produtos e serviços. No Plano de contas essas três contas integram o grupo das Receitas Operacionais e podem receber as seguintes intitulações Receita Bruta de Venda de Mercadorias, Receita Bruta de Venda de Produtos, e Receita Bruta de Prestação de Serviços. Quando a empresa tiver esses três tipos de receitas, poderá apresentá-los na DRE segregados, ou em único montante.

2. Deduções e Abatimentos

Neste grupo da DRE, devem ser apresentados todos os valores que devam ser deduzidos ou abatidos da receita operacional bruta para se conhecer a receita operacional líquida. Conforme estudamos no Capítulo 3, são todas as contas que integram negativamente a fórmula do RCM, ou seja: Abatimentos sobre Vendas, Vendas Anuladas, Descontos Incondicionais Concedidos e todas as contas que registram os tributos incidentes sobre as vendas, sendo os mais comuns o ICMS, o PIS e a COFINS.

3. Receita Operacional Líquida

Este valor é obtido subtraindo-se da receita operacional bruta, o total das deduções e abatimentos.

4. Custos Operacionais

Correspondem aos custos das mercadorias, dos produtos e dos serviços vendidos.

5. Lucro Operacional Bruto

   Valor obtido subtraindo-se da receita operacional líquida o montante dos custos operacionais.

6. Despesas Operacionais

   Nesse grupo devem ser apresentados os montantes das despesas operacionais, devidamente segregados conforme a natureza de cada um. As despesas operacionais são aquelas necessárias à movimentação do patrimônio da empresa, isto é, para que possa operar, a empresa incorre nessas despesas no seu dia a dia. Segundo o artigo 187º da Lei n. 6.404/76, em estudo, essas despesas são agrupadas como segue:

   - **Despesas com as Vendas**: compreendem todas as despesas incorridas no setor comercial da empresa, isto é, aquelas necessárias para que a empresa realize as suas transações comerciais de compras e de vendas de mercadorias ou de prestação de serviços. É importante destacar que as empresas industriais também incorrem em despesas dessa natureza, visando a comercialização dos produtos por elas fabricados. Contudo, para fabricar os seus produtos, incorrem em custos, assunto tratado no livro Contabilidade de Custos Fácil de nossa autoria. Embora na DRE, as Despesas com as Vendas devam ser informadas em montante único, dependendo da complexidade da empresa, no Plano de Contas essas despesas podem ser subdivididas em Pessoal, Comissões, Propaganda e Publicidade, Despesas com Viagens, Despesas com Entregas, Ocupação, Serviços de Terceiros, Tributárias e outras.
   - **Despesas Financeiras**: Esse grupo engloba despesas incorridas com a movimentação de dinheiro como por exemplo as despesas bancárias, juros, descontos concedidos, variações monetárias etc. A Lei n. 6.404/76 estabelece que na DRE, o montante das despesas financerias seja apresentado diminuído do montante das receitas financeiras. Contudo, nada inpede de apresentar na DRE, tanto o montante das despesas financeiras quanto o montante das receitas financeiras. São exemplos de receitas financeiras: juros ativos, descontos obtidos e rendimentos de aplicações financeiras.
   - **Despesas Gerais e Administrativas** : compreendem as despesas incorridas com a administração geral da empresa. Se você imaginar uma empresa dividida em três áreas de atuação: administrativa, comercial e financeira, fica fácil entender quais despesas devam ser classificadas como despesas gerais e administrativas, com as vendas e financeiras. No grupo das despesas gerais e administrativas, podem aparecer subgrupos de despesas iguais a alguns subgrupos das despesas com as vendas, como por exemplo as despesas com pessoal (salários, encargos etc.) com ocupação (aluguéis, água e esgoto, energia elétrica, comunicações etc.) etc.
   - **Outras Despesas Operacionais**: Nesse grupo, devem figurar as despesas consideradas operacionais, porém que não se ajustam nos três grupos anteriores. São despesas que a movimentação do patrimônio está sujeita, porém não podem ser consideradas normais ao desenvolvimento das suas atividades, como por exemplo as multas de trânsito, as multas fiscais, perdas ocasionais além de outras.

7. Outras Receitas Operacionais

   Compreendem receitas que não se ajustam nos grupos das receitas brutas ou das receitas financeiras. Referem-se a ganhos com aluguéis de imóveis, de veículos, com perdas recuperadas e outras.

8. Lucro (Prejuízo) Operacional

   Corresponde a diferença entre o montante das receitas operacionais (receita operacional líquida + outras receitas operacionais) e o montante das despesas operacionais (com vendas + financeiras − receitas financeiras + gerais e administrativas + outras receitas operacionais).

9. Outras Receitas

   Correspondem ao resultado positivo alcançado nas transações envolvendo elementos patrimoniais do Ativo Não Circulante, classificados nos subgrupos: Investimentos, Imobilizado e Intangível.

10. Outras Despesas

    Correspondem ao resultado negativo alcançado nas transações envolvendo elementos patrimoniais do Ativo Não Circulante, classificados nos subgrupos: Investimentos, Imobilizado e Intangível.

11. Resultado do Exercício Antes das Deduções (ou, antes da Tributação)

    Corresponde ao resultado operacional líquido diminuído ou adicionado das outras despesas e das outras receitas.

12. Contribuição Social sobre o Lucro Líquido

    Trata-se de uma obrigação da empresa para com o Governo Federal, calculada sobre o resultado do exercício, conforme estudamos na Seção 9.3.3 do Capítulo 9.

13. Imposto de Renda

    Corresponde a compromisso da empresa junto ao Governo Federal, referente ao imposto sobre o lucro real, conforme estudamos na Seção 9.3.4 do Capítulo 9.

14. Resultado do Exercício Após as Deduções

    Corresponde ao resultado do exercício depois de deduzidos os tributos incidentes sobre ele.

15. Participações

    Correspondem às participações que devem incidir sobre o resultado do exercício, conforme estudamos na Seção 9.4 do Capítulo 9.

16. Lucro Líquido do Exercício

    É o resultado do exercício, depois de deduzidos os valores relativos aos tributos e às participações.

17. Lucro Líquido ou Prejuízo por Ação do Capital

    Corresponde ao resultado da divisão do montante do lucro líquido pelo número de ações em circulação que integram o capital social da companhia, no caso das sociedades por ações. Contudo, quando o capital da companhia for composto por ações de espécie e classes variadas e com direitos e vantagens diferenciadas, o valor do lucro líquido ou do prejuízo por ação deverá ser discriminado de acordo com as classes e espécies existentes. Neste caso, os critérios utilizados para cálculo deverão ser devidamente informados em notas explicativas. Se a entidade possuir ações em tesouraria, elas devem ser excluídas do montante das ações para cálculo do lucro líquido ou do prejuízo por ação.

10.4 Demonstração de Lucros ou Prejuízos Acumulados (DLPA)

10.4.1 Conceito

A Demonstração de Lucros ou Prejuízos Acumulados (DLPA) é um relatório contábil que tem por finalidade evidenciar: o lucro líquido do exercício, os ajustes contábeis relativos a resultados de exercícios anteriores, as reversões de reservas, as transferências para reservas, os dividendos, a parcela dos lucros incorporada ao capital, bem como os saldos da conta Lucros ou Prejuízos Acumulados no início e no final do período. Essa demonstração, portanto, evidencia o movimento ocorrido na conta Lucros ou Prejuízos Acumulados durante o exercício social. A elaboração dessa demonstração é exigida pela Lei n. 6.404/76, que faculta às companhias incluí-la na Demonstração das Mutações do Patrimônio Líquido; contudo, essa demonstração não é contemplada pelas normas internacionais de contabilidade. É importante esclarecer que a Lei n. 11.638/07, excluiu do grupo do Patrimônio Líquido a conta Lucros ou Prejuízos Acumulados, mantendo apenas a conta Prejuízos Acumulados. A partir dessa nova determinação, as entidades constituídas sob a forma jurídica de sociedades por ações, devem dar destino a todo o lucro líquido apurado no final de cada exercício social , utilizando-o na compensação de prejuízos acumulados, na constituição de reservas, no aumento do capital ou na distribuição aos acionistas.

Com isso, ficou vedada a apresentação de saldo credor na conta Lucros ou Prejuízos Acumulados ou Lucros Acumulados nos Balanços. Por orientação do Conselho Federal de Contabilidade, essa proibição ficou restrita às sociedades por ações. Assim, as demais entidades constituídas sob outra forma jurídica que não a de sociedade por ações, podem manter nos seus Balanços, a conta Lucros Acumulados ou a conta Lucros ou Prejuízos Acumulados com saldo credor para futuras destinações.

10.4.2 Estrutura da DLPA

A DLPA deve ser estruturada observando-se a disciplina contida no artigo 186º da Lei n. 6.404/76. Veja:

> "Artigo 186º. A demonstração de lucros ou prejuízos acumulados discriminará:
>
> I – o saldo do início do período, os ajustes de exercícios anteriores e a correção monetária do saldo inicial;
>
> II – as reversões de reservas e o lucro líquido do exercício;
>
> III – as transferências para reservas, os dividendos, a parcela dos lucros incorporada ao capital e o saldo ao fim do período."

Nota

- Note que o inciso I do artigo 186º supratranscrito ainda conserva sua redação original, incluindo entre as informações que devem constar da DLPA a correção monetária do saldo inicial. Lembramos, no entanto, que o regime de correção monetária das demonstrações financeiras foi revogado, inclusive para fins societários, a partir de 01/01/1996, pelo artigo 4º da Lei n. 9.249/1995.

O § 1º do artigo 186 estabelece que, como ajustes de exercícios anteriores, serão considerados apenas os decorrentes de efeitos da mudança de critério contábil ou da retificação de erro imputável a determinado exercício anterior – e que não possam ser atribuídos a fatos subsequentes. Desse modo, como ajustes de exercícios anteriores, a Lei considera apenas dois casos:

a. **Mudança de critério contábil**: embora desaconselhada por contrariar a convenção contábil da consistência, toda vez que a mudança trouxer benefícios visando a refletir melhor a situação patrimonial e financeira da empresa, ela deve ser efetuada. Como exemplos podemos citar: mudança do critério de avaliação de estoques PEPS para Preço Médio Ponderado Móvel; mudança do método de avaliação do valor de investimentos, custo para equivalência patrimonial, em decorrência de mudança no percentual de participação na investida. Fatos dessa natureza, conforme determina a própria Lei das Sociedades por Ações (alínea h, § 5º, do artigo 176º), deverão ser informados também em notas explicativas.

b. **Retificação de erro**: conforme estabelece a Lei, refere-se apenas a erros atribuíveis a exercícios anteriores, os quais não possam ser incluídos no exercício presente. Os erros de escrituração que normalmente ocorrem, sujeitando-se a ajustes dessa natureza, referem-se a erros de cálculo, omissão de lançamentos, erros na avaliação de estoques etc. Todo erro identificado, após devidamente concluídos os procedimentos necessários à apuração do resultado do exercício e estando as demonstrações contábeis devidamente elaboradas e publicadas, deverá ser ajustado no exercício em que for constatado. Sempre que o erro implicar falta de recolhimento de qualquer tributo, a empresa deverá proceder o recolhimento espontaneamente, com os acréscimos devidos. Conforme determina a Lei, esses ajustes correspondentes a erros na escrituração também deverão ser informados em notas explicativas. O artigo 186º, § 2º, estabelece ainda que a Demonstração de Lucros ou Prejuízos Acumulados deverá indicar o montante do dividendo por ação do capital social e poderá ser incluída na Demonstração das Mutações do Patrimônio Líquido, se elaborada e publicada pela companhia.

10.4.3 Elaboração da DLPA

Para se elaborar a DLPA, basta coletar dados diretamente das Fichas de Razão das contas envolvidas, conforme consta da própria DLPA.

10.4.4 Modelo de DLPA

A DLPA também é apresentada no formato vertical. Veja:

DEMONSTRAÇÃO DE LUCROS OU PREJUÍZOS ACUMULADOS		
Companhia: **Exercício findo em:**		
DESCRIÇÃO	**EXERCÍCIO atual $**	**EXERCÍCIO anterior $**
1. Saldo no Início do Período		
2. Ajustes de Exercícios Anteriores		
3. Saldo Ajustado		
4. Lucro ou Prejuízo do Exercício		
5. Reversão de Reservas		
6. Saldo a Disposição		
7. Destinação do Exercício		
Reserva Legal		
Reserva Estatutária		
Reserva para Contingência		
Outras Reservas		
Dividendos Obrigatórios ($ por ação)		
Juros sobre Capital Próprio		
8. Saldo no Fim do Exercício		

Notas

- A compensação de prejuízos acumulados é automática na DLPA, em decorrência de sua própria estrutura. O prejuízo acumulado anterior figurará no item 1 com sinal negativo.
- Poder-se-á acrescentar itens na DLPA, conforme a necessidade: caso, durante o exercício, se tenha incorporado parte dos lucros acumulados apurados em exercícios anteriores ao capital, essa informação deverá constar antes de se apurar o saldo ajustado; por outro lado, se do lucro líquido apurado no exercício findo, se pretender incorporar uma parcela para aumento de capital, essa informação poderá figurar juntamente com as destinações do exercício.

10.5 Demonstração das Mutações do Patrimônio Líquido (DMPL)

10.5.1 Conceito

A **Demonstração das Mutações do Patrimônio Líquido (DMPL)** é um relatório contábil que visa a evidenciar as variações ocorridas em todas as contas que compõem o Patrimônio Líquido em um determinado período.

10.5.2 Estrutura da DMPL

A Lei n. 6.404/76 não fixa um modelo de DMPL que deva ser utilizado pelas empresas; entretanto, menciona essa demonstração no § 2º do artigo 186º, quando permite que a

DLPA seja incluída nela, se elaborada e publicada pela companhia. Assim, as mesmas informações que a Lei determina para a DLPA devem constar na DMPL, considerando que, nesta, as informações serão relativas à movimentação de todas as contas do Patrimônio Líquido.

Convencionalmente, as empresas têm elaborado a DMPL em um gráfico com colunas, sendo destinada uma coluna para cada conta integrante do Patrimônio Líquido, observando-se que a primeira coluna é reservada para a descrição da natureza das transações que provocaram as mutações, e a última coluna é utilizada para os totais. A DMPL conterá, ainda, tantas linhas quantas forem as transações ocorridas e que mereçam ser evidenciadas em relação à movimentação de cada conta, sendo que na primeira linha serão transcritos os saldos iniciais de cada conta e, na última linha, os respectivos saldos finais. Portanto, a soma algébrica da última linha do demonstrativo, que será indicada na última coluna reservada aos totais, coincidirá com o total dessa mesma coluna e corresponderá ao total do grupo do Patrimônio Líquido constante do Balanço Patrimonial. Para evitar um número excessivo de colunas na DMPL, as informações relativas ao capital social, as reservas de lucros e de capital poderão ser apresentadas englobadamente em seus respectivos grupos. Nesse caso, os fluxos de recursos de uma conta para outra, que revelam a origem de cada mutação, deverão ser informados em notas explicativas.

10.5.3 Elaboração da DMPL

Os dados para elaboração dessa demonstração são extraídos do livro Razão, bastando, portanto, consultar a movimentação ocorrida, durante o exercício, em cada uma das contas do Patrimônio Líquido.

10.5.4 Modelo de DMPL

Conforme dissemos, a Lei n. 6.404/76 não fixou um modelo para a DMPL, ficando as empresas livres para elaborá-lo. O § 1º do artigo 176º da Lei n. 6.404/76 estabelece, para efeito de comparação, que as demonstrações financeiras de cada exercício devem ser divulgadas com a indicação dos valores correspondentes das demonstrações do exercício anterior. Nas demonstrações financeiras que contêm apenas uma coluna de valores, como ocorre, por exemplo, com o Balanço Patrimonial, para atender a essa determinação legal, basta inserir uma coluna adicional para as informações do exercício anterior. Essa possibilidade, portanto, não existe na DMPL, uma vez que ela é composta por várias colunas de valores. A solução encontrada é apresentar um demonstrativo duplo, sendo informados, inicialmente, os dados relativos ao exercício anterior e, na sequência, os dados relativos ao exercício atual. Veja, portanto, um modelo de DMPL que poderá ser utilizado.

DEMONSTRAÇÃO DAS MUTAÇÕES DO PATRIMÔNIO LÍQUIDO								
Companhia: **Exercício findo em:**								
DESCRIÇÃO	**Capital Social**	**Reservas de capital**	**Reservas de Lucros**	**Ajustes de Avaliação Patrimonial**	**Ações em Tesouraria**	**Prejuízos Acumulados**	**Lucros a Destinar**	**Total**
Saldo em 31/12/X0								
Aumento de Capital:								
• com Reservas de Lucros								
Lucro ou Prejuízo do Exercício								
Reversão de Reservas								
Destinação do Exercício:								
• Reserva Legal								
• Reservas para Investimento								
• Dividendos								
• Juros sobre o Capital Próprio								
Saldo em 31/12/X1								
Aumento de Capital:								
• com Reservas de Capital								
Lucro ou Prejuízo do Exercício								
Reversão de Reservas								
Destinação do Exercício:								
• Reserva Legal								
• Reservas para Investimento								
• Dividendos								
• Juros sobre o Capital Próprio								
Saldo em 31/12/X2								

Observações

- O título Lucros a Destinar, da penúltima coluna, não corresponde a título de conta integrante do grupo do Patrimônio Líquido. Essa coluna figura na DMPL apenas para permitir a demonstração da destinação do Lucro Líquido do Exercício. O total dessa coluna será sempre igual a zero não interferindo, portanto, no somatório do grupo do Patrimônio Líquido.
- Nesse exemplo, estamos simulando no exercício de X1, aumento de capital com incorporação de Reservas de Lucros e no exercício de X2, com Reservas de Capital. Lembramos, no entanto, que nessa linha poderão constar Reservas de Lucros, Reservas de Capital, Ajustes de Avaliação Patrimonial, ou ainda Integralizações em dinheiro ou em bens, conforme o caso. Quando ocorrer aumento de capital com recursos oriundos de várias fontes, haverá na DMPL uma linha para indicar cada uma dessas origens.
- Observe ainda que, se além dos eventos previstos no modelo de DMPL apresentado tivessem ocorrido outros que também provocassem variações nos saldos das contas do Patrimônio Líquido, no exercício findo ou no anterior, esses eventos também deveriam ser indicados na demonstração. Exemplos desses eventos são: compensação do prejuízo do exercício com reservas; compensação de prejuízos acumulados com lucros, aumentos de capital com reservas de lucros, diminuições de capital, ajustes de exercícios anteriores etc.

10.6 Informações do Resultado do Período

10.6.1 Introdução

Estudamos na Seção 10.3, a estrutura da Demonstração do Resultado do Exercício conforme disciplina contida na Lei n. 6.404/1976. Contudo, é importante destacar que as normas internacionais de contabilidade IFRS, apresentam duas estruturas diferentes para a evidenciação do desempenho da entidade: Demonstração do Resultado do Período e Demonstração do Resultado Abrangente do Período.

Na Demonstração do Resultado do Período, as despesas e as receitas são agrupadas de forma diferente da demonstrada na DRE segundo o artigo 187º da Lei n. 6.404/1976, porém, o resultado final é o mesmo.

Tendo em vista que o Conselho Federal de Contabilidade aprovou essas novas estruturas por meio da NBC TG 26, entendemos que o padrão apresentado na Lei n. 6.404/76, embora em vigor, caia em desuso.

10.6.2 Conceito

A Demonstração do Resultado do Período (DRP), é um relatório contábil destinado a evidenciar a composição do resultado formado num determinado período de operações da empresa.

Essa demonstração, observado o regime de competência, revela a formação do resultado, mediante confronto entre as receitas e os correspondentes custos e despesas.

10.6.3 Informações que devem constar na DRP

Veja, agora, as informações que devem ser apresentadas na Demonstração do Resultado do Período, segundo o item 82 da NBC TG26.

Além dos itens requeridos em outras normas, a demonstração do resultado do período deve, no mínimo, incluir as seguintes rubricas, obedecidas também as determinações legais:

a. receitas;

aa. ganhos e perdas decorrentes de baixa de ativos financeiros mensurados pelo custo amortizado;

b. custos de financiamento;

c. parcela dos resultados de empresas investidas, reconhecida por meio do método da equivalência patrimonial;

d. tributos sobre o lucro;

e. um único valor para o total de operações descontinuadas (ver a NBC TG 31);

f. em atendimento à legislação societária brasileira, vigente na data da emissão desta Norma, a demonstração do resultado deve incluir ainda as seguintes rubricas:

i. custo dos produtos, das mercadorias e dos serviços vendidos;
ii. lucro bruto;
iii. despesas com vendas, gerais, administrativas e outras despesas e receitas operacionais;
iv. resultado antes das receitas e despesas financeiras;
v. resultado antes dos tributos sobre o lucro;
vi. resultado líquido do período. (Alterado pela NBC TG 26 (R2)).

10.6.4 Modelo de DRP

DEMONSTRAÇÃO DO RESULTADO DO PERÍODO		
Companhia: **Exercício findo em:**		
DESCRIÇÃO	**EXERCÍCIO atual $**	**EXERCÍCIO anterior $**
1. RECEITA OPERACIONAL LÍQUIDA 2. (–) CUSTOS DAS MERCADORIAS, PRODUTOS OU SERVIÇOS VENDIDOS 3. (=) LUCRO BRUTO 4. (–) DESPESAS OPERACIONAIS (–) Despesas com Vendas (–) Despesas Gerais e Administrativas (–) Outras Despesas Operacionais 5. (+) OUTRAS RECEITAS OPERACIONAIS 6. (+ ou –) RESULTADO DA EQUIVALÊNCIA PATRIMONIAL 7. (=) RESULTADO ANTES DAS DESPESAS E RECEITAS FINANCEIRAS 8. (–) DESPESAS FINANCEIRAS 9. (+) RECEITAS FINANCEIRAS 10. (=) RESULTADO ANTES DOS TRIBUTOS SOBRE O LUCRO 11. (–) TRIBUTOS SOBRE O LUCRO: (–) Contribuição Social sobre o Lucro Líquido (–) Imposto de Renda sobre o Lucro Líquido 12. (=) RESULTADO LÍQUIDO DAS OPERAÇÕES CONTINUADAS 13. (+ ou –) RESULTADO LÍQUIDO DAS OPERAÇÕES DESCONTINUADAS* 14. (=) RESULTADO LÍQUIDO DO EXERCÍCIO ANTES DAS PARTICIPAÇÕES 15. (–) PARTICIPAÇÕES Debêntures Empregados Administradores Partes Beneficiárias Instituições ou Fundos de Assistência Prev. Empregados 16. (=) RESULTADO LÍQUIDO DO PERÍODO 17. RESULTADO LÍQUIDO DO EXERCÍCIO ATRIBUÍVEL AOS: Acionistas não controladores Acionistas controladores 18. LUCRO LÍQUIDO OU PREJUÍZO POR AÇÃO DO CAPITAL		

* valor líquido dos seguintes itens:

i) resultado líquido após tributos das operações descontinuadas; e

ii) resultado após os tributos decorrente da mensuração ao valor justo menos despesas de venda ou na baixa dos ativos ou do grupo de ativos à disposição para venda que constituem a unidade operacional descontinuada;

Notas

- Note que a DRP inicia com a Receita Operacional Líquida. Havendo interesse, a Receita Operacional Bruta, suas deduções e abatimentos poderão ser informados em Notas Explicativas.
- A NBC TG 26 em seu item 82, estabelece as informações mínimas que devem figurar na DRP, evidenciando também, que devem ser obedecidas as determinações legais. Diante disso, incluímos no final do modelo supra, as participações no resultado e na última linha o lucro ou prejuízo por ação do capital, exigências contidas no artigo 187º da Lei n. 6.404/1976.
- Tendo em vista que as normas internacionais de contabilidade IFRS, segregam o resultado, em resultado das operações continuadas e resultado das operações descontinuadas, para fins de elaboração da DRP, devemos adicionar as outras despesas e as outras receitas (inciso IV do art. 187º da Lei n. 6.404/1976) entre as Outras Despesas Operacionais e as Outras Receitas Operacionais respectivamente.
- Para encontrar o resultado líquido do exercício atribuível aos acionistas controladores e não controladores, basta aplicar ao resultado líquido do exercício, o percentual de participação que cada um desses grupos têm no capital da empresa.

10.7 Demonstração do Resultado Abrangente do Período

10.7.1 Conceito

Segundo as normas contábeis, a Demonstração do Resultado Abrangente é um relatório contábil, que evidencia as mutações ocorridas no patrimônio líquido durante um período, as quais resultam de transações e outros eventos que não foram derivados de transações com os sócios, na sua qualidade de proprietários.

Orientações contidas no Apêndice A da NBC TG 26, revelam que a mutação do patrimônio líquido é formada por apenas dois conjuntos de valores: transações de capital com os sócios, na sua qualidade de proprietários (que não integram a DRA) e resultado abrangente total (que integra a DRA).

O resultado abrangente total, por sua vez, é formado de três componentes:

- O resultado líquido do período;
- Os outros resultados abrangentes; e
- O efeito de reclassificações dos outros resultados abrangentes para o resultado do período.

Você já sabe que o desempenho de uma entidade, em um determinado exercício social, considerando-se o regime de competência, é medido pelo confronto entre o total das receitas realizadas, com o total das despesas incorridas durante esse mesmo exercício.

Quando falamos em despesas incorridas e receitas realizadas, logo nos vem a mente as informações contidas na demonstração do resultado do período (ou demonstração do resultado do exercício). Contudo, para as normas contábeis, o desempenho de uma entidade engloba também as mutações que ocorrem no patrimônio líquido e que não integraram o resultado.

Por esse motivo, as normas contábeis, estabelecem que o desempenho da entidade em um determinado exercício, deve ser apresentado em duas demonstrações: uma parte na demonstração do resultado do período e outra parte na demonstração do resultado abrangente do período.

Portanto, para as normas contábeis, desempenho é o resultado abrangente total, isto é, o resultado do confronto entre as receitas realizadas e as despesas incorridas no período (apresentado na demonstração do resultado do período), adicionado ou subtraído às demais mutações que ocorreram no patrimônio líquido, desde que essas mutações não decorram de transações e outros eventos realizados com os sócios, na sua qualidade de proprietários.

Os aumentos de capital com recursos dos sócios, bem como a cobertura de prejuízos, também com recursos deles, são exemplos de ações dos sócios como proprietários; constituição de reservas de reavaliação (quando permitidas por Lei), avaliação de instrumentos financeiros, destinados à venda pelo seu valor justo (eventos que geram débitos ou créditos na conta Ajustes de Avaliação Patrimonial) e ajustes de exercícios anteriores, são exemplos de outros eventos que provocam mutações no patrimônio líquido sem transitar pelo resultado.

Assim, na demonstração do resultado do exercício, são apresentadas as despesas e as receitas que, de acordo com o regime de competência, foram responsáveis pela formação do resultado (lucro ou prejuízo) do exercício, sobrando para a demonstração do resultado abrangente, as variações que interferiram diretamente no patrimônio líquido e que não transitaram pela demonstração do resultado do período.

Mas, não se esqueça: conforme já dissemos, além das outras despesas e receitas que interferiram no Patrimônio Líquido e que não transitaram pelo resultado, a DRA informa ainda, o montante do resultado do período (lucro ou prejuízo), constante da Demonstração do Resultado do Período.

Nota

- Segundo estabelece o item 3.18 da norma brasileira de contabilidade NBC TG 1.000, convergente com as normas internacionais de contabilidade IFRS, nas pequenas e médias empresas, quando as únicas alterações no patrimônio líquido, durante os períodos para os quais as demonstrações contábeis são apresentadas, derivarem do resultado, de distribuição de lucro, de correção de erros de períodos anteriores e de mudanças de políticas contábeis, a entidade pode apresentar uma única demonstração dos lucros ou prejuízos acumulados, no lugar da demonstração do resultado abrangente e da demonstração das mutações do patrimônio líquido.

10.7.2 Estrutura da DRA

A Demonstração do Resultado Abrangente do Período, começa com o resultado líquido do Período (item final da Demonstração do Resultado do Período) e informa os outros resultados abrangentes, ou seja, as demais despesas e receitas que não passaram pela DRP e que interferem no Patrimônio Líquido, bem como, o efeito de reclassificações dos outros resultados abrangentes para o resultado do período.

Essa demonstração, pode ser apresentada em quadro demonstrativo próprio ou dentro da Demonstração das Mutações do Patrimônio Líquido, contudo, a apresentação dentro da Demonstração das Mutações do Patrimônio Líquido, não desobriga a elaboração da Demonstração do Resultado Abrangente em separado.

Conforme consta do item 82A, da norma brasileira de contabilidade NBC TG 26, a Demonstração do Resultado Abrangente deve apresentar rubricas para valores de:

a. outros resultados abrangentes (excluindo valores previstos na alínea (b)), classificados por natureza e agrupados naquelas que, de acordo com outras normas:
   i. não serão reclassificados subsequentemente para o resultado do período; e
   ii. serão reclassificados subsequentemente para o resultado do período, quando condições específicas forem atendidas;

b. participação em outros resultados abrangentes de coligadas e empreendimentos controlados em conjunto, contabilizados pelo método da equivalência patrimonial, separadas pela participação nas contas que, de acordo com outras normas:
   i. não serão reclassificadas subsequentemente para o resultado do período; e
   ii. serão reclassificadas subsequentemente para o resultado do período, quando condições específicas forem atendidas. (Alterado pela NBC TG 26 (R3))

A mencionada NBC TG 26, estabelece, ainda, no seu item 7, que outros resultados abrangentes compreendem itens de receita e despesa (incluindo ajustes de reclassificação) que não são reconhecidos na demonstração do resultado como requerido ou permitido pelas normas, interpretações e comunicados técnicos emitidos pelo CFC.

Os componentes dos outros resultados abrangentes incluem:

a. variações na reserva de reavaliação quando permitidas legalmente (ver a NBC TG 27 – Ativo Imobilizado e a NBC TG 04 – Ativo Intangível);

b. ganhos e perdas atuariais em planos de pensão com benefício definido reconhecidos conforme item 93A da NBC TG 33 – Benefícios a Empregados;

c. ganhos e perdas derivados de conversão de demonstrações contábeis de operações no exterior (ver a NBC TG 02 – Efeitos das Mudanças nas Taxas de Câmbio e Conversão de Demonstrações Contábeis);

d. ajuste de avaliação patrimonial relativo aos ganhos e perdas na remensuração de ativos financeiros disponíveis para venda (ver a NBC TG 38 – Instrumentos Financeiros: Reconhecimento e Mensuração);

e. ganhos e perdas na remensuração de ativos financeiros disponíveis para venda (ver a NBC TG 38 – Instrumentos Financeiros: Reconhecimento e Mensuração); (Redação alterada pela Resolução CFC n. 1.376/11)

f. efetiva parcela de ganhos ou perdas de instrumentos de hedge em hedge de fluxo de caixa (ver também a NBC TG 38). (Redação alterada pela Resolução CFC n. 1.376/11)

10.7.3 Elaboração da DRA

Conforme você poderá observar no modelo apresentado na seção 10.7.4 a seguir, a DRA começa informando o resultado líquido do exercício.

Esse valor que poderá representar lucro ou prejuízo, pode ser extraído do final da Demonstração do Resultado do Período.

As informações que devem figurar na DRA, denominadas de outros resultados abrangentes, você poderá obter consultando o movimento das contas próprias no livro Razão. Veja a descrição dessas contas no modelo de DRA apresentado na seção a seguir.

Como as informações a serem apresentadas na DRA referem-se a mutações ocorridas no Patrimônio Líquido, com exceção do resultado do exercício que figura na DRP, as demais informações são também apresentadas na Demonstração das Mutações do Patrimônio Líquido.

... bom destacar que, dependendo do porte da empresa, essas mutações, denominadas de outros resultados abrangentes, podem ser raras. E quando não existir outros resultados abrangentes, a DRA informará apenas o resultado líquido do exercício e as parcelas desse resultado atribuíveis aos acionistas controladores e não controladores.

10.7.4 Modelo

Companhia: **Demonstração do Resultado Abrangente** **Exercício findo em:**		
DESCRIÇÃO	**EXERCÍCIO atual $**	**EXERCÍCIO anterior $**
1. Resultado do Exercício 2. Outros Resultados Abrangentes 2.1 Variáveis na reserva de reavaliação (quando permitida legalmente) 2.2 Ganhos e perdas atuariais em planos de pensão com benefício definido reconhecido 2.3 Ganhos e perdas derivados de conversão de demonstrações contábeis de operações no exterior 2.4 Ajuste de avaliação patrimonial relativo aos ganhos e perdas na remensuração de ativos financeiros disponíveis para venda 2.5 Ajuste de avaliação patrimonial relativo à efetiva parcela de ganhos ou perdas de instrumentos de hedge em hedge de fluxo de caixa 2.6 Parcela dos outros resultados abrangentes de empresas investidas, reconhecida por meio do método de equivalência patrimonial 3. Reclassificações dos outros resultados abrangentes para o resultado do exercício 4. Total do Resultado Abrangente do Exercício 5. Total do Resultado Abrangente do Exercício atribuível aos: Acionistas não controladores Acionistas controladores		

ATIVIDADES TEÓRICAS

1. Responda:

1.1 O que é a Demonstração do Resutado do Exercício?

1.2 Em que consiste a receita operacional bruta que deve constar na DRE?

1.3 Em que consistem as deduções e abatimentos que devem constar da DRE?

1.4 O que são custos operacionais?

1.5 O que são despesas operacionais e como se classificam segundo a Lei n. 6.404/76?

1.6 O que são despesas com as vendas?

1.7 Cite três subgrupos em que podem ser divididas as despesas com as vendas.

1.8 Cite três exemplos de despesas financeiras.

1.9 Cite três exemplos de receitas financeiras.

1.10 Em que consistem as Despesas Gerais e Administrativas?

1.11 Cite três exemplos de despesas do subgrupo Ocupação das Despesas Gerais e Administrativas.

1.12 Que despesas devem figurar no subgrupo das Outras Despesas Operacionais?

1.13 Em que consistem as Outras Receitas Operacionais? Cite dois exemplos.

1.14 O que é Lucro ou Prejuízo Operacional?

1.15 O que são Outras Receitas?

1.16 O que são Outras Despesas?

1.17 Em que consiste o resultado do exercício antes das deduções ou antes da tributação?

1.18 Qual é a base de cálculo do imposto de renda?

1.19 Qual é a base de cálculo das participações?

1.20 O que é a Demonstração de Lucros ou Prejuízos Acumulados?

1.21 Em que consistem os ajustes de exercícios anteriores?

1.22 A Lei considera apenas dois casos de ajustes de exercícios anteriores. Quais são?

1.23 O que é a Demonstração das Mutações do Patrimônio Líquido?

1.24 Para que serve o título "Lucros a Destinar" contido na DMPL?

1.25 A NBC TG 26, em seu item 81, estabelece que a entidade deve apresentar todos os itens de receita e despesa reconhecidos no período em duas demonstrações. Quais são elas?

1.26 Segundo a NBC TG 26, que tipo de operações deve figurar na DRP?

1.27 Que tipo de operações devem ser evidenciadas na DRAP?

2. Classifique as afirmativas em falsas (f) ou verdadeiras (v)

2.1 ( ) A DRE evidencia a situação financeira da entidade.

2.2 ( ) O resultado econômico é obtido mediante o confronto entre despesas e receitas.

2.3 ( ) Em decorrência do regime contábil de competência, as contas de resultado que integram a DRE, são todas aquelas que representam as despesas e os custos incorridos, bem como as receitas realizadas em um determinado período.

2.4 ( ) As contas patrimoniais que integram a DRE são aquelas representativas das retificações do Ativo e do Passivo.

2.5 ( ) A Lei n. 6.404/76, estabelece as informações mínimas que devem conter na DRE, ficando, portanto, cada empresa livre para elaborar – observando essas informações mínimas – o modelo que melhor espelhe o resultado de suas atividades.

2.6 ( ) A receita operacional líquida é obtida subtraindo-se da receita operacional bruta, o total das deduções e dos abatimentos.

2.7 ( ) O lucro operacional bruto é obtido subtraindo-se da receita operacional líquida o montante dos custos operacionais.

2.8 ( ) Classifica-se como Outras Despesas Operacionais as multas de trânsito e os salários dos motoristas do setor comercial.

2.9 ( ) O lucro líquido do exercício corresponde ao resultado do exercício, depois de deduzidos os valores relativos aos tributos e às participações.

2.10 ( ) A Lei n. 6.404/76 dispensa as companhias da elaboração da DLPA, desde que elaborem a DMPL.

2.11 ( ) Com o advento da Lei n. 11.638/07, todas as entidades ficaram obrigadas a manter em seus Balanços de final de exercício social, a conta Lucros ou Prejuízos Acumulados com saldo credor.

2.12 ( ) As reservas de lucros, exceto a legal, após atingirem o fim para o qual foram constituídas, devem ser revertidas e seus saldos incorporados à conta Lucros ou Prejuízos Acumulados.

2.13 ( ) A DLPA deverá indicar o montante do lucro líquido por ação do capital social.

2.14 ( ) A DLPA deverá indicar o montante do dividendo por ação do capital social.

2.15 ( ) Enquanto a DLPA evidencia somente o movimento ocorrido na conta Lucros ou Prejuízos Acumulados, a DMPL evidencia a movimentação ocorrida em todas as contas do Patrimônio Líquido.

2.16 ( ) Aumento do Capital com incorporação de reservas é um dos eventos evidenciados na DMPL.

ATIVIDADES PRÁTICAS

Prática 1 — Solucionada

Relação das contas extraídas do livro Razão da empresa comercial Modas NAJU S/A, em 31/12/X3:

1. Caixa e Bancos 90.000

2. Aplicações Financeiras de Liquidez Imediata 150.000
3. Duplicatas a Receber de Terceiros 325.000
4. Duplicatas Descontadas 40.000
5. ICMS a Recuperar 15.000
6. Estoque de Mercadorias 300.000
7. Estoque de Material de Acondicionamento e Embalagem 20.000
8. Estoque de Material de Expediente 13.000
9. Prêmios de Seguros a Vencer 12.000
10. Empréstimos a Receber da Controlada 10.000
11. Participação na Controlada A 60.000
12. Participações em Outras Empresas 20.000
13. Computadores 15.000
14. Imóveis 80.000
15. Móveis e Utensílios 40.000
16. Veículos 50.000
17. Depreciações Acumuladas 77.000
18. Fundo de Comércio 25.000
19. Amortização Acumulada 15.000
20. Duplicatas a Pagar 208.000
21. Bancos conta Empréstimos (CP) 30.000
22. Impostos e Taxas a Recolher 30.000
23. COFINS a Recolher 5.000
24. Salários a Pagar 40.000
25. Contribuição de Previdência a Recolher 12.000
26. FGTS a Recolher 3.000
27. PIS sobre Faturamento a Recolher 2.000
28. Férias a pagar 60.000
29. Contas a Pagar 50.000
30. Bancos conta Empréstimos (LP) 50.000
31. Capital Subscrito 600.000
32. Capital a Realizar 50.000
33. Reserva Legal 109.000
34. Reserva para Investimentos 11.000
35. Despesas com Vendas 80.000
36. Despesas Financeiras 20.000

37. Despesas Administrativas 487.000
38. Outras Despesas Operacionais 20.000
39. Outras Despesas 10.000
40. Compras de Mercadorias 1.210.000
41. Compras Anuladas 30.000
42. Vendas de Mercadorias 2.000.000
43. Vendas Anuladas 50.000
44. Descontos Incondicionais Concedidos 20.000
45. ICMS sobre Vendas 300.000
46. PIS sobre Faturamento 12.000
47. COFINS sobre Faturamento 35.000
48. Receitas Financeiras 82.000
49. Outras Receitas Operacionais 60.000
50. Outras Receitas 5.000
Subtotal 7.038.000
51. Seguros Contratados 200.000
52. Duplicatas em Cobrança Bancária 100.000
53. Contratos de Seguros 200.000
54. Endossos para Cobrança de Duplicatas 100.000
TOTAL 7.638.000

Nota

- Por razões práticas, as despesas e as receitas constam com os títulos dos seus grupos. Os ajustes propostos devem ser debitados e/ou creditados diretamente nos respectivos grupos.

Roteiro e instruções:

1. Razonetes:
   1.1 Transcreva em razonetes todas as contas com seus respectivos saldos.
   1.2 Separe as contas patrimoniais das contas de resultado.
2. Resultado operacional bruto:
   2.1 Apure e contabilize o resultado bruto do exercício, sabendo que o estoque final de mercadorias é de $ 500.000.
3. Resultado operacional líquido. Proceder aos seguintes ajustes:
   3.1 Deprecie as contas representativas dos bens de uso, pelas seguintes taxas: Computadores, 20% a.a.; Imóveis, 4% a.a.; Móveis e Utensílios, 10% a.a., e Veículos, 20% a.a. Considerar todos os saldos como constantes do Balanço do exercício anterior.
   3.2 Amortize Fundo de Comércio à taxa de 20% a.a.
   3.3 Calcule e contabilize perdas estimadas em créditos de liquidação duvidosa pela taxa de 2%.
   3.4 Sabendo que o prêmio de seguro foi pago em 01/09 do exercício atual, faça o ajuste necessário.

3.5 Sabendo que o inventário físico de material de expediente apresentou saldo de $ 8.000, faça o ajuste.

3.6 Contabilizar receita de participação societária calculada pelo Método da Equivalência Patrimonial sobre o PL da empresa controlada, no valor de $ 24.000.

3.7 Apure o resultado operacional líquido, transferindo os saldos das contas de Despesas e de Receitas Operacionais, inclusive o resultado operacional bruto, para a conta Resultado do Exercício, apurando assim o resultado operacional líquido.

4. Resultado líquido do exercício.

4.1 Transfira os saldos das contas de Outras Despesas e de Outras Receitas para a conta Resultado do Exercício, apurando, assim, o resultado líquido do exercício antes das deduções. Se o saldo desta conta for devedor, compense-o com saldos das reservas de lucros e se necessário, acumule o saldo remanescente na conta Prejuízos Acumulados. Caso o saldo seja credor, proceda conforme o item a seguir.

5. Deduções do Resultado do Exercício. Calcule e contabilize:

5.1 Juros sobre o Capital Próprio, pela taxa de 10% com IR a ser retido pela alíquota de 15%. Adotar os critérios para cálculos fixados pela legislação tributária, considerando o crédito até o limite máximo permitido para não haver tributação.

5.2 Contribuição Social sobre o Lucro Líquido, pela taxa de 9%, considerando que da base de cálculo deverão ser excluídas: a Receita de Participação Societária no montante de 24.000 e os JCP contabilizados nesta apuração do resultado (valor líquido + IR).

5.3 Imposto de Renda, pela taxa de 15%, considerando os seguintes ajustes para cálculo do lucro real:

Adições

- Despesas com Perdas Estimadas em Créditos de Liquidação Duvidosa no valor de $ 6.500.
- Considerar ainda, como exclusões: a importância de $ 24.000 referente a Receitas de Participações Societárias, inclusas em Outras Receitas Operacionais, e os JCP contabilizados nesta apuração do resultado.

6. Calcular e contabilizar as seguintes participações no resultado do exercício:

6.1 empregados, 10%;

6.2 administradores, 10%.

7. Transfira o saldo da conta Resultado do Exercício para a conta Lucros Acumulados.

8. Destinações do lucro líquido do exercício

Calcule e contabilize:

8.1 5% para Reserva Legal (base lucro líquido do exercício ajustado nos termos da Resolução CVM n. 207/96).

8.2 Transferir o saldo da conta Lucros Acumulados que remanescer após a dedução da Reserva Legal, para os acionistas.

9. Elaborar as seguintes demonstrações contábeis:

9.1 Segundo Balancete de Verificação, somente com contas patrimoniais;

9.2 Balanço Patrimonial;

9.3 Demonstração do Resultado do Exercício;

9.4 Demonstração do Resultado do Período (NBC TG 26)

9.5 Demonstração de Lucros ou Prejuízos Acumulados;

9.6 Demonstração das Mutações do Patrimônio Líquido.

Solução:

1. Razonetes:

Deixaremos de apresentar os razonetes, porém sugerimos que você acompanhe nossas explicações, elaborando-os.

2. Resultado operacional bruto:

2.1 Apure e contabilize o resultado bruto do exercício, sabendo que o estoque final de mercadorias é de $ 500.000.

Nota

■ Para sua conferência, somente contas e valores. Históricos, cálculos e comentários, somente nos casos especiais.

1) *CMV*

a Diversos		
a Estoque de Mercadorias	*300.000*	
a Compras de Mercadorias	*1.210.000*	*1.510.000*

2) *Diversos*

a CMV		
Estoque de Mercadorias	*500.000*	
Compras Anuladas	*30.000*	*530.000*

3) *Vendas de Mercadorias*

a RCM	*2.000.000*	

4) *RCM*

a Diversos		
a Vendas Anuladas 50.000		
a Descontos incondicionais Concedidos	*20.000*	
a ICMS sobre Vendas	*300.000*	
a PIS sobre Faturamento	*12.000*	
a COFINS sobre Faturamento	*35.000*	
a CMV	*980.000*	*1.397.000*

5) *RCM*

a Lucros sobre Vendas	*603.000*	

3. Resultado operacional líquido. Proceder aos seguintes ajustes:

3.1 Deprecie as contas representativas dos bens de uso, pelas seguintes taxas: Computadores, 20% a.a.; Imóveis, 4% a.a.; Móveis e Utensílios, 10% a.a., e Veículos, 20% a.a. Considerar todos os saldos como constantes do Balanço do exercício anterior.

6) *Despesas Administrativas*

a Depreciação Acumulada		
Computadores (20% de 15.000)	*3.000*	
Imóveis (4% de 80.000)	*3.200*	
Móveis e Utensílios (10% de 40.000)	*4.000*	
Veículos (20% de 50.000)	*10.000*	*20.200*

3.2 Amortize Fundo de Comércio à taxa de 20% a.a.

7) *Despesas Administrativas*
a Amortização Acumulada
20% sobre 25.000 5.000

3.3 Calcule e contabilize perdas estimadas em créditos de liquidação duvidosa pela taxa de 2%.

8) *Despesas com Vendas*
a Perdas Estimadas em Créditos de Liq. Duv.
2% sobre.. 325.000 6.500

3.4 Sabendo que o prêmio de seguro foi pago em 01/09 do exercício atual, faça o ajuste necessário.

9) *Despesas Administrativas*
a Prêmios de Seguro a Vencer
Referente a 4 meses 4.000

3.5 Sabendo que o inventário físico de material de expediente apresentou saldo de $ 8.000, faça o ajuste.

10) *Despesas Administrativas*
a Estoque de Material de Expediente
Referente a consumo do período...................... 5.000

3.6 Contabilizar receita de participação societária calculada pelo Método da Equivalência Patrimonial sobre o PL da empresa controlada, no valor de $ 24.000.

11) *Participação na Controlada A*
a Outras Receitas Operacionais 24.000

3.7 Apure o resultado operacional líquido, transferindo os saldos das contas de Despesas e de Receitas Operacionais, inclusive o resultado operacional bruto, para a conta Resultado do Exercício, apurando assim o resultado operacional líquido.

12) *Resultado do Exercício*
a Diversos

a Despesas com Vendas	*86.500*	
a Despesas Financeiras	*20.000*	
a Despesas Administrativas....................................	*521.200*	
a Outras Despesas Operacionais............................	*20.000*	*647.700*

13) *Diversos*
a Resultado do Exercício

Receitas Financeiras	*82.000*	
Outras Receitas Operacionais	*84.000*	
Lucro sobre Vendas	*603.000*	*769.000*

Veja a posição da conta Resultado do Exercício após os lançamentos 1 a 13:

RESULTADO DO EXERCÍCIO

(12) 647.700	(13) 769.000
	(S) 121.300

4. Resultado líquido do exercício:

4.1 Transfira os saldos das contas das Outras Despesas e das Outras Receitas para a conta Resultado do Exercício, apurando, assim, o resultado líquido do exercício antes das deduções. Se o saldo desta conta for devedor, compense-o transferindo para a conta Lucros ou Prejuízos Acumulados; caso seja credor, proceda conforme o item a seguir.

14) *Resultado do Exercício*
a Outras Despesas... *10.000*

15) *Outras Receitas*
a Resultado do Exercício... *5.000*

Veja o resultado líquido do exercício apurado após os lançamentos 14 e 15:

RESULTADO DO EXERCÍCIO

(14) 10.000	(15) 5.000
	(S) 116.300

5. Deduções do Resultado do Exercício. Calcule e contabilize:

5.1 Juros sobre o Capital Próprio, pela taxa de 10% com IR a ser retido pela alíquota de 15%. Adotar os critérios para cálculos fixados pela legislação tributária, considerando o crédito até o limite máximo permitido para não haver tributação. Conforme vimos, para calcular o valor dos juros sobre o Capital Próprio, precisamos levantar os seguintes dados:

a) Patrimônio Líquido do período anterior $ 670.000

b) Somatório das Reservas de Lucros e Lucros Acumulados: $ 120.000

c) Lucro Líquido apurado no item anterior: $ 116.300

CÁLCULO:

10% sobre 670.000 = 67.000.

A empresa poderá pagar aos acionistas Juros no valor apurado de $ 67.000. Entretanto, para usufruir dos benefícios fiscais como dedutível da base de cálculo da CSSL e do IR, é necessário observar os limites fixados pela Lei, ou seja, o maior dos seguintes valores:

a) 50% do Lucro Líquido diminuído da CSSL.

Para se obter esse valor, é necessário, calcular o valor provisório da CSSL, uma vez que a sua base de cálculo ainda não está concluída, pois poderá sofrer a influência do próprio JCP, embora nesta atividade prática, já saibamos de antemão que o limite não será excedido. Portanto, o valor provisório da CSLL, será apurado como segue:

Resultado do Exercício antes da PCSLL e dos JCP 116.300

(−) Receita de Participação Societária.................................	*(24.000)*
(+) Multas Fiscais..	*000*
(=) Base de cálculo...	*95.300*

PCSLL: 9% de 95.300 = 8.577

Logo, teremos:

Resultado do Exercício antes da PCSLL 116.300

(–) PCSLL provisória	*(8.577)*
(=)	*107.723*

50% de 107.723 = 53.862

Por este limite, teríamos um excesso de JCP a ser tributado, no valor de: $ 13.138 (67.000 – 53.862), isto, na hipótese da empresa decidir remunerar os acionistas pelos $ 67.000, que não é o nosso caso.

Vejamos o segundo limite

b) 50% do somatório das Reservas de Lucros e dos Lucros Acumulados 50% de $ 120.000 = $ 60.000 Optaremos neste caso, conforme indicação do enunciado da Seção 10.5.1, pelo resultado da letra "b".

CONTABILIZAÇÃO:

16) *Diversos*

a Diversos

Lucros Acumulados 51.000

Despesas Financeiras (JCP)	*9.000*	*60.000*
a Juros sobre o Capital Próprio a Pagar	*51.000*	
a IRRFonte sobre Juros Cap. Próp. a Recolher.	*9.000*	*60.000*

17) *Resultado do Exercício*

a Despesas Financeiras	*9.000*

5.2 Contribuição Social sobre o Lucro Líquido pela taxa de 9%, considerando que da base de cálculo deverá ser excluída a Receita de Participação Societária no montante de $ 24.000.

CÁLCULOS:

Resultado do exercício até o lançamento (16)	*116.300*
(–) Lançamento (17)	*(9.000)*
(–) Receitas de participação societária	*(24.000)*
(–) JCP (lançamento 16)	*(51.000)*
(=) Base de cálculo da CSLL	*32.300*

9% de 32.300 = 2.907

5.3 Imposto de Renda pela taxa de 15%, considerando os seguintes ajustes para cálculo do lucro real: Adições (Multas Fiscais, no valor de $ 3.000, inclusas em Outras Despesas Operacionais; Despesas com Perdas Estimadas com Créditos de Liquidação Duvidosa no valor de $ 6.500); Exclusões (considerar a importância de $ 24.000 referente a Receitas de Participações Societárias calculadas pelo MEP, inclusas em Outras Receitas Operacionais).

CÁLCULOS:

Resultado do exercício até o Lançamento (16)	*116.300*
(–) Lançamento (17)	*(9.000)*
(–) Receitas de participação societária	*(24.000)*
(+) Multas fiscais	*3.000*

(+) Despesas com Perdas Estimadas em Créd. Liq. Duv.	*6.500*
(–) JCP (lançamento 16)	*(51.000)*
(=) Lucro real	*41.800*

15% de 41.800 = 6.270

Observações

- Observe que tanto no cálculo da CSLL como no do IR, excluímos do lucro, o valor dos JCP contabilizado no lançamento 17 (referente ao IR retido) e no lançamento 17 (referente ao líquido contabilizado em Lucros Acumulados).

Nota

- Note que na apuração do lucro real, consideramos como indedutíveis as despesas com Multas Fiscais e com Perdas Estimadas em Créditos de Liquidação Duvidosa. Entretanto, essas duas despesas foram consideradas dedutíveis na apuração da base de cálculo da Contribuição Social sobre o Lucro Líquido, pois não há previsão legal que proíba essas deduções. Na vida prática é sempre conveniente consultar a legislação tributária para aplicar os critérios que estiverem em vigor em cada ano.

CONTABILIZAÇÃO:

18) *Resultado do Exercício*

a Diversos		
a Contribuição Social sobre o Lucro Líquido	*2.907*	
a Imposto de Renda a Recolher	*6.270*	*9.177*

Veja o razonete da conta Resultado do Exercício após o lançamento 18:

RESULTADO DO EXERCÍCIO

Débito	Crédito
(17) 9.000	(S) 116.300
Soma (18) 9.177	
(S) 98.123	

6. Calcular e contabilizar as seguintes participações no resultado do exercício:

6.1 empregados, 10%;

6.2 administradores, 10%.

CÁLCULOS:

Resultado do exercício após o IR	*98.123*	
(–) Participações de empregados	*(10%)*	*(9.812)*
(=) Base de cálculo participações de administradores	*88.311*	
(–) Participações de Administradores	*(10%)*	*(8.831)*
(=) Saldo	*79.480*	

CONTABILIZAÇÃO:

19) *Resultado do Exercício*

a Diversos		
a Participações de Empregados a Pagar	*9.812*	
a Participações de Administradores a Pagar	*8.831*	*18.643*

Após o lançamento 19, a conta Resultado do Exercício ficou com saldo credor de 79.480.

7. Transfira o saldo da conta Resultado do Exercício para a conta Lucros Acumulados.

20) *Resultado do Exercício*
a Lucros Acumulados.. 79.480

---

8. Destinações do lucro líquido do exercício:
Calcule e contabilize:

8.1 5% para Reserva Legal (base Lucro Líquido do Exercício).

Lucro líquido do exercício.. 79.480
5% de 79.480 = 3.974

Observe que, conforme estabelece o art. 193º da Lei n. 6.404/1976, quando o montante da Reserva Legal atingir a 20% do Capital Social, ela deverá deixar de ser constituída. Faculta, entretanto, o mesmo dispositivo legal, a desobrigatoriedade de constituição dessa reserva, quando o seu montante adicionado ao montante das reservas de capital atingir a 30% do Capital Social. Não havendo reserva de capital, prevalece o primeiro limite: 20% de 550.000 $ 110.000. Como há saldo de $ 109.000, só poderemos constituir a reserva legal neste exercício, no valor de $ 1.000.

8.2 Transferir o saldo da conta Lucros Acumulados que remanescer após a dedução da reserva legal, para os acionistas.

Veja que a conta Lucros Acumulados foi debitada no lançamento 16, por 51.000 correspondente aos JCP e foi creditada no lançamento 20 por 79.480 correspondente ao lucro líquido do exercício.

Vamos então apurar o valor dos dividendos:

Crédito 79.480
(–) Débito.. (51.000)
(=) Saldo 28.480
(–) parcela da Reserva Legal .... (1.000)
(=) Saldo para os acionistas 27.480

Contabilização da destinação do lucro líquido:

21) Lucros Acumulados
a Diversos
a Reserva Legal.. 1.000
a Dividendos a Pagar 27.480 28.480

8.3 Balanço Patrimonial:

BALANÇO PATRIMONIAL	
Companhia: Modas NAJU S/A **Levantado em:** 31 de dezembro de X3	
CONTAS	**$**
ATIVO ATIVO CIRCULANTE DISPONIBILIDADES	

(continua)

(continuação)

BALANÇO PATRIMONIAL	
Companhia: Modas NAJU S/A **Levantado em:** 31 de dezembro de X3	
CONTAS	**$**
Caixa e Bancos	90.000
Aplicações Financeiras de Liquidez Imediata	150.000
CLIENTES	
Duplicatas a Receber de Terceiros	325.000
(−) Perdas Estimadas em Créditos de Liquidação Duvidosa	(6.500)
IMPOSTOS A RECUPERAR	
ICMS a Recuperar	15.000
ESTOQUES	
Estoque de Mercadorias	500.000
Estoque de Material de Acondicionamento e Embalagem	20.000
Estoque de Material de Expediente	8.000
DESPESAS DO EXERCÍCIO SEGUINTE	
Prêmios de Seguros a Vencer	8.000
TOTAL DO ATIVO CIRCULANTE	1.109.500
ATIVO NÃO CIRCULANTE	
ATIVO REALIZÁVEL A LONGO PRAZO	
CRÉDITOS COM PESSOAS LIGADAS	
Empréstimos a Receber da Controlada	10.000
INVESTIMENTOS	
Participação na Controlada A	84.000
Participações em Outras Empresas	20.000
ATIVO IMOBILIZADO	
Computadores	15.000
Imóveis	80.000
Móveis e Utensílios	40.000
Veículos	50.000
(−) Depreciações Acumuladas	(97.200)
ATIVO INTANGÍVEL	
Fundo de Comércio	
(−) Amortização Acumulada	25.000
TOTAL DO ATIVO NÃO CIRCULANTE	(20.000)
TOTAL DO ATIVO	206.800
PASSIVO	1.316.300
PASSIVO CIRCULANTE	
OBRIGAÇÕES A FORNECEDORES	
Duplicatas a Pagar	208.000
EMPRÉSTIMOS E FINANCIAMENTOS	
Bancos conta Empréstimos (CP)	30.000
Duplicatas Descontadas	40.000

(continua)

(continuação)

BALANÇO PATRIMONIAL	
Companhia: Modas NAJU S/A **Levantado em:** 31 de dezembro de X3	
CONTAS	**$**
OBRIGAÇÕES TRIBUTÁRIAS	
COFINS a Recolher	5.000
Impostos e Taxas a Recolher	30.000
IRRFonte s/Juros s/Capital Próprio a Recolher	9.000
PIS sobre Faturamento a Recolher	2.000
Contribuição Social sobre o Lucro Líquido a Recolher	2.907
Imposto de Renda a Recolher	6.270
OBRIGAÇÕES TRABALHISTAS E PREVIDENCIÁRIAS	
Salários a Pagar	40.000
Contribuição de Previdência a Recolher	12.000
FGTS a Recolher	3.000
Férias a Pagar	60.000
OUTRAS OBRIGAÇÕES	
Contas a Pagar	50.000
Juros sobre o Capital Próprio a Pagar	51.000
PARTICIPAÇÕES E DESTINAÇÕES DO RESULTADO	
Participações de Empregados a Pagar	9.812
Participações Administradores a Pagar	8.831
Dividendos a Pagar	27.480
TOTAL DO PASSIVO CIRCULANTE	595.300
PASSIVO NÃO CIRCULANTE	
PASSIVO EXIGÍVEL A LONGO PRAZO	
EMPRÉSTIMOS E FINANCIAMENTOS	
Bancos Conta Empréstimos (LP)	50.000
TOTAL DO PASSIVO NÃO CIRCULANTE	50.000
PATRIMÔNIO LÍQUIDO	
Capital Social	
Capital Subscrito	600.000
(−) Capital a Realizar	(50.000)
RESERVAS	
Reserva Legal	110.000
Reserva para Investimentos	11.000
TOTAL DO PATRIMÔNIO LÍQUIDO	671.000
TOTAL DO PASSIVO	1.316.300
CONTAS DE COMPENSAÇÃO	
COMPENSAÇÃO DO ATIVO	
CONTRATOS E EMPENHOS	200.000
Seguros Contratados	
VALORES EM PODER DE TERCEIROS	100.000
Duplicatas em Cobrança Bancária	300.000
TOTAL DAS CONTAS DE COMPENSAÇÃO DO ATIVO	
COMPENSAÇÃO DO PASSIVO	
CONTRATOS E EMPENHOS	
Contratos de Seguros	200.00
VALORES EM PODER DE TERCEIROS	
Endossos para Cobrança de Duplicatas	100.000
TOTAL DAS CONTAS DE COMPENSAÇÃO DO PASSIVO	300.000

Nota

- As contas de compensação poderão figurar no Balanço, logo em seguida aos totais do Ativo e do Passivo, ou indicadas em notas explicativas conforme estabelece o § 5º do art. 176º da Lei n. 6.404/1976.

9.4 Demonstração do Resultado do Exercício:

DEMONSTRAÇÃO DO RESULTADO DO EXERCÍCIO	
Companhia: Modas NAJU S/A **Levantada em:** 31 de dezembro de X3	
1. RECEITA OPERACIONAL BRUTA	
Vendas de Mercadorias e/ou Prestação de Serviços	2.000.000
2. DEDUÇÕES E ABATIMENTOS	
Vendas Anuladas	(50.000)
Descontos Incondicionais Concedidos	(20.000)
ICMS sobre vendas	(300.000)
PIS sobre faturamento	(12.000)
COFINS	(35.000)
3. RECEITA OPERACIONAL LÍQUIDA (1 – 2)	1.583.000
4. CUSTOS OPERACIONAIS	
Custo das Mercadorias Vendidas e dos Serviços Prestados	(980.000)
5. LUCRO OPERACIONAL BRUTO (3 – 4)	603.000
6. DESPESAS OPERACIONAIS	
Despesas com as Vendas	(86.500)
Despesas Financeiras	(29.000)
Receitas Financeiras	82.000
Despesas Administrativas	(521.200)
Outras Despesas Operacionais	(20.000)
7. OUTRAS RECEITAS OPERACIONAIS	84.000
8. LUCRO (PREJUÍZO) OPERACIONAL (5 – 6 + 7)	112.300
9. OUTRAS RECEITAS	5.000
10. OUTRAS DESPESAS	(10.000)
11. RESULTADO DO EXERCÍCIO ANTES DAS DEDUÇÕES (8 + 9 – 10)	107.300
12. CONTRIBUIÇÃO SOCIAL SOBRE O LUCRO	(2.907)
13. IMPOSTO DE RENDA	(6.270)
14. RESULTADO DO EXERCÍCIO APÓS AS DEDUÇÕES (11 – 12 – 13)	98.123
15. PARTICIPAÇÕES	
Debêntures	
Empregados	(9.812)
Administradores	(8.831)
Partes Beneficiárias	
Instituições ou Fundos Assistência ou Previdência dos Empregados	
16. LUCRO LÍQUIDO DO EXERCÍCIO (14 – 15)	79.480
17. LUCRO LÍQUIDO OU PREJUÍZO POR AÇÃO DO CAPITAL*	0,14450909

* Capital composto por 550.000 ações ordinárias.

9.5 Demonstração do Resultado do Período

DEMONSTRAÇÃO DO RESULTADO DO PERÍODO	
Companhia: Modas NAJU S/A **Elaborada em:** 31 de dezembro de X3	
DESCRIÇÃO	**$**
1. RECEITA OPERACIONAL LÍQUIDA	1.583.000
2. (−) CUSTOS DAS MERC, PROD. E SERV. VENDIDOS	(980.000)
3. (=) LUCRO BRUTO	603.000
4. (−) DESPESAS OPERACIONAIS	
Despesas com Vendas	(86.500)
Despesas Gerais e Administrativas	(521.200)
Outras Despesas Operacionais	(30.000)
5. (+) OUTRAS RECEITAS OPERACIONAIS	65.000
6. (+) RESULTADO DA EQUIVALÊNCIA PATRIMONIAL	24.000
7. (=) RESULTADO ANTES DAS DESP. E REC. FINANCEIRAS	54.300
8. (−) DESPESAS FINANCEIRAS	(29.000)
9. (+) RECEITAS FINANCEIRAS	82.000
10. (=) RESULTADO ANTES DOS TRIBUTOS SOBRE O LUCRO	107.300
11. (−) CONTRIBUIÇÃO SOCIAL SOBRE O LUCRO LÍQUIDO	(2.907)
12. (−) IMPOSTO DE RENDA SOBRE O LUCRO LÍQUIDO	(6.270)
13. (=) RESULTADO LÍQUIDO DAS OPERAÇÕES CONTINUADAS	98.123
14. (+ou−) RESULTADO LÍQUIDO DAS OPERAÇÕES DESCONT.	ZERO
15. (=) RESULTADO DO PERÍODO ANTES DAS PARTICIPAÇÕES	98.123
16. PARTICIPAÇÕES	
Debêntures	
Empregados	(9.812)
Administradores	(8.831)
Partes Beneficiárias	
Instituições ou Fundos Assistência/Previdência dos Empregados	
17. LUCRO LÍQUIDO DO PERÍODO (17-18)	79.480
18. LUCRO LÍQUIDO OU PREJUÍZO POR AÇÃO DO CAPITAL*	0,14450909

* Capital composto por 550.000 ações ordinárias.

9.6 Demonstração de Lucros ou Prejuízos Acumulados:

DEMONSTRAÇÃO DE LUCROS OU PREJUÍZOS ACUMULADOS	
Companhia: Modas NAJU S/A **Elaborada em:** 31 de dezembro de X3	
DESCRIÇÃO	**$**
1. Saldo no início do período	
2. Ajustes de exercícios anteriores	
3. Saldo ajustado	
4. Lucro ou prejuízo do exercício	79.480
5. Reversões de reservas	
6. Saldo à disposição	79.480
7. Destinações do exercício:	
Reserva Legal	(1.000)
Reservas Estatutárias	
Reservas para contingências	
Outras Reservas	
Dividendos obrigatórios (0,049963636 por ação)	(27.480)
Juros sobre Capital Próprio	(51.000)
8. Saldo no fim do exercício	

9.7 Demonstração das Mutações do Patrimônio Líquido

DEMONSTRAÇÕES DAS MUTAÇÕES DO PATRIMÔNIO LÍQUIDO

Companhia: Modas NAJU S/A
Exercício findo em: 31 de dezembro de X3

Descrição	Capital Social	Reservas de Capital	Reservas de Lucros	Ajustes de Avaliação Patrimonial	Ações em Tesouraria	Prejuízos Acumulados	Lucros a Destinar	Totais
Saldo em 31/12/x2	550.000		120.000					
Aumentos de Capital:								
• com Reservas do Lucros								
Lucro ou Prejuízo do Exercício							79.480	79.480
Reversão de Reservas								
Destinação do Exercício:								
• Reserva Legal							1.000	
• Reservas para Investimento								
• Dividendos							(27.480)	(27.480)
• Juros sobre o Capital Próprio							(51.000)	(51.000)
Saldo em 31/12/X3	550.000		121.000					671.000

9.8 Demonstração das Mutações do Patrimônio Líquido.

Prática 2

Relação das contas extraídas do livro Razão da empresa Comercial Ricardo Augusto Reis S/A em 30 de novembro de X1:

1 Caixa	*9.500*
2 Bancos conta Movimento	*29.000*
3 Duplicatas a Receber	*35.000*
4 ICMS a Recuperar	*4.000*
5 Ações de Outras Empresas	*15.000*
6 Perdas por Redução ao Valor Realizável Líquido	*3.000*
7 Estoque de Mercadorias	*68.000*
8 Aplicações em Ouro (AC)	*20.000*
9 Aluguéis Passivos a Vencer	*500*
10 Empréstimos a Acionistas	*20.000*
11 Computadores	*5.000*
12 Depreciação Acumulada de Computadores	*2.000*
13 Instalações	*9.000*
14 Depreciação Acumulada de Instalações	*900*
15 Sistemas Aplicativos – Software	*17.000*
16 Amortização Acum Sistemas Apl – Software	*3.400*
17 Fornecedores	*56.400*
18 Aluguéis a Pagar	*600*
19 COFINS a Recolher	*4.000*
20 ICMS a Recolher	*1.800*
21 PIS sobre Faturamento a Recolher	*1.300*
22 Salários e Encargos a Pagar	*8.000*
23 Dividendos a Pagar	*2.500*
24 Capital	*70.000*
25 Capital a Realizar	*10.000*
26 Reserva Legal	*1.100*
27 Reserva para Investimentos	*15.000*
28 Custo das Mercadorias Vendidas	*140.000*
29 Vendas de Mercadorias	*300.000*
30 ICMS sobre Vendas	*54.000*
31 Contribuições sobre Vendas (PIS e COFINS)	*8.000*
32 Despesas Administrativas	*24.000*
33 Despesas com Vendas	*6.000*
34 Despesas Financeiras	*4.000*
35 Outras Despesas Operacionais	*2.000*
36 Receitas Financeiras	*10.000*
TOTAL	*960.000*

Fatos ocorridos durante o mês de dezembro de X1:

1. Compras de mercadorias, à vista, realizadas durante o mês, conforme livro Registro de entradas, folha 129, no valor de $ 60.000, com ICMS no valor de $ 10.800.

2. Vendas de mercadorias, à vista, efetuadas durante o mês, conforme livro Registro de Saídas, folha 677, no valor de $ 200.000, com ICMS no valor de $ 36.000. Custo das mercadorias vendidas de $ 70.000.

3. Pagamentos efetuados por meio dos nossos cheques n.ºs 11.218 a 11.223 do banco Urupês S/A, referentes a obrigações registradas nas seguintes contas, constantes do Balancete de 30 de novembro:

Aluguéis a Pagar	600
Salários e Encargos a Pagar	8.000
Dividendos a Pagar	2.500
PIS sobre Faturamento a Recolher	1.300
COFINS a Recolher	4.000
ICMS a Recolher (última parcela de dívida)	1.800
Total	18.200

4. Recebidos $ 5.000, em dinheiro, de clientes.

5. Pagamento efetuado a fornecedores por meio do nosso cheque n. 11.224 do banco Urupês S/A, no valor de $ 9.000.

6. Recebida, em cheque, a importância de $ 10.000 de acionista, referente à integralização de capital.

7. Aumento de capital com incorporação do saldo da conta Reservas para Investimentos.

8. Venda de Ações de Outras Empresas, à vista, pelo valor de mercado, $ 12.000.

9. Depósito efetuado no banco Urupês S/A, em dinheiro, conforme recibo, no valor de $ 150.000.

10. Pagamento de 13º salário aos empregados, por meio do nosso cheque n. 11.225 do banco Urupês S/A, no valor de $ 10.500.

11. Tendo em vista o regime contábil de competência, em 31 de dezembro, aproprie as seguintes despesas que serão pagas no ano seguinte:
    - Salários e Encargos: $ 14.000;
    - Aluguel de dezembro a ser pago em janeiro de X2: $ 600;
    - PIS sobre Faturamento à razão de 0,65% sobre o faturamento do mês
    - COFINS à razão de 2,0% sobre o faturamento do mês. (OBS: a empresa está enquadrada no regime cumulativo de incidência do PIS e da COFINS sobre o faturamento.

12. Na conciliação bancária efetuada, constatou-se:
    a) a duplicata n. 724, paga ao fornecedor Almeida S/A, no valor de $ 500, devidamente contabilizada, não havia sido compensada pelo banco;
    b) no extrato bancário constou a importância de $ 100 referente a taxas de fornecimento de talões de cheques e outros serviços prestados pelo banco, ainda não contabilizada pela empresa. Regularizar.

13. Apure o saldo da conta ICMS a Recuperar e efetue os ajustes necessários.

14. O capital é composto por 7.000 ações sendo 5.000 ordinárias e 2.000 preferenciais, as quais receberão dividendos em valor equivalente a 20% a mais que as ações ordinárias.

Roteiro e instruções para resolução:

1. Razonetes:

1.1 transcreva em razonetes todas as contas constantes da relação inicial, com seus respectivos saldos, separando as contas patrimoniais das contas de resultado.

2. Contabilize os fatos ocorridos no mês de dezembro.

3. Resultado operacional bruto:

3.1 apure e contabilize o resultado operacional bruto do exercício, sabendo que a empresa adota o sistema de inventário permanente.

4. Resultado operacional líquido:

Ajustes para apuração do resultado operacional líquido.

Nota

- As despesas e as receitas deverão ser contabilizadas diretamente a débito ou a crédito dos seus respectivos grupos, conforme constam do Balancete de 30 de novembro.

4.1 deprecie a conta Computadores à taxa de 20% a.a;

4.2 deprecie a conta Instalações à taxa de 10% a.a.;

4.3 amortize a conta Sistemas Aplicativos – *Software* à taxa de 20% a.a.;

4.4 calcular e contabilizar perdas em créditos de liquidação duvidosa, estimadas em 7%;

4.5 considerar que o valor recuperável líquido de um lote de mercadorias que custou $ 8.000, é igual a $ 3.000. Reconhecer a perda no valor de $ 5.000, considerando ainda que a perda estimada constante da relação de contas de 30 de novembro não sofreu alteração.

4.6 o saldo constante na conta Aluguéis Passivos a Vencer refere-se à despesa de X1, paga antecipadamente no exercício anterior. Ajuste;

4.7 apure o resultado operacional líquido;

4.8 calcule e contabilize os juros sobre o capital próprio, pela taxa de 10%, com IR retido pela alíquota de 15%.

5. Resultado líquido do exercício: Como não ocorreram outras despesas nem outras receitas, o próprio resultado operacional líquido é o resultado líquido do exercício.

6. Deduções do resultado do exercício:

6.1 calcule e contabilize a contribuição social sobre o lucro líquido, pela alíquota de 9%;

6.2 calcule e contabilize o Imposto de Renda, pela alíquota de 15%.

Nota

- A empresa não optou em recolher a CSLL e o IR por estimativa, pagando, portanto, sobre o resultado apurado no final do exercício.

7. Participações:

Calcule e contabilize as seguintes Participações:

a) Empregados: 10%;

b) Administradores: 10%;

c) Partes Beneficiárias: 10%.

8. Destinações do lucros acumulados:

8.1 transfira o saldo remanescente da conta Resultado do Exercício para a conta Lucros Acumulados.

8.2 calcule e contabilize 5% para Reserva Legal;

8.3 distribuir aos acionistas, o saldo que remanescer na conta Lucros Acumulados, após deduzida a parcela da reserva legal.

9. Demonstrações contábeis:

Elabore as seguintes demonstrações contábeis: Balanço Patrimonial; DRE; DRP; DLPA, e DMPL.

10.8 Demonstração dos Fluxos de Caixa (DFC)

10.8.1 Conceito

A Demonstração dos Fluxos de Caixa (DFC) é um relatório contábil que tem por fim evidenciar as transações ocorridas em um determinado período e que provocaram modificações no saldo de caixa e equivalentes de caixa. Trata-se de uma demonstração sintetizada dos fatos administrativos que envolvem os fluxos de dinheiro ocorridos durante um determinado período, devidamente registrados a débito (entradas) e a crédito (saídas) da conta Caixa, da conta Bancos conta Movimento e das contas representativas dos equivalentes de caixa.

10.8.2 Conceito de caixa e equivalentes de caixa segundo

O item 6 da NBC TG 03, aprovada pela Resolução CFC n. 1296/2010, Caixa compreende numerário em espécie e depósitos bancários disponíveis. Equivalentes de caixa são aplicações financeiras de curto prazo, de alta liquidez, que são prontamente conversíveis em montante conhecido de caixa e que estão sujeitas a um insignificante risco de mudança de valor. Fluxos de caixa são as entradas e saídas de caixa e equivalentes de caixa.

Portanto, para fins da DFC, o conceito de caixa engloba todas as disponibilidades da empresa existentes nas contas: Caixa (dinheiro em poder da própria empresa); Bancos conta Movimento (dinheiro da empresa em poder de estabelecimentos bancários, depositado em contas correntes) e Aplicações Financeiras de Liquidez Imediata (dinheiro da empresa investido em aplicações de altíssima liquidez, com vencimento de no máximo 3 meses a contar da data em que a empresa efetuou a aplicação.

Essas três contas integram o grupo das Disponibilidades no Ativo Circulante do Balanço Patrimonial.

Exemplos de investimentos financeiros, que podem ser considerados como equivalentes de caixa: caderneta de poupança, CDB e RDB prefixados etc. A DFC, quando elaborada, requer que as aplicações financeiras consideradas pela empresa como equivalentes de caixa, sejam relacionadas em notas explicativas.

10.8.3 Estrutura da DFC

A Lei n. 6.404/76 não fixou um modelo de DFC a ser observado por todas as empresas. Ela limitou-se a estabelecer no inciso I do artigo 188º que a DFC deverá indicar no mínimo as alterações ocorridas, durante o exercício, no saldo de caixa e equivalentes de caixa, segregando-se essas alterações em três fluxos: das operações, dos financiamentos e dos investimentos.

10.8.4 Classificação das entradas e saídas de caixa por atividades

Conforme estabelece o inciso I do artigo 188º da Lei n. 6.404/76 e, ainda, de conformidade com as orientações contidas na NBC TG03, o ideal é que as transações relativas às entradas e saídas de caixa sejam selecionadas em três grupos de atividades:

a. Atividades operacionais: são as principais atividades geradoras de receita da entidade. Podem ser exemplificadas pelo recebimento de uma venda, pagamento de fornecedores por compra de materiais, pagamento dos funcionários etc. Devem ser classificadas como operacionais, todas as demais atividades que não se enquadrem como de investimento ou de financiamento.
b. Atividades de investimento: são as referentes à aquisição e à venda de ativos de longo prazo e de outros investimentos não incluídos nos equivalentes de caixa. São exemplos, as aquisições ou vendas de participações em outras empresas e de Ativos utilizados na produção de bens ou na prestação de serviços ligados ao objeto social da empresa. É importante citar que as atividades de investimento não compreendem a aquisição de Ativos com o objetivo de revenda.
c. Atividades de financiamento: são aquelas que resultam em mudanças no tamanho e na composição do capital próprio e no capital de terceiros da entidade. Compreendem a captação de recursos dos acionistas ou cotistas e seu retorno em forma de lucros ou dividendos, a captação de empréstimos ou outros recursos, sua amortização e remuneração. É importante salientar que cuidados especiais precisam ser tomados no momento da classificação das transações em seus respectivos grupos de atividades.

Ocorre que determinados recebimentos ou pagamentos de caixa podem ter caracteristicas que se enquadrem tanto no fluxo de caixa das atividades operacionais, como nas atividades de financiamento, ou nas atividades de investimento. Assim, os desembolsos efetuados para pagamento a fornecedores decorrentes de financiamentos para aquisição de bens destinados à produção ou à venda devem ser classificados como atividades operacionais; os desembolsos efetuados para pagamentos a fornecedores decorrentes de financiamentos obtidos para aquisição de bens do Ativo Não Circulante devem ser classificados como atividades de investimento; enquanto os desembolsos efetuados para pagamento a credores referentes a empréstimos efetuados para aplicação na expansão do empreendimento devem ser classificados como atividades de financiamento. Para as normas internacionais derivadas do IASB, os juros pagos que serão capitalizados juntamente ao valor de um ativo, devem ser classificados juntamente com o ativo ao qual estes pagamentos foram efetuados. Assim, quando os juros pagos forem capitalizados como parte do custo do imobilizado ou do intangível, deverá integrar o grupo das Atividades de investimentos; quando Capitalizados como parte do custo dos Estoques, deverá ser classificado entre as Atividades Operacionais.

10.8.5 Transações que devem integrar a DFC

10.8.5.1 Atividades operacionais

A NBC TG03, em seu item 14, apresenta os seguintes exemplos de fluxos de caixa que decorrem das atividades operacionais:

a. recebimentos de caixa pela venda de mercadorias e pela prestação de serviços;
b. recebimentos de caixa decorrentes de *royalties*, honorários, comissões e outras receitas;

c. pagamentos de caixa a fornecedores de mercadorias e serviços;
d. pagamentos de caixa a empregados ou por conta de empregados;
e. recebimentos e pagamentos de caixa por seguradora de prêmios e sinistros, anuidades e outros benefícios da apólice;
f. pagamentos ou restituição de caixa de impostos sobre a renda, a menos que possam ser especificamente identificados com as atividades de financiamento ou de investimento; e
g. recebimentos e pagamentos de caixa de contratos mantidos para negociação imediata ou disponíveis para venda futura. Algumas transações, como a venda de item do imobilizado, podem resultar em ganho ou perda, que é incluído na apuração do lucro líquido ou prejuízo. Os fluxos de caixa relativos a tais transações são fluxos de caixa provenientes de atividades de investimento. Entretanto, pagamentos em caixa para a produção ou a aquisição de ativos mantidos para aluguel a terceiros que, em sequência, são vendidos, conforme descrito no item 68A da NBC TG 27 – Ativo Imobilizado, são fluxos de caixa advindos das atividades operacionais. Os recebimentos de aluguéis e das vendas subsequentes de tais ativos são também fluxos de caixa das atividades operacionais.

10.8.5.2 Atividades de investimento

A NBC TG 03, em seu item 14, apresenta os seguintes exemplos de fluxos de caixa advindos das atividades de investimento:

a. pagamentos em caixa para aquisição de ativo imobilizado, intangíveis e outros ativos de longo prazo. Esses pagamentos incluem aqueles relacionados aos custos de desenvolvimento ativados e aos ativos imobilizados de construção própria;
b. recebimentos de caixa resultantes da venda de ativo imobilizado, intangíveis e outros ativos de longo prazo;
c. pagamentos em caixa para aquisição de instrumentos patrimoniais ou instrumentos de dívida de outras entidades e participações societárias em *joint ventures* (exceto aqueles pagamentos referentes a títulos considerados como equivalentes de caixa ou aqueles mantidos para negociação imediata ou futura);
d. recebimentos de caixa provenientes da venda de instrumentos patrimoniais ou instrumentos de dívida de outras entidades e participações societárias em *joint ventures* (exceto aqueles recebimentos referentes aos títulos considerados como equivalentes de caixa e aqueles mantidos para negociação imediata ou futura);
e. adiantamentos em caixa e empréstimos feitos a terceiros (exceto aqueles adiantamentos e empréstimos feitos por instituição financeira);
f. recebimentos de caixa pela liquidação de adiantamentos ou amortização de empréstimos concedidos a terceiros (exceto aqueles adiantamentos e empréstimos de instituição financeira);
g. pagamentos em caixa por contratos futuros, a termo, de opção e *swap*, exceto quando tais contratos forem mantidos para negociação imediata ou futura, ou os pagamentos forem classificados como atividades de financiamento; e

h. recebimentos de caixa por contratos futuros, a termo, de opção e *swap*, exceto quando tais contratos forem mantidos para negociação imediata ou venda futura, ou os recebimentos forem classificados como atividades de financiamento. Quando um contrato for contabilizado como proteção (*hedge*) de posição identificável, os fluxos de caixa do contrato devem ser classificados do mesmo modo como foram classificados os fluxos de caixa da posição que estiver sendo protegida.

10.8.5.3 Atividades de financiamento

A NBC TG 03, em seu item 17, apresenta os seguintes exemplos de fluxos de caixa advindos das atividades de financiamento:

a. caixa recebido pela emissão de ações ou outros instrumentos patrimoniais;
b. pagamentos em caixa a investidores para adquirir ou resgatar ações da entidade;
c. caixa recebido pela emissão de debêntures, empréstimos, notas promissórias, outros títulos de dívida, hipotecas e outros empréstimos de curto e longo prazos;
d. amortização de empréstimos e financiamentos; e
e. pagamentos em caixa pelo arrendatário para redução do passivo relativo a arrendamento mercantil financeiro.

10.8.6 Transações que não devem integrar a DFC

Sendo o objetivo da DFC apresentar as transações que correspondem a entradas e saídas de recursos financeiros na empresa, obviamente, aquelas transações que não movimentam dinheiro não devem integrá-la. Segundo o item 44 da NBC TG 03, muitas atividades de investimento e de financiamento não têm impacto direto sobre os fluxos de caixa correntes, muito embora afetem a estrutura de capital e de ativos da entidade. A exclusão de transações que não envolvem caixa ou equivalentes de caixa da demonstração dos fluxos de caixa é consistente com o objetivo da referida demonstração, visto que tais itens não envolvem fluxos de caixa no período corrente.

Exemplos de transações que não envolvem caixa ou equivalente de caixa são:

a. a aquisição de ativos, quer seja pela assunção direta do passivo respectivo, quer seja por meio de arrendamento financeiro;
b. a aquisição de entidade por meio de emissão de instrumentos patrimoniais; e
c. a conversão de dívida em instrumentos patrimoniais.

Veja outros exemplos:

- Aumentos de capital com o aproveitamento de reservas.
- Aumentos de capital com conversão de obrigações de curto ou de longo prazo.
- Aumentos de capital com integralização em bens do Ativo.

Imobilizado.

- Recebimento de doações, exceto em dinheiro.
- Transferências de valores do exigível a longo prazo para o Passivo Circulante e do Realizável a Longo Prazo para o Ativo Circulante.

- Distribuição de dividendos, enquanto não forem pagos. Essa transação reduz o Patrimônio Líquido e aumenta o Passivo Circulante, porém não movimenta o caixa. É bom ressaltar que, no momento do pagamento dos dividendos, por ocorrer saída de numerário do disponível, o caixa ficará afetado e, consequentemente, o fato será informado na DFC.
- Compensações de valores Passivos com valores Ativos, desde que não envolvam dinheiro etc.

10.8.7 Métodos de estruturação da DFC

Existem dois métodos que podem ser utilizados para a estruturação da DFC: direto e indireto.

Esses métodos diferem somente em relação a forma de apresentação dos fluxos de caixa derivados das atividades operacionais, uma vez que as formas de apresentação dos fluxos de caixa das atividades de investimento e de financiamento são as mesmas nos dois métodos.

10.8.7.1 Método indireto

10.8.7.1.1 Introdução

Por esse método, também denominado Método da Reconciliação, os recursos derivados das atividades operacionais são demonstrados a partir do resultado do exercício (lucro ou prejuízo) antes da tributação pela CSLL e pelo IR, e ajustado pela adição das despesas e exclusão das receitas consideradas na apuração do resultado e que não afetaram o caixa da empresa, isto é, que não representaram saídas ou entradas de dinheiro, bem como pela exclusão das receitas realizadas no exercício e recebidas no exercício anterior; pela adição das receitas recebidas antecipadamente que não foram consideradas na apuração do resultado, pela exclusão das despesas incorridas no período porém pagas no exercício anterior e pela inclusão das despesas do exercício seguinte pagas antecipadamente que representam saídas de caixa e não integram o resultado do período. Exclui-se, também do Resultado, os Resultados obtidos nas transações de bens classificados nos subgrupos de Investimentos, Imobilizado e Intangível, todos do Ativo Não Circulante, uma vez que as baixas referentes a esses bens devem ser indicadas pelos valores brutos entre as atividades de investimento.

Finalmente, deve-se incluir entre os ajustes, as variações positivas ou negativas ocorridas no período nos estoques e nas contas operacionais a receber e a pagar, uma vez que essas variações, por não representarem despesas nem receitas, não foram incluídas na apuração do resultado do exercício e, também, pela natureza não integrarão os fluxos de caixa das atividades de investimento e de financiamento.

Veja o que estabelece o item 20 da NBC TG 03:

"De acordo com o método indireto, o fluxo de caixa líquido advindo das atividades operacionais é determinado ajustando o lucro líquido ou prejuízo quanto aos efeitos de:

a. variações ocorridas no período nos estoques e nas contas operacionais a receber e a pagar;

b. itens que não afetam o caixa, tais como depreciação, provisões, tributos diferidos, ganhos e perdas cambiais não realizados e resultado de equivalência patrimonial quando aplicável; e

c. todos os outros itens tratados como fluxos de caixa advindos das atividades de investimento e de financiamento."

10.8.7.1.2 Modelo

COMPANHIA:
DEMONSTRAÇÃO DOS FLUXOS DE CAIXA PELO MÉTODO INDIRETO
EXERCÍCIO FINDO EM:

DESCRIÇÃO	EXERCÍCIO ATUAL $	EXERCÍCIO ANTERIOR $
1. FLUXOS DE CAIXA DAS ATIVIDADES OPERACIONAIS		
Resultado do Exercício antes do IR e da CSLL		
Ajustes por:		
(+) Depreciação, amortização etc.		
(+/−) Resultado na venda de Ativos Não Circulantes		
(+/−) Equivalência patrimonial		
Variações nos Ativos e Passivos		
(Aumento) Redução em contas a receber		
(Aumento) Redução dos estoques		
Aumento (Redução) em Fornecedores		
Aumento (Redução) em Contas a Pagar		
Aumento (Redução) no IR e na CSL		
(=) Disponibilidades líquidas geradas pelas (aplicadas nas) atividades operacionais		
2. FLUXOS DE CAIXA DAS ATIVIDADES DE INVESTIMENTO		
(−) Compras de Investimentos		
(−) Compras do Imobilizado		
(−) Compras do Intangível		
(+) Recebimentos por vendas de Investimentos		
(+) Recebimentos por vendas do Imobilizado		
(+) Recebimento por vendas do Intangível		
(+) Recebimento de dividendos		
(=) Disponibilidades líquidas geradas pelas (aplicadas nas) atividades de investimento		
3. FLUXOS DE CAIXA DAS ATIVIDADES DE FINANCIAMENTO		
(+) Integralização de capital		
(+) Empréstimos tomados		
(−) Pagamento de dividendos		
(−) Pagamento de Empréstimos		
(=) Disponibilidades líquidas geradas pelas (aplicadas nas) atividades de financiamento		
4. AUMENTO (REDUÇÃO) NAS DISPONIBILIDADES (1+/−2+/−3)		
5. DISPONIBILIDADES NO INÍCIO DO PERÍODO		
6. DISPONIBILIDADES NO FINAL DO PERÍODO (4 +/− 5)		

10.8.7.2 Método direto

10.8.7.2.1 Introdução

A DFC pelo método direto é semelhante à DFC pelo método indireto. O que diverge esses dois métodos, conforme já dissemos, é a forma de apresentação das atividades operacionais. No método indireto, os recursos derivados das atividades operacionais, são indicados a partir do resultado do exercício, conforme já vimos. No método direto, os recursos derivados das operações são indicados a partir dos recebimentos e pagamentos decorrentes das operações normais, efetuados durante o período. Segundo a alínea "a" do item 18 da NBC TG 03, pelo método direto, as atividades operacionais são apresentadas através das principais classes de recebimentos brutos e pagamentos brutos.

10.8.7.2.2 Modelo

COMPANHIA:
DEMONSTRAÇÃO DOS FLUXOS DE CAIXA PELO MÉTODO DIRETO
EXERCÍCIO FINDO EM:

DESCRIÇÃO	EXERCÍCIO ATUAL $	EXERCÍCIO ANTERIOR $
1. FLUXOS DE CAIXA DAS ATIVIDADES OPERACIONAIS		
• Valores recebidos de clientes		
• Valores pagos a fornecedores e empregados		
• Imposto de renda e contribuição social pagos		
• Pagamentos de contingências		
• Recebimentos por reembolso de seguros		
• Recebimentos de lucros e dividendos de subsidiárias		
• Outros recebimentos (pagamentos) líquidos		
(=) Disponibilidades líquidas geradas pelas (aplicadas nas) atividades operacionais		
2. FLUXOS DE CAIXA DAS ATIVIDADES DE INVESTIMENTO		
(−) Compras de Investimentos		
(−) Compras do Imobilizado		
(−) Compras do Intangível		
(+) Recebimentos por vendas de Investimentos		
(+) Recebimentos por vendas do Imobilizado		
(+) Recebimento por vendas do Intangível		
(+) Recebimento de dividendos		
(=) Disponibilidades líquidas geradas pelas (aplicadas nas) atividades de investimento		
3. FLUXOS DE CAIXA DAS ATIVIDADES DE FINANCIAMENTO		
(+) Integralização de capital		
(+) Empréstimos tomados		
(−) Pagamento de dividendos		
(−) Pagamento de Empréstimos		
(=) Disponibilidades líquidas geradas pelas (aplicadas nas) atividades de financiamento		
4. AUMENTO (REDUÇÃO) NAS DISPONIBILIDADES (1+/−2+/−3)		
5. DISPONIBILIDADES NO INÍCIO DO PERÍODO		
6. DISPONIBILIDADES NO FINAL DO PERÍODO (4 +/− 5)		

10.8.7.2.3 Divulgações adicionais

Quando a empresa optar pela elaboração da DFC pelo método direto, deverá divulgar, adicionalmente, uma conciliação entre o lucro líquido e o fluxo de caixa líquido das atividades operacionais. A conciliação deve apresentar, separadamente, por categoria, os principais itens a serem conciliados, à semelhança do que deve fazer a entidade que usa o método indireto em relação aos ajustes ao lucro líquido ou prejuízo para apurar o fluxo de caixa líquido das atividades operacionais. (Item 20A da NBC TG 03)

10.8.8 Como elaborar a DFC

Para a elaboração da DFC, seja pelo método direto ou indireto, os dados são coletados dos Balanços do exercício (atual e anterior) e da DRE do exercício atual, além de consultas em fichas de Razão de algumas contas.

10.8.9 Exemplo prático

Vamos apresentar a seguir, oito operações realizadas em uma empresa comercial durante dois períodos e os reflexos dessas operações na DFC. Veja como é fácil:

Período X1

Fato 1: em 10 de novembro, Ronaldo constituiu uma empresa para explorar o ramo de comércio de calçados, com capital de $ 30.000 integralizado em dinheiro.

Fato 2: em 25 de novembro tomou emprestado do banco Urupês S/A, a importância de $ 20.000.

Fato 3: em 30 de novembro, comprou móveis para uso, no valor de $ 10.000, tendo pago em dinheiro.

Veja como ficará a DFC da empresa de Ronaldo, considerando somente esses três fatos:

DEMONSTRAÇÃO DOS FLUXOS DE CAIXA	
Período X1	
1. FLUXOS DE CAIXA DAS ATIVIDADES OPERACIONAIS	
2. FLUXOS DE CAIXA DAS ATIVIDADES DE INVESTIMENTO	
(−) Compras do Imobilizado	(10.000)
(=) Disponibilidades líquidas aplicadas nas atividades de investimento	(10.000)
3. FLUXOS DE CAIXA DAS ATIVIDADES DE FINANCIAMENTO	
(+) Integralização de capital	30.000
(+) Empréstimos tomados	20.000
(=) Disponibilidades líquidas geradas pelas atividades de financiamento	50.000
4. AUMENTO (REDUÇÃO) NAS DISPONIBILIDADES (2 − 3)	40.000
5. DISPONIBILIDADES NO INÍCIO DO PERÍODO	ZERO
6. DISPONIBILIDADES NO FINAL DO PERÍODO (4 + 5)	40.000

Período X2

Fato 4: em 01 de dezembro, comprou, à vista, um lote de mercadorias no valor de $ 30.000.

Fato 5: em 10 de dezembro, pagou despesas de aluguel, em dinheiro, no valor de $ 2.000.

Fato 6: em 12 de dezembro, vendeu todo o lote de mercadorias, à vista, por $ 39.000.

Fato 7: em 15 de dezembro, pagou uma parcela do financiamento no valor de $ 2.000, com juros de $ 50.

Fato 8: em 20 de dezembro, vendeu parte dos Móveis e Utensílios por $ 5.000, cujo custo de aquisição foi igual a 4.000.

Veja, agora como ficará a DFC da empresa de Ronaldo, no final de X2:

Antes, porém, é preciso elaborar a Demonstração do Resultado do Exercício do período, veja:

DEMONSTRAÇÃO DO RESULTADO DO EXERCÍCIO	
Período X2	
Receita Bruta de Vendas de Mercadorias	39.000
(−) Custo das mercadorias vendidas	(30.000)
(=) Lucro Bruto	9.000
(−) Despesas de aluguel	(2.000)
(−) Despesas de Juros	(50)
(= Lucro Operacional)	6.950
(+) Outras receitas	1.000
(=) Resultado antes dos Tributos sobre o Lucro	6.950

Examine a DFC a seguir e você compreenderá os reflexos provocados pelos fatos de X2.

DEMONSTRAÇÃO DOS FLUXOS DE CAIXA PELO MÉTODO INDIRETO	
Período X2	
1. FLUXOS DE CAIXA DAS ATIVIDADES OPERACIONAIS	
Resultado do exercício do período	7.950
Ajustes para conciliar o resultado às disponibilidades geradas pelas atividades operacionais	
(−) Resultado na venda de Ativos Não Circulantes	(1.000)
(=) Disponibilidades líquidas geradas pelas atividades operacionais	6.950
2. FLUXOS DE CAIXA DAS ATIVIDADES DE INVESTIMENTO	
(+) Recebimentos por vendas do Imobilizado	5.000
(=) Disponibilidades líquidas geradas pelas atividades de investimento	5.000
3. FLUXOS DE CAIXA DAS ATIVIDADES DE FINANCIAMENTO	
(−) Pagamento de Empréstimos	(2.000)
(=) Disponibilidades líquidas aplicadas nas atividades de financiamento	(2.000)
4. AUMENTO NAS DISPONIBILIDADES (1 + 2 − 3)	9.950
5. DISPONIBILIDADES NO INÍCIO DO PERÍODO	40.000
6. DISPONIBILIDADES NO FINAL DO PERÍODO (4 + 5)	49.950

10.9 Demonstração do Valor Adicionado (DVA)

10.9.1 Conceito

A **Demonstração do Valor Adicionado (DVA)** é um relatório contábil que evidencia o quanto de riqueza uma empresa produziu, isto é, o quanto ela adicionou de valor aos seus fatores de produção, e o quanto e de que forma essa riqueza foi distribuída (entre empregados, Governo, acionistas, financiadores de capital), bem como a parcela da riqueza não distribuída. Desse modo, a DVA tem por finalidade demonstrar a origem da riqueza gerada pela empresa, e como essa riqueza foi distribuída entre os diversos setores que contribuíram, direta ou indiretamente, para a sua geração.

O valor adicionado que é demonstrado na DVA representa a riqueza criada pela empresa, de forma geral medida pela diferença entre o valor das vendas e os insumos adquiridos de terceiros. Inclui também o valor adicionado recebido em transferência, ou seja, produzido por terceiros e transferido à entidade. (item 9 da NBC TG 09). Para exemplificar, consideremos que uma determinada unidade de mercadoria, adquirida do fornecedor por $ 20, tenha sido vendida pela empresa comercial por $ 30. Nesse caso, o valor adicionado pela empresa comercial corresponde a $ 10 ($ 30 – $ 20).

Note bem: embora a receita bruta de vendas dessa empresa comercial tenha sido de $ 30, ela agregou à economia do país apenas $ 10, uma vez que os outros $ 20 representam riquezas já geradas por empresas integrantes da cadeia produtiva, porém em outras etapas da produção (agricultura, indústria, comércio atacadista e serviços). O valor adicionado de $ 10, portanto, corresponde à remuneração dos esforços que a empresa despendeu no desenvolvimento de suas atividades.

Entre esses esforços, incluem-se os empregados (fonte de mão de obra), os investidores (fonte de capital próprio), os financiadores (fonte de capitais de terceiros) e o Governo, que será remunerado por meio dos impostos como contrapartida dos benefícios sociais que oferece a toda a sociedade, inclusive às empresas. Assim, o valor adicionado gerado em cada empresa em um determinado período representa o quanto essa empresa contribuiu para a formação do Produto Interno Bruto (PIB) do país no referido período. O PIB é um indicador próprio para mensurar a atividade econômica de uma região. Consiste na soma (em valores monetários) de todos os bens e serviços finais produzidos em uma região (país, Estado etc.) durante um determinado período (ano, mês etc.). Para os investidores e outros usuários, essa demonstração proporciona o conhecimento de informações de natureza econômica e social e oferece a possibilidade de melhor avaliação das atividades da entidade dentro da sociedade na qual está inserida. A decisão de recebimento por uma comunidade (Município, Estado e a própria Federação) de investimento pode ter nessa demonstração um instrumento de extrema utilidade e com informações que, por exemplo, a demonstração de resultado por si só não é capaz de oferecer. (Item 12 da NBC TG 09).

10.9.2 Riqueza de informações

A DVA é uma demonstração financeira (contábil) com informações de natureza social, diferente, portanto, da natureza das demais demonstrações financeiras (contábeis) exigidas pela Lei das Sociedades por Ações. Não restam dúvidas de que a DVA representa um grande avanço para a própria ciência contábil, especialmente porque os indicadores e informações de natureza social que ela oferece atingem um universo maior de usuários ao evidenciar a riqueza gerada pela empresa e a forma como essa riqueza foi distribuída entre os empregados (salários e benefícios), acionistas (remuneração do capital investido em forma de juros e dividendos), financiadores (pagamentos de juros e do custo dos insumos adquiridos de fornecedores) e a sociedade (por meio do recolhimento dos tributos ao governo). Um modo bem simples de aquilatar a riqueza de informações que se pode extrair da DVA consiste em comparar o percentual de cada item que a compõe em relação ao valor adicionado nela explicitado. Assim, pode-se conhecer o quanto a empresa gerou de riqueza e como essa riqueza foi distribuída em benefício da coletividade, bem como qual foi a parcela de contribuição de cada setor da coletividade na formação dessa mesma riqueza.

10.9.3 Elaboração da DVA

As informações contidas na DVA derivam das contas de resultado e também de algumas contas patrimoniais. As contas de resultado que serão consultadas para a elaboração da DVA são todas aquelas que representam as despesas, os custos e as receitas, observado o regime de competência. As contas patrimoniais das quais serão extraídas informações para a elaboração da DVA são aquelas representativas das participações de terceiros (tributos sobre o lucro líquido, debenturistas, empregados, administradores etc.), bem como aquelas representativas da remuneração dos acionistas pelo capital investido (juros e dividendos). Portanto, para elaborar a DVA, o contabilista deve coletar dados diretamente do livro Razão. Caso o livro Razão seja processado manualmente ou por meio do computador e não estejam previstas contas sintéticas que agrupem valores conforme deverão figurar na DVA, torna-se imprescindível fazer esses agrupamentos para facilitar a elaboração desse demonstrativo.

- Uma boa dica para a elaboração da DVA é que as informações nela apresentadas podem ser extraídas dos lançamentos de Diário relativos à contabilização do resultado bruto, do resultado líquido, das deduções, participações e destinações do resultado.

10.9.4 Estrutura da DVA

Também em relação a esse demonstrativo contábil, a Lei não oferece detalhes acerca dos itens que o integrarão, deixando a normatização dessa matéria a cargo dos órgãos reguladores. No entanto, no inciso II do artigo 188º, a Lei n. 6.404/76, apresenta as informações mínimas que devem ser indicadas na DVA, como: o valor da riqueza gerada pela companhia; a sua distribuição entre os elementos que contribuíram para a geração dessa riqueza, tais como empregados, financiadores, acionistas, Governo e outros; e a parcela da riqueza não distribuída. Veja, agora, o que dispõem o item 6 da NBC TG 09:

"6. A distribuição da riqueza criada deve ser detalhada, minimamente, da seguinte forma:

a) pessoal e encargos;

b) impostos, taxas e contribuições;

c) juros e aluguéis;

d) juros sobre o capital próprio (JCP) e dividendos;

e) lucros retidos/prejuízos do exercício."

10.9.5 Modelo de DVA

Veja o modelo de Demonstração do Valor Adicionado, apropriado para as empresas em geral (comerciais, industriais e prestadoras de serviços), constante da NBC TG 09.

DESCRIÇÃO	EXERCÍCIO ATUAL $	EXERCÍCIO ANTERIOR $
1. RECEITAS (soma dos itens 1.1 a 1.4)		
1.1 Vendas de mercadorias, produtos e serviços		
1.2 Outras receitas		
1.3 Receitas relativas à construção de ativos próprios		
1.4 Provisão para créditos de liquidação duvidosa – Reversão/(Constituição)		
2 INSUMOS ADQUIRIDOS DE TERCEIROS (inclui os valores dos impostos – ICMS, IPI, PIS e COFINS)		
2.1 Custos dos produtos, das mercadorias e dos serviços vendidos		
2.2 Materiais, energia, serviços de terceiros e outros		
2.3 Perda/Recuperação de valores ativos		
2.4 Outras (especificar)		
3. VALOR ADICIONADO BRUTO (1 – 2)		
4. DEPRECIAÇÃO, AMORTIZAÇÃO E EXAUSTÃO		
5. VALOR ADICIONADO LÍQUIDO PRODUZIDO PELA ENTIDADE (3 – 4)		
6. VALOR ADICIONADO RECEBIDO EM TRANSFERÊNCIA		
6.1 Resultado de equivalência patrimonial		
6.2 Receitas financeiras		
6.3 Outras		
7. VALOR ADICIONADO TOTAL A DISTRIBUIR (5 + 6)		
8. DISTRIBUIÇÃO DO VALOR ADICIONADO (*)		
8.1 Pessoal		
8.1.1 Remuneração direta		
8.1.2 Benefícios		
8.1.3 FGTS		
8.2 Impostos, taxas e contribuições		
8.2.1 Federais		
8.2.2 Estaduais		
8.2.3 Municipais		
8.3 Remuneração de capitais de terceiros		
8.3.1 Juros		
8.3.2 Aluguéis		
8.3.3 Outras		
8.4 Remuneração de capitais próprios		
8.4.1 Juros sobre o capital próprio		
8.4.2 Dividendos		
8.5 Lucros retidos/Prejuízo do exercício		
8.6 Participação dos não controladores nos lucros retidos (Só para consolidação)		

(*) O total do item 8 deve ser exatamente igual ao item 7.

10.9.6 Instruções para o preenchimento da DVA[3]

As informações apresentadas na DVA, estão divididas em duas partes: na primeira parte, itens 1 a 7, é apresentada a riqueza criada pela entidade e na segunda parte (item 8), é apresentado como essa riqueza foi distribuída.

1. RECEITAS (soma algébrica dos itens 1.1 a 1.4.)
   - 1.1 Vendas de mercadorias, produtos e serviços: representa os valores reconhecidos na contabilidade a esse título pelo regime de competência e incluídos na demonstração do resultado do período inclui os valores dos tributos incidentes sobre essas receitas (por exemplo, ICMS, IPI, PIS e COFINS), ou seja, corresponde ao ingresso bruto ou faturamento bruto, mesmo quando na demonstração do resultado tais tributos estejam fora do cômputo dessas receitas.
   - 1.2 Outras receitas: representam os valores que sejam oriundos, principalmente, de baixas por alienação de ativos não circulantes, tais como resultados na venda de imobilizado, de investimentos, e outras transações incluídas na demonstração do resultado do exercício que não configuram reconhecimento de transferência à entidade de riqueza criada por outras entidades.

Diferentemente dos critérios contábeis, também incluem valores que não transitam pela demonstração do resultado, como, por exemplo, aqueles relativos à construção de ativos para uso próprio da entidade (veja Seção 10.9.7) e aos juros pagos ou creditados que tenham sido incorporados aos valores dos ativos de longo prazo (normalmente, imobilizados). No caso de estoques de longa maturação, os juros a eles incorporados deverão ser destacados como distribuição da riqueza no momento em que os respectivos estoques forem baixados; dessa forma, não há que se considerar esse valor como outras receitas. Inclui, também, os tributos incidentes sobre essas receitas.

   - 1.3 Receitas relativas à construção de ativos próprios: (ver Seção 10.9.7).
   - 1.4 Provisão para Créditos de Liquidação Duvidosa – Reversão/(Constituição): inclui os valores relativos à constituição e reversão dessa provisão. Veja detalhes na Seção 3.9 do Capítulo 3.

2. INSUMOS ADQUIRIDOS DE TERCEIROS (soma dos itens 2.1 a 2.4)
   - 2.1 Custos dos produtos, das mercadorias e dos serviços vendidos: inclui os valores das matérias-primas adquiridas junto a terceiros e contidas no custo do produto vendido, das mercadorias e dos serviços vendidos adquiridos de terceiros; não inclui gastos com pessoal próprio.
   - 2.2 Materiais, energia, serviços de terceiros e outros: inclui valores relativos às despesas originadas da utilização desses bens, utilidades e serviços adquiridos junto a terceiros. Nos valores dos custos dos produtos e mercadorias vendidos, materiais, serviços, energia etc. consumidos, devem ser considerados os tributos incluídos no momento das compras (por exemplo, ICMS, IPI, PIS e COFINS), recuperáveis ou não. Esse procedimento é diferente das práticas utilizadas na demonstração do resultado.
   - 2.3 Perda e Recuperação de valores ativos: inclui valores relativos a ajustes por avaliação a valor de mercado de estoques, imobilizados, investimentos etc. Também devem ser incluídos os valores das perdas por desvalorização de ativos (tanto a despesa – momento do reconhecimento da perda – como as receitas – momento das reversões), conforme disciplinas contidas na NBC TG 01 – Redução ao Valor Recuperável de Ativos (se no período o valor líquido for positivo, deve ser somado).

(continua)

[3] O texto desta seção foi extraído da NBC TG 09.

(continuação)

2.4 Outras (especificar)

3. VALOR ADICIONADO BRUTO (diferença entre os itens 1 e 2).
4. DEPRECIAÇÃO, AMORTIZAÇÃO E EXAUSTÃO: representam os valores reconhecidos no período e normalmente utilizados para conciliação entre o fluxo de caixa das atividades operacionais e o resultado líquido do exercício. Inclui a despesa ou o custo contabilizados no período.
5. VALOR ADICIONADO LÍQUIDO PRODUZIDO PELA ENTIDADE (diferença entre os itens 3 e 4).
6. VALOR ADICIONADO RECEBIDO EM TRANSFERÊNCIA (soma dos itens 6.1 a 6.3)
   6.1 Resultado de equivalência patrimonial: pode representar receita ou despesa; se despesa, deve ser considerado como redução ou valor negativo.
   6.2 Receitas financeiras: Inclui todas as receitas financeiras, inclusive as variações cambiais ativas, independentemente de sua origem.
   6.3 Outras receitas: Inclui os dividendos relativos a investimentos avaliados ao custo, aluguéis, direitos de franquia etc.
7. VALOR ADICIONADO TOTAL A DISTRIBUIR (soma dos itens 5 e 6)
8. DISTRIBUIÇÃO DO VALOR ADICIONADO (*): soma dos itens 8.1 a 8.5).
   8.1 Pessoal: valores apropriados ao custo e ao resultado do exercício na forma de:
      8.1.1 Remuneração direta: representada pelos valores relativos a salários, 13º salário, honorários da administração (inclusive os pagamentos baseados em ações), férias, comissões, horas extras, participação de empregados nos resultados etc.
      8.1.2 Benefícios: representados pelos valores relativos a assistência médica, alimentação, transporte, planos de aposentadoria etc.
      8.1.3 FGTS: representado pelos valores depositados em conta vinculada dos empregados.
   8.2 Impostos, taxas e contribuições: valores relativos ao imposto de renda, contribuição social sobre o lucro, contribuições ao INSS (incluídos aqui os valores do Seguro de Acidentes do Trabalho) que sejam ônus do empregador, bem como os demais impostos e contribuições a que a empresa esteja sujeita. Para os impostos compensáveis, tais como ICMS, IPI, PIS e COFINS, devem ser considerados apenas os valores devidos ou já recolhidos, e representam a diferença entre os impostos e contribuições incidentes sobre as receitas e os respectivos valores incidentes sobre os itens considerados como "insumos adquiridos de terceiros".
      8.2.1 Federais: inclui os tributos devidos à União, inclusive aqueles que são repassados no todo ou em parte aos Estados, Municípios, Autarquias, etc., tais como: IRPJ, CSLL, IPI, CIDE, PIS, COFINS. Inclui também a contribuição sindical patronal.
      8.2.2 Estaduais: inclui os tributos devidos aos Estados, inclusive aqueles que são repassados no todo ou em parte aos Municípios, Autarquias etc., tais como o ICMS e o IPVA.
      8.2.3 Municipais: inclui os tributos devidos aos Municípios, inclusive aqueles que são repassados no todo ou em parte às Autarquias ou quaisquer outras entidades, tais como o ISS e o IPTU.
   8.3 Remuneração de capitais de terceiros: valores pagos ou creditados aos financiadores externos de capital.

(continua)

(continuação)

8.3.1 Juros: inclui as despesas financeiras, inclusive as variações cambiais passivas, relativas a quaisquer tipos de empréstimos e financiamentos junto a instituições financeiras, empresas do grupo ou outras formas de obtenção de recursos. Inclui os valores que tenham sido capitalizados no período.

8.3.2 Aluguéis: inclui os aluguéis (inclusive as despesas com arrendamento operacional) pagos ou creditados a terceiros, inclusive os acrescidos aos ativos.

8.3.3 Outras: inclui outras remunerações que configurem transferência de riqueza a terceiros, mesmo que originadas em capital intelectual, tais como *royalties*, franquia, direitos autorais etc.

8.4 Remuneração de capitais próprios: valores relativos à remuneração atribuída aos sócios e acionistas.

8.4.1 Juros sobre o capital próprio (JCP): inclui os valores pagos ou creditados aos sócios e acionistas por conta do resultado do período, ressalvando-se os valores dos JCP transferidos para conta de reserva de lucros.

8.4.2 Dividendos: devem ser incluídos apenas os valores distribuídos com base no resultado do próprio exercício, desconsiderando-se os dividendos distribuídos com base em lucros acumulados de exercícios anteriores, uma vez que já foram tratados como "lucros retidos" no exercício em que foram gerados.

8.5 Lucros retidos/Prejuízo do exercício: inclui os valores relativos ao lucro do exercício destinados às reservas, inclusive os JCP quando tiverem esse tratamento; nos casos de prejuízo, esse valor deve ser incluído com sinal negativo. As quantias destinadas aos sócios e acionistas na forma de JCP, independentemente de serem registradas como passivo (JCP a pagar) ou como reserva de lucros, devem ter o mesmo tratamento dado aos dividendos no que diz respeito ao exercício a que devem ser imputados.

8.6 Participação dos não controladores nos lucros retidos: este item será informado somente nos casos de consolidação.

10.9.7 Ativos construídos pela empresa para uso próprio[4]

A construção de ativos dentro da própria empresa para seu próprio uso é procedimento comum. Nessa construção diversos fatores de produção são utilizados, inclusive a contratação de recursos externos (por exemplo, materiais e mão de obra terceirizada) e a utilização de fatores internos como mão de obra, com os consequentes custos que essa contratação e utilização provocam. Para elaboração da DVA, essa construção equivale a produção vendida para a própria empresa, e por isso seu valor contábil integral precisa ser considerado como receita. A mão de obra própria alocada é considerada como distribuição dessa riqueza criada, e eventuais juros ativados e tributos também recebem esse mesmo tratamento. Os gastos com serviços de terceiros e materiais são apropriados como insumos. À medida que tais ativos entrem em operação, a geração de resultados desses ativos recebe tratamento idêntico aos resultados gerados por qualquer outro ativo adquirido de terceiros; portanto, sua depreciação também deve receber igual tratamento. Para evitar o desmembramento das despesas de depreciação, na elaboração da DVA, entre os

[4] O texto desta seção foi extraído dos itens 19 a 22 da NBC TG 09.

componentes que serviram de base para o respectivo registro do ativo construído internamente (materiais diversos, mão de obra, impostos, aluguéis e juros), os valores gastos nessa construção devem, no período da construção, ser tratados como Receitas relativas à construção de ativos próprios. Da mesma forma, os componentes de seu custo devem ser alocados na DVA seguindo-se suas respectivas naturezas. Referido procedimento de reconhecimento dos valores gastos no período como outras receitas, além de aproximar do conceito econômico de valor adicionado, evita controles complexos adicionais, que podem ser custosos, durante toda a vida útil econômica do ativo.

ATIVIDADES TEÓRICAS

1. Responda:

1.1 Em que consiste a Demonstração dos Fluxos de Caixa?

1.2 Para fins da DFC, o que são equivalentes de caixa?

1.3 O que são fluxos de caixa?

1.4 Segundo a Lei n. 6.404/76, na DFC devem ser apresentadas as operações que provocaram variações no caixa e equivalentes de caixa, em três grupos de atividades. Quais são?

1.5 Para fins da DFC, em que consistem as atividades operacionais?

1.6 Para fins da DFC, em que consistem as atividades de investimento?

1.7 Para fins da DFC, em que consistem as atividades de financiamento?

1.8 Cite dois exemplos de fluxos de caixa que decorrem das atividades operacionais.

1.9 Cite dois exemplos de fluxos de caixa que decorrem das atividades de investimento.

1.10 Cite dois exemplos de fluxos de caixa que decorrem das atividades de financiamento.

1.11 Cite dois exemplos de transações que não devem integrar a DFC.

1.12 Quantos e quais são os métodos que podem ser utilizados para a estruturação da DFC?

1.13 Em que diferem os métodos diretos e indiretos utilizados para elaboração da DFC?

1.14 Cite duas despesas que na DFC indireta devem ser adicionadas ao resultado dos fluxos de caixa das atividades operacionais.

1.15 O que é a Demonstração do Valor Adicionado?

1.16 Qual a finalidade da DVA?

1.17 Segundo a NBC TG 09, o que representa o valor adicionado que é demonstrado na DVA?

1.18 De que parte da escrituração o contabilista pode lançar mão para elaborar a DVA?

1.19 Segundo a Lei n. 6.404/76, que informações mínimas devem figurar na DVA?

1.20 Segundo a NBC TG 09, como a distribuição da riqueza criada deve ser detalhada na DVA?

2. Classifique as afirmativas em falsas (F) ou verdadeiras (V)

2.1 ( ) Para fins da DFC, quando falamos em caixa estamos nos referindo à conta Caixa e à conta Bancos conta Movimento.

2.2 ( ) Equivalentes de caixa compreendem as aplicações de altíssima liquidez com vencimento de no máximo 3 meses a contar da data da aquisição.

2.3 ( ) Para as normas internacionais derivadas do IASB, os juros pagos capitalizados como parte do custo do imobilizado ou do intangível, deverá integrar o grupo das Atividades operacionais.

2.4 ( ) Os juros pagos e Capitalizados como parte do custo dos Estoques, deverá ser classificado entre as Atividades Operacionais.

2.5 ( ) Pelo método indireto ou da Reconciliação, os recursos derivados das atividades operacionais são demonstrados a partir do resultado do exercício.

2.6 ( ) Quando a empresa optar pela elaboração da DFC pelo método direto, deverá divulgar, adicionalmente, uma conciliação entre o lucro líquido e o fluxo de caixa líquido das atividades operacionais.

2.7 ( ) As informações apresentadas na DVA, estão divididas em duas partes: riqueza criada e como essa riqueza foi distribuída.

10.10 Notas explicativas

10.10.1 Conceito

As notas explicativas são esclarecimentos que visam a complementar as demonstrações contábeis e informar os critérios utilizados pela empresa, a composição dos saldos de determinadas contas, os métodos de depreciação, os principais critérios de avaliação dos elementos patrimoniais etc. Enfim, elas facilitam a interpretação dos dados contidos nas demonstrações financeiras. Devem figurar logo em seguida às demonstrações financeiras, quando essas forem publicadas pela empresa. As notas explicativas representam parte integrante das demonstrações financeiras.

10.10.2 Notas explicativas segundo a NBC TG26

Veja, na íntegra os itens 112 a 116 da NBC TG 26, aprovada pela Resolução CFC n. 1185/2009:

Notas explicativas

Estrutura

112. As notas explicativas devem:

a. apresentar informação acerca da base para a elaboração das demonstrações contábeis e das políticas contábeis específicas utilizadas de acordo com os itens 117 a 124;
b. divulgar a informação requerida pelas normas, interpretações e comunicados técnicos que não tenha sido apresentada nas demonstrações contábeis; e

(continua)

(continuação)

c. prover informação adicional que não tenha sido apresentada nas demonstrações contábeis, mas que seja relevante para sua compreensão.

113. As notas devem ser apresentadas, tanto quanto seja praticável, de forma sistemática. Na determinação de forma sistemática, a entidade deve considerar os efeitos sobre a compreensibilidade e comparabilidade das suas demonstrações contábeis.

Cada item das demonstrações contábeis deve ter referência cruzada com a respectiva informação apresentada nas notas explicativas. (Alterado pela NBC TG 26 (R3))

114. Exemplos de ordenação ou agrupamento sistemático das notas explicativas incluem:

a. dar destaque para as áreas de atividades que a entidade considera mais relevantes para a compreensão do seu desempenho financeiro e da posição financeira, como agrupar informações sobre determinadas atividades operacionais;
b. agrupar informações sobre contas mensuradas de forma semelhante, como os ativos mensurados ao valor justo; ou
c. seguir a ordem das contas das demonstrações do resultado e de outros resultados abrangentes e do balanço patrimonial, tais como:
    i. declaração de conformidade com as normas, interpretações e comunicados (ver item 16);
    ii. políticas contábeis significativas aplicadas (ver item 117);
    iii. informação de suporte de itens apresentados nas demonstrações contábeis pela ordem em que cada demonstração e cada rubrica sejam apresentadas; e
    iv. outras divulgações, incluindo:
        1) passivos contingentes (ver NBC TG 25) e compromissos contratuais não reconhecidos; e
        2) divulgações não financeiras, por exemplo, os objetivos e as políticas de gestão do risco financeiro da entidade (ver NBC TG 40). (Alterado pela NBC TG 26 (R3))

115. Em algumas circunstâncias, pode ser necessário ou desejável alterar a ordem de determinados itens nas notas explicativas. Por exemplo, a informação sobre variações no valor justo, reconhecidas no resultado, pode ser divulgada juntamente com a informação sobre vencimentos de instrumentos financeiros, embora a primeira se relacione com a demonstração do resultado e a última se relacione com o balanço patrimonial. Contudo, até onde praticável, deve ser mantida uma estrutura sistemática das notas. (Eliminado pela NBC TG 26 (R3))

116. As notas explicativas que proporcionam informação acerca da base para a elaboração das demonstrações contábeis e as políticas contábeis específicas, podem ser apresentadas como seção separada das demonstrações contábeis.

10.11 Relatório da Diretoria e Opinião do Auditor Independente

10.11.1 Relatório da diretoria

Segundo a legislação atual, para fins de publicação, as companhias estão obrigadas a iniciar a apresentação de suas demonstrações financeiras, com o relatório da diretoria ou do conselho de administração. (Este segundo, nos casos em que a companhia esteja sujeita a manter esse conselho. O relatório da diretoria nada mais é que uma apresentação do Balanço Patrimonial, bem como das demais demonstrações financeiras aos acionistas.

Veja:

RELATÓRIO DA DIRETORIA

> Prezados Acionistas,
>
> Em cumprimento às disposições legais e estatutárias, submetemos à apreciação de Vossas Senhorias o Balanço Patrimonial e as demais demonstrações financeiras encerradas em 31 de dezembro de X1. Estaremos à disposição de Vossas Senhorias em nossa sede social para quaisquer outros esclarecimentos.
>
> São Paulo, ... de .... de X1
>
> A Diretoria

Quando a sociedade estiver sujeita a manter o conselho de administração, as demonstrações financeiras serão publicadas precedidas do relatório da administração, o qual apresenta maiores detalhes que o relatório da diretoria. Enquanto o relatório da diretoria se limita em apresentar as demonstrações financeiras aos acionistas, o relatório da administração procura detalhar os dados informados nos diversos demonstrativos, comentando o desempenho da empresa no período, analisando a situação econômica e financeira em comparação com outras empresas do ramo, estudos de projeções para o crescimento a curto e a longo prazos, concluindo, normalmente, com agradecimentos a fornecedores, clientes e funcionários.

10.11.2 Opinião do auditor independente

Segundo estabelecem os §§ 3º e 4º do artigo 177º da Lei n. 6.404/76, as demonstrações financeiras serão assinadas pelos administradores e por contabilistas legalmente habilitados, sendo que as demonstrações financeiras das companhias abertas observarão, ainda, as normas expedidas pela Comissão de Valores Mobiliários, e serão, obrigatoriamente, submetidas a auditoria por auditores independentes registrados na citada comissão. A companhia contrata auditores independentes, os quais examinam todas as suas demonstrações contábeis (financeiras) bem como a escrita contábil e fiscal (incluindo confrontações entre registros, documentos e bens), aplicando as normas de auditoria com o intuito de comprovar a veracidade dos dados informados nas demonstrações contábeis. O resultado da auditoria é consubstanciado em um Relatório de Auditoria, no qual o auditor independente expressa, claramente, por escrito, sua opinião sobre as demonstrações contábeis, com base na avaliação das conclusões alcançadas após a realização do seu trabalho.

Nele, é descrita, também, a base que o auditor utilizou para emitir sua opinião. O relatório do auditor independente, que pode ser emitido de forma impressa em papel ou em meio eletrônico, é composto pelas seguintes partes: título; destinatário; parágrafo introdutório; responsabilidade da administração sobre as demonstrações contábeis; responsabilidade do auditor; opinião do auditor; outros requisitos legais e regulatórios; localidade; data; e identificação e assinatura do auditor. Em decorrência das evidências de auditoria encontradas, o auditor poderá emitir quatro tipos de opinião: opinião sem ressalva; opinião com ressalva; opinião adversa e opinião com abstenção de opinião. Veja, agora, um exemplo de Relatório de Auditoria, contendo opinião sem ressalva. Esse modelo de Relatório, com as alterações que julgamos conveniente para torná-lo de mais fácil entendimento, foi extraído do apêndice da NBC TA 700, aprovada pela Resolução CFC n. 1.231/2009.

RELATÓRIO DO(S) AUDITOR(ES) INDEPENDENTE(S) SOBRE AS DEMONSTRAÇÕES CONTÁBEIS

(Destinatário)

(Parágrafo introdutório)

Examinamos as demonstrações contábeis da Companhia X, que compreendem o balanço patrimonial em 31 de dezembro de X1 e as respectivas demonstrações do resultado, das mutações do patrimônio líquido e dos fluxos de caixa para o exercício findo naquela data, assim como o resumo das principais práticas contábeis e demais notas explicativas. (Responsabilidade da administração sobre as demonstrações contábeis) A administração da Companhia é responsável pela elaboração e adequada apresentação dessas demonstrações contábeis de acordo com as práticas contábeis adotadas no Brasil e pelos controles internos que ela determinou como necessários para permitir a elaboração de demonstrações contábeis livres de distorção relevante, independentemente se causada por fraude ou erro. (Responsabilidade dos auditores independentes) Nossa responsabilidade é a de expressar uma opinião sobre essas demonstrações contábeis com base em nossa auditoria, conduzida de acordo com as normas brasileiras e internacionais de auditoria. Essas normas requerem o cumprimento de exigências éticas pelos auditores e que a auditoria seja planejada e executada com o objetivo de obter segurança razoável de que as demonstrações contábeis estão livres de distorção relevante. Uma auditoria envolve a execução de procedimentos selecionados para obtenção de evidência a respeito dos valores e divulgações apresentados nas demonstrações contábeis. Os procedimentos selecionados dependem do julgamento do auditor, incluindo a avaliação dos riscos de distorção relevante nas demonstrações contábeis, independentemente se causada por fraude ou erro. Nessa avaliação de riscos, o auditor considera os controles internos relevantes para a elaboração e adequada apresentação das demonstrações contábeis da Companhia para planejar os procedimentos de auditoria que são apropriados nas circunstâncias, mas não para fins de expressar uma opinião sobre a eficácia desses controles internos da Companhia.

(continua)

(continuação)

Uma auditoria inclui, também, a avaliação da adequação das práticas contábeis utilizadas e a razoabilidade das estimativas contábeis feitas pela administração, bem como a avaliação da apresentação das demonstrações contábeis tomadas em conjunto. Acreditamos que a evidência de auditoria obtida é suficiente e apropriada para fundamentar nossa opinião. (Opinião do Auditor) Em nossa opinião, as demonstrações contábeis acima referidas apresentam adequadamente, em todos os aspectos relevantes, a posição patrimonial e financeira da Entidade X em 31 de dezembro de X1, o desempenho de suas operações, as mutações de seu Patrimônio Líquido e seus fluxos de caixa para o exercício findo naquela data, de acordo com as práticas contábeis adotadas no Brasil. (Outros Requisitos Legais e Regulatórios)

(Localidade – do escritório de auditoria que emitiu o relatório)

(Data do relatório)

(Identificação e assinatura do auditor independente – pessoa física ou jurídica – nome do sócio ou responsável técnico, quando pessoa jurídica; números de registro no CRC da firma de auditoria e do profissional que assina o relatório; e assinatura do auditor independente.)

ATIVIDADES TEÓRICAS

1. Responda:

   1.1 Em que consistem as Notas Explicativas?

   1.2 Qual a importância do Relatório da Diretoria?

   1.3 Em que consiste o Relatório da Diretoria?

   1.4 Em que circunstância a companhia deve elaborar o Relatório da Adminstração em lugar do Relatório da Diretoria?

   1.5 Que tipo de entidade está obrigada a submeter as suas demonstrações financeiras para serem auditadas por auditores independentes registrados na CVM?

   1.6 As companhias contratam auditores independentes com que finalidade?

   1.7 Onde o auditor independente consubstancia sua opinião acerca das demonstrações contábeis que auditou?

   1.8 Cite três partes do Relatório do auditor independente.

2. Classifique as afirmativas em falsas (f) ou verdadeiras (v)

   2.1 ( ) As notas explicativas não fazem parte das demonstrações financeiras.

   2.2 ( ) Em decorrência das evidências de auditoria encontradas, o auditor poderá emitir dois tipos de opinião: opinião sem ressalva e opinião com ressalva.

   2.3 ( ) Em decorrência das evidências de auditoria encontradas, o auditor poderá emitir quatro tipos de opinião: opinião sem ressalva; opinião com ressalva; opinião adversa e opinião com abstenção de opinião.

TESTES DE EXAME DE SUFICIÊNCIA

Contador – ano 2001, prova 1 – Área de Conhecimentos Contábeis Avançados

1. O Balanço Patrimonial destina-se a evidenciar:

   a) A situação exclusivamente qualitativa da empresa ao final de cada exercício social.

   b) A situação do lucro ou prejuízo da empresa em 31 de dezembro de cada ano.

   c) O patrimônio e o patrimônio líquido da entidade, quantitativa e qualitativamente, em determinada data.

   d) A situação financeira líquida da entidade, quantitativa e qualitativamente, em determinada data.

Contador – ano 2000, prova 1 – Contabilidade Geral

2. Considere as informações abaixo:

   Balanço Patrimonial ($ 1.000,00) em 31/12/98

ATIVO		PASSIVO	
ATIVO CIRCULANTE		PASSIVO CIRCULANTE	
Disponível	10	Fornecedores	20
Duplicatas a Receber	8	Impostos a Pagar	2
Mercadorias	24	Salários a Pagar	4
		Total do Passivo	26
ATIVO NÃO CIRCULANTE		PATRIMÔNIO LÍQUIDO	
Equipamentos	18	Capital	54
Imóveis	30	Reservas	10
Total do Ativo	90	Total do PL	64

Ocorreram as seguintes operações em 1999:

Compra de mercadorias a prazo	18
Venda à vista de mercadorias	40
Pagamentos a fornecedores	14
Custo das mercadorias vendidas	30
Duplicatas recebidas de clientes	6
Venda de imóvel, vendido para recebimento em seis meses	6
Custo do imóvel vendido	12
Aumento de capital em dinheiro	20
Pagamento dos salários provisionados em 1998	4
Compra de equipamentos, a prazo de seis meses	2

Observações:

I. Desconsidere a incidência de impostos.

II. Considere que os negócios a prazo foram feitos em dezembro de 1999 e o prazo para pagamento das mercadorias é janeiro de 2000.

Considerando que as operações descritas foram as únicas ocorridas no período de 01/01/1999 a 31/12/1999, podemos afirmar que:

a) no balanço de 31/12/1998, o valor do Ativo Circulante equivale a duas vezes o valor do Ativo Circulante do balanço de 31/12/1999.

b) no balanço de 31/12/99, o valor do Ativo Circulante equivale a três vezes o valor do Passivo Circulante de 31/12/1998.

c) comparando o balanço de 31/12/1999 com o balanço de 31/12/1998, verificamos que houve redução de $ 42 no valor do Capital Circulante Líquido.

d) o valor do Capital Circulante Líquido sofreu um incremento de $ 42, no Balanço de 31/12/1999, em comparação com o balanço de 31/12/1998.

TESTES DE CONCURSO

Agente Tributário Estadual – MS – Contabilidade Geral

1. Assinale a opção correta.

Pelas disposições da Lei n. 6.404/76 sobre Demonstrações Financeiras, podemos perceber que:

a) a Demonstração do Resultado do Exercício deve apresentar, expresso em reais, o valor do crédito auferido para cada uma das ações do capital social.

b) a Demonstração de Lucros ou Prejuízos Acumulados, quando devidamente elaborada, substitui a Demonstração das Mutações do Patrimônio Líquido.

c) o Balanço Patrimonial deve apresentar, quando ocorrer, o Passivo a Descoberto como dedução do Patrimônio Líquido.

d) a Demonstração dos Fluxos de Caixa evidencia o fluxo de receitas e despesas.

e) as demonstrações financeiras de empresas do mesmo ramo podem ser consolidadas, desde que uma participe do capital social da outra.

Agente Tributário Estadual – MS – Contabilidade Geral (Questão adaptada pelo autor desta obra)

2. A Cia. RentaLucra apresentou a seguinte composição em seu balanço, encerrado em 31 de dezembro do ano 2000:

Agente Tributário Estadual – MS – Contabilidade Geral

Componentes	Saldo($) em 31/12/00
Bens Numerários	3.000,00
Duplicatas a Receber	9.000,00
Perda Estimadas em Créditos de Liquidação Duvidosa	2.700,00
Empréstimos a Coligadas	1.500,00
Despesas Antecipadas	1.050,00
Estoques	14.100,00
Ações de Coligadas	5.295,00
Imobilizado	7.050,00
Duplicatas Descontadas	3.000,00
Empréstimos Bancários (LP)	3.000,00
Dividendos a Pagar	2.325,00
Contas a Pagar	5.700,00

(continua)

(continuação)

Componentes	Saldo($) em 31/12/00
Imposto de Renda a Recolher... Capital Social... Reservas de Lucros... Reservas de Capital	3.150,00 7.815,00 3.820,00 9.480,00

Observações:

1. Sabe-se que no Grupo Patrimônio Líquido, em 01/01/2000, existiam os seguintes saldos:

   Capital Social ... $ 7.815,00
   Reservas de Capital... $ 9.480,00
   Prejuízos Acumulados... $ 5.400,00

2. Os dividendos a pagar são todos oriundos da destinação do resultado obtido em 31 de dezembro de 2000.

   Baseados nos dados e informações acima, podemos afirmar que o Resultado Líquido antes do Imposto de Renda, apresentado na DRE (Demonstração do Resultado do Exercício) de 2000 dessa empresa, expressou o valor de:

   a) $ 20.175,00.
   b) $ 19.200,00.
   c) $ 17.850,00
   d) $ 14.700,00.
   e) $ 9.300,00.

   Auditor-Fiscal da Previdência Social – AFPS/2002 – Auditoria – Contabilidade Avançada

3. Os Fluxos dos Caixas podem ser elaborados pelos métodos:

   a) descontado e direto;
   b) de geração líquida e descontado;
   c) indireto e descontado;
   d) corrente e de geração líquida;
   e) direto e indireto.

Referências

I – Obras consultadas

EISEN, Peter J. *Accounting*. 3ª ed. New York:Barron's Business, 1994.

FRANCO, Hilário. *Contabilidade geral*. 18ª ed. São Paulo: Atlas, 1973.

______. *Contabilidade comercial*. 11ª ed. São Paulo: Atlas, 1976.

GOUVEIA, Nelson. *Contabilidade*. São Paulo: Mcgraw-Hill do Brasil, 1976.

IUDÍCIBUS, Sérgio de; CKANITZ, Stephen; MARTINS, Eliseu; RAMOS, Alkindar de Toledo; CASTILHO, Edison; BENATTI, Luiz; FILHO, Eduardo Weber; JR., Ramom Domingues. *Contabilidade introdutória*. Equipe de professores da FEA/USP 9ª ed. São Paulo: Atlas, 1998.

IUDÍCIBUS, Sérgio de; MARTINS, Eliseu; GELBCKE, Ernesto Rubens; SANTOS, Ariovaldo dos. *Manual de contabilidade societária*. São Paulo: Atlas, 2010.

JACINTHO, Roque. *Biblioteca de ciências contábeis em lançamentos programados*. 6ª ed. São Paulo: Brasiliense, 1980.

MARION, José Carlos; IUDÍCIBUS, Sérgio de. *Contabilidade comercial*. São Paulo: Atlas, 1985.

NEPOMUCENO, F. *Novo plano de contas*. São Paulo: IOB – Thomson, 2003.

WALTER, Milton Augusto. *Introdução à contabilidade*. São Paulo: Saraiva, 1981.

II – Legislação consultada

Lei n. 6.404/1976 (Lei das Sociedades por Ações);

Lei n. 11.638/2007 – Alterou e revogou dispositivos da Lei n. 6.404/1976 e da Lei n. 6.385/1976, e estendeu às sociedades de grande porte disposições relativas à elaboração e divulgação de demonstrações financeiras.

Medida Provisória n. 449/2008 convertida na Lei n. 11.941/2009, que promoveu alterações na legislação tributária, na Lei n. 6.404/1976 entre outras;

Código Civil Brasileiro (Lei n. 10.406/2002 – artigos 966º a 1195º);

Código Comercial Brasileiro (Lei n. 556/1850).

III – Outros documentos consultados

NBC TG ESTRUTURA CONCEITUAL – Estrutura Conceitual para Elaboração e Divulgação de Relatório Contábil-Financeiro, aprovada pela Resolução CFC n. 1.374/2011;

Instrução CVM n. 4691/2008 – Dispõe sobre a aplicação da Lei n. 11.638/2007 e promove alterações nas Instruções CVM números 247/1996 e 331/2000;

Normas Brasileiras de Contabilidade, suas Interpretações e Comunicados Técnicos editados pelo Conselho Federal de Contabilidade (CFC) – período: 1980/2017;

Regulamentos do ICMS, do IPI e outros;

Deliberações, Instruções e outros atos normativos expedidos pela Comissão de Valores Mobiliários (CVM) – período: 1990/2017;

Portarias, Pareceres e outros atos normativos expedidos pela Secretaria da Receita Federal do Brasil, envolvendo tributos federais – período: 1976/2017;

Pronunciamentos Técnicos do Comitê de Pronunciamentos Contábeis (CPC), n.s 1 a 46.